MW00993014

De Tamerlan à Gengis Khan

Islamicate Intellectual History

STUDIES AND TEXTS IN THE LATE MEDIEVAL
AND EARLY MODERN PERIODS

De Tamerlan à Gengis Khan

*Construction et déconstruction de
l'idée d'empire tartare en France du XVIe siècle
à la fin du XVIIIe siècle*

Par

Matthieu Chochoy

BRILL

LEIDEN | BOSTON

The Library of Congress Cataloging-in-Publication Data is available online at https://catalog.loc.gov
LC record available at https://lccn.loc.gov/2021049593

Typeface for the Latin, Greek, and Cyrillic scripts: "Brill". See and download: brill.com/brill-typeface.

ISSN 2212-8662
ISBN 978-90-04-49901-0 (hardback)
ISBN 978-90-04-49902-7 (e-book)

This book is printed on acid-free paper and produced in a sustainable manner.

Table des matières

Avant-propos

L'idée d'empire tartare est une construction intellectuelle qui regroupe au sein d'une même entité politique les règnes de Gengis Khan (v. 1160-1227) et de Tamerlan (1360-1405). Aux yeux des savants européens, et plus particulièrement français, cet ensemble fictif structura pendant plusieurs siècles la perception de l'histoire de l'Asie centrale, et plus largement de l'Eurasie. L'objet de ce livre est de retracer les étapes de cette idée telles qu'elles se dessinent dans les œuvres historiques françaises depuis sa gestation au XVIᵉ siècle jusqu'à son abandon à la fin du XVIIIᵉ siècle.

La particularité de cette approche repose sur le fait que l'époque que nous étudions est postérieure à l'époque à laquelle cet empire tartare était censé avoir existé. Aussi, notre corpus repose sur des traductions et des interprétations de textes antérieurs. Étant donné l'étendue et la nature des empires mongol et timouride, ces textes antérieurs connus des auteurs français appartiennent à des aires culturelles différentes et ont été principalement rédigés en latin, en arabe, en persan, en turc, en chinois et en mandchou. Il ne s'agit pas dans ce livre de rendre compte de la richesse et de la densité de chacune des logiques dans lesquelles ces textes s'inscrivent, mais d'expliquer les éléments utiles à la bonne compréhension des œuvres que nous étudions.

Dès lors, l'étude de l'idée d'empire tartare revient à une étude de l'appropriation de ces savoirs par l'historiographie française. Aussi, ce sont les questions d'accès à des sources majoritairement non européennes, à leurs traductions et à leurs interprétations qui se posent. L'analyse des différentes réponses apportées ancre cet ouvrage dans une histoire intellectuelle de l'orientalisme dont le cadre français sert ici d'exemple.

Remerciements

Ce présent livre trouve ses racines dans le mémoire de Master que j'ai réalisé sous la direction de Cécile Caby. En acceptant d'encadrer un travail pourtant bien loin de ses propres questionnements, elle a su me guider dans cette voie avec optimisme et bienveillance, et c'est à elle que j'adresse mes premiers remerciements.

C'est ensuite à l'École Pratique des Hautes Études que j'ai pu me familiariser avec la recherche académique sur l'empire mongol. Denise Aigle accepta d'y diriger ma thèse et c'est grâce à elle que j'ai pu découvrir, entre autres, les enjeux complexes de l'écriture de l'histoire dans la Perse mongole. Si l'étude de la diffusion des sources persanes représente une part importante de ma recherche, cette dernière aurait été incomplète sans prendre en considération les sources chinoises et mandchoues que l'expansion européenne rendait progressivement accessibles. Également ignorant en ce domaine, c'est Isabelle Charleux qui m'initia avec patience à ce vaste champ d'investigation. Dans des styles différents, mais avec un objectif commun, Denise Aigle et Isabelle Charleux ont su partager leurs temps, leurs connaissances et leurs regards sur la perception de l'histoire mongole. Pendant ces années, leur bienveillance, leur confiance et la pertinence de leurs orientations ont permis de rendre ce projet possible et de lui donner une ampleur insoupçonnée. Je souhaite avoir été capable de répondre à leurs attentes et je ne peux assez exprimer assez ma reconnaissance et ma gratitude.

Ma reconnaissance se tourne également vers Michele Bernardini, Svetlana Gorshenina et Guy Le Thiec qui, par leurs remarques et critiques toujours constructives, ont su m'initier à des champs de recherche qui m'étaient inconnus et pourtant essentiels à la réalisation de mes recherches. Ils ont su donner de la hauteur à un travail qui en manquait souvent. Cette hauteur, je l'ai également retrouvée lors du séminaire d'Antonella Romano. Ce fut pour moi l'occasion de porter un éclairage différent sur mes interrogations en les inscrivant dans une dynamique intellectuelle plus large que la déjà grande Tartarie. J'espère avoir fait bon usage de leurs conseils.

Pour de multiples raisons, ni ma thèse ni ce présent ouvrage n'auraient été possibles sans la confiance, l'enthousiasme et l'exigence de Judith Pfeiffer. Son soutien sans faille couplé à une réflexion profonde sur l'histoire intellectuelle des études orientales a été déterminant à plusieurs reprises. De même, le Alexander von Humboldt Kolleg for Islamicate Intellectual Studies de Bonn qu'elle dirige a été le cadre de nombreux et stimulants échanges. Je tiens ici à la remercier chaleureusement. Par ce biais, j'ai eu le plaisir de rencontrer de nombreux chercheurs venus d'horizons différents qui ont su m'aider de diverses façons. Je pense notamment à Jan Jelinowski pour son regard original, Sophie Tyser, Carlos Berbil Ceballos et Luca Patrizi, pour leur aide dans la traduction d'extraits arabes, Giovanni Maria Martini et Osman Demir, qui ont eu la patience de partager de longues journées de travail à mes côtés. De ces collaborations sont nées de belles amitiés.

Cette recherche n'aurait pu être menée à bien sans l'aide de mes proches, parmi lesquels Julie Boyer, Jonathan Florentin, Frantz Chaigne et Raphaël Blanchier tiennent une place particulière. Il en est de même pour ma famille qui a toujours été présente à mes côtés et qui a toujours compris, à défaut de mon sujet, les efforts qu'il demandait. À Christine, Yves-Marie et Elysabeth, à Tony, à mon frère et ma sœur, Hugo et Gwanaelle, à Fabio, je tiens à exprimer mon affection. Il n'est de mot pour témoigner à Élise, ma compagne, combien je lui suis reconnaissant pour ses efforts et son soutien.

Enfin, ma dernière pensée est pour mes grands-parents Claire et Eugène. J'aurais aimé que ce dernier puisse voir le fruit de ce travail.

Figures et tableaux

Figures

Tableaux

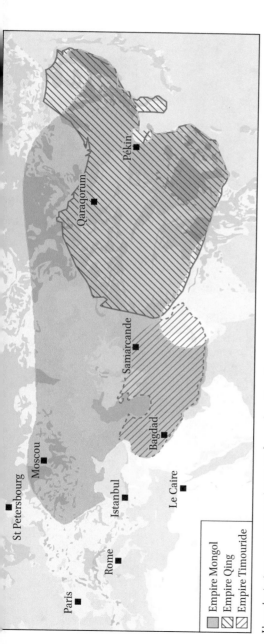

L'empire tartare, une construction mentale aux frontières floues

À l'image de ce qu'a démontré Svetlana Gorshenina dans ses travaux sur la représentation de la Tartarie dans la pensée géographique européenne et russe, une carte de l'empire tartare ne pourrait être qu'approximative. Tout d'abord, rappelons qu'il s'agit d'une construction mentale et qu'il existe autant de définitions de ce terme qu'il y a d'auteurs dans notre corpus. Ensuite, aucun de ces auteurs ne donne de limite claire et précise à cette expression.

La carte proposée ici n'a donc pas vocation à représenter cet empire. Il s'agit de permettre la visualisation, de façon anachronique, des limites des principaux empires dont il sera question dans cette étude. Il ne s'agit donc pas de présenter un empire ayant existé, mais de tenter d'illustrer graphiquement la logique intellectuelle qui a conduit à la construction de l'idée d'empire tartare dans l'historiographie française à l'époque moderne. On peut constater que, dans des logiques différentes, l'empire timouride

et l'empire des Qing furent fondés en très grande partie sur des territoires anciennement sous domination mongole. Prise individuellement, il était donc possible pour les savants français de présenter chacune de ces deux dynasties comme les continuateurs des gengiskhanides, surtout si l'on considère les faibles connaissances dont ils disposaient quant à l'origine de ces empires. Cette logique a connu son point de rupture lorsqu'il a fallu expliquer comment l'empire mongol pouvait à la fois trouver sa filiation dans l'empire timouride et dans l'empire des Qing.

Le second intérêt de cette carte est de représenter les distances à travers lesquelles les idées, les acteurs et leurs manuscrits ont circulé. On constate ainsi que l'écriture d'une histoire de l'empire tartare revenait à écrire une partie importante de l'histoire du monde, et ce à travers une profondeur historique qui s'étendait, pensait-on, du XIIIe au XVIIIe siècle.

Introduction

> L'historien des sciences doit prendre les idées comme des faits. L'épistémologue doit prendre les faits comme des idées, en les insérant dans un système de pensées. Un fait mal interprété par une époque reste un *fait* pour l'historien. C'est, au gré des épistémologues, un *obstacle*, c'est une contre-pensée[1].

∵

Pourquoi, à partir du XVIᵉ siècle, l'idée que le règne de Tamerlan (1336-1405) puisse être compris comme une nouvelle page de l'histoire de l'empire mongol fondé par Gengis Khan (v. 1160-1227) s'est-elle imposée en Europe, et plus particulièrement en France, alors que les deux empereurs appartenaient à des dynasties différentes ? Pourquoi cette même idée a-t-elle été discréditée à partir des années 1750, pour être finalement abandonnée au début du XIXᵉ siècle ? Ces deux questions constituent le début et la fin d'un raisonnement qui porte sur le développement de l'idée d'empire tartare dans l'historiographie française durant la période délimitée.

Dans la perspective d'une histoire des savoirs, il ne s'agit pas ici d'évaluer cette idée d'empire tartare en tant qu'épistémologue et de souligner qu'elle a représenté pendant plusieurs siècles un obstacle à la « bonne » compréhension de l'histoire centrasiatique. Il s'agit de la questionner en tant qu'historien, c'est-à-dire de la considérer comme une production de son temps et de la replacer dans son époque. À partir de quels matériaux a-t-elle été produite ? Par qui et dans quel but ? Si ces questions se posent pour expliquer la genèse de l'idée d'empire tartare, elles se posent également pour en comprendre l'abandon. Quels sont les facteurs qui expliquent qu'une telle construction intellectuelle ait été abandonnée après plusieurs siècles d'utilisation ? Par quoi et pourquoi a-t-elle été remplacée ? En d'autres termes, l'empire tartare représente un objet historiographique dont nous allons suivre la construction, l'évolution et la déconstruction.

Au rythme des époques, cet objet a traversé les différents stades de ce que Thomas S. Kuhn décrit comme une révolution scientifique[2]. Ce modèle théo-

---

1   Gaston Bachelard, *La formation de l'esprit scientifique*, Paris, Vrin, 1993 [1938], p. 17.
2   Thomas S. Kuhn, *Les structures des révolutions scientifiques*, Paris, Champ Flammarion, 2008.

rique décrit la production scientifique non comme une démarche toujours positive, mais comme une alternance entre des périodes de consensus et des périodes de crise. Pour Kuhn, écrire l'histoire d'une science consiste à identifier ces phases et à les caractériser. Cette révolution débute lorsque, à partir d'une accumulation de savoirs disparates, on assiste à la mise en lumière d'une convergence qui se traduit par l'instauration d'un paradigme dit « normal ». Ce paradigme perdure aussi longtemps qu'il garde sa cohérence et qu'il arrive à intégrer de nouveaux éléments, phase qui correspond au second temps de cette révolution. Le troisième temps est marqué par l'accumulation de données contradictoires, ou « anomalies », qui n'entrent pas dans ce paradigme. Ces anomalies génèrent une période de crise qui se traduit par le dernier temps de cette révolution, à savoir l'abandon du paradigme. Une nouvelle révolution commence alors, avec comme point de départ l'ensemble des valeurs accumulées lors de la révolution précédente et qui finira, elle aussi, par connaître sa propre révolution. Ces différents moments de la révolution scientifique que sont la formation du paradigme, l'accumulation des savoirs, l'apparition d'anomalies, la crise et sa résolution constituent l'ordre de notre étude.

L'identification de ces étapes représente la première – et la plus facile – partie de cette étude. Comme le rappelle Kuhn, une science n'existe pas en dehors du contexte social dans lequel s'inscrivent les acteurs qui participent à sa fabrication. Dans notre cas, il est donc nécessaire d'identifier les auteurs qui ont participé à la construction de l'idée d'empire tartare, de comprendre leurs méthodes et leurs objectifs particuliers. Ces cas particuliers doivent ensuite être compris dans les dynamiques qui structurent les réseaux dans lesquels ils s'inscrivent. « Notion éminemment géographique de tracés convergents ou de maillage esquissant et, dans certains cas, promouvant une organisation de l'espace brut »[3], le réseau permet de mettre en valeur les relations entre différents territoires et, dans le cas présent, entre différents acteurs de la production des savoirs. Lorsque cela est possible, ce réseau est mis en lumière par l'étude des correspondances ou des journaux privés, mais il est surtout visible à travers l'identification des sources utilisées par chacun des auteurs. Cette approche permet de retracer des circuits de circulation des savoirs, élément nécessaire à la construction de tout discours scientifique[4].

---

3 Pierre George et Fernand Verger, *Dictionnaire de la géographie*, Paris, PUF, 2009, p. 377.
4 Comme l'indique l'anthropologue Olivier Morin, la circulation d'une idée doit se faire à travers l'espace et à travers le temps, car c'est la multiplication de ces diffusions qui permet l'établissement d'une tradition, notion applicable à l'empire tartare. Olivier Morin, *Comment les traditions naissent et meurent*, Paris, Odile Jacob, 2011, p. 10.

Pour cela, nous disposons d'un corpus d'une quarantaine d'œuvres qui se répartissent sur les siècles couverts par notre étude, avec une plus forte densité pour la période comprise entre 1630 et 1730, durant laquelle on dénombre pas moins de sept biographies de Tamerlan et trois de Gengis Khan, auxquelles s'ajoutent des œuvres plus générales. À ce nombre, qui ne tient pas compte des romans et des pièces de théâtre, s'ajoutent les traductions et les rééditions de ces ouvrages à travers l'Europe. Nous disposons donc d'un ensemble dont la taille est suffisante pour témoigner d'un véritable engouement pour l'histoire des empereurs tartares et pour obtenir des résultats significatifs. Ce corpus invite à appliquer les questionnements auxquels Pierre Briant soumit les œuvres relatives à Alexandre le Grand et produites à la même époque[5]. L'historien chercha en effet à

> comprendre contre quel(s) courant(s) existant(s), dans quel(s) milieu(x), dans quel(s) contexte(s) et en fonction de quelles méthodes et perspectives une histoire critique d'Alexandre, non sans polémique ni contradictions, a commencé de se constituer en champ individualisé dans les pays européens au cours du long XVIIIe siècle[6].

Il s'agit donc de comprendre pourquoi et comment on a écrit l'histoire d'Alexandre, de Gengis Khan ou de Tamerlan, et non de chercher à atteindre une quelconque réalité historique. À travers Alexandre, c'est l'Europe que Briant étudie, tout comme François Hartog étudiait non pas les Scythes, mais les Scythes d'Hérodote, c'est-à-dire ce que la description des Scythes par l'historien grec apprenait non pas sur l'objet observé, mais sur l'acteur observant[7]. L'approche proposée par Briant ajoute une dimension importante à ce type d'études sur la perception, à savoir la prise en compte de différents acteurs observant et les tentatives de conciliation de leurs différents points de vue. C'est précisément dans cette durée qu'apparaissent les « polémiques » et les « contradictions », qui sont à rapprocher des anomalies et des crises mentionnées par Thomas Kuhn. La dimension de conflit est essentielle, car elle permet de garder à l'esprit le fait que l'écriture de cette histoire est constituée d'hésitations, de conflits entre les idées et parfois entre les personnes. À ce titre, elle dépend de nombreux éléments qui devront être identifiés et hiérarchisés. Il sera en effet utile de constater que l'idée d'empire tartare ne s'est pas imposée facilement et qu'elle ne fut pendant longtemps qu'une hypothèse parmi d'autres.

---

5 Pierre Briant, *Alexandre des Lumières : fragments d'histoire européenne*, Paris, Gallimard, 2012.
6 Briant, *Alexandre des Lumières*, p. 13.
7 François Hartog, *Le miroir d'Hérodote*, Gallimard, Paris, 2001 [1980].

Au XVIe siècle, plusieurs auteurs soulignaient déjà que Tamerlan n'appartenait
pas à la lignée de Gengis Khan, et que ces deux empereurs ne pouvaient être
rapprochés. Il faudra donc chercher à comprendre comment cette idée s'est
imposée, ce qui revient à s'interroger sur la nature de ces «polémiques» et sur
leurs dépassements.

Toujours d'après Pierre Briant, la période comprise entre 1660 et le début
du XIXe siècle est englobée au sein d'un «(très) long XVIIIe siècle» qui, selon
l'historien, répond aux mêmes contraintes méthodologiques et intellectuelles.
Les années 1660 sont ainsi marquées par de nouvelles réflexions quant à la traduction et à la place des grands hommes dans l'histoire, tandis que

> vers l'aval, la date de 1789 ne constitue pas une césure pertinente dans le
> domaine considéré et l'insertion du premier tiers du XIXe siècle s'impo-
> sait, permettant ainsi l'étude de la transition entre Lumières et Histori-
> cisme[8].

Notre étude s'intègre dans ce cadre du «(très) long XVIIIe siècle», période
au sein de laquelle il existe une accélération dans la production des savoirs
à partir des années 1660. Elle débute même quelques décennies plus tôt, si
l'on prend l'année 1634, date de la publication du premier *Traité sur les Tartares*[9], comme point de départ. Cependant, il s'agit là d'une œuvre de synthèse qui témoigne déjà de la volonté d'établir un consensus. Pour bien comprendre la genèse de cette idée, il est nécessaire de remonter à la seconde moitié du XVIe siècle, période à partir de laquelle on assiste à une réelle réflexion
sur l'origine et l'identité de Tamerlan. Concernant la limite finale de cette
recherche, la «transition entre Lumières et Historicisme» soulignée par Briant
est en tout point applicable. Le début du XIXe siècle marque une diversification
des sources, mais surtout une transformation des méthodes d'appréhension et
de construction des savoirs, dont le cadre dépasse largement la seule histoire
de l'empire tartare.

La richesse de l'étude de Briant repose sur l'utilisation d'un large corpus
produit à l'échelle de l'Europe. En effet, pour être complète, une recherche de
ce type ne peut se borner aux frontières étatiques. La circulation des savoirs ne
se limitait pas aux questions de langues ou de construction nationales, et c'est
d'ailleurs avec regret qu'il a été jugé nécessaire de limiter notre étude à un cadre
français. Le choix d'un seul pays s'explique par le fait que l'historiographie de

---

8   Briant, *Alexandre des Lumières*, p. 27.
9   Pierre Bergeron, *Traité des Tartares*, Paris, 1634.

l'empire tartare et de ses principaux empereurs n'est pas encore assez connue en Europe pour permettre une étude synthétique. Le choix de la France parmi les pays européens se justifie par le fait que les œuvres maîtresses promouvant et discréditant l'idée d'empire tartare ainsi que les principales biographies de Gengis Khan et de Tamerlan produites à cette époque ont été écrites en français. De plus, ce pays joua un rôle important dans l'acquisition et la traduction des sources non européennes à partir desquelles les savoirs sur ces empereurs furent construits.

Nous avons cependant conscience qu'il serait nécessaire de multiplier ce type de recherche afin de tirer parti des nombreux résultats que l'on obtiendrait en étudiant les sources italiennes, anglaises ou hollandaises par exemple. Il est évident que ce type de recherche ne peut être que bénéfique au présent travail, et c'est à ce titre que des champs d'investigation hors de la France ont été ouverts lorsque cela était nécessaire. Ces ouvertures doivent être prises pour ce qu'elles sont, c'est-à-dire des prospections dont les résultats ne se veulent pas exhaustifs. S'il est évident, à la lumière de ces éléments, que cette recherche s'inscrit dans le cadre d'une histoire intellectuelle centrée sur la France, il nous faut poser quelques repères nécessaires à la bonne compréhension des enjeux propres à la question de l'idée d'empire tartare. Il ne s'agit donc pas ici de refléter l'ensemble de la riche littérature portant sur l'histoire de l'empire mongol et de l'empire timouride, mais de poser les quelques repères pour l'instant suffisants à la compréhension de ce que l'on appela « l'empire tartare ».

Tel qu'on le retrouve dans les textes européens à partir du XIIIᵉ siècle, le terme « Tartare » est utilisé pour désigner depuis l'extérieur l'ensemble des populations qui formaient l'empire fondé par Gengis Khan et que l'on parvenait mal à différencier. Si un peuple tatar a bien existé, et existe toujours notamment en Crimée, les Tartares sont quant à eux un peuple fictif. Cette unité supposée était renforcée par le fait que ces différents peuples vivaient selon des modes de vie que les voyageurs ne parvenaient pas à différencier. Au moment où ils furent connus des Européens, ils étaient tous soumis à la domination de l'empire mongol, si bien que l'ensemble des conquêtes réalisées par les armées gengiskhanides furent comprises dans ce que l'on nomma l'empire tartare.

Formé à partir d'une fédération de peuples unifiés par Gengis Khan dans la seconde moitié du XIIᵉ siècle, l'empire mongol s'étendit rapidement sur la plus grande partie de l'Eurasie pour atteindre l'Ukraine et l'Arménie à l'Ouest, la mer de Chine à l'Est, l'Himalaya et le golfe persique au Sud, et les frontières sibériennes au Nord. À la suite de plusieurs divisions internes qui s'intensifièrent durant la seconde moitié du XIIIᵉ siècle, l'empire se divisa en quatre états (*ulus*). En faisant correspondre sommairement ces *ulus* aux frontières du monde actuel, la Horde d'or couvrait la partie russe et ukrainienne de l'empire, l'Ilkhānat la partie iranienne et irakienne, le Tchagatay la partie ouzbèke, tandis que la Chine était sous domination des Yuan. Cette division explique pourquoi il n'est pas possible de dater précisément la chute de l'empire mongol, dans la mesure où ces quatre branches furent progressivement renversées durant la seconde moitié du xive siècle, à l'exception de la Horde d'or, dont la dernière capitale fut prise en 1502. Malgré une reconnaissance théorique du pouvoir des souverains Yuan, les dynasties au pouvoir pratiquaient des politiques indépendantes et parfois contradictoires au point d'entrer en guerre les unes contre les autres. Ces divisions politiques étaient renforcées par des oppositions culturelles et religieuses qui s'expliquent par le fait que chacune des dynasties avait adopté à des degrés divers les pratiques des régions conquises. Bien que ces divisions fussent connues des témoins européens, l'ensemble des régions conquises par les Mongols fut décrit comme étant la Tartarie, c'est-à-dire le pays des Tartares.

Profitant de la déliquescence de la dynastie Tchagatay, Tamerlan[10] prit le pouvoir en 1369 et devint le premier souverain de la dynastie timouride. Tout en revendiquant l'héritage gengiskhanide, mais sans jamais prendre le titre de khan réservé aux membres de la dynastie gengiskhanide à laquelle il n'appartenait pas, il se forgea un empire qui s'étendait de l'Ouzbékistan à l'Arménie et du golfe persique à la mer d'Aral, et lança de nombreux raids, notamment en Russie et en Anatolie. Aux yeux de l'histoire européenne, son fait d'armes le plus mémorable fut sa victoire contre Bajazet Ier en 1402, qui se solda par la capture de l'empereur ottoman et sa mort l'année suivante. En 1405, Tamerlan mourut alors qu'il dirigeait une armée vers la Chine, et sa succession donna lieu à de réelles dissensions qui morcelèrent son héritage en plusieurs puissances régionales. Dans le même temps, l'Empire ottoman se releva rapidement de sa défaite et s'imposa comme une barrière entre les territoires timourides et l'Europe. Dès lors, l'histoire des successeurs immédiats de Tamerlan resta peu connue, si bien que son règne semblait être une sorte de parenthèse[11]. Cet élément occupe une place importante dans le mécanisme de construction de l'idée d'empire tartare d'empire tartare étant donné que Tamerlan était considéré comme le dernier gengiskhanide et non comme le premier timouride.

---

10   Forme erronée, mais largement diffusée en Europe du nom de Tīmūr-e lenk.

11   Une exception doit être faite pour la dynastie des Grands Moghols qui régna en Inde et
      dont le fondateur, Babur (1483-1530) était un descendant de Tamerlan. Cependant, malgré
      la connaissance de ces origines, l'Inde ne fut jamais considérée comme une région de
      l'empire tartare telle que définie par les Européens.

Pourtant, malgré plusieurs points de contact, la dynastie timouride n'est pas un prolongement de la dynastie gengiskhanide, et on ne saurait considérer Tamerlan comme l'héritier de Gengis Khan, dans la mesure où son empire reposait sur des logiques politiques, religieuses et territoriales différentes.

Comprendre l'idée d'empire tartare nécessite de connaître l'histoire des empires mongol et timouride, mais invite surtout à s'interroger sur la perception de ces empires par les Européens. Dans ce domaine, plusieurs études se dégagent et nous permettent de tirer certains éléments méthodologiques et théoriques.

Svetlana Gorshenina a démontré que la question de la Tartarie avait représenté à la fois un support et un obstacle à la compréhension de la complexité et de la diversité de l'Asie centrale[12]. Ici, l'objet « Tartarie » est étudié sur le temps long, dans la mesure où Gorshenina remonte aux origines antiques des premiers savoirs géographiques sur cette région et termine son étude au XXᵉ siècle en portant une attention particulière aux sources russes. Comme on peut l'imaginer, un travail aussi large, qui donne à comprendre les grandes transformations qui ont secoué la perception de cet espace, ne permet pas toujours la contextualisation nécessaire des œuvres et des auteurs, mais offre un cadre nécessaire à la compréhension des enjeux intellectuels que l'on voit se développer. De plus, la distinction entre histoire et géographie étant présent très fine durant les siècles étudiés, les auteurs identifiés par Gorshenina tiennent souvent une place importante dans notre propre étude.

Dans un cadre différent, Thomas Tanase a étudié avec précision les causes de la perception non plus de la Tartarie, mais des Tartares sur le plan historique, du XIIIᵉ au XVᵉ siècles. L'on peut retenir de la thèse de Tanase que le règne de Tamerlan ne marque absolument pas une rupture dans le processus de découverte et d'évangélisation de la Tartarie. Au contraire, la découverte de l'Amérique par Christophe Colomb, stimulée par la recherche des richesses du Grand Khan de Tartarie vanté notamment par Marco Polo lors de son séjour à la cour Yuan, s'inscrit dans la continuité du développement des outils missionnaires destinés à la Chine. La rupture historique provoquée par la prise de pouvoir de Tamerlan passa donc inaperçue, et les logiques mises en place par les Européens pour se représenter le monde mongol furent appliquées sans difficulté au monde timouride[13]. Cependant, la période chronologique couverte par Tanase s'arrête précisément quand ce livre débute.

---

12   Svetlana Gorshenina, *L'invention de l'Asie centrale : histoire du concept de la Tartarie à l'Eurasie*, Genève : Librairie Droz, 2014.

13   Tanase, *Jusqu'aux limites du monde*, chap. 10.

Dans le cadre chronologique qui se dessine, la seule étude portant sur les Tartares est celle menée par Rolando Minuti au milieu des années 1990[14]. En démontrant la place accordée aux Tartares durant le siècle des Lumières, cet historien a joué un rôle décisif dans l'évaluation de la place offerte à ce peuple tant dans le domaine de l'histoire que de la philosophie politique. En présentant une altérité orientale non réduite aux seuls Ottomans et Chinois, Minuti a permis de démontrer que la représentation de l'Orient était loin d'être binaire, et que les Tartares occupaient une place mal définie. Minuti a su identifier comment des auteurs tels que Montesquieu ou Voltaire, pour ne mentionner que les plus connus, ont su puiser dans les exemples fournis par l'histoire des Tartares ce qui pouvait nourrir leurs propres réflexions dans des débats portant, par exemple, sur le despotisme, la barbarie ou le nomadisme. Aussi, on comprend qu'à travers l'étude de ces concepts, ce sont surtout les réflexions sur la nature de « civilisation occidentale » qui deviennent visibles pour l'historien. Si l'argumentation et les exemples sont rigoureux, on peut voir dans le choix des thèmes abordés une volonté de répondre aux questions posées par les historiens plutôt que de chercher à suivre les questionnements propres des auteurs étudiés. Le second apport de Minuti réside dans l'identification et la contextualisation des auteurs ayant écrit sur les Tartares au XVIIIe siècle. On peut cependant regretter, mais tel n'était pas son objectif, que l'historien ne se soit pas penché sur l'origine des savoirs présents dans les sources accessibles et utilisées par les auteurs français[15].

En s'appuyant sur les résultats obtenus, notre étude se distingue des travaux précédents en ce qu'elle porte une attention particulière à ces sources utilisées. En ayant en tête les cartes de l'empire mongol et de l'empire timouride, on comprend que la majorité de ces sources émane le plus souvent d'œuvres dites « orientales », c'est-à-dire écrites en arabe, en persan, en turc, en chinois ou en mandchou[16], et la prise en compte de cette dimension pose trois difficultés principales.

---

14   Rolando Minuti, *Oriente barbarico e storiografia settecentesca : rappresentazioni della storia dei Tartari nella cultura francese del XVIII secolo*, Venezia : Marsilio, 1994. Voir également Rolando Minuti, « Aspetti della presenza di Tamerlano », Oriente Moderno, XV (LXXVI), 2-1996, pp. 305-319.

15   Cette limite est d'ailleurs commune aux différents travaux cités, mais ne doit en rien minimiser leurs qualités respectives. Si les œuvres de ces auteurs furent des supports importants, leurs conseils à différents moments de ce travail le furent tout autant.

16   La question des sources russes, dont le rapport avec l'idée d'empire tartare s'inscrit dans d'autres problématiques, n'entre pas dans ce sujet. Voir David Schimmelpenninck van der Oye, *Russian orientalism : Asia in the Russian mind from Peter the Great to the emigration*. New Haven : Yale University Press, 2010 ; Vera Tolz, *'Russia's Own Orient' : The Politics of*

La première concerne leur identification. Quelles étaient les sources accessibles au XVIIᵉ siècle, lors de la publication du premier traité sur les Tartares ? Ce corpus était-il différent en 1710, lorsque l'on publia la première biographie de Gengis Khan ? Qu'en était-il à la fin du siècle, lorsque l'idée d'empire tartare commença à être remise en question ? La réponse à ces interrogations passe par la recherche des références, souvent ténues, faites par les auteurs français aux textes qu'ils utilisent. Cette identification permet de mieux comprendre les étapes de l'idée d'empire tartare, mais ne répond pas à la nécessité de prendre en compte la dimension sociale d'une construction scientifique. Il faut donc comprendre comment les acteurs en question ont eu accès à ces sources et retracer, autant que possible, les parcours des manuscrits depuis les lieux de production vers la France et dans quelles conditions les auteurs que nous étudions y ont eu accès. Ce type de question est un point crucial dans notre étude, dans la mesure où il est certain que cet accès aux sources explique en grande partie l'évolution de l'idée d'empire tartare. La difficulté réside ici dans l'identification de textes à partir d'éléments très lacunaires – quand ils ne sont pas tout simplement absents – et dont les titres sont souvent traduits de façon imprécise et aléatoire.

Cette question, qui est au cœur de notre recherche, nous conduit vers la seconde difficulté, qui est de connaître les enjeux idéologiques dans lesquels ces sources s'inscrivent. Produites en des temps et des lieux différents, elles appartiennent à des logiques historiographiques complexes, parfois compatibles mais souvent antagonistes. Par exemple, une source persane ne portera pas le même regard sur l'origine des Mongols qu'une source chinoise. De même, le Tamerlan décrit dans les sources arabes est difficilement compatible avec celui des sources persanes, et il est tout simplement absent des sources mandchoues. Même si les auteurs français ignoraient le plus souvent les raisons de ces différences, il est nécessaire d'en comprendre les rouages afin d'en expliquer au mieux les enjeux[17].

La troisième difficulté est de comprendre quelles furent les utilisations de ces sources, et quelles attitudes les auteurs que nous étudions ont adoptées vis-à-vis de ce corpus. Ont-ils diffusé sans débat les points de vue véhiculés ? Ont-ils établi une hiérarchie entre ces sources et, si oui, sur quels critères ? Comment

---

Identity and Oriental Studies in Late Imperial and Early Soviet Russia, Oxford, Oxford University Press, 2011 ; Lorraine de Meaux, *La Russie et la tentation de l'Orient*, Paris, Fayard, 2010.

17 Comme on peut s'en douter, un tel travail sur des sources aussi diverses n'a nullement vocation à être novateur, et nous nous appuierons sur ce point sur la littérature secondaire.

les ont-ils intégrées à leurs propres écrits ? En d'autres termes, il s'agit de comprendre comment ces auteurs ont procédé pour intégrer ces sources nouvelles au sein des connaissances déjà en circulation. Cette dernière difficulté permet de s'interroger sur la place occupée par chacun des auteurs de notre corpus dans le cadre de la circulation des savoirs entre l'« Orient » et la France, et de questionner la place de cette circulation dans la révolution scientifique dont l'idée d'empire tartare a été l'objet.

Profondément renouvelé par Edward Said, qui définissait l'orientalisme comme la dimension intellectuelle et programmée de la colonisation par l'Occident d'un Orient essentiellement arabe et musulman, ce champ de recherche s'est longtemps articulé autour de deux positions favorables ou défavorables à la thèse saidienne. Dans le monde anglo-saxon, Said inspira plusieurs travaux tendant à chercher les racines de cet orientalisme avant la période coloniale et son influence sur la construction des savoirs en Europe. D'un point de vue méthodologique, ces études portant sur un « avant » ou un « pré » orientalisme tendent à appliquer les méthodes de Said à des corpus différents[18]. Ces démarches offrent les mêmes limites que le modèle qu'elles reproduisent, à savoir la convocation de sources et de thématiques dont l'unité n'est pas évidente. Il ne s'agit cependant pas de nier en bloc l'intérêt de ces études, qui offrent l'avantage d'interroger les textes européens sur des sujets souvent novateurs. D'une certaine façon, notre étude s'inscrit dans cette lignée, mais s'en distingue en suivant un thème unique à travers un fil conducteur strictement chronologique.

À ce titre, l'étude de l'orientalisme durant le règne de Louis XIV[19] proposée par Nicholas Dew est un modèle à suivre quant à l'analyse des différents éléments politiques et culturels qui ont motivé la production de ce type de savoir. Si l'indépendance des savants étudiés par Dew tend parfois à être minimisée par une forme de déterminisme matérialisé par le poids du réseau dans lequel ils sont inscrits, par celui du patronage dont dépendrait toute production savante[20] et par celui des structures politiques, l'auteur dépasse la question du seul orientalisme pour proposer un schéma de construction des savoirs plus large. Dans une démarche assez proche, mais pour une période un peu plus

---

18   Ina Baghdiantz Mc Cabe, *Orientalism in early modern France. Eurasian Trade, Exoticism, and the Ancien Régime*, New York, Berg, 2008 ; Phillips, Kim M., *Before Orientalism : Asian peoples and cultures in European travel writing, 1245-1510*, Philadelphia : University of Pennsylvania Press, 2014 ; Ivan Davidson Kalmar, *Early Orientalism : imagined Islam and the notion of sublime power*, London, New York : Routledge, Taylor & Francis Group, 2012.

19   Nicholas Dew, *Orientalism in Louis XIV's France*. Oxford historical monographs. Oxford ; New York : Oxford University Press, 2009.

20   Dew, *Orientalism in Louis XIV's France*, p. 177.

tardive, Urs App a également démontré qu'il était parfaitement possible, et souhaitable, de suivre un thème précis, en l'occurrence la découverte du bouddhisme[21], à travers un corpus maîtrisé. Plus récemment, Alexander Bevilacqua offre un autre exemple de ce qu'une approche thématique de l'orientalisme peut générer[22]. Ici, l'auteur renouvelle un thème classique, à savoir la représentation de l'Islam en Europe, en apportant une attention particulière aux sources disponibles. Sans souscrire entièrement à la thèse d'un orientalisme construit à partir du seul intérêt pour la question religieuse, il est souhaitable que ce type de recherche soit multiplié afin de permettre une analyse plus fine de l'orientalisme et de son fonctionnement. L'étude de l'écriture de l'histoire de l'empire tartare participe précisément de ce mouvement.

Ces travaux complètent et sont complétés par des recherches plus spécifiquement tournées vers l'apprentissage des langues orientales en Europe, processus qui inclue la question de l'enseignement, de la traduction, de la constitution de bibliothèque et le rôle joué par les intermédiaires. On peut ici mentionner, parmi d'autres, les recherches menées par Jan Loop sur la formation d'un orientalisme universitaire en Hollande[23], ou celles de Simon Mills sur les échanges culturels entre le monde ottoman et l'Angleterre[24]. Bien que ces travaux ne traitent pas spécifiquement de la France et des orientalistes français, ils permettent de mettre en lumière des dynamiques que l'on retrouve dans notre propre étude. D'un point de vue historiographique, ils soulignent le décalage qui existe entre la France et d'autres pays européens sur la question de la connaissance de ces langues.

En France, les critiques de la thèse de Said ont conduit à une réelle réflexion autour de l'orientalisme, menée notamment par François Pouillon et Jean-Claude Vatin. En posant de manière indirecte la question de savoir ce qu'est un orientaliste, le *Dictionnaire des orientalistes de langue française*[25] souligne le caractère hétérogène et disparate des formations et des intérêts de ces savants. Le second apport de ces recherches a été de mettre en avant la dimension sociale de l'orientalisme, en redonnant aux auteurs et à leurs œuvres une épais-

---

21   Urs App, *Birth of Orientalism*. Pennsylvania : Univ Of Pennsylvania Press, 2015.

22   Alexander Bevilacqua, *The Republic of Arabic letters : Islam and the European enlightenment*, Cambridge, Massachusetts ; London, England, 2018.

23   Jan Loop, Alastair Hamilton, et Charles Burnett (éd.), *The teaching and learning of Arabic in early modern Europe*, Leiden, Boston, Brill, 2017.

24   Simon Mills, *A commerce of knowledge. Trade, Religion and Scholarship between England and the Ottoman Empire, c. 1600-1760*, Oxford ; New York, Oxford University Press, 2020.

25   François Pouillon (éd.), *Dictionnaire des orientalistes de langue française*. Paris, Karthala, 2008.

seur historique[26]. Cette approche se retrouve dans la notion d'intermédiaires, à savoir ces Orientaux qui furent eux aussi des acteurs de l'orientalisme. Plus récemment, cette approche se retrouve dans les travaux d'Emmanuel Szurek qui, pour une période plus récente que celle que nous étudions, appelle à un retour aux archives afin de mieux connaître les vies des orientalistes que l'on étudie[27], et ce afin de les replacer dans un contexte plus large que le seul orientalisme.

C'est déjà ce que Mohammed Abdel-Halim avait réalisé dans sa biographie d'Antoine Galland[28] et que l'on retrouve, sous une autre forme, dans l'ouvrage dirigé par Michel Espagne, Nora Lafi et Pascal Rabault-Feuerhahn consacré à Silvestre de Sacy[29]. Si aucune monographie n'a encore été réalisée sur le fondateur de l'orientalisme moderne, les différents articles écrits et rassemblés par ces trois historiens permettent de dessiner les cercles de relations érudites dans lesquels Sacy gravitait. Comme l'indiquent ces quelques exemples, les débats ne se résument plus à la seule critique de la thèse saidienne, mais bien à l'étude de l'orientalisme comme toute production d'un savoir, c'est-à-dire en prenant en compte sa dimension sociale et historique.

Si cette approche permet de dégager des outils pertinents et nécessaires, les études qui en résultent sont, dans le cadre français, restreintes à deux thématiques précises. Dans la volonté, justifiée, de démontrer que l'orientalisme ne saurait être réduit à un outil colonial, on assiste à une surreprésentation des études sur l'apprentissage de l'arabe et sur les études islamiques[30]. En parallèle de ces études, de nombreux travaux sur le monde ottoman dépassent la seule question de l'instrumentalisation de la construction d'une image du Turc

---

26   François Pouillon, Jean Claude Vatin, Guy Barthélemy, Mercedes Volait, François Zabba (éd.) *Après l'orientalisme : l'Orient créé par l'Orient*. Paris, Karthala, 2011.

27   Voir les travaux d'Emmanuel Szurek, dont « L'orientalisme en ordre dispersé. Retour sur un colloque aux Inscriptions et belles-lettres », *Turcica. Revue d'études turques*, 45, 2015, p. 315-341. Cette méthode a également été appliquée dans Sophie Basch, Pierre Chuvin, Michel Espagne, Jean Leclant (éd.), *L'orientalisme, les orientalistes et l'empire ottoman de la fin du XVIIIe à la fin du XXe siècle*, Actes du colloque international, 12 et 13 février 2010, Paris, Académie des Inscriptions et Belles-Lettres, 2011.

28   Mohamed Abdel-Halim, *Antoine Galland, sa vie et son œuvre*, Paris, A.G. Nizet, 1964.

29   Michel Espagne, Nora Lafi et Pascale Rabault-Feuerhahn (éd.) *Silvestre de Sacy : le projet européen d'une science orientaliste*. Paris : Les Éditions du Cerf, 2014.

30   Henry Laurens souligne également l'importance de la démographie française dans le développement des études arabes en France, et indique qu'il y a plus d'étudiants en langue arabe en France que dans toute l'Amérique du Nord. Henry Laurens, « l'orientalisme, un parcours français », dans Youssef Courbage, Manfred Kropp, *Penser l'Orient : traditions et actualité des orientalismes français et allemand* : actes de la 2e journée franco-

comme ennemi de la Chrétienté ou celle des turqueries dont la mode se développe au XVIIIe siècle.

Deux grands absents sont ici identifiables, à savoir le monde perse et le monde chinois. Les études sur le monde perse sont en effet très peu représentées et, malgré l'apport des travaux de Francis Richard, notamment sur la valorisation des fonds persans de la Bibliothèque Nationale de France[31], il n'existe aucune étude systématique sur ce sujet. Les rares monographies portent principalement sur des voyageurs et non sur des traducteurs ou des savants[32], bien que la frontière entre ces trois termes ne soit pas toujours évidente. Peut-être en partie à la suite de Montesquieu et de ses *Lettres persanes*, l'influence que cette région exerça sur l'Europe est surtout comprise dans une dimension littéraire[33]. Cet intérêt pour les voyageurs se prolonge dans le cas de l'Inde[34], fortement influencée par la culture persane. Dans ce dernier cas, l'étude de cette région s'explique également, et peut-être surtout, par des études sur la perception de son histoire antique et ses conséquences sur la philosophie européenne[35].

Le retrait des études persanes que l'on constate dans le champ des études orientales est encore plus marqué en ce qui concerne la sinologie. D'ailleurs, lorsqu'il retrace la chronologie des études orientales françaises, Henry Laurens indique que la sinologie se serait construite en marge, autour de préoccupations différentes, et que cette spécificité aurait conduit à son échec. Il écrit ainsi

---

allemande du 22 janvier 2004 organisée à Beyrouth par l'Institut français du Proche-Orient et l'Orient Institut, 2008, pp. 103-128. Hors de France, cet intérêt pour les études arabisantes s'explique également par le dynamisme des recherches menées depuis les Pays-Bas dont le but est de mettre en valeur le rôle pionnier des orientalistes hollandais des XVIIe et XVIIIe siècles. En plus des travaux cités, voir par exemple Arnoud Vrolijk, Richard van Leeuwen, et Alastair Hamilton, *Arabic Studies in the Netherlands: A Short History in Portraits, 1580-1950.* Leiden ; Boston, Brill, 2014.

31   Francis Richard, *Catalogue des manuscrits persans*. Paris, Bibliothèque nationale, 1989.

32   Francis Richard, *Raphaël du Mans, missionnaire en Perse au XVIIe siècle*, Paris, L'Harmattan, 1995 ; Dirk van der Cruysse, *Chardin le Persan*. Paris, Fayard, 1998.

33   Une exception doit être faite pour les relations entre la Perse et la France au tout début du XIXe siècle, période marquée par les projets d'alliance lancés par Napoléon Bonaparte. Voir David Vinson, « « Napoléon en Perse » : genèse, perspectives culturelles et littéraires de la mission Gardane (1807-1809) », *Revue d'histoire littéraire de la France* 2009/4 (Vol. 109), p. 871-897.

34   Christine Maillard, *L'Inde vue d'Europe*, Paris, Albin Michel, 2008.

35   Pascale Rabault-Feuerhahn, *L'archive des origines : Sanskrit, philologie, anthropologie dans l'Allemagne du XIXe siècle*, Paris : Cerf, 2008.

En marge de cet orientalisme d'État, un autre orientalisme proprement
ecclésiastique se constitue en Extrême-Orient. L'orientalisme des jésuites
en Chine est d'une tout autre valeur que celle des missionnaires du
Levant, mais cette sinologie échouera en raison même des problèmes
qu'elle suscitera : querelle des rites chinois, discordance entre les chronologies chinoises et la chronologie biblique (pris littéralement, les textes
chinois renvoient à des époques antérieures à la Genèse)[36].

Il est vrai que si l'on réduit les études orientales à l'étude du monde arabo-
musulman, la Chine en est exclue. Pourtant, si l'on cherche à appliquer à ce
terme la définition donnée au XVIIᵉ et au XVIIIᵉ siècles, alors la Chine est une
part importante de ce monde oriental. C'est d'ailleurs à ce titre que Vatin et
Pouillon accordent une large place aux sinologues dans leur dictionnaire[37].
Cependant, si l'historiographie des études orientales semble se désintéresser
de la sinologie, les sinologues ne semblent pas non plus se considérer comme
des orientalistes[38]. Par exemple, le colloque organisé à l'occasion des 200 ans
de la création de la chaire de sinologie au Collège de France souligne avec jus-
tesse le rôle fondateur d'Abel-Rémusat dans la sinologie « professionnelle »[39],
mais aucune mention n'a été faite de la place que le sinologue lui-même accordait aux Tartares dans ses travaux, alors que le nom même de « tartare » figurait
dans l'intitulé de la chaire fondée en 1814[40]. D'ailleurs, une grande partie des
recherches de ce savant portait précisément sur ce sujet, et son rôle fut décisif
dans la redéfinition du terme « Tartare ».

Les différences qui existent entre ces aires culturelles sont réelles, et il
n'est pas question de les minimiser. Il s'agit simplement de souligner que les
études orientales tel qu'on peut les concevoir pour l'époque que nous consi-
dérons reposaient sur une approche globale, dans la mesure où il était question d'englober l'Orient dans sa complexité, et non le seul monde musulman.
Antoine Galland indiquait d'ailleurs que

---

36   Laurens, « L'orientalisme français, un parcours historique », pp. 104-128.
37   Voir également les articles sur ce thème dans l'ouvrage collectif *Après l'orientalisme*.
38   La place qu'occupe la sinologie dans le champ des études orientales semble être due au
      développement d'une historiographie principalement articulée autour de la place jouée
      par les missionnaires jésuites qui, à partir du XVIIᵉ siècle, furent les principaux vecteurs
      de transmission des savoirs vers l'Europe.
39   Pierre-Etienne Will, « Jean-Pierre Abel-Rémusat (1788-1832) et ses successeurs », *La lettre
      du Collège de France* [En ligne], 40 | août 2015.
40   Il s'agit en effet de la chaire de langues et littératures chinoises et tartares-mandchoues.

sous le nom des Orientaux, je ne comprends pas seulement les Arabes
et les Persans, mais encore les Turcs et les Tartares et presque tous les
peuples de l'Asie jusqu'à la Chine, Mahométans et païens ou idolâtres.[41]

L'idéal d'une recherche sur l'histoire des études orientales serait donc de
dépasser ces barrières académiques afin de redonner à ce terme la dimension
large qui lui était alors attribuée.

Il se dégage ainsi l'idée que les études orientales telles qu'elles sont construites en France reproduisent les cadres académiques de l'apprentissage des
langues dont les parcours de plus en plus longs obligent à une spécialisation et
limitent le caractère interdisciplinaire[42]. Ce caractère segmentaire est d'autant
plus visible lorsqu'il s'agit d'étudier des domaines qui n'existent plus aux yeux
de la science actuelle ou qui appartiennent à différents domaines d'études. Au
pire, le sujet est ignoré. Au mieux, son étude consiste en une multiplication
de biographies qui, si elles sont nécessaires, ne permettent pas de dégager de
ligne directrice dans la durée[43]. Tel est par exemple le cas des orientalistes travaillant sur l'empire tartare qui ne sont que très rarement le centre d'intérêt
des chercheurs[44].

Cette étude sur l'idée de l'empire tartare à travers les sources françaises
produites entre le XVIe et le XVIIIe siècle se structure selon les étapes de la
révolution scientifique définie par Kuhn. La première partie détaille ainsi le
processus de construction et d'affirmation de l'idée d'empire tartare, période
que Kuhn décrit comme la formation du paradigme. En remontant aux premiers savoirs européens sur l'empire tartare et aux premiers textes relatifs à
Gengis Khan et à Tamerlan produits entre les XIIIe et XVe siècles, le chapitre 1
permet de dresser un état de la question des connaissances en circulation avant
l'apparition de l'idée d'empire tartare. Il s'articule autour de deux ensembles

---

41   Galland Antoine, *Les paroles remarquables, les bons mots et les maximes des Orientaux, traduction de leurs ouvrages en Arabe, en Persan et en Turc, avec des Remarques*, Paris, 1694,
      Avertissement. Cité également dans McCabe, p. 3.
42   Laurens, « L'orientalisme, un parcours français ».
43   C'est par exemple le cas des articles réunis par Bernard Heyberger dans *Orientalisme,
      science et controverse : Abraham Ecchellensis (1605-1664)*, Turnhout, Brepols, 2010.
44   Aux colloques consacrés à Silvestre de Sacy et Abel-Rémusat, il faut ajouter celui portant
      sur Antoine Galland. Pierre-Sylvain Filliozat, Michel Zink (éd.), *Antoine Galland et l'Orient
      des savants* : actes du colloque international organisé par l'Académie des Inscriptions et
      Belles-Lettres, la Société asiatique et l'INALCO : à l'Académie des Inscriptions et Belles-
      Lettres (Palais de l'institut) et à l'INALCO les 3 et 4 décembre 2015. Paris : Académie des
      inscriptions et belles-lettres, 2017. Joseph de Guignes, acteur central dans cette étude, n'a
      fait l'objet d'aucune monographie, et son œuvre principale, qui porte précisément sur les
      Tartares, n'est pas mentionnée dans le *DOLF*.

que sont la présentation des sources occidentales d'un côté et des sources arabes et persanes de l'autre. Ces éléments, déjà connus par un lectorat formé aux études mongoles et timourides, permettront aux moins familiers avec ces questions de trouver les principaux repères pour la bonne compréhension de la suite de la recherche. Ce premier chapitre est donc nécessaire en ce qu'il pose les bases de ce qui constitue le cœur de notre étude. La période allant du XVIᵉ siècle jusqu'aux années 1630 est dominée en France par une hétérogénéité dans l'origine des sources utilisées qui, si elles sont toutes européennes, appartiennent à des genres et à des traditions différentes (chapitre 2). Après un premier effort d'harmonisation de ces savoirs (chapitre 3), on assiste pendant ce XVIIᵉ siècle à l'ancrage de l'idée d'un empire tartare dont on écrit pour la première fois l'histoire (chapitre 4).

Le deuxième temps de cette étude est compris entre les années 1650 et 1750. Dans un contexte favorable au développement des études orientales savantes, cette double évolution s'explique par l'intensification de l'accès aux sources persanes et par la découverte, pour la France, des sources chinoises et mandchoues (chapitre 5). Il sera surtout question de comprendre les modalités de traduction de ces sources, et plus particulièrement des textes persans qui viennent renforcer l'idée d'empire tartare (chapitre 6), et des textes chinois et mandchous qui introduisent des éléments contradictoires (chapitre 7). On assiste ainsi à la fois à un renforcement du paradigme et aux prémices de sa remise en question par l'apparition de ce que Kuhn appelle des anomalies.

Enfin, c'est durant la seconde moitié du XVIIIᵉ siècle que l'on assiste à la dernière phase de cette révolution scientifique, qui met l'idée d'empire tartare à l'épreuve d'anomalies de plus en plus difficiles à résoudre. L'accumulation de ces savoirs contradictoires s'exprime dans deux phénomènes paradoxaux, mais complémentaires. Le premier concerne la rédaction d'une œuvre dont le but était de souligner que la continuité historique de l'empire tartare ne se limitait pas uniquement aux règnes de Gengis Khan et de Tamerlan, mais permettait d'expliquer d'un seul mouvement les rapports entre l'Orient et l'Occident, et ce depuis l'Antiquité, à savoir l'*Histoire générale des Huns, des Turcs, des Mogols et des autres Tartares occidentaux*, écrite par Joseph de Guignes et publiée à partir de 1756[45]. Malgré les intentions de l'auteur, les limites de cette œuvre masquaient mal les limites de l'idée d'empire tartare (chapitre 8). La seconde origine est à chercher dans un changement de nature du réseau des auteurs traitant de la question. L'appropriation de ce thème par les auteurs des

45   Joseph de Guignes, *Histoire générale des Huns, des Turcs, des Mogols et des autres Tartares occidentaux...*, Paris, 1756-1758, 4 vol.

Lumières, peu ou pas formés aux langues orientales, conduit à interroger l'idée d'empire tartare sous un prisme différent de celui des seules sources. On assiste dès lors à un changement d'échelle dans la mesure où l'idée d'empire tartare ne doit plus seulement offrir une cohérence interne, mais être compatible avec d'autres histoires régionales que l'on commence également à mieux connaître (chapitre 9). Enfin, une nouvelle diversification des savoirs est venue battre en brèche non seulement l'idée d'empire tartare, mais l'existence même des Tartares en tant que peuple (chapitre 10). Ce dernier chapitre sera également l'occasion d'introduire quelques éléments sur les prolongements et les limites de l'idée d'empire tartare en dehors du seul cadre des études historiques.

Le réseau complexe de sources provenant d'horizons et d'époques diffé-rentes qui se dessine dans ce livre renvoie à la notion «d'entrelacement» développée par Nicolas Standaert[46] au sujet d'une historiographie intercultu-relle de la Chine. Il s'agit «d'une forme d'écriture de l'histoire dans laquelle l'interaction avec d'autres cultures est une partie intégrale du processus histo-riographique»[47]. Dans cette perspective, l'auteur se propose de remonter aux origines des savoirs acquis par les missionnaires jésuites au sujet des premiers temps de l'histoire chinoise. Pour cela, il identifie les sources alors accessibles et retrace leurs parcours. Standaert donne ainsi une place centrale à cette ques-tion de la circulation des savoirs, qui ne se fait jamais de façon neutre et dans laquelle chaque transmission conduit à une altération[48]. Dès lors, l'objectif de l'historien est de mesurer cette altération, d'en comprendre les origines et les conséquences. La démarche entreprise ici est similaire, et la composition du corpus témoigne de cet entremêlement d'influences diverses. À la lumière de ces éléments, nous avons structuré notre corpus en suivant trois groupes que sont les sources primaires, les sources secondaires et les sources tertiaires.

Les sources primaires sont les textes produits hors du cadre chronologique et/ou géographique de notre étude, c'est-à-dire soit avant le XVIe siècle, soit en Orient. Ainsi, les textes médiévaux des missionnaires qui se sont rendus dans l'empire mongol au XIIIe siècle sont considérés comme des sources primaires. Il en est de même pour les textes mandchous, chinois, persans ou arabes, et ce sans tenir compte de la période de production. L'étude de ces sources relève

---

46 Nicolas Standaert, *The interweaving of rituals: funerals in the cultural exchange between China and Europe*, Seattle, University of Washington Press, 2008; et surtout Nicolas Stan-daert, *The intercultural weaving of historical texts: Chinese and European stories about Emperor Ku and his concubines*, Leiden series in comparative historiography, Volume 9. Leiden; Boston, Brill, 2016.

47 Standaert, *The intercultural weaving of historical texts*, p. 3. Traduction libre.

48 Cette notion renvoie à l'analyse de Morin sur les traditions.

surtout de la présentation des auteurs et des contextes dans lesquels elles ont été produites. Pour ce faire, nous nous appuyons principalement sur la littérature secondaire, puisqu'une étude précise de ces textes ainsi qu'une évaluation systématique de leurs éventuelles traductions ne sont pas de notre ressort. Cependant, on ne pouvait faire l'économie de leurs présentations, dans la mesure où elles permettent la mise en lumière des principaux éléments dont les auteurs de notre corpus ont fait usage.

Les sources secondaires sont les traductions françaises de ces sources primaires réalisées entre le XVIe et la fin du XVIIIe siècle, et elles représentent le cœur de notre étude. Avec l'étude de ces textes se pose la question des enjeux liés à l'acte même de traduire. Sans aller trop loin dans les débats autour de la traductologie en tant que démarche scientifique, on peut rappeler ici que Jean Delisle, directeur de l'école de traduction de l'université d'Ottawa, a souligné la proximité méthodologique entre le traducteur et l'historien. Dans les deux cas, l'œuvre produite dépend moins du support, faits historiques pour l'historien et texte en langue originale pour le traducteur, que de l'interprétation de ce support[49]. En cela, le texte traduit témoigne au moins autant, si ce n'est plus, de son propre contexte de rédaction que du contenu de la source. En tant que traduction plus ou moins complète et fidèle d'un texte non européen, ces sources secondaires se placent dans cette situation d'intermédiaire entre la culture de départ et celle de destination[50]. C'est pour cela que l'étude de ce type de document est essentielle dans le cadre des études orientales, car elles posent la question des modalités d'acquisition des savoirs, tant sur le plan matériel des manuscrits traduits que sur le plan intellectuel de leurs interprétations. Dans ce cadre général, nous apporterons une distinction entre les œuvres présentées comme des traductions complètes de sources primaires et les compilations d'extraits traduits.

Le premier ensemble se compose de neuf textes qui sont principalement des biographies, et le tableau suivant permet de comprendre les sujets abordés ainsi que l'origine des sources primaires.

Bien que les thèmes et les contextes des traductions diffèrent beaucoup d'un auteur à l'autre, les questions posées à ce type de texte sont similaires. La première est de savoir comment l'auteur a choisi l'œuvre qu'il a traduite. S'agit-il d'un choix raisonné entre plusieurs textes, le traducteur ayant opté pour celui

49   Jean Delisle, « Réflexions sur l'historiographie de la traduction et ses exigences scientifiques », *Equivalences* (ISTI, Bruxelles), vol. 26, n°2 et vol. 27, n°1, 1997-1998, pp. 21-43.

50   Il s'agit ici de la fonction importatrice que Delisle reconnaît à la traduction. Jean Delisle, « L'histoire de la traduction : son Importance en traductologie », *Forum*, vol. I, n°2, octobre 2003, pp. 1-16.

TABLEAU 1 Liste des principaux traducteurs utilisés

Auteur	Thème	Langue de rédaction des sources	Nature du texte
Jean du Bec[a]	Tamerlan	Arabe	Biographie
Pierre Bergeron	Empire tartare	Latine	Récit de mission
Gilbert Gaulmin	Histoire de la Perse	Persan	Histoire
Pierre Vattier	Tamerlan	Arabe	Biographie
Antoine Galland	Gengis Khan	Persan	Biographie
François Pétis de La Croix fils	Tamerlan	Persan	Biographie
Joseph Anne-Marie Moyriac de Mailla	Gengis Khan	Mandchoue	Histoire
Mathieu Langlès[b]	Tamerlan	Persan	Traité/biographie

a Le cas de du Bec est problématique dans la mesure où son texte est présenté comme une traduction et a longtemps été considéré comme tel, mais se trouve être une œuvre de fiction.
b Le cas de Langlès est problématique car une partie de son œuvre porte sur la traduction d'un ouvrage faussement attribué à Tamerlan alors que l'autre partie est une compilation biographique de ce conquérant. La partie de son travail qui nous sera la plus utile étant cette traduction, nous avons fait le choix de l'inclure dans cette catégorie.

qui offrait le plus d'intérêt à ses yeux ? S'agit-il d'un choix par défaut, le traducteur n'ayant à sa disposition qu'une seule source ? Si l'on s'attarde sur le texte en lui-même, le traducteur a-t-il traduit l'intégralité de la source ou a-t-il supprimé des éléments qu'il jugeait impropres ? La neutralité et la transparence d'une traduction étant illusoires, le choix des mots est également un élément à prendre en compte. Sans entrer dans une étude philologique qui dépasse le cadre de cette étude, le seul fait de prendre le parti de traduire l'ensemble des noms propres et des toponymes est un indicateur qu'il faudra prendre en compte. Le choix d'une translittération savante ou plus proche des habitudes supposées du lecteur témoigne en effet des intentions du traducteur. Choisir entre la forme « Tamerlan » et « Tīmūr-e lenk » était au cœur d'un vif débat entre la rigueur de la traduction et une certaine recherche esthétique[51].

La seconde catégorie de ces sources secondaires est celle des compilations de traductions partielles. Ici, l'auteur dispose de plusieurs sources primaires

---

51 Ces questions ne sont pas nouvelles, et les positions méthodologiques de chacun de ces traducteurs furent l'objet de débats parfois vifs en leurs temps.

TABLEAU 2   Liste des principaux compilateurs utilisés

Auteur	Thème	Origine des sources
Pierre Bergeron	Empire mongol	Latine
Sainctyon	Tamerlan	Européenne, supposée arabe
Barthélemy d'Herbelot	Orient	Turque, arabe, persane
François Pétis de La Croix	Gengis Khan	Arabe, persane, latine
Antoine Gaubil	Gengis Khan et la dynastie Yuan	chinoise et mandchoue
Joseph de Guignes	« Tartares occidentaux »	Turque, arabe, persane, chinoise, mandchoue
Jean-Baptiste Margat de Tilly	Tamerlan	Arabe, persane (indirectement)
Claude de Visdelou	Empire mongol	Sino-mandchoue

dont il ne retient que certains éléments. La rédaction d'une telle œuvre ne s'effectue donc que lorsque le réseau de circulation des savoirs est assez structuré pour permettre la centralisation et l'étude d'une quantité appréciable de textes, souvent au sein d'une bibliothèque. L'étude de ce corpus permet de mieux cerner les objectifs de l'auteur et de faire le point sur l'état des savoirs à un moment précis. Ici aussi, différentes questions se posent. Le compilateur tend-il vers l'exhaustivité en regroupant l'ensemble des auteurs à sa disposition ? Fait-il un choix dans la composition de son corpus ? Dans les deux cas, la réponse à cette question mérite d'être analysée dans la mesure où elle est révélatrice de l'objectif de l'auteur.

Les sources tertiaires sont quant à elles des sources relatives à l'idée d'empire tartare qui s'appuient sur les sources secondaires. À la différence des deux cas précédents, les auteurs de sources tertiaires n'ont pas un accès direct aux sources primaires. Leurs savoirs reposent donc sur les interprétations de ces sources. Par exemple, Montesquieu et Voltaire ne connaissaient pas les langues orientales, et leurs savoirs dépendaient des traductions dont ils disposaient. Dans la très grande majorité des cas, il s'agit d'œuvres plus générales dont le but est d'ancrer l'idée d'empire tartare dans un cadre historiographique plus large.

L'étude dans la longue durée que nous proposons conduit à une complexification de cette catégorisation. En effet, des sources tertiaires, qui se trouvent théoriquement à la fin du parcours de circulation des savoirs, en viennent à exercer une influence sur les auteurs de sources secondaires. Par exemple, on ne peut comprendre la traduction faite par Langlès d'un règlement politique

TABLEAU 3 Liste des principaux auteurs tertiaires

Auteur	Nature du texte	Thème
Guillaume Postel	Écrit politique	Empire tartare
André Thevet	Biographies	Tamerlan
François de Belleforest	Cosmographie	Empire tartare
Guillaume Sanson	Géographie	Tartarie
François Catrou	Biographie	Tamerlan
Jean Baptiste Du Halde	Géographie	Tartarie
Montesquieu	Écrit politique	Empire tartare
Voltaire	Écrit politique	Empire tartare
Louis de Jaucourt	Écrit politique	Empire tartare
Abraham Hyacinthe Anquetil-Duperron	Écrit politique	Empire timouride
Pierre Levesque	Histoire	Histoire des peuples de l'empire russe
Jean Potocki	Géographie/ histoire	Tartarie

faussement attribué à Tamerlan sans prendre en compte le fait qu'il s'agit d'une réfutation par le traducteur du concept de despotisme oriental élaboré par Montesquieu. De même, la portée de l'œuvre de Joseph de Guignes ne peut être mesurée indépendamment des travaux de Voltaire. Précisons-le ici, notre étude n'a pas pour objectif de collecter l'ensemble des sources tertiaires relatives aux Tartares, mais de ne porter attention qu'à celles qui participèrent directement aux réflexions des traducteurs. C'est à ce titre que nous ne proposons pas une étude systématique des récits de voyage dans la mesure où, bien qu'ils soient une source de connaissance sur l'Orient et son histoire, ils ne reposent que rarement sur des sources primaires.

Il est ici nécessaire de rappeler que la question de la distance temporelle entre une source et les faits qu'elle décrit ne posait pas de difficulté aux auteurs étudiés. En effet, la hiérarchisation des sources en fonction de la proximité chronologique était loin d'avoir la même valeur que de nos jours, et un éloignement temporel pouvait être compensé par une proximité géographique. D'une certaine façon, cette approche est résumée par le dramaturge Jean Racine (1639-1699) qui, lorsqu'on lui reprocha d'avoir choisi un sujet oriental et non un sujet antique pour sa pièce de théâtre *Bajazet*, indiqua dans sa préface que

l'éloignement des pays répare en quelque sorte la trop grande proximité des temps. Car le peuple ne met guère de différence entre ce qui est, si j'ose ainsi parler, à mille ans de lui, et de ce qui en est à mille lieues. C'est ce qui fait, par exemple, que les personnages turcs, quelque modernes qu'ils soient, ont de la dignité sur notre théâtre[52].

Ce point de vue permet de mieux comprendre un élément important dans notre étude, à savoir l'absence quasi générale de mise en perspective chronologique des sources primaires. Si l'on prend l'exemple des textes relatifs à l'origine de Gengis Khan, les sources mandchoues produites à la fin du XVIIe siècle étaient privilégiées aux sources persanes produites au XIIIe siècle. Ce choix se justifiait alors par l'idée que les auteurs qui vivaient en Chine étaient jugés plus aptes à traiter de la question mongole, parce que plus proches géographiquement que les auteurs persans. Il ne faut pas en conclure que les auteurs français n'avaient pas conscience que près de cinq siècles séparaient ces sources de la naissance de l'empereur mongol, mais cet écart était compensé par une plus grande proximité géographique[53].

La distinction entre ces trois ensembles de sources est peut-être claire dans un cadre théorique, mais pose de réelles difficultés lorsqu'il s'agit d'organiser l'ensemble de notre corpus. Qu'en est-il d'un texte présenté comme la traduction d'une source arabe, mais dont l'étude a montré qu'il s'agit d'une invention ? Il faudra donc, comme toujours dans ce genre de classement, procéder à différents ajustements au fil de cette étude.

---

52   Jean Racine, *Bajazet*, dans *Théâtre complet, II*, Paris, Flammarion, 1965, pp. 5-67, p. 8.
53   Des quelques éléments collectés hors du cadre chronologique ici étudié, il semble que ce ne soit qu'à partir du XIXe siècle que ce type d'approche se développera, contribuant à la transformation des savoirs sur l'empire tartare, comme sur tout autre sujet historique.

TABLEAU 4 Principales sources utilisées, par ordre chronologique et selon les catégories de traduction, compilation et source tertiaire

Auteur	Œuvre	Première édition	Traduc-teur	Compi-lateur	Source tertiaire
Guillaume Postel (1510-1581)	De la république des Turcs	1560			×
André Thevet (1515-1592)	La cosmographie universelle	1575			×
François de Belleforest (1530-1583)	La cosmographie universelle	1575			×
Jean Bodin (1530-1596)	Les six livres de la République	1583			×
André Thevet (1515-1592)	Portraits et vies des Hommes illustres	1595			×
Jean du Bec (1540-1610)	Histoire du grand Empereur Tamerlan	1595	×		
Pierre Bergeron (vers 1580-1637)	Traité des Tartares, de leur origine, pays, peuples, mœurs, Religion, guerres, conquêtes, empire et son étendue, de la suite de leurs Chams et Empereurs, Etats et Hordes diverses jusqu'à aujourd'hui.	1634		×	
Pierre Bergeron (vers 1580-1637)	Relation des voyages en Tartarie	1634	×		
Gilbert Gaulmin (1685-1667)	Moelle des histoires	Non publié	×		
Nicolas Sanson (1600-1667)	L'Asie en plusieurs cartes	1658		×	
Pierre Vattier (1623-1667)	L'histoire du Grand Tamerlan divisée en sept livres, contenant l'origine, la vie et la mort de ce fameux conquérant, nou-vellement traduite en français de l'arabe d'Achamed fils de Guerapse	1658	×		
Sieur de Sainctyon (?)	Histoire du grand Tamerlan, tirée d'un excellent manuscrit et de quelques autres orignaux, très propres à former un grand capitaine	1678		×	
Barthélémy d'Herbelot de Molainville (1625-1695)	Bibliothèque orientale ou dictionnaire universel contenant généralement tout ce qui regarde la connaissance des peuples de l'Orient	1697		×	
Galland Antoine (1646-1715)	Traduction d'une vie de Gengis Khan et de ses successeurs	Manuscrit non daté	×		
François Catrou (1659-1737)	Histoire générale de l'empire du Mogol depuis sa fondation, sur les mémoires portugais de M. Manouchi, Vénitien	1702			×
François Pétis de La Croix père (1622-1695)	Histoire du grand Genghizcan, premier empereur des anciens Mogols et Tartares, divisée en quatre livres	1710		×	

TABLEAU 4   Principales sources utilisées (*suite*)

Auteur	Œuvre	Première édition	Traduc-teur	Compi-lateur	Source tertiaire
François Pétis de La Croix fils (1653-1713)	*Histoire de Timur-Bec, connu sous le nom du grand Tamerlan, empereur des Mogols et Tartares*	1722	×		
Jean Baptiste du Halde (1674-1743)	*Description géographique, historique, chronologique, politique et physique de l'empire de la Chine et de la Tartarie chinoise*	1735			×
Antoine Gaubil (1689-1759)	*Histoire de Gentchiscan et de toute la dinastie des Mongous ses successeurs, conquérants de la Chine ; tirée de l'histoire chinoise*	1739	×		
Jean Baptiste Margat de Tilly (1689-1737)	*Histoire de Tamerlan, empereur des Mogols et conquérants de l'Asie*	1739		×	
Joseph de Guignes (1721-1800)	*Mémoire historique sur l'origine des Huns*	1748		×	
Montesquieu (1689-1755)	*De l'Esprit des Lois*	1748			×
Voltaire (1694-1778)	*Essai sur les mœurs et l'esprit des nations*	1756			×
Joseph de Guignes (1721-1800)	*Histoire générale des Huns, des Turcs, des Mogols et des autres Tartares occidentaux ; précédée d'une introduction contenant des Tables chronologiques et historiques des princes qui ont régné dans l'Asie. Ouvrage tiré des livres chinois et des manuscrits orientaux de la Bibliothèque du Roi.*	1756		×	
Louis de Jaucourt (1704-1779)	Article « Tartare » de l'*Encyclopédie*	1762			×
Claude de Visdelou (1656-1737)	*Supplément à la Bibliothèque orientale*	1777		×	
Joseph Anne-Marie Moyriac de Mailla (1669-1748)	*Histoire générale de la Chine, ou annales de cet empire ; traduite du Tong-Kien-Kang-Mou*	1777	×		
Abraham-Hyacinthe Anquetil-Duperron (1731-1805)	*Législation orientale*	1778			×

TABLEAU 4 Principales sources utilisées (*suite*)

Auteur	Œuvre	Première édition	Traduc-teur	Compi-lateur	Source tertiaire
Pierre-Charles Levesque (1736-1812)	*Histoire des différents peuples soumis à la domination des Russes*	1782		×	
Louis-Mathieu Langlès (1763-1824)	*Instituts politiques et militaires de Tamerlan, proprement appelé Timour, écrits par lui-même en Mogol et traduits en français sur la version persane d'Abou-Taleb-al-Hosseïni, avec la vie de ce conquérant et d'après les meilleurs auteurs orientaux, des notes et des tables historiques, géographiques...*	1787	×		
Jean Potocki (1761-1815)	*Histoire primitive des peuples de la Russie avec une exposition complète de toutes les notions, locales, nationales et traditionnelles nécessaires à l'intelligence du quatrième livre d'Hérodote*	1802			×
Julius von Klaproth (1783-1835)	*Tableau historique de l'Asie*	1826		×	
Jean-Pierre Abel-Rémusat (1788-1832)	*Recherches sur les langues tartares, ou Mémoires sur différents points de la grammaire et de la littérature des Mandchous, des Mongols, des Ouigours et des Tibétains*	1820		×	

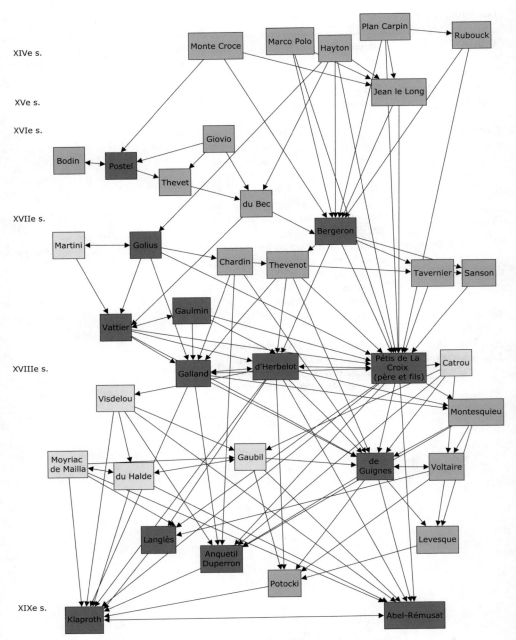

XIVe s.

XVe s.

XVIe s.

XVIIe s.

XVIIIe s.

XIXe s.

FIGURE 1 Représentation simplifiée de la circulation des savoirs sur l'idée d'empire tartare.
Le bleu renvoie aux orientalistes, le jaune aux jésuites, le vert aux auteurs d'un récit de voyage
et le turquoise aux sources tertiaires.

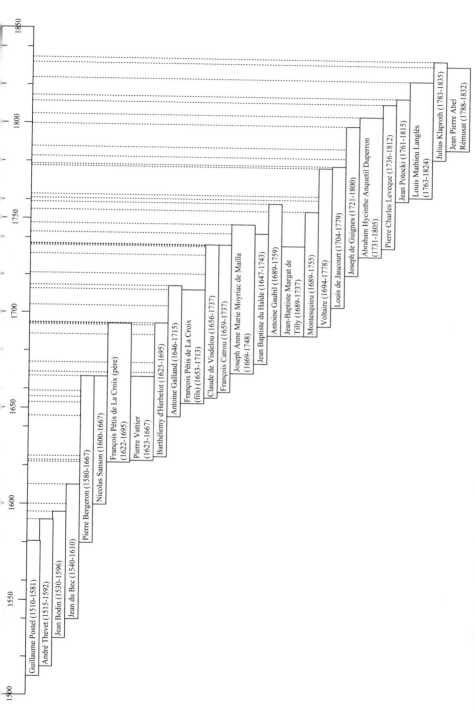

FIGURE 2   Tableau chronologique des auteurs de notre corpus.

PARTIE 1

Origine et affirmation de l'idée d'empire tartare (XIIIe siècle – années 1630)

∵

Introduction à la Première Partie

L'année 1634 marque un tournant dans la construction d'un savoir historique sur les Tartares. On assiste en effet à la publication de deux œuvres majeures, à savoir une traduction des récits des principaux missionnaires qui s'étaient rendus dans l'empire tartare au XIIIᵉ siècle, et un *Traité des Tartares* qui, pour la première fois, concrétise l'idée d'empire tartare en retraçant son histoire. L'auteur des deux œuvres, Pierre Bergeronse livra à une véritable synthèse dans laquelle il ordonna les différents savoirs en circulation. Pour la première fois, Gengis Khan et Tamerlan se trouvent réunis au sein d'un même ensemble politique et historique. Ce qui n'était qu'une accumulation de données devint alors, si ce n'est une science, du moins un discours raisonné tendant à établir une cohérence entre des éléments disparates.

L'enjeu de cette première partie est précisément d'identifier les étapes qui ont conduit à la formation de cette idée d'empire tartare telle qu'on la trouve exprimée chez Bergeron. Quels furent les choix du savant, par quelles sources a-t-il le plus été influencé ? À quels enjeux ses textes répondent-ils ? Pour prendre la mesure de l'œuvre de Bergeron sur cette question, il sera nécessaire de présenter les principaux savoirs dont il disposait, et de souligner à quel point ils pouvaient être contradictoires.

Ces savoirs sont des sources primaires produites par des missionnaires latins ou des historiographes persans, mais ne sont pas encore issus de traductions réalisées par des auteurs français. Ce constat nous conduira à interroger la naissance et le développement des études orientales en France, et à comprendre les raisons du décalage que l'on trouve avec l'Espagne ou l'Italie, par exemple. Cette première partie sera donc l'occasion de constater que l'idée d'empire tartare apparaît d'abord dans ce que l'on a défini comme étant des sources tertiaires.

© KONINKLIJKE BRILL NV, LEIDEN, 2022 | DOI:10.1163/9789004499027_003

Les principales sources latines et orientales relatives à Gengis Khan et Tamerlan (XIIIᵉ-XVIᵉ siècles)

Quels ont été les premiers savoirs relatifs à Gengis Khan et à Tamerlan qui ont circulé en Europe ? Sur quoi reposaient-ils et que donnaient-ils à voir de ces deux empereurs ? C'est par ces premières questions qu'il est nécessaire de débuter notre étude, dans la mesure où les sources primaires que nous allons présenter ici représentent une grande partie de la base à partir de laquelle les auteurs français construiront leurs propres raisonnements. Ces sources sont nombreuses, et notre objectif n'est pas d'en faire une liste exhaustive. Il existe d'ailleurs une riche littérature secondaire sur le sujet à laquelle nous empruntons les éléments nécessaires à notre étude. Aussi, nous avons sélectionné celles qui ont joué un rôle dans la construction de l'idée d'empire tartare durant la période qui constitue le cadre de notre recherche et qui témoignent de la multiplicité des points de vue sur ces deux empereurs. La présentation de ces sources, tant dans leurs origines que dans leurs contenus, permettra de comprendre que les premiers savoirs sur ce qui deviendra l'idée d'empire tartare étaient loin d'être homogènes.

1 L'empire mongol dans les sources latines, persanes et syriaques (XIIIᵉ-XIVᵉ siècles)

C'est à partir des années 1220 que l'Europe chrétienne commença à recevoir les premiers échos relatifs à l'avancée des Mongols. Les conquêtes des armées gengiskhanides provoquèrent d'importants déplacements de population qui arrivèrent par vagues en Europe de l'Est, sans pour autant réellement attirer l'attention des puissances de l'Europe occidentale. Si des sources existaient dès cette époque, c'est durant la seconde moitié du XIIIᵉ siècle qu'une véritable politique de collecte d'informations se mit en place et provoqua la construction d'un premier portrait si ce n'est de Gengis Khan lui-même, du moins de l'empire mongol. Rapidement, cette première perception fut conduite à évoluer au fil de l'évolution des enjeux politiques[1].

---

1   L'ouvrage de Peter Jackson, *The Mongols and West 1221-1440*, Londres, New York : Routledge,

Dans les années 1240, la papauté ne pouvait plus ignorer la menace que ces Tartares faisaient peser sur le monde catholique. En 1245, il fut décidé d'envoyer plusieurs missionnaires pour sonder leurs intentions et, si possible, les convertir au christianisme. Par deux routes différentes, le franciscain Jean du Plan Carpin (1182-1252) et le dominicain Ascelin de Crémone (mort en 1247) partirent à la rencontre des Tartares[2]. Le premier atteignit la capitale Qaraqorum au milieu des années 1240, tandis que le second ne dépassa pas le Proche-Orient.

Dans des registres différents, ces deux auteurs rédigèrent les récits de leurs voyages à travers lesquels ils présentaient l'empire tartare comme ce qu'il était alors, un adversaire inconnu, dangereux et menaçant. Parmi les éléments de description de ces peuples, on retrouve par exemple un rapprochement entre les Tartares et les peuples bibliques de Gog et Magog annonciateurs de l'Apocalypse. Ce rapprochement était d'autant plus aisé que le terme « mongol » était généralement remplacé par celui de « Mogol », qui pouvait sans peine être volontairement transformé en « Magog »[3]. Ce mythe rejoignait de plus une autre tradition qui reprenait l'idée qu'Alexandre le Grand avait repoussé les peuples barbares derrière les « Portes de fer », une muraille que le conquérant macédonien aurait fait construire à Derbent sur les rives de la Caspienne[4].

Taylor & Francis Group, 2005, constitue un point de départ nécessaire sur la question, qui peut être complété par les références que nous donnerons par la suite.

2   Sur ce point, voir Tanase, *Jusqu'aux limites du monde*.

3   Comme l'a démontré Igor de Rachewiltz, la forme « Mogol » tire son origine d'une particularité de la chancellerie de l'empire mongol. Ne disposant pas de langue écrite, les Mongols ont utilisé des scribes ouïghours pour administrer leur empire. Ces derniers utilisaient leur propre alphabet pour retranscrire la langue mongole, mais durent faire face à une difficulté. Dans cette translittération, le nom des Mongols avait la même orthographe qu'un mot déjà existant et qui signifiait « fou ». Aussi, toujours selon Rachewiltz, le *n* de « mongol » fut supprimé pour éviter toute association déplaisante, et les textes en écriture ouigouro-mongole ne font donc jamais usage de la forme correcte du nom, à l'exception des textes diplomatiques, mais toujours de la forme *Moɣul* ou *Moɣales*. Ces deux termes passèrent en Asie intérieure et en Europe sous la forme de « Mogol », ou plus rarement « Mogal ». Le terme « Mogol » est largement dominant dans cette étude et il ne doit pas être confondu avec « Moghol » désignant une dynastie indienne. Voir Igor de Rachewiltz, « The name of the Mongols in Asia and Europe : A reapraisal », *Etudes mongoles et sibériennes*, 27, 1996, pp. 199-210.

4   Jean-Louis Bacqué-Grammont, François De Polignac et Georges Bohas, « Monstres et murailles, Alexandre et bicornu, mythes et bon sens », *Revue des mondes musulmans et de la Méditerranée* [En ligne], 89-90 | 2000, mis en ligne le 12 mai 2009, consulté le 05 octobre 2012. URL : http://remmm.revues.org/275 ; DOI : 10.4000/ remmm.275, § 11. Présent dans le monde catholique, ce thème des « Portes de Fer » circula également dans le monde musulman par l'intermédiaire d'une source syriaque, le pseudo-Callisthène, et par le Roman d'Alexandre, narration médiévale de la vie du héros macédonien. Voir Andrew Anderson, *Alexander's Gate,*

Les pratiques cannibales, les violences de toutes sortes et le renversement des valeurs chrétiennes qui caractérisaient la société mongole aux yeux de ces voyageurs et de leurs homologues suffisaient à renforcer la dimension eschatologique que l'on associait à l'expansion de l'empire mongol. Par manque de connaissances précises et par volonté d'inscrire cet empire tartare dans un cadre déjà connu, l'histoire mongole fut considérée comme la concrétisation de ces savoirs à la fois antiques et chrétiens. Cependant, bien que ces premiers savoirs traduisaient une peur réelle éprouvée par ces missionnaires et, à travers eux, par l'Europe, ils n'en étaient pas pour autant dépourvus de précision et d'informations utiles. Sur ce point, c'est Jean du Plan Carpin qui livra le récit le plus complet et qui brilla par une étude assez fine des pratiques et coutumes qu'il découvrit, reconnaissant par exemple que le terme « tartare » était impropre pour désigner l'ensemble des populations de l'empire mongol.

Vincent Beauvais (1190-1264)[5] intégra le texte de Jean du Plan Carpin à celui d'un autre missionnaire, Simon de Saint-Quentin (mort au milieu du XIIIᵉ siècle), et utilisa ces témoignages comme base de sa description de l'histoire des Tartares qu'il rédigea dans son œuvre encyclopédique intitulée *Speculum historiale*[6]. Couvrant l'ensemble des savoirs alors accessibles, ce texte fut l'objet de nombreuses copies, éditions et traductions dans différentes langues européennes[7], assurant une large diffusion aux récits des missionnaires. C'est principalement par ce biais que les auteurs de notre corpus eurent connaissance de ces récits. Vincent Beauvais ne fut cependant pas en mesure d'intégrer le récit

---

Gog, and Magog and the Enclosed Nations, Harvard University Press, Cambridge Ma, 1999 et Emeri van Donzel et Andrea Schmidt, *Gog and Magog in the Early Syriac and Islamic sources : Sallam's Quest for Alexander's Wall*, Leiden, Boston, Brill, 2009.

5 La question de savoir si Vincent Beauvais a complété le texte de Plan Carpin avec celui d'Ascelin de Crémone ou l'inverse n'entre pas directement dans cette étude. Deux thèses s'opposent d'ailleurs quant à la composition de ce passage de l'histoire de Vincent Beauvais. Pour Jean Richard, Vincent Beauvais aurait privilégié l'œuvre de Plan Carpin, alors que pour Gregory G. Guzman, Vincent de Beauvais aurait puisé chez Simon les informations importantes, qu'il aurait ensuite complétées avec le texte de Jean. Voir pour cela Simon de Saint-Quentin, *Histoire des tartares*, Jean Richard Paris (éd.), 1965, p. 13 et Gregory G. Guzman, « The Encyclopedist Vincent of Beauvais and his Mongol Extracts from John of Plano Carpini and Simon of Saint-Quentin », *Speculum*, 49 :2, 1974, p. 287-307, p. 291.

6 Vincent Beauvais, *Speculum Historiale*, Douai, 1624. L'auteur transforma quelque peu ces écrits, notamment en ajoutant des titres qui ne laissaient aucun doute quant aux contenus des chapitres, comme « *De superbia eorum* » ou « *De crudelitate ipsorum et fallacia* », destinés à souligner le caractère haïssable des Tartares. Pour ces chapitres, voir les pages 1211 et suiv.

7 Guzman, « The Encyclopedist Vincent of Beauvais », p. 287.

d'un autre missionnaire, parti quelques années après, qui marquait déjà une inflexion dans la perception des Tartares.

Dans les années 1250, le franciscain Guillaume de Rubrouck (1215-1295) se rendit dans l'empire mongol et laissa un récit qui se démarque de ses pré-décesseurs. À cette époque, les Tartares ne représentaient plus une menace aussi pesante sur l'Europe. Le risque d'une invasion s'était estompé à la suite du retrait des armées mongoles de l'Europe centrale, et les puissances musul-manes en Terre sainte représentaient désormais le principal adversaire pour la chrétienté[8]. C'est dans ce cadre que des projets d'alliance entre chrétiens et Tartares commencèrent à se construire contre ceux qui représentaient un ennemi commun. Dans ce contexte, la lettre que Guillaume de Rubrouck adres-sa à Louis IX dans laquelle il raconta son voyage et sa rencontre avec les Tar-tares souligne moins les aspects négatifs et répulsifs de l'empire mongol, et va même jusqu'à en évoquer certaines qualités. De plus, les sensibilités per-sonnelles de l'auteur le rendirent plus attentif à certains éléments d'ordre ethnographique, notamment sur les questions religieuses et linguistiques[9]. Si l'idée d'un empire tartare monolithique était déjà fragilisée par le récit de Plan Carpin, elle est réellement battue en brèche par Guillaume de Rubrouck, qui en souligna à plusieurs reprises les divisions. Cependant, ce texte circula moins, si bien que les informations qu'il contenait restèrent plus confiden-tielles.

Si Rubrouck marque une certaine inflexion dans la perception des Tartares, c'est surtout à la fin du XIIIe siècle que l'on assiste à un réel changement d'attitude. Peu après le voyage de Rubrouck, Hülegü (1217-1265), l'un des petits-fils de Gengis Khan, prit la tête d'une armée qui fit la conquête de la Perse, de l'Arménie et qui allât menacer l'Égypte. La prise de Bagdad en 1258 fut un temps perçue par les Européens comme un coup décisif porté à l'islam et le signe que l'armée mongole était bel et bien un allié des chrétiens. On commença dès lors à envisager de s'allier avec l'ennemi d'hier dans le but de reprendre Jérusalem et de relancer l'esprit de croisade. Cet espoir fut cepen-dant de courte durée. En 1260, les Mongols subirent aux portes de l'Égypte une lourde défaite qui porta un coup d'arrêt à leur expansion. Dans le même temps, les Croisés ne cessaient de perdre leurs possessions, jusqu'à ce que la chute

---

8   Sur ce retrait des troupes mongoles, l'explication la plus souvent avancée est que Batu,
     petit-fils de Gengis Khan, dut retourner à Qaraqorum à la mort du grand khan Ögödeï en
     1242.

9   Guillaume de Rubrouck, *Voyage dans l'empire mongol, 1253-1255*, Claire et Renée Kappler
     (trad. et éd.), Paris, Payot, 2019.

finale de Saint-Jean d'Acre en 1291 face aux armées mameloukes marque la fin
de la Terre sainte franque. Malgré ces défaites, ou plutôt en réaction à celles-ci,
le dominicain Riccold de Monte Croce (1243-1320)[10] rédigea un récit de pèlerinage intitulé *Pérégrination en Terre sainte*[11] dans lequel il défendait l'idée d'une
alliance avec les Tartares, soulignant à plusieurs reprises leur intérêt dans la
lutte contre l'islam. Cette alliance reposait sur le fait que le petit fils d'Hülegü,
Arghun (1250-1291), pouvait être perçu comme un « ami » des chrétiens et que
sa conversion était proche. Ce faisant, Monte Croce reprenait une tradition
déjà longue dans laquelle les souverains mongols étaient censés se convertir
tôt ou tard au christianisme en se basant sur l'influence, relative, de la communauté nestorienne à la cour impériale. Le missionnaire alla jusqu'à écrire,
à tort, que les Mongols avaient conquis Jérusalem dans le but de la livrer aux
chrétiens[12].

Cette question de l'alliance était encore plus clairement posée par un auteur
arménien contemporain de Monte Croce, à savoir Héthoum de Korikos (1235-
1308), plus connu sous le nom de Hayton. Il s'agit donc d'une source primaire
rédigée par un témoin de la domination des Ilkhāns au Proche-Orient. En sa
qualité de neveu du roi d'Arménie, il séjourna en 1307 à la cour pontificale
d'Avignon, où il dicta la *Fleur des Histoires de la terre d'Orient*. Hayton inscrivait
l'histoire de l'empire mongol dans un temps et dans un espace plus long que
celui des missionnaires, et proposa un récit dans lequel il se livra à une description des royaumes de l'Orient, à une présentation des dynasties arabes et
turques, à une histoire des Tartares et à un traité sur la croisade[13]. L'Arménie
jouait pleinement la carte d'une alliance avec les Mongols et, à de nombreuses
reprises, l'auteur cherchait à raviver l'idée d'une lutte possible de la papauté et
des Tartares contre les musulmans[14].

---

10   Pierre Mandonnet, « Fra Riccoldo de Monte Croce, pèlerin en Terre sainte et mission-
     naire en Orient », Revue biblique, II, 1893, pp. 44-61, 182-202, 584-607. Il parcourut la Terre
     sainte avant de se rendre à Mossoul et Bagdad. Ses œuvres avaient pour objectif de favori-
     ser l'évangélisation de ces régions et, à ce titre, Monte Croce compose une réfutation du
     Coran, dont il entame une traduction latine, un traité sur les nations orientales.
11   Riccold de Monte Croce, *Pérégrination en Terre sainte et au Proche-Orient*, René Kappler
     (trad.), Paris, 1997, pp. 107-109.
12   Monte Croce, *Pérégrination en Terre sainte* pp. 107-109.
13   Hayton, *La Fleur des histoires de la terre d'Orient*, Christiane Deluz (trad.), dans *Croisades
     et Pèlerinages, récits, chroniques et voyages en terre sainte, XIIᵉ-XVIᵉ siècle*, Paris, Robert Laf-
     font, 1997, p. 804.
14   Denise Aigle, « L'intégration des Mongols dans le rêve eschatologique médiéval », dans
     Denise Aigle, Isabelle Charleux, Vincent Goossaert et Roberte Hamayon (éd.), *Miscel-*

Dans leur ensemble, ces sources permettent de mesurer l'évolution de la perception de l'empire mongol par les auteurs chrétiens. Cependant, elles ne contiennent que peu d'information sur la vie de Gengis Khan, et cette absence d'informations laissa la place à plusieurs interprétations plus ou moins mythifiées de l'origine et des motivations du conquérant[15]. En croisant les textes de Plan Carpin et de Rubrouck, on peut lire que Gengis Khan était un forgeron qui vivait au milieu d'un peuple barbare. Il prit le pouvoir et soumit les peuples qui l'entouraient avant de se lancer à la conquête du monde. Il forgea un empire et imposa des lois aux nations nomades. Ces connaissances lacunaires ne permettaient cependant pas de rattacher Gengis Khan à l'histoire chrétienne, et il était donc nécessaire de poser un cadre dans lequel ces connaissances seraient mises en ordre, afin de donner un sens aux entreprises de ce conquérant et, par extension, à son empire.

Assez rapidement, Gengis Khan fut associé au mythe du Prêtre Jean, figure mythique apparue au xiiᵉ siècle à la suite des échos lointains de victoires de peuples nestoriens sur des armées musulmanes[16]. Ces victoires des Qara-Khitaï avaient fait naître l'espoir qu'un prêtre-roi nommé Jean viendrait d'Orient pour libérer les lieux saints et soutenir la Croisade. Un temps identifié à ce personnage, Gengis Khan ne pouvait que difficilement revêtir ce rôle aux yeux des Européens à partir du moment où il attaqua également des nations chrétiennes. On trouva dès lors de nombreuses explications pour soutenir cette correspondance face aux éléments factuels[17]. C'est Hayton qui poussa le plus loin

---

lanea Asiatica. *Mélanges en l'honneur de Françoise Aubin.* Saint-Augustin, Institut Monumenta Serica, 2010, p. 683-717.

15   L'*Histoire secrète des Mongols*, seul texte relatant l'époque pré-gengiskhanide écrit durant l'époque impériale à avoir été conservé, ne circulait pas en dehors des élites mongoles, et ne fut connu des Européens qu'au xixᵉ siècle. Pour ce texte, voir Igor de Rachewiltz, *The secret history of the Mongol. A Mongolian Epic Chronicle of the Thirteenth Century*, Leiden, Boston, Brill, 2006, 2 vol.

16   Jean Richard, *Au-delà de la Perse et de l'Arménie, L'Orient latin à la découverte de l'Asie intérieure*, Turnhout, Brepols, 2005, p. 22. Sur les étapes de la construction de ce mythe, voir Denise Aigle, *The Mongol empire between myth and reality*, Leiden-Boston, Brill, 2014, chap. 2.

17   Aigle, *The Mongol Empire between myth and reality*, p. 53. À une époque où l'on cherchait à construire un portrait plus favorable des Tartares, les victoires de Gengis Khan contre les nations chrétiennes posaient un problème. Si on acceptait l'idée que Gengis Khan ait pu vaincre le Prêtre Jean, il fallait en trouver la raison. Le Prêtre Jean fut présenté comme un mauvais souverain qui avait abandonné le christianisme. Pour Rubrouck, le Prêtre Jean gardait sa dimension positive mais, étant mort sans héritier, c'est son successeur qui s'attira les foudres légitimes de Gengis Khan, car il aurait été méprisant et se serait converti à d'autres croyances. Cette lecture de l'histoire permettait de présenter

cette relation entre le christianisme et l'empire mongol, en affirmant que
l'élection de Gengis Khan à la tête de son empire aurait été favorisée par Dieu.
Jouant un rôle important dans la perception de l'histoire mongole dans la
seconde moitié du XIIIᵉ siècle, l'intérêt pour ce mythe s'estompa progressivement, mais garda un fort pouvoir d'attraction. Ce mythe servit également de
support à un approfondissement de la connaissance de la géographie de l'Asie
centrale, dans la mesure où il était nécessaire d'identifier le royaume du Prêtre
Jean[18].

Si les sources chrétiennes sont un vecteur important dans la connaissance
des Tartares par les Européens, elles n'occupent qu'une place secondaire dans
l'ensemble des sources relatives à l'empire mongol. À titre de comparaison,
les sources persanes produites pendant ou après la conquête de la Perse sont
à la fois plus riches et plus structurées. Durant la seconde moitié du XIIIᵉ
siècle, le texte persan qui exerça la plus grande influence sur la connaissance
de l'histoire des Tartares est *Tārīkh-i jahān-gushāy*[19], ou *Histoire du conquérant du monde*. Ata Malik al-Juvainī (1226-1283)[20] y décrit les conquêtes mongoles en Asie centrale et en Iran, en terminant son récit juste avant la prise
de Bagdad par Hülegü en 1258. Les raisons qui expliquent que l'auteur n'ait
pas décrit cet événement font débat. Décrire le siège et la prise de la ville,
c'était rappeler aux musulmans que les Mongols avaient tué le calife, c'est-
à-dire le représentant du pouvoir spirituel et politique de l'islam. Or, Juvainī
était devenu un relais du gouvernement mongol et ne pouvait donc produire
une œuvre ouvertement hostile au pouvoir qu'il servait[21]. Cet exemple illustre
l'ambiguïté avec laquelle les sources persanes produites à cette époque ont
intégré l'empire mongol dans l'histoire islamique. Si l'on excepte ce silence sur
la prise de Bagdad, le *Tārīkh-i jahān-gushāy* est une œuvre essentielle dans la
connaissance de la vie de Gengis Khan et de ses conquêtes. Il séjourna lui aussi
à Qaraqorum quelques années avant Rubrouck, et c'est dans cette ville qu'il

---

Gengis Khan non pas comme un chrétien, mais au moins comme un ami des chrétiens,
statut qui permettait de maintenir l'idée que les Tartares pouvaient être des alliés potentiels.

18 Gorshenina, *L'invention de l'Asie centrale*, p. 103.

19 Ata Malik al-Juvainī (trad. John Andrew Boyle), *Genghis Khan: the history of the world
conqueror*, Manchester, Manchester Univ. Press, 1997 [1958].

20 John Andrew Boyle, «Juvaynī and Rashīd al-Dīn as Sources on the History of the Mongols», in *Historians of the Middle East*, Bernard Lewis, Peter Malcom Holt (éd.), Londres,
1962, pp. 133-137. Réimpr. in *The Mongol World Empire 1206-1370*, Londres, Variorum Reprints, 1977, p. 133.

21 Melville Charles (éd.), *Persian Historiography*, Tauris, Londres, New York, 2012, chap. 4,
pp. 160-161.

commença à écrire. Sa position de notable au sein d'une famille puissante lui permettait également d'obtenir les témoignages directs des Mongols.

Sans dresser une liste exhaustive des auteurs qui ont utilisé le texte de Juvainī, il est nécessaire de mentionner ici Rashīd al-Dīn Faḍl Allah Hamad-hānī (mort en 1318). Auteur d'une œuvre dense et complexe qui dépasse le seul cadre de l'histoire mongole, Rashīd al-Dīn était à la fois juriste, médecin et historien[22]. Il était un membre important de la cour de l'Ilkhān Ghazan (1271-1304), et ce dernier lui demanda d'écrire sur l'origine de son peuple afin d'en garder une trace. Öljeitü' (1282-1316), successeur de Ghazan, demanda à changer la nature de l'œuvre pour englober l'ensemble des peuples connus – à savoir les Chinois, les Francs, les Indiens et les Turcs – et l'histoire islamique. Ces demandes successives se traduisirent par la rédaction du *Jāmi' al-tavārīkh*, généralement traduit par *Recueil* ou *Abrégé des histoires*[23].

Par son ampleur, ce texte peut être considéré comme la première histoire universelle du monde. Pour ce faire, l'auteur persan compila de nombreuses sources, notamment sur l'histoire des Mongols, dont l'histoire de Gengis Khan écrite par Juvainī, mais aussi des sources plus lointaines auxquels l'auteur a eu accès grâce à sa position à la cour mongole. Rashīd al-Dīn rencontra un ambassadeur nommé Bolad que Qubilai, frère de Hülegü, héritier du trône impérial et fondateur de la dynastie Yuan, envoya dans le cadre de l'alliance entre la Perse et la Chine[24]. Mongol d'origine, Bolad avait accès aux sources contenues dans l'*Altan Debter*[25], livre considéré comme sacré par les Mongols et dont l'accès était limité. Sa collaboration avec Rashīd al-Dīn permit à ce dernier d'obtenir des informations qui participèrent au renouvellement complet de l'écriture de l'histoire mongole. Outre cet intermédiaire, Christopher Atwood indique qu'il est même probable que des historiens turciques, capables de lire le mongol, lui aient traduit une partie des sources qu'il compila pour son histoire[26].

---

22   Judith Pfeiffer, "In the folds of time: Rashīd al Dīn on theories of historicity." *History and Theory* Volume 58, no. 4, Theme Issue 57, December 2019, pp. 20-42.

23   Pour une traduction du texte, voir Wheeler M. Thackston (éd. tr.), *Classical Writings of the Medieval Islamic World. Persian Histories of the Mongol Dynasties*, London, I.B. Tauris, 2012, vol. 3.

24   Thomas T. Allsen, « Biography of a Cultural Broker. Bolad Ch'eng-Hsiang in China and Iran », in *The Court of the Il-Khans, 1290-1340* Julian Raby et Teresa Fitzherbert (éd.), Oxford, 1996, pp. 7-22, p. 10.

25   Allsen, « Biography of a Cultural Broker », p. 13.

26   Christopher Atwood « Six Pre-Chinggisid Genealogies In The Mongol Empire », dans *Archivum Eurasiae Medii Aevi*, ed. Th.T. Allsen, P.B. Golden, R.K. Kovalev et A.P. Martinez, 19 (2012), Harrassowitz Verlag, Wiesbaden, p. 23.

Le *Jāmi' al-tavārīkh* propose une intégration particulière de l'histoire mongole à l'histoire du monde. En effet, Rashīd al-Dīn joue sur trois niveaux que sont le respect de l'histoire mongole, le rattachement de cette histoire à une tradition islamique, et l'inscription dans un cadre persan[27]. Aussi, à la différence des sources latines, les sources persanes reposent sur des informations plus fiables sur l'histoire de l'empire mongol, mais relèvent du statut délicat de l'histoire de cour. Malgré ce statut, elles se révéleront centrales dans la formation de l'idée d'empire tartare et seront privilégiées aux sources latines.

Également influencé par Juvainī, mais écrivant avant Rashīd al-Dīn, le texte de Bar Hebræus (1226-1286) mérite une attention particulière dans la mesure où il s'agit de l'une des sources orientales qui furent le plus et le plus tôt utilisées en Europe. Également connu sous le nom d'Abū l-Faraj, Bar Hebræus était l'évêque jacobite d'Alep, fut capturé lors de la prise de la ville par les Mongols en 1260, et séjourna plus de vingt ans sous domination des Ilkhāns. « En tant que représentant des chrétiens jacobites dans l'Ilkhānat persan, Bar Hebræus était lié au pouvoir politique. On ne peut pas pour autant le qualifier d'historien officiel des Ilkhāns »[28]. Pour cela, il utilisa les nombreux manuscrits que les souverains Mongols avaient réunis et conservés à Marāgha, alors capitale de l'Ilkhānat. Bar Hebræus contribua à la diffusion d'une image favorable d'Hülegü et de ses premiers successeurs, mettant en avant leur proximité avec le christianisme.

Comme nous l'avons souligné, l'empire mongol ne saurait se limiter à la Perse et, si le monde russe restait en marge des intérêts de la papauté, il n'en était pas de même pour le monde chinois. Paradoxalement, au moment où l'Europe faisait la découverte de la Chine et de la puissance de la dynastie Yuan, l'empire mongol était en plein morcellement. L'élection de Qubilai suscita une guerre civile entre lui et les Tchagatays, une autre branche de la lignée gengiskhanide. Par respect pour la légitimité dynastique et parce qu'ils étaient en proie aux ambitions toujours plus grandes de la Horde d'or et à l'expansion mamelouke, les Ilkhāns reconnurent l'autorité de Qubilai et de ses successeurs. Comme l'a expliqué Thomas Allsen, ce contexte politique entre la Perse

---

27   Charles Melville (éd.), *Persian Historiography*, p. 159.

28   Denise Aigle, *Le Fārs sous la domination mongole : politique et fiscalité, XIIIᵉ-XIVᵉ s.* Studia Iranica 31. Paris, Association pour l'avancement des études iraniennes, 2005, pp. 56-57. Pour l'œuvre historique de l'auteur, voir Aigle, *The Mongol Empire*, chap. 3. Son œuvre se compose entre autres de trois textes, à savoir une histoire universelle, une *Histoire des dynasties* écrite en arabe sous le titre de *Mukhtasar fī-l-duwal* et une chronique syriaque intitulée *Maktebonout zabnē*.

et la Chine favorisa les échanges intellectuels et commerciaux entre ces deux régions du monde[29]. L'ouverture vers le monde permise par la formation de l'empire mongol a conduit à un éloignement de l'horizon oriental de l'Europe. Alors que le monde avec lequel on entretenait des relations, même limitées, se terminait à la Perse et à l'Inde, c'était désormais la Chine et sa cour florissante qui attiraient les marchands et les missionnaires[30].

L'exemple le plus évident de ces récits vers la Chine est celui de Marco Polo (1254-1324)[31]. Plus que le portrait d'un voyageur audacieux, il est intéressant de voir en Marco Polo la figure la plus visible d'un réseau de marchands italiens solidement ancré dans ses échanges avec l'Asie. La narration de son voyage et de son séjour à la cour impériale Yuan connut un vif succès en Europe. Dès lors, il est logique de retrouver le *Devisement du monde*[32] comme une source de premier ordre lorsqu'il s'agit de décrire la partie chinoise de l'empire tartare. Ici, l'intention de l'auteur diffère radicalement des textes déjà présentés. Comme l'indique Thomas Tanase au sujet de la description du mythe du Prêtre Jean par le Vénitien,

> À la différence d'un Plan Carpin ou d'un Rubrouck qui décrivirent en détail l'histoire de Gengis Khan, qu'il fallait faire connaître aux Occidentaux afin de mieux faire comprendre le fonctionnement des armées mongoles, un demi-siècle plus tard, chez Marco et Rustichello, cette histoire était devenue un thème de divertissement pour les lecteurs avides de romans de chevalerie, sans grand rapport avec la réalité historique[33].

Marco Polo prend ses distances avec la fiabilité de son discours et privilégie la dimension littéraire, peut-être sous l'influence de Rustichello[34]. Cette dimen-

---

29 Thomas Allsen, *Commodity and exchange in the Mongol empire*, Cambridge, 1997. Marco Polo, *the Description of the World*, par A.C. Moule et Paul Pelliot, Londres, George Routledge, 1938.

30 Signe de ce déplacement du centre de gravité de l'empire mongol, la capitale fut déplacée de Qaraqorum à Pékin en 1271.

31 Thomas Tanase, *Marco Polo. Biographies et mythes historiques*, Paris, Ellipses, 2016.

32 Marco Polo, *Le devisement du monde*, Philippe Ménard (dir.), Droz, Genève, 6 vol. 2001-2008. Notons que la question de savoir si le récit était l'œuvre du marchand vénitien ou de son compagnon de cellule n'était pas soulevée à l'époque.

33 Thomas Tanase, *Marco Polo*, Paris, Ellipses, 2016, p. 262.

34 Rustichello de Pise fut le compagnon à qui Marco Polo dicta son récit lorsque les deux hommes étaient en prison. L'influence qu'il exerça sur le Vénitien reste encore en débat. Voir par exemple Marco Polo, *Le devisement du monde*, Philippe Ménard (dir.), Droz,

sion tient une place centrale dans la construction d'un savoir et d'un imagi-
naire sur l'Orient, dans la mesure où ce texte connut une très large diffusion,
stimulant l'intérêt pour ces régions, mais propageant également des informations fausses ou altérées. En dehors du cadre géographique, déjà étudié par
Svetlana Gorshenina, l'influence de Marco Polo se fit sentir dans la construction d'un portrait novateur du Grand Khan qui ne renvoyait plus à la figure
guerrière et nomade de Gengis Khan, mais à celle plus raffinée et civilisée de
Qubilai. Exerçant un pouvoir théorique de la Chine à la Russie, ce souverain
était le plus puissant et le plus riche du monde, d'autant que les exagérations
de Marco Polo amplifiaient les richesses et embellissaient les descriptions.

Quelques décennies plus tard, un autre italien se rendit en Chine, dans le
cadre cette fois-ci d'une tentative d'évangélisation. Suivant les pas de Jean de
Montecorvino (1246-1328)[35], Odoric de Pordenone (1286-1331) effectua ce long
voyage et en dicta un récit après son retour en 1330[36]. La centaine de copies et
les nombreuses traductions répertoriées à ce jour[37] font de ce texte un succès
aussi grand que celui de Marco Polo. D'ailleurs, la complémentarité de ces
deux textes a conduit plusieurs copistes à intégrer ces œuvres dans un même
ensemble[38]. Parmi ces traductions, celle qui exerça le plus d'influence sur la
construction d'une idée d'un empire tartare est celle réalisée en 1351 par Jean
le Long d'Ypres, moine de l'abbaye de Saint-Bertin à Saint-Omer, avec plusieurs
textes relatifs à l'Orient dont ceux de Hayton, de Riccold de Monte Croce, des
lettres adressées par le grand Khan au pape Benoit XII et un dernier texte inti-

---

Genève, 6 vol. 2001-2008 et *Marco Polo, the Description of the World*, par A.C. Moule et
Paul Pelliot, Londres, George Routledge, 1938.

35   Franciscain envoyé en Perse puis en Chine, il rédigea lui aussi un récit mettant en scène la
tolérance religieuse de l'empereur tartare. Montecorvino rencontra un succès appréciable
qui le poussa à demander l'envoi d'autres missionnaires afin de renforcer la présence
catholique. Ses lettres, si elles ne semblent pas avoir circulé en dehors de la chancellerie
pontificale, participèrent également à la construction d'un savoir sur la Chine à l'époque
de Qubilai et sur les rapports entre les différents peuples qui pouvaient devenir chrétiens.
Sur le contexte qui conduit Montecorvino en Chine, voir Tanase, *Jusqu'aux limites du
monde*, pp. 303-311.

36   Odoric de Pordenone, *Le voyage en Asie d'Odoric de Pordenone traduit par Jean Le Long,
OSB. Iteneraire de la peregrinacion et du voyaige (1351)*, Alvise Andreose et Philippe Ménard
(éd.), Genève, Droz, 2010.

37   Pordenone, *Le voyage en Asie d'Odoric de Pordenone*, p. XVII.

38   Pordenone, *Le voyage en Asie d'Odoric de Pordenone*, p. XXII. Comme l'écrit Thomas
Tanase, ce succès s'explique à la fois par l'intérêt que l'on portait alors pour le sujet, mais
aussi par le fait que l'auteur rédigea son texte dans le «latin le plus plat et le plus facile
d'accès possible, afin qu'un public le plus large possible puisse le lire», Tanase, *Jusqu'aux
limites du monde*, p. 569.

tulé *Livre de l'estat du grant Caan*[39]. C'est par le biais de ce type de copies que les savoirs médiévaux circuleront à l'époque moderne[40].

Cette importance de l'horizon chinois se retrouve dans un autre texte, écrit à peine cinq ans après celui de Jean le Long. En 1356, Jean de Mandeville (mort en 1372) rédigea à son tour une œuvre synthétisant une grande partie des connaissances en circulation sur la Chine et la Tartarie qui se divise entre une description de la Terre sainte et une description de l'Asie, de l'Inde, de la Chine et d'une petite partie de l'Afrique[41]. Avec plus de 250 copies manuscrites et près de 180 éditions imprimées, il s'agit du récit sur l'Orient le plus diffusé en Europe[42]. Bien qu'il s'agisse d'un récit de voyage fictif, ce texte ne témoigne pas moins des savoirs alors en circulation sur ces régions[43].

La liste des auteurs mobilisés par Mandeville témoigne de la circulation de ces textes[44]. On y retrouve les textes traduits par Jean le Long, mais également ceux de Plan Carpin et d'Ascelin de Crémone, auxquels il a eu accès par l'intermédiaire de Vincent Beauvais, celui de Monte Croce ou encore celui

---

39   Sur la vie de ce moine, voir Louis Backer, *L'extrême Orient au moyen âge : d'après les manuscrits d'un flamand de Belgique*, Paris, pp. 7 et suiv. Voir aussi Christine Gadrat, « De statu, conditione ac regimine Magnis Canis. L'original latin du « Livre de l'estat du grant caan et la question de l'auteur », Bibliothèque de l'École des chartes, t. 165, 2007, pp. 355-371 et *Le voyage en Asie d'Odoric de Pordenone*, pp. XXV et suiv. D'après les travaux de Christine Gadrat, l'original de ce dernier texte semble être un texte italien datant d'avant les années 1330. Rédigé par un évêque franciscain afin de promouvoir les missions de cet ordre, dont celle de Montecorvino et d'Odoric de Pordenone, ce texte souligne la richesse et la puissance de l'empereur de Chine, dont l'autorité s'exercerait sur les trois « imperatores » que sont « Özbek, khan du Qiptchaq ou Horde d'or (1312-1340), Kebek, khan du Tchagatay (1309-1310, puis 1320-1326), et Abu Saïd, Ilkhān de Perse (1317-1334) ». Sur ce point, voir Gadrat, « De statu, conditione ac regimine Magnis Canis... », pp. 355-371. D'Avezac Marie Armand, *Relation des Mongols ou Tartares par le frère Jean du Plan Carpin*, Paris, Librairie géographique Arthus-Bertrand, 1838.

40   Notons par exemple le m. français 2810 de la Bibliothèque nationale de France étudié par Christine Gradat et qui contient également le *Livre des merveilles* de Marco Polo. Christine Gadrat, « De statu, conditione ac regimine Magnis Canis », p. 356 note 9.

41   Christiane Deluz, *Le livre de Jehan de Mandeville, une « géographie » au XIVᵉ s.* Louvain-la Neuve : Institut d'études médiévales, 1988, p. 32.

42   Deluz, *Le livre de Jehan de Mandeville*, p. 1.

43   Depuis une trentaine d'années, notamment grâce aux travaux de Christiane Deluz, la qualité et la nature de ce texte ont été réévaluées. Il semble qu'il faille y voir à la fois un récit de pèlerinage pour la partie qui concerne la Terre sainte, et une compilation à visée encyclopédique pour la seconde partie. C'est sur cette seconde partie qu'il faudra s'attarder, et plus particulièrement sur la façon dont Mandeville organise ses connaissances sur les Tartares.

44   Tanase, *Jusqu'aux limites du monde*, pp. 625-628.

de Rubrouck[45]. Comme l'indique Thomas Tanase, le texte de Mandeville est dominé par l'idée de la conversion, voire de la croisade. Dès lors, l'histoire des Tartares s'inscrit dans cette logique et les transformations effectuées sur le texte visent à « donner une vision d'ensemble très optimiste quant à la situation du christianisme à la cour du grand Khan »[46]. Dans son texte, Mandeville met l'accent sur la puissance du khan et sur les manifestations de son autorité, telles que les festivités organisées à la cour ou les chasses[47]. De ce fait, l'auteur décrit un pouvoir personnifié au cœur d'un empire unifié. Cette étape est suivie par le rappel de la bienveillance du khan envers les chrétiens, sentiment renforcé par l'exagération de l'influence que ces derniers auraient exercée à la cour[48].

À la mort de Mandeville dans le dernier tiers du XIVe siècle, le contexte politique était tout autre que celui décrit au début de ce chapitre. En Perse comme en Chine, les dynasties mongoles avaient été renversées et l'empire mongol n'existait plus en dehors de la Horde d'or. Malgré cet effacement politique, l'écho des exploits du grand khan continua de résonner en Europe, si bien que pour reprendre les termes de Thomas Tanase, « le XVe siècle ne cessa jamais de rêver aux horizons que lui avait ouverts l'empire mongol, et continua de parler du grand-khan, bien longtemps après que celui-ci ait été chassé de Chine »[49]. Si l'Occident « continua de parler du grand-khan », un nouvel acteur de l'histoire vint troubler l'idée que l'on se faisait alors d'un souverain tartare : Tamerlan.

2   Différents portraits de Tamerlan (XIVe siècle-XVIe siècles)

Les campagnes que Tamerlan mena dans la partie occidentale de son empire attirèrent l'attention des Européens, non pas que ces derniers furent tous inquiets d'une nouvelle menace d'invasion venue d'Asie centrale, mais parce que ces conquêtes se firent au détriment de l'Empire ottoman. En 1394, l'empereur Bajazet Ier entama le siège de Constantinople. En réaction, les armées européennes lancèrent une nouvelle croisade, qui se solda par la défaite de Nicopolis en 1396, dans laquelle une large partie de la noblesse chrétienne fut tuée ou capturée. En 1402, Bajazet Ier leva le siège de la capitale byzantine non

---

45   Deluz, *Le livre de Jehan de Mandeville*, p. 44. Si ce corpus semble assez cohérent, il faut cependant souligner que Mandeville ne fait pas usage de Marco Polo.

46   Tanase, *Jusqu'aux limites du monde*, p. 628.

47   Deluz, *Le livre de Jehan de Mandeville*, pp. 88-91.

48   Tanase, *Jusqu'aux limites du monde*, p. 628.

49   Tanase, *Jusqu'aux limites du monde*, p. 657.

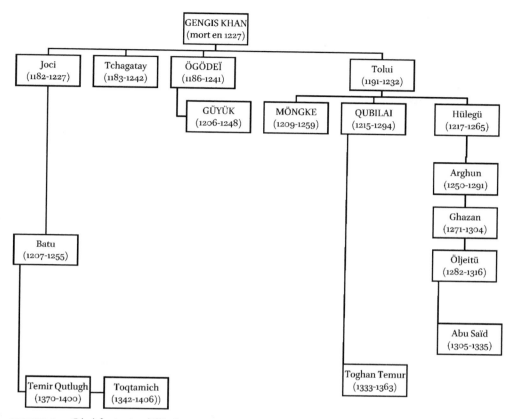

FIGURE 3   Généalogie simplifiée des princes gengiskhanides

pas à cause d'une nouvelle armée européenne, mais parce que Tamerlan menaçait directement la partie orientale de son empire par des raids de plus en plus
pressants. Les deux empereurs s'affrontèrent près d'Ankara et cette bataille se
solda par la défaite des Ottomans, la capture de leur empereur et sa mort en
1403.

Sur le modèle de ce que nous avons présenté au sujet des Mongols, les informations sur Tamerlan oscillèrent entre la crainte d'une expansion qui semblait
irrésistible et l'espoir de canaliser cette puissance au profit de la chrétienté.
Une fois ces conquêtes réalisées, Tamerlan repartit en Asie centrale, où d'autres
révoltes menaçaient son pouvoir. Il ne fallait pas autre chose que le surgissement d'un guerrier venu d'Asie centrale qui renversa la puissance ottomane
pour raviver l'espoir d'une victoire définitive contre les Ottomans[50]. De nou-

50   Michele Bernardini, « Tīmūr and the 'Frankish' powers », dans Norman Housely (éd.), *The*

veau, le thème de la conversion au christianisme fut mobilisé pour présenter un souverain rassurant[51]. Cependant, une adhésion de Tamerlan au christianisme était difficile à justifier dans la mesure où l'empereur s'était illustré par plusieurs massacres contre les chrétiens et par les victoires qu'il remporta contre les comptoirs italiens.

Il existe une production littéraire autour de Tamerlan dès la fin du XIVe siècle[52], mais ce sont deux ambassades menées au début du siècle suivant qui permirent de poser les bases d'un portrait de Tamerlan et leurs récits sont les « fleurons » de la littérature sur Tamerlan produite à cette époque[53]. Peu après la victoire de Tamerlan contre Bajazet Ier, Jean, archevêque de Sulṭāniyyah, se présente à la cour de France en 1403 en tant qu'ambassadeur du souverain timouride[54]. Son objectif est d'établir des relations commerciales entre les nations européennes et la Perse et de lancer une alliance destinée à mettre fin définitivement à l'Empire ottoman. Malgré le caractère certainement fictif de cette supposée mission, ce dominicain tient une place importante dans la construction d'un savoir européen sur Tamerlan dans la mesure où il laissa un récit qui circula dans les cours européennes. En suivant l'étude de cette ambas-

---

crusade in the Fifteenth Century. Converging and competing cultures, Londres, New York, Routledge, 2017, pp. 109-119.

51 Par exemple, dans une chronique anglaise, Adam de Usk, mort en 1430, indique que Tamerlan aurait conquis Jérusalem et restauré ainsi le pèlerinage des chrétiens vers les lieux saints. Une autre source, rédigée par des marchands anglais, indique même que Tamerlan se serait converti au christianisme après la victoire d'Ankara. Voir Milwright, « So Despicable a Vessel : Representations of Tamerlane in Printed Books of the Sixteenth and Seventeenth Centuries. », Muqarnas 23, 2006, pp. 317-344, p. 318 et Adam Knobler, « The rise of Timur and Western Diplomatic Response, 1390-1405 » Journal of the Royal Asiatic Society, Third Series, Vol. 5, No. 3 (Nov., 1995), pp. 341-349.

52 Michele Bernardini, « Jacques du Fay, un Français à la cour de Tamerlan », dans De Samarcande à Istanbul : étapes orientales. Hommages à Pierre Chuvin, ed. Véronique Schiltz, Paris, CNRS éditions, 2015, ici, p. 160.

53 Fourniau, « Quelques aspects du thème timouride », p. 284.

54 Sur l'ambassade et sur son texte, voir Fischel, Walter J., « A New Latin Source on Tamerlane's Conquest of Damascus (1400/1401) : (B. de Mignanelli's « Vita Tamerlani » 1416) », Oriens, Vol. 9, No. 2 (Dec. 31, 1956), p. 204. Voir également Henri Moranville, « Mémoire sur Tamerlan et sa cour par un dominicain en 1403 », Bibliothèque de l'école des chartes, 1894, tome 55, pp. 433-464 et Antoine Isaac Silvestre De Sacy, « Mémoire sur une correspondance inédite de Tamerlan avec Charles VI » Mémoires de l'Académie des inscriptions et belles-lettres, 1822, t. VI, pp. 470-522. Une édition moderne du texte a été présentée par Jean-François Kosta-Thefaine, La vie et la cour de Tamerlan, récit de son ambassadeur auprès de Charles VI en 1403, Paris, Cartouches, 2012. Ce dernier réfute l'idée qu'il s'agisse d'une ambassade décidée par Tamerlan. Jean de Sulṭāniyyah aurait décidé de son propre chef,

sade proposée par Henri Moranville, on apprend que l'archevêque « raconta à plusieurs personnes des particularités de la vie de Tamerlan, et même il en forma un opuscule écrit en français qu'il distribua autour de lui »[55]. Ce court texte indique que Tamerlan « était à l'origine de petite condition » qu'il s'éleva « en volant des bêtes et d'autres choses encore »[56] et que son action pouvait être bénéfique pour le monde chrétien. Sans que l'on sache s'il existe un lien direct avec ce texte, le roi d'Espagne Henri III dépêcha la même année une ambassade à la cour timouride, sous l'autorité de l'espagnol Ruy Gonzales de Clavijo (mort en 1412). Si l'ambassade ne déboucha sur aucun élément concret, le récit qu'en fit Clavijo représente une source de première importance, même s'il fallut attendre 1582 pour qu'il fût édité et pour qu'il commençât à circuler en Europe[57].

Peu après, un autre texte favorable à Tamerlan fut rédigé par un fils de réfugiés byzantins qui avaient quitté Constantinople lors la prise de la ville par les Ottomans en 1453. À Venise, Théodore Spandounes (mort en 1538) rédigea un traité sur l'origine des Turcs, qui fut publié en italien en 1509 et qui fit l'objet de nombreuses traductions et rééditions[58]. Les quelques paragraphes consacrés à Tamerlan le présentent comme un prince magnanime et généreux, ce qui s'explique par le fait qu'il ait vaincu les Ottomans. D'après cette source, il n'aurait pas attaqué Bajazet par soif de conquête, mais parce que l'empereur grec lui aurait demandé de venir secourir Constantinople. En échange, ce dernier se serait engagé à offrir sa ville au Timouride en signe de remerciement. Une fois Bajazet vaincu, Tamerlan aurait refusé ce présent en affirmant qu'une ville aussi belle que Byzance devait rester libre[59]. Bien que le texte de Spandounes contienne plusieurs erreurs factuelles, « beaucoup de ses matériaux sont originaux [et] uniques »[60] et cet auteur était en bonne position pour obte-

---

    mais avec l'accord de l'empereur, de partir convaincre la France de l'intérêt du commerce avec les Tartares, dans le but de favoriser leur évangélisation, voir Moranville, « Mémoire sur Tamerlan », p. 441.

55   Moranville, « Mémoire sur Tamerlan », pp. 434-435.

56   Kosta-Thefaine, *La vie à la cour de Tamerlan*, p. 15.

57   D'Avezac, *Relation des Mongols ou Tartares*, p. 35. Malgré cette édition, Clavijo ne bénéficia que d'un « lectorat relativement réduit au XVIe et au XVIIe siècles », voir Milwright, « So Despicable a Vessel... », p. 319.

58   On sait par l'édition critique réalisée par Donald Mc Nicol, que ce texte fut d'abord publié pour la première fois en italien en 1509, puis traduit en français en 1519. Spandouginos, Theodōros, *On the Origin of the Ottoman Emperors*, Donald McNicol (trad.), New York, Cambridge University Press, 1997, p. XIX.

59   Spandouginos, *On the Origin of the Ottoman Emperors*, pp. 22-23.

60   Spandouginos, *On the Origin of the Ottoman Emperors*, p. XIX.
    Spandouginos, *On the Origin of the Ottoman Emperors*, pp. 22-23.

nir des informations de premier ordre sur Tamerlan. Il est également possible qu'il se soit appuyé sur un manuscrit rédigé par Laonicos Chalcondyle (1423-1490), auteur d'une histoire des Turcs[61]. Ce texte, qui connut lui aussi plusieurs éditions en latin et en français[62], circulait au titre des nombreuses histoires portant sur les Turcs produites à cette époque.

D'un point de vue général, et pour le XVe siècle qui nous mobilise ici, les auteurs italiens ne partageaient pas cet enthousiasme pour Tamerlan. Margaret Meserve, dans le tableau qu'elle dresse de l'évolution de la perception du souverain timouride dans les sources italiennes, souligne ainsi que la description de l'empereur timouride passa d'abord par la peur et le mépris, et ce n'est que plus tard qu'elle se transforma en admiration[63]. Cette vision pessimiste du conquérant s'explique par le fait que les humanistes italiens disposaient de sources plus nombreuses et plus précises. Dès lors, la place laissée aux fantasmes d'une alliance et aux mythes médiévaux était bien plus réduite[64].

C'est par exemple ce que l'on retrouve dans le récit que Beltramo Mignanelli rédigea en 1416 et qui n'est autre que la première biographie européenne de Tamerlan, intitulée *Gesta Thomorlengh*[65]. À l'inverse de Clavijo ou de Jean de Sulṭāniyyah, Mignanelli avait fait une expérience directe des massacres perpétrés par Tamerlan. Issu d'une grande famille de Sienne, il était présent à Damas lors du siège de la ville par l'armée timouride en 1401. Il parvint à se sauver pour rejoindre Jérusalem, puis Le Caire, avant de retourner en Italie. Sa formation intellectuelle, son séjour de plusieurs années au Proche-Orient et sa connaissance de l'arabe font de Mignanelli un auteur important dans la formation de l'image de Tamerlan, et les informations qu'il relaya furent largement diffusées. Par exemple, il résuma et expliqua les différentes variantes alors en circulation quant au nom de cet empereur. Dans son récit, il présente l'origine de ce nom de la façon suivante:

61 Milwright, « So Despicable a Vessel », p. 319.
62 On compte par exemple celle de Leunclavius en latin, imprimé à Paris en 1650 sous le titre de *Laonici Chalcocondylae Atheniensis historium libri decem historiarum de origine ac rebus gestis Turcorum* et la traduction française par Blaise de Vigenère, datée de 1677.
63 Margaret Meserve, *Empires of Islam in Renaissance Historical Thought*, Harvard University Press, Cambridge, Massachusetts et Londres, 2008, p. 205. Le chapitre 5 permet une introduction aux nombreux auteurs italiens ayant traité de la question. Notre recherche n'a pour objectif que de souligner ceux qui furent le plus utilisés par les auteurs français.
64 Meserve, *Empires of Islam*, p. 208.
65 Nelly Mahmoud Helmy, *Tra Siena, L'Oriente e la Curia. Beltramo di Leonardo Mignanelli e le sue opere*, Rome, 2013.

Comme son vrai nom était Thomor, ce qui signifie "le fer" en Tartarie, et parce qu'il était boiteux, on ajouta "Asach" qui signifie boiteux. D'autres, en signe de respect, ont ajouté Bey, et il fut appelé Thomor Bey, c'est-à-dire Seigneur Thomor. Les Perses ont ajouté Lench, boiteux, et il fut donc appelé Thomor Lench, ce qui veut dire Thomor le Boiteux dans leur langue[66].

L'influence de Mignanelli fut notable dans la série de portraits des «grands hommes» que Gian Francesco Poggio Bracciolini (1380-1459) rédigea au milieu du XVe siècle[67]. Ce dernier, plagiant le texte de Mignanelli, donna une nouvelle dimension à la vie de Tamerlan en l'inscrivant dans le cadre plus large du combat, perdu d'avance, entre l'homme et la fortune. Outre la première représentation picturale de Tamerlan, l'auteur donne à voir un homme qui défie la fortune en se forgeant un empire à partir de rien, mais qui en est également la victime, car son empire ne lui a pas survécu[68]. Dans cet ouvrage, Tamerlan devient le support d'une réflexion sur les cycles de l'histoire.

Si ces textes exercèrent une certaine influence sur la perception que les Européens avaient de Tamerlan, l'œuvre qui servit de référence est la *Cosmographia Pii Pape in Asiae et Europae eleganti descriptione* rédigée par Eneas Silvio Piccolomini (1405-1464)[69] publiée de façon posthume à Paris en 1509. Dans sa partie concernant la Tartarie, l'auteur s'appuie sur le témoignage direct de Niccolo Sagundino (mort en 1463)[70]. Cette œuvre fixera en quelque sorte les règles des biographies de Tamerlan, qui suivent dans l'ensemble toutes le même schéma[71]. Ici, Tamerlan est décrit comme un prince n'ayant d'autre but que la conquête par tous les moyens, coupé de toute réalité historique.

---

66   Walter J. Fischel, «A New Latin Source on Tamerlane's Conquest of Damascus», p. 209.

67   Annelies Amberger, *Giordano Orsinis Uomini Famosi in Rom*, München, 2003.

68   Meserve, *Empires of Islam*, p. 213.

69   Il s'agit du pape Pie II (1458-1464). Eric Voegelin (Dir.), *Anamnesis on the theory of history and politics*, vol. 6, Columbia, 2002, pp. 176 et suiv.

70   Niccolo Sagundino (mort en 1453), resta prisonnier des Ottomans treize mois, rédigea un récit intitulé *Liber de familia Autumanorum id est Turchorum*, également connu sous le nom de *De origine et gestis Turcarum liber*. Voir Milwright, «So Despicable a Vessel», p. 319. Vincent Fourniau, *Quelques aspects du thème timouride dans la culture française du XVIe au XIXe siècle*, Oriente Moderno, XV (LXXVI), 2-1996, pp. 286-292, ou encore Meserve, *Empires of Islam*, pp. 106 et suiv.

71   Ce schéma a été résumé comme suit: (1) insistance sur les origines pauvres de Timur; (2) ses capacités à s'attacher des compagnons; (3) une présentation des conquêtes de la Transoxiane à l'Anatolie; (4) la victoire d'Ankara et le sort réservé à Bajazet; (5) information sur la discipline militaire et sur les techniques de siège; (6) présentation sur la

À partir du XVIe siècle, on assiste à une affirmation des éléments positifs de la description de Tamerlan et au détachement de plus en plus marqué de la biographie de cet empereur de toute contrainte historique et factuelle. C'est notamment ce que l'on retrouve sous la plume de Paolo Giovio (1483-1552), ou Paul Jouve comme on le trouvera sous sa forme francisée[72]. Le *Commentario delle cose de' turchi*[73], daté de 1531, directement inspiré de Silvio Piccolomini[74], était un cadeau offert à Charles Quint pour l'aider dans sa lutte contre Soliman le Magnifique[75]. On comprend dès lors que le portrait de Tamerlan, le vainqueur de Bajazet Ier, prit une dimension particulière. Il en fut de même pour le portrait construit dans l'*Éloge des hommes illustres* que Giovio rédigea en 1546[76]. Cette série de portraits s'inscrit en droite ligne dans une tradition antique inspirée par Plutarque et qui connaissait alors un grand succès en Italie. Bien que Tamerlan y soit appelé «terreur du monde» ou «fléau d'Orient», cet empereur des Tartares s'est illustré par ses qualités personnelles et a pu s'élever aux grades les plus élevés de la carrière militaire alors qu'il n'était qu'un simple soldat[77].

L'identité de Tamerlan à travers ces sources se construit en opposition par rapport à celle de Bajazet Ier. L'empereur tartare est considéré hors de toute continuité historique, comme un surgissement destiné à punir les Ottomans. La mise entre parenthèses des sources médiévales conduit les humanistes italiens à rapprocher l'histoire timouride des modèles antiques et non des modèles médiévaux pourtant plus proches. C'est à ce titre que Tamerlan est identifié non pas à Gengis Khan, mais à Attila, le fléau de Dieu, qualificatif que

---

seconde campagne de Syrie et d'Égypte; (7) une série d'anecdotes démontrant sa cruauté pendant les conquêtes, son absence de scrupules pour obtenir des avantages, l'utilisation systématique de la terreur pour briser les résistances ennemies; (8) une anecdote dans laquelle Timur se désigne lui-même comme une force surhumaine, comme *ira Dei* et *ultor peccatorum*; (9) une comparaison avec Hannibal; (10) l'enrichissement de Samarkand. Voir Eric Voegelin, *Anamnesis on the theory of history and politics*, p. 162.

72 En cela, il s'inscrit dans une thématique largement abordée à l'époque et que l'on retrouve notamment chez le Florentin Andréas Cambini (mort en 1527). Dans son traité sur l'origine des Turcs et de l'empire ottoman, publié de façon posthume en 1529, Cambini synthétise les sources alors en circulation et ajoute de nombreux éléments de sa propre invention. Milwright, «So Despicable a Vessel», p. 319. On compte cinq éditions entre 1528 et 1540, voir Guy Le Thiec, «L'entrée des Grands Turcs dans le Museo de Paolo Giovio» dans *Mélanges de l'Ecole française de Rome. Italie et Méditerranée*, t. 104, n°2, 1992, p. 791.

73 Paolo Giovio, *Commentario delle cose de' Turchi*, Rome, Antonio Blado, 1532.

74 Pour le sujet, voir Le Thiec, «L'entrée des Grands Turcs dans le Museo de Paolo Giovio».

75 Le Thiec, «L'entrée des Grands Turcs dans le Museo de Paolo Giovio», p. 789.

76 Paolo Giovio, *Elogi degli uomini illustri*, Minonzio Franco (dir.), Einaudi, Turin, 2006.

77 Giovio, *Elogi degli uomini illustri*, t. 2, pp. 574-581.

l'on retrouve également appliqué à Tamerlan. Plus largement, l'objectif de Giovio n'était pas de faire œuvre d'historien, et les éléments factuels sont très peu nombreux dans son œuvre. D'ailleurs, le personnage de Tamerlan sert avant tout de support à la construction d'un modèle idéalisé. Pour conclure cette présentation, suivons Marcus Milwright dans son résumé du portrait de Tamerlan tel qu'il est construit à la fin du XVIᵉ siècle :

> Tamerlan, tel qu'il apparaît en Europe, était un Scythe ou un Tartare, né de parents pauvres, et qui passa le début de sa carrière comme un berger (ou parfois comme un voleur de bétail ou un soldat). Par son courage, son énergie, son génie militaire et la force pure de sa personnalité, il a été capable de constituer une armée qui s'illustra par une série de conquêtes. Bien qu'il soit capable d'imposer un sens rigide de la discipline dans son armée, ses campagnes furent marquées par des actes de cruauté barbare, incluant la mise à mort de femmes et d'enfants désarmés. Sa victoire la plus célèbre conduisit à la capture de Bajazet Iᵉʳ. Le sultan fut maintenu dans des chaînes (certains récits prétendent qu'elles étaient en or), dans une cage de fer, et forcé de se nourrir de restes sous la table, comme un chien. Beaucoup de récits racontent que Tamerlan utilisait Bajazet comme un marchepied lorsqu'il montait à cheval. Tamerlan était capable d'utiliser les esclaves et les richesses de ses conquêtes pour construire la magnifique ville de Samarcande. À la fin de sa vie, il devint accoutumé au luxe et à la débauche et, à sa mort, son empire tomba en ruine[78].

Ces éléments du portrait de Tamerlan, qui diffèrent radicalement de ceux présentés par Piccolomini, permettent de mesurer les transformations apportées au traitement de l'histoire de ce personnage.

En parallèle de cette écriture de l'histoire dominée par les sources italiennes, d'autres informations sur Tamerlan circulaient à la même époque et participeront à la complexité des informations collectées par les auteurs français. On peut par exemple ajouter à la liste des sources hostiles à Tamerlan une chronique russe connue sous le nom de L'*Histoire de Timur le boiteux*. Probablement écrite dans la seconde moitié du XVᵉ siècle, elle décrit les campagnes que Tamerlan mena en Russie et diffuse des informations largement négatives à son sujet. Ce point de vue se justifie par le fait que Tamerlan avait permis au khan mongol Toqtamich (mort en 1406) de réunir les différentes hordes qui composaient la Horde d'or, et cette unité retrouvée avait permis à Toqta-

---

78 Milwright, « So Despicable a Vessel », p. 320.

mich de prendre Moscou en 1382. Par la suite, Toqtamich refusa de reconnaître
l'autorité de Tamerlan et s'attira les foudres du timouride, qui lança plusieurs
campagnes qui ravagèrent la région nord de la Caspienne[79]. On comprend ainsi
que l'empereur tartare soit décrit comme un barbare sans merci à l'origine de
nombreuses guerres, comme l'instigateur de massacres, mais surtout comme
l'ennemi des chrétiens. Il aurait en effet attaqué la Russie dans le but « de
détruire les lieux saints, d'éradiquer la foi chrétienne, de persécuter, torturer
et martyriser les chrétiens, de les enterrer et de les brûler et de les passer par
l'épée »[80].

La description d'un Tamerlan barbare et sanguinaire que l'on peut trouver dans ces sources est à mettre en parallèle avec l'une des rares sources
orientales contemporaines de Tamerlan qui circula en Europe. Il s'agit d'une
biographie écrite en arabe par Ahmad Ibn ʿArabshāh, né à Damas en 1369[81].
Tout comme Mignanelli, Ibn ʿArabshāh subit le siège de Damas en 1401 mais,
alors que l'auteur italien put fuir la ville avant qu'elle ne tombât aux mains
de l'armée timouride, Ibn ʿArabshāh fut fait prisonnier et envoyé à Samarcande avec sa famille. Il resta dans l'empire timouride jusqu'en 1422. Il entra
ensuite au service des Ottomans et devint le secrétaire de Mehmet Iᵉʳ, le fils
de Bajazet Iᵉʳ[82], puis passa le reste de sa vie entre Damas et Le Caire. C'est
dans ce contexte qu'il rédigea, en 1435, une biographie de Tamerlan intitulée *Ajaʾib al-maqdur fi akhbar Timur*[83]. Comme on peut s'en douter, une bio-

79   Sur une historiographie de la présence mongole en Russie, voir Charles J. Halperin, *Rus-
     sian and Mongols. Slavs and the Steppe in Medieval and Early Modern Russia*, Victor Spinei,
     et George Bilavscho, (éd.), Editura Academiei Române, Bucarest, 2007. Voir également les
     travaux de David Schimmelpenninck van der Oye, dont « Yoke or inheritance ? Présence
     mongole et phénomènes de transfert en Russie : au cœur du débat », *in* Michel Espagne
     et al, eds., *Transferts culturels en Asie centrale*, Paris : Éditions Vendémiaire, 2015, pp. 415-
     434.

80   Davis B. Miller, « How the mother of God Saved Moscow from Timur the Lame's inva-
     sion » dans Internationale éd. *Beiträge zur « 7. Internationalen Konferenz zur Geschichte
     des Kiever und des Moskauer Reiches »*. Forschungen zur osteuropäischen Geschichte 50.
     Wiesbaden : Harrassowitz, 1995. p. 265.

81   Pour la vie de cet auteur, voir l'article de Robert D. McChesney, « A note on the life and
     work of Ibn ʿArabshāh », dans Pfeiffer, Judith, et Quinn, Sholeh, A., (éd.) *History and His-
     toriography of Post-Mongol Central Asia and the Middle East : Studies in Honor of John
     E. Woods*. Wiesbaden : Harrassowitz, 2006, pp. 205-249.

82   Walter Joseph Fischel, *Ibn Khaldun and Tamerlane : their historic meeting in Damascus, 1401
     A.d, (803 A.H.). A study based on Arabic manuscripts of Ibn Khaldun's Autobiography, with
     a translation into English, and a commentary*, Berkeley et Los Angeles, University of Cali-
     fornia Press, 1952, p. 2.

83   Arnoud Vrolijk, Richard van Leeuwen, et Alastair Hamilton, *Arabic Studies in the Nether-
     lands : A Short History in Portraits, 1580-1950*. Leiden ; Boston, Brill, 2014, p. 46.

graphie écrite par un ancien prisonnier, victime des guerres de Tamerlan, au service d'une dynastie adverse ne pouvait être flatteuse. Pour l'historien McChesney, cette hostilité dépasse le seul cadre d'une écriture orientée de la vie de Tamerlan et témoigne d'un réel traumatisme de la captivité et de l'exil subis par l'auteur. En effet, outre le fait que toutes les guerres de Tamerlan soient présentées comme des offensives voulues et provoquées, il n'est jamais décrit de façon neutre, et les adjectifs qui le caractérisent sont toujours négatifs[84].

Un exemple qui sera souvent repris de cette hostilité porte sur l'origine même de Tamerlan, qu'Ibn ʿArabshāh présente comme un voleur de bétail, et comme le chef d'un groupe de brigands qui aurait pris le pouvoir par la force. Non seulement l'auteur arabe interprète chacune des actions de Tamerlan comme négative et contraire à la volonté divine, mais en plus il passe sous silence les belles réalisations de ce dernier, notamment en matière artistique. Comme l'indique Fischel, Ibn ʿArabshāh « présentait pour la première fois dans le monde occidental une image biaisée et tendancieuse s'il en était des activités de Timur telles qu'elles étaient perçues à travers les yeux d'un historien arabe du XVe siècle »[85]. La liste des sources utilisées par Ibn ʿArabshāh n'entre pas dans cette étude, mais plusieurs éléments méritent d'être soulignés. Tout d'abord, cet auteur apprit le persan durant sa captivité, ce qui lui donna l'occasion de s'intégrer aux réseaux intellectuels timourides[86], d'où il a certainement pu tirer des informations sur la vie et les conquêtes de Tamerlan. Ensuite, Ibn ʿArabshāh n'est pas l'initiateur de cette historiographie négative du prince timouride, et l'on peut penser qu'il se faisait l'écho de sources inconnues ou de traditions orales.

Décrire Tamerlan comme un voleur de bétail qui prit le pouvoir par la force était certes peu flatteur pour le souverain, mais avait surtout des conséquences politiques importantes. Après sa mort, la continuité de l'empire timouride était des plus fragiles. Dans le cadre dynastique, les fils et petits-fils de Tamerlan se firent la guerre et provoquèrent le fractionnement de l'empire. Outre ces luttes de successions fréquentes, l'idée même que la succession devait passer par un timouride n'était pas évidente. Ne descendant pas de la lignée gengiskhanide, aucun de ses héritiers ne pouvait légitimement prétendre à cette fonction, et les héritiers des Gengiskhanides toujours en vie pouvaient prétendre à rétablir leur dynastie sur le trône. Il devenait donc nécessaire de trouver un moyen idéolo-

---

84   McChesney, « A note on the life and work of Ibn ʿArabshāh », p. 206.
85   Fischel, *Ibn Khaldun and Tamerlane*, p. 2.
86   McChesney, « A note on the life and work of Ibn ʿArabshāh », pp. 220 et suiv.

gique d'asseoir le pouvoir timouride alors naissant, et cette étape fut franchie par Ulugh Beg (1394-1449), fils de Shāhrukh et petit-fils de Tamerlan. Il fit graver sur le tombeau de son grand-père une généalogie rattachant Tamerlan aux ancêtres de Gengis Khan et à l'imam ʿAlī[87]. L'importance de ces deux lignages, justement rappelés par Evrim Binbaş, plaçait ainsi l'empereur à la rencontre du pouvoir matériel incarné par les Gengiskhanides et du pouvoir spirituel et religieux incarné par ʿAlī[88]. Dès lors, le règne de Tamerlan devenait légitime, tout comme celui de ses successeurs. Cette filiation avait également pour objectif de gommer les origines turciques de Tamerlan et de l'ancrer dans un cadre mongol. Ce faisant, il pouvait plus facilement prendre part au « cadre de la tradition de l'Iran islamique »[89] et cette légitimité pouvait dès lors être revendiquée par ses successeurs.

C'est dans ce contexte que Sharaf al-Dīn ʿAlī Yazdī (1370-1454), acteur influent des milieux intellectuels et spirituels timourides, rédigea la principale biographie de Tamerlan. Écrit vers 1424, le *Ẓafarnāma*, ou *Livre des victoires*, est un texte s'intégrant dans un projet historiographique plus large. Il s'agissait pour l'auteur de retracer une histoire dynastique dans laquelle il mettait en avant la branche issue de Shāhrukh, en opposition avec les autres lignées timourides[90]. Dans le cas du *Ẓafarnāma*, il est utile d'indiquer que le texte se composait de plusieurs parties qui ont souvent circulé de façon indépendante. Ainsi, le prologue contenant les liens entre la dynastie timouride et la dynastie gengiskhanide n'était pas systématiquement accompagné du texte lui-même, et la partie consacrée à Tamerlan mettait surtout l'accent sur la légitimation religieuse en réaffirmant la filiation à ʿAlī[91]. Cette « propagande timouride »[92] circula assez largement, et on dénombre au moins douze copies réalisées avant

---

87   Aigle Denise, « Les transformations d'un mythe d'origine : L'exemple de Gengis Khân et de Tamerlan », *Revue des mondes musulmans et de la Méditerranée*, 89-90, pp. 151-168. [En ligne] http://remmm.revues.org/277.

88   Evrim İlker Binbaş, *Intellectual networks in Timurid Iran : Sharaf al-Dīn ʿAlī Yazdī and the Islamicate republic of letters*, Cambridge, United Kingdom, New York, Cambridge University Press, 2016.

89   Michele Bernardini. *Mémoire et propagande à l'époque timouride*, Paris, Assoc. pour l'Avancement des Études Iraniennes, 2008. p. 51.

90   Binbaş, *Intellectual networks in Timurid Iran*. Dans la mesure où ces éléments ne furent pas connus en Europe, il n'est pas nécessaire d'entrer dans les détails.

91   John E. Woods, « The Rise of Tīmūrid Historiography », *Journal of Near Eastern Studies*, Vol. 46, No. 2 (Apr., 1987), p. 105. L'auteur y voit l'influence de Shāhrukh, fils de Tamerlan qui s'éloigna de la tradition gengiskhanide pour se rapprocher d'une vision islamisée du pouvoir.

92   Bernardini, *Mémoire et propagande à l'époque timouride*.

la mort de l'auteur[93]. Aussi important que soit ce texte, tant par son contenu historique que par la qualité de son style, il ne fut pas connu en Europe avant la fin du XVIIe siècle.

La filiation entre Gengis Khan et Tamerlan est donc un élément relativement tardif dans l'historiographie timouride, et n'apparaît qu'après la mort de l'empereur. C'est d'ailleurs ce qui explique que les premières sources relatives à ce sujet, dont les textes européens, n'en ont pas fait mention. Pour les enjeux idéologiques que nous avons définis, ce thème fut largement repris par les sources persanes postérieures et circula en Europe dès le XVIe siècle par l'intermédiaire de Mīrkhwānd[94] (1433-1498)[95]. Son œuvre, le *Rawżat al-Ṣafā*, ou *Jardin de la pureté*, est une histoire universelle qui débute avec Adam et s'arrête à la mort de l'auteur. Divisé en sept volumes auxquels s'ajoute un huitième relatif à la géographie, ce texte offre l'avantage de couvrir l'ensemble de l'histoire de la Perse. À ce titre, son histoire dépasse largement le cadre mongol et timouride. Pour ce faire, l'auteur compila un grand nombre de textes à la fois arabes et persans, dont par exemple Rashīd al-Dīn. Ce dernier est d'ailleurs la principale source pour écrire l'histoire des Mongols. Dans ce cadre de l'histoire timouride, et plus précisément de celle de Tamerlan, Mīrkhwānd s'inscrit lui aussi dans la tradition diffusant la filiation gengiskhanide.

Le *Rawżat al-Ṣafā* est une source centrale dans la connaissance par les Européens de l'histoire de la Perse, et sa diffusion s'explique d'abord par le réel succès qu'il connut dans le monde islamique. Il en existe de nombreuses copies et traductions, dont certaines remontent au XVIe siècle. L'étendue des recherches et la longue période chronologique couverte offraient l'avantage d'embrasser l'ensemble de l'histoire de la Perse. Du point de vue de la conception de l'ouvrage, l'organisation très claire du texte et la présence de courtes biographies permettent une navigation fluide dans l'ouvrage. De plus, ce texte est rédigé dans un style simple. Du point de vue des Européens, il s'agissait d'un texte clair, accessible, assez largement diffusé et relativement facile à traduire. De plus, il permettait à lui seul de connaître l'ensemble de l'histoire de la Perse, région dont l'importance grandissait au XVIe siècle.

Après la mort de Mīrkhwānd, Khwāndmīr (1475-1534) poursuivit l'œuvre de son grand-père pour une période allant jusqu'en 1524. Issu d'une famille de hauts fonctionnaires, Khwāndmīr fut «un témoin et parfois un acteur d'événements aussi importants que l'effondrement de la puissance timouride en

---

93 Evrim Binbas İlker, «The histories of Sharaf al-dīn 'Alī Yazdī: a formal analysis», *Acta Orientalia Academiae Scientiarum Hung.*, 65 (4), 391-417 (2012), p. 400.

94 Présent également sous la forme «Mirconde», «Mircond» et plus souvent «Mirkhond».

95 *Encyclopédie de l'Islam*, VII, pp. 128-129.

Asie centrale et dans l'est de l'Iran »[96]. Dans le texte intitulé *Habib al-siyar*,
l'auteur reprit la trame du *Rawżat al-Ṣafā*, y compris la liste de petites biographies à la fin de chaque section permettant un accès facile à l'œuvre[97]. Il n'est
pas question de réduire cette œuvre ni aucun des textes orientaux à leur seul
traitement de la question des origines de Tamerlan, mais c'est sur ce point que
se cristallisèrent les principales tensions dans l'historiographie européenne.

Les savoirs sur les empereurs tartares produits en Europe entre le XIIIᵉ et
le XVᵉ siècle s'inscrivent donc dans des logiques différentes. En fonction des
sources accessibles et des enjeux politiques et économiques, les portraits de ces
souverains fluctuent entre la crainte de leurs conquêtes et l'admiration de leur
puissance. Pour combler la rareté des informations relatives à Gengis Khan, les
auteurs latins médiévaux mobilisèrent des mythes antérieurs afin de donner
un sens à cette nouvelle histoire qu'il fallait écrire. Par la suite, les richesses et
la puissance réelles, mais amplifiées, de Qubilai rejaillirent sur l'ensemble des
empereurs tartares. Les premiers portraits de Tamerlan suivirent un schéma
similaire, dans la mesure où l'on craignait ses raids autant que l'on souhaitait
sa victoire contre les Ottomans. Si son origine ne fut pas immédiatement asso-
ciée à celle des Gengiskhanides, le manque d'information sur ce sujet laisse la
place à une telle interprétation.

Du point de vue de l'histoire de l'idée d'empire tartare, cette première étape
constitue ce que Kuhn appelle le stade préscientifique durant lequel les savoirs
s'accumulent sans qu'une lecture claire ne s'impose à l'échelle de l'ensemble
des données. Ainsi, malgré l'existence de ces sources primaires, « les principaux éléments de la biographie de Tamerlan ont été codifiés en Italie dans la
première moitié du XVIᵉ siècle »[98] et pas avant. À cette même époque, on assiste
à un recul de l'intérêt pour Gengis Khan. Plus qu'un effacement, on constate
un remplacement de la figure de l'empereur tartare jadis incarnée par Gengis Khan par celle plus récente et mieux documentée de Tamerlan. Dès lors,
l'empire tartare reste l'un des moteurs de l'histoire, mais sa définition renvoie à
des réalités différentes. Le manque de connaissances précises et les rapprochements parfois forcés permettent d'établir une continuité qui paraissait alors
logique.

---

96   *Encyclopédie de l'Islam*, IV, p. 1053.
97   Dès 1509, Khwāndmīr avait déjà commencé la rédaction d'une suite de biographies, intitu-
     lée *Dastur al-wuzara*. L'article de l'*Encyclopédie de l'Islam*, IV, p. 1054 indique qu'il « écrit
     dans l'élégant style persan de l'époque, mais fait un usage modéré des ornements rhéto-
     riques pour ne pas obscurcir le contenu documentaire de son texte ».
98   Milwright, « So Despicable a Vessel », p. 319.

CHAPITRE 2

Des savoirs sur Tamerlan plus nombreux, mais moins précis

1   Une politisation du portrait des Tartares (milieu du XVIᵉ siècle)

Par de nombreux aspects, les premiers textes français qui proposent une réelle réflexion sur la place à attribuer à Tamerlan dans l'histoire témoignent de ces différentes influences. Ils attestent d'une filiation entre le « fait historique et le fait culturel » qui se renforce dans les années 1550-1580[1]. Ils s'inscrivent majoritairement dans la lignée des humanistes italiens, et ancrent les conquêtes du Timouride dans le cadre de la lutte contre les Ottomans. Le Français Guillaume Postel (1510-1581) ne fait pas spécifiquement référence aux empires de Gengis Khan ou de Tamerlan, mais aux peuples qui lui sont contemporains, et apporte une attention particulière aux Turcs. Sa vision de l'Orient s'arrête aux limites de l'Empire ottoman, si bien que l'on peut parler d'une « obsession turque »[2]. Ce n'est que dans ce cadre qu'il étudie les Tartares, toujours au travers d'expressions collectives, comme « Perses, Turcs et Tartares »[3]. Pour Postel, cette même identité s'explique par le fait que ces trois peuples partagent une même religion et, selon lui, une même structure politique et une même langue. Pour apprécier les résultats de Postel, il faut ici comprendre ce qui a conduit l'auteur à produire un tel raisonnement sur les Tartares.

À bien des égards, Guillaume Postel peut être considéré comme le premier orientaliste français, et plusieurs éléments de sa carrière structurent la formation en langues orientales de nombreux auteurs que nous étudierons au fil de ce livre. Par exemple, l'apprentissage des langues comme le grec, l'hébreu ou l'arabe lui permit de quitter le milieu social dans lequel il naquit pour intégrer les sphères humanistes qui commencent à se structurer au XVIᵉ siècle[4]. Homme de cour, il fréquente Guillaume Budé (1467-1540), Michel de Mon-

---

1   Fourniau, « Quelques aspects du thème timouride ».
2   Franck Lestringant, « Guillaume Postel et l'obsession turque », pp. 265-306., dans Coll, *Guillaume Postel, 1581-1981*, Actes du colloque international d'Avranches, 5-9 septembre 1981, Paris, Edition de la maisnie, 1985, pp. 265-298.
3   Guillaume Postel, *La République des Turcs*, Poitiers, Enguibert de Marnef, 1560.
4   *DOLF*, pp. 775-777.

taigne (1533-1592) ou encore François Rabelais (1494-1553)[5]. Sa connaissance
des langues orientales lui permet de participer à l'ambassade menée par Jean
de la Forest qui conduisit au renouvellement des traités commerciaux entre la
France et l'Empire ottoman en 1536. Lors de ce séjour au Levant, Postel appro-
fondit sa connaissance de l'arabe et collecte de nombreux manuscrits orientaux. À son retour en France, il est nommé comme lecteur royal en arabe et
en langues orientales[6]. Il occupe cette fonction jusqu'à sa démission au milieu
des années 1540. Cette période marque l'apogée de la carrière de Postel, qui se
consacrait alors pleinement à l'étude et à l'apprentissage des langues[7]. Il est
d'ailleurs l'auteur de la première grammaire arabe publiée en Europe.

La seconde partie de la vie et de la carrière de Postel est plus troublée. En
prise à des « crises mystiques », Postel donne une dimension plus politique
à ses œuvres. L'orientaliste abandonne sa place de lecteur royal et parcourt
l'Europe et le Levant pour défendre son projet de concorde universelle[8]. Ce
projet consiste à unir le monde sous un seul dieu et un seul roi[9], qui sont dans
la logique de Postel le dieu chrétien et le roi de France. Pour Postel, le sens de
l'Histoire est longitudinal et se résume aux mouvements est-ouest de la *translatio imperii* qui, depuis l'époque médiévale, sont censés expliquer le cours
de l'histoire, du moins de l'histoire de la monarchie française. En effet, dans
cette lecture de l'histoire, l'autorité politique est née en Grèce, transférée à
Rome, puis enfin en France. Cette vision du monde influença directement sa
perception de l'Empire ottoman, des Turcs et des Tartares. C'est durant cette
« période d'errance »[10] que Postel rédigea un ouvrage intitulé *De la république
des Turcs*, publié en 1560, qui réunit trois textes dont une *Histoire et considération de l'origine des Tartares, Persiens, Arabes, Turcs et les aultres Ismaelites ou*

---

5   Claude Postel, *Les écrits de Guillaume Postel publiés en France et leurs éditeurs*, 1538-1579,
     Droz, Genève, 1992, pp. 11-12.

6   Plusieurs dates sont avancées pour cette nomination, et celle de 1538 est ici retenue, en
     suivant Gérard Troupeau dans le chapitre 15 de l'*Histoire du Collège de France*, pp. 283-
     291. Ce titre de « lecteur royal » est à l'origine de celui de professeur au Collège de France.
     Bien que la titulature ait évolué durant la période étudiée, il est préférable d'utiliser dès à
     présent, et pour l'ensemble de cette étude, le terme générique de « professeur au Collège
     royal ».

7   André Tuilier (dir.), *Histoire du Collège de France, la création, 1530-1560*, t1, Paris, Fayard,
     2006, p. 290. Parmi ses élèves, notons la présence de Jules César Scaliger (1484-1558), qui
     joua un rôle majeur dans l'apprentissage de l'arabe aux Pays-Bas.

8   *DOLF*, p. 776.

9   Jean Dupebe, « Poursuites contre Postel en 1553 », pp. 29-39, dans Coll, *Guillaume Postel,
     1581-1981*, Actes du colloque international d'Avranches, p. 34.

10   Claude Postel, *Les écrits de Guillaume Postel publiés en France*, pp. 25 et suiv.

Muhamediques dits par nous Mahometains, ou Sarrazins[11]. C'est dans ce court traité que Postel exprima son point de vue sur l'histoire de ces peuples et les liens qu'ils étaient censés entretenir.

Pour Guillaume Postel, l'origine des Tartares est à chercher dans les Écritures. Plus précisément, l'orientaliste considère que, suivant la «commune opinion (qui ne peut du tout être fausse)»[12], les «Tartares sont les dix tribus d'Israël»[13]. Cette identification, issue de l'Ancien Testament et diffusée dès le XIIIe siècle[14], conduit Postel à considérer que ces dix tribus furent d'abord exilées en Mésopotamie, où elles prirent le nom de Samaritains, d'après le nom de leur ancienne capitale Samarie. Poursuivant l'histoire de ces tribus, Postel fait ensuite référence au mythe des Portes de fer, derrière lesquelles Alexandre aurait enfermé les nations barbares. Elles prirent alors le nom de Tartare, que Postel analyse comme une évolution du mot chaldéen ou hébreu «Titar ou Totar» signifiant «délaissé», abandonné et maudit[15]. «Séparés des autres peuples et races [les Tartares furent] peu à peu laissés et abandonnés de Dieu»[16].

En suivant Hayton, Postel explique que les Turcs[17] n'apparaissent sous le nom de Turcs qu'à partir du moment où ils occupent de nouveau une place dans l'histoire. Face à la conquête des Arabes musulmans, les Sassanides auraient demandé aux Turcs de leur venir en aide[18]. Ces derniers se déplaçant avec une «multitude de gents et d'animaux» arrivèrent trop tard pour empêcher la victoire des Arabes et, plutôt que de retourner dans leurs territoires, décidèrent de s'installer en Mésopotamie[19]. Après s'être convertis à l'Islam, les Turcs prirent possession de Bagdad et gardèrent «cinq cents ans ou environ»

---

11 Guillaume Postel, *Histoire et considération de l'origine, loy et coustume des Tartares, Persiens Arabes et Turcs et tous autres Ismaélites ou Muhamédiques, dits par nous Mahométains ou Sarrazins*, Poitiers, 1560.

12 Postel, *De l'origine*, p. 23: «En toutes les histoires d'Orient et en beaucoup d'Occidentaux qui ont été là, se trouve écrit, ou se dit et croit pour commune opinion (qui ne peut du tout être fausse) qu'environ à la fin de notre hémisphère vers l'Orient, tirant en Septentrion, il y a une très grande multitude de Juifs resserrés entre des montagnes».

13 Postel, *De l'origine*, p. 27.

14 Postel, *De l'origine*, p. 20. L'auteur fait référence aux tribus qui peuplaient Israël jusqu'à ce que Salmanazar V, roi d'Assyrien, annexe ce royaume en 722 avant l'ère chrétienne.

15 Postel, *De l'origine*, p. 27.

16 Postel, *De l'origine*, p. 20.

17 Hayton les appelle Turcomans, ce qui correspond aux Turkmènes, Hayton, *La Fleur des histoires de la terre d'Orient* (éd Deluz), pp. 819 et suiv.

18 Comme l'indique Christiane Deluz, p. 820, il s'agit du renversement de la dynastie sassanide par les Arabes qui provoqua la mort du roi Yazdgard III (632-651).

19 Postel, *De l'origine*, p. 17. Cette région correspond à la Mésopotamie.

jusqu'à ce que «les Tartares [...] étant miraculeusement sortis des monts là
où ils étaient resserrés, leur ôtèrent ladite dignité de califat ou pontificat»[20].
Comme l'indique Iaroslav Lebedynsky, Postel fait ici écho aux Turkmènes,
peuple turcophone originaire du lac Baïkal. Ces Turkmènes migrèrent vers
l'Asie intérieure à partir du VIIe siècle[21], ce qui correspond à la première apparition mentionnée par Postel. Parmi les clans qui composent cette fédération,
les Seldjoukides s'islamisèrent à partir du Xe siècle, et profitèrent des dissensions entre les princes arabes pour se tailler un empire et se faire reconnaître
maîtres de Bagdad. Ils en furent dépossédés par l'invasion mongole, si bien
que, en reprenant le vocabulaire de Postel, on peut dire qu'il y a bien eu une
guerre entre les Turcs et les Tartares, c'est-à-dire ici les Mongols. La question
de l'unité des Mongols et des Turcs n'est quant à elle pas soulevée, puisqu'il ne
fait aucun doute dans l'esprit de Postel que ces deux nations ont une origine
commune.

Postel confirme d'ailleurs cette unité historique par une unité linguistique.
Sa connaissance des langues dites «orientales» lui permit d'avancer que «la
langue Turque et Tartaresque ont peu moins d'affinité ensemble que la Françoise et Espagnole ou Italienne» et conclut que les Turcs et les Tartares sont
«une mesme gent»[22]. Cette proximité linguistique est dès lors perçue comme
le signe de l'appartenance à un même ensemble, tout comme les Français et les
Espagnols appartenaient avant à l'Empire romain. Pour expliquer cette similitude, il faut avoir à l'esprit que les Tartares, qu'il a peut-être rencontrés en
Orient ou dont il connaît la langue par des témoignages oraux ou écrits, sont
soit des Tchagatays, issus de l'*ulus* gengiskhanide d'Asie centrale, soit plus probablement des Kipchak de la Horde d'or. Dans ces deux cas, il s'agit de populations turcophones, et non mongolophones, et il est donc logique que Postel
établisse un lien entre ces populations et les Turcs ottomans.

L'idée maîtresse de la *translatio imperii* permet à Postel d'expliquer les
migrations successives des peuples qu'il décrit. Dans le cadre des Tartares, cette
dynamique s'accompagne d'une dimension religieuse. Ce serait en effet la lutte
contre l'islam qui aurait fait sortir les Tartares à deux reprises de leurs territoires

---

20   Postel, *De l'origine*, p. 17. Les parenthèses sont celles de Postel. Il s'agit de la prise de Bagdad
      par les armées mongoles qui eut lieu en 1258 et qui marque la fin de la dynastie abbasside.
      Cette dynastie régna de 750 à 1258.

21   Iaroslav Lebedynsky, *Les nomades : les peuples nomades de la steppe, des origines aux inva-
      sions mongoles : IXe siècle av. J.-C.-XIIIe siècle apr. J.-C.*, Arles : Errance, 2017., pp. 238-240.

22   Postel, *Histoire et considération*, pp. 26-27. La question qui se pose alors est de savoir quelle
      était cette «langue tartaresque». Dans la mesure où il semble impossible qu'il s'agisse du
      mongol, que Postel n'aurait pu connaître, il doit certainement s'agir d'une langue turque.

orientaux pour venir se battre contre les Arabes d'abord, puis contre les Turcs. Postel indique même explicitement que la sortie des Mongols était destinée à «châtier l'orgueil de leurs frères les Turcs et pour aider aux chrétiens»[23]. Si l'Empire ottoman est bien au centre des préoccupations de Postel, cet empire n'est pas considéré comme une menace, et son expansion n'est qu'une étape annonciatrice de l'avènement de la suprématie française[24] dans la mesure où, une fois que la France aura vaincu les Ottomans, elle pourra étendre son pouvoir sur une vaste partie du monde et ainsi faire régner la paix. La connaissance de l'Empire ottoman, et de son origine turque et tartare, doit donc être perçue chez Postel comme un moyen de connaître son ennemi pour mieux le vaincre[25].

À l'image de Postel, Jean Bodin (1530-1596) attribue aux Tartares une place particulière dans l'histoire du monde. Pour l'auteur, l'histoire de l'homme existe depuis environ 6000 ans et se divise en trois grandes périodes d'environs 2000 ans. Chacune de ces périodes voit la domination d'une aire géographique, à savoir l'Égypte et la Mésopotamie, l'espace méditerranéen, puis le Nord-Est, ou la Tartarie[26]. Avec les peuples du Nord, tels que les Huns ou les Turcs, les Tartares sont donc considérés comme des acteurs centraux. À la différence de Postel, Bodin est partisan d'une théorie des climats[27]. Établissant une analogie entre la physiologie humaine et les régimes politiques, la théorie des climats permet d'expliquer la vigueur des pays du Nord, dont la Tartarie, par la rudesse des conditions naturelles. C'est à ce titre que les Tartares ont pu, chez Bodin, conquérir de si grands empires. Toujours dans cette logique, la France, en tant que pays tempéré par excellence, doit chez Bodin légitimement arbitrer le monde[28].

Dans les *Six livres de la République*, Bodin décrit les conditions d'exercice du pouvoir et les motifs pour lesquels un souverain peut faire usage de la force. Il fait partie des auteurs politiques qui, en cette période troublée des guerres de

---

23   Postel, *Histoire et considération*, p. 25.
24   Frank Lestringant, «Cosmogonie et *mirabilia* à la Renaissance: l'exemple de Guillaume Postel» dans Frank Lestringant, *Écrire le monde à la Renaissance, quinze études sur Rabelais, Postel, Bodin et la littérature géographique*, Caen, Paradigme, 1993, p. 233.
25   Frank Lestringant, «Guillaume Postel et l'obsession turque», pp. 265-306., dans Coll, *Guillaume Postel, 1581-1981*, Actes du colloque international d'Avranches, pp. 265-298.
26   Hervé Inglebert, *Le monde, l'histoire: essai sur les histoires universelles*, Paris: Presses universitaires de France, 2014, pp. 588 et suiv.
27   Frank Lestringant, «Cosmogonie et *mirabilia* à la Renaissance: l'exemple de Guillaume Postel», dans Lestringant Frank, *Écrire le monde à la Renaissance*, p. 233.
28   Frank Lestringant, «Cosmogonie et *mirabilia* à la Renaissance», pp. 260 et suiv.

religion, théorisent sur l'exercice du pouvoir monarchique à travers de nombreux exemples, dont celui de Tamerlan. Dans le chapitre v du livre ii, portant
sur la question du tyrannicide[29], l'histoire de Tamerlan est réduite au seul cadre
de la bataille d'Ankara. Inscrit dans une description des faits coupée des réalités historiques, Bodin analyse ainsi la guerre entre Tamerlan et Bajazet :

> Aussi est chose très belle et magnifique à un Prince, de prendre les armes
> pour venger tout un peuple injustement opprimé par la cruauté d'un
> tyran, comme le fit le grand Hercules, qui allait exterminant partout le
> monde ces monstres de tyrans : et pour ses hauts exploits a été déifié : ainsi
> fit Dion, Timoleon, Aratus et autres princes généreux qui ont emporté le
> titre de châtieurs et correcteurs des tyrans. Aussi ce fut la seule cause, pour
> laquelle Tamerlan, Prince des Tartares, dénonça la guerre à Paiazet [Baja-
> zet], Roy des Turcs, qui lors assiégeait Constantinople, disant qu'il était
> venu pour châtier la tyrannie et délivrer les peuples[30].

Bodin va même plus loin dans son éloge de Tamerlan, puisque la légitimité du
tyrannicide excuse la violence avec laquelle il aurait traité Bajazet lors de sa
captivité.

> Tamerlan fit mourir le tyran enchaîné en une cage. Et cela ne peut chaloir
> que le Prince vertueux procède contre un tyran par force ou par finesse[31].

Alors que le Turc est un tyran, le Tartare est un «prince vertueux», à qui on
excuse les massacres par le fait qu'il combattait pour «délivrer les peuples
affligés». Bodin défend donc la théorie du tyrannicide, et le tyran est défini en
la personne de Bajazet comme «celui qui de sa propre autorité se fait prince
souverain, sans élection, ni droit successif, ni sort, ni juste guerre, ni vocation spéciale de Dieu»[32]. On mesure ici combien Bodin ignorait l'histoire de

---

29 Jean Bodin, *Les six livres de la République*, Paris, Jacques du Pois, 1593, 1119 p., ici p. 297 :
    «S'il est licite d'attenter à la personne du tyran».
30 Bodin, *Les six livres de la République*, p. 300.
31 Bodin, *Les six livres de la République*, p. 300. Comme l'ont relevé Milwright et Baboula,
    ce thème de la cage de fer se construit à partir du récit de Piccolomini publié en 1509.
    Lentement, d'autres éléments ont été ajoutés, comme l'utilisation de chaînes d'or ou
    les mauvais traitements réservés à la femme de Bajazet. Voir Marcus Milwright et Evan-
    thia Baboula, «Bayezid's Cage : A Re-Examination of a Venerable Academic Controversy»,
    pp. 239-260, ici pp. 242 et suiv.
32 Bodin, *Les six livres de la République* p. 297.

Tamerlan qui, d'après cette liste de critères, appartiendrait sans difficulté à la catégorie des tyrans. Cependant, Bodin va plus loin dans son éloge de Tamerlan en défendant la théorie selon laquelle le peuple peut recourir à la guerre et en appeler à un prince étranger pour renverser un exercice injuste du pouvoir[33]. Non seulement Tamerlan est un tyrannicide, mais il est également un libérateur des peuples.

Cette utilisation politique du portrait de Tamerlan doit être replacée dans le contexte d'opposition entre Henri IV et Bodin, auteur alors favorable à la Ligue. Dès lors, le portrait de Tamerlan prend une tournure bien plus concrète. Sans qu'il s'agisse ouvertement d'une forme de menace contre le roi de France, on peut y voir un avertissement pour qui serait tenté d'usurper le trône ou d'abuser de son pouvoir. Dans cette situation, Bodin accepte l'usage d'une violence qui devient légitime. Ce faisant, il justifie, et donc minimise, la violence de la guerre de Tamerlan contre Bajazet Ier.

Si l'on ne peut aller plus loin dans le parallèle que Bodin dresse entre Tamerlan et le contexte politique français, on peut simplement rappeler que la figure du Turc était convoquée dès qu'il s'agissait de décrire un adversaire, qu'il soit politique ou religieux. Par exemple, parmi les nombreux ouvrages politiques édités en France durant cette période, il en est un qui doit retenir l'attention. Il s'agit d'un texte au titre évocateur, *La France-Turquie*[34], dont l'auteur est anonyme. La France y est comparée à l'Empire ottoman sur l'idée que le roi chercherait à imposer une forme de tyrannie en abaissant une noblesse qui se présente comme le garant de l'équilibre des pouvoirs. De là à procéder à une lecture métaphorique de la guerre entre Bajazet et Tamerlan, il n'y a qu'un pas qui a certainement été franchi.

À une échelle européenne, il est intéressant de noter que ces textes, qui témoignent d'un certain détachement vis-à-vis des informations historiques liées à Tamerlan, furent produits peu avant la découverte par les Européens des sources persanes.

---

33   Albert Cremer, « La genèse du droit des gens moderne et la conscience européenne : Francisco de Vitoria et Jean Bodin » dans Coll., *La conscience européenne au XVe et au XVIe siècle*, Actes du colloque international organisé à l'Ecole Normale supérieure de Jeunes Filles, Paris, E.N.S.F.J., Paris, 1982, pp. 88-102.

34   Anonyme, *La France-Turquie, c'est-à-dire conseils et moyens tenus par les ennemis de la couronne de France pour réduire le royaume en tel estat que la tyrannie turquesque*, Orléans, 1575.

2   L'apport du monde ibérique dans la perception de Tamerlan (XVIᵉ
       siècle)

Durant la seconde moitié du XVIᵉ siècle, l'intérêt pour la Perse ne cessa de gran-
dir et de se diversifier en Europe. Le développement du commerce maritime
avait conduit les Espagnols et les Portugais à se tourner vers la Perse et l'Inde.
En Perse, la dynastie safavide, formée sur les restes de l'empire timouride, étendait sa domination et entrait bientôt en conflit avec les Ottomans. Elle devenait
de fait une alliée potentielle pour la Chrétienté, d'autant que le marché des
épices attirait les convoitises. En Inde, les comptoirs formaient à la fois des
lieux de commerce et des escales nécessaires pour la route vers les archipels
asiatiques. Ici, les puissances européennes établirent des relations politiques
et économiques avec les souverains de dynastie moghole nouvellement éta-
blis dans le nord de l'Inde et qui se présentaient comme les héritiers à la fois
des Timourides et des Gengiskhanides[35]. Qu'il s'agisse de l'un ou de l'autre de
ces canaux, les Européens furent en contact avec les richesses de la production
intellectuelle persane qui était partagée par les deux dynasties. La nature même
du pouvoir tel qu'elle était conçue par les Safavides et les Moghols témoignait
d'une réelle proximité, si bien que les échanges entre les milieux intellectuels
étaient nombreux[36].

    Les relations entre les Européens et ces deux dynasties relèvent de logiques
différentes, mais il est intéressant de noter qu'elles participent à l'accroissement de l'intérêt pour la langue persane. Langue de la cour, des armées et
du commerce, le persan était incontournable dans les négociations, et il n'est
donc pas surprenant que les marins et les marchands ibériques aient été des
acteurs dans la transmission des savoirs historiques sur la Perse. Cette proximité explique le parcours de nombreux voyageurs qui, arrivés en Perse par
voie terrestre, voyageaient ensuite vers l'Inde avant d'embarquer pour la Chine.
Cet itinéraire, déjà fréquenté par les missionnaires aux siècles précédents,
témoigne également de la difficulté de pénétrer en Chine par l'Ouest, et ce pour
des raisons tant naturelles que politiques. Cela eut pour conséquence d'écarter
ces régions des axes de communication.

---

35   Babur (1483-1530), le fondateur de cette dynastie, descendait en effet de ces deux empe-
      reurs. Lisa Balabanlilar a d'ailleurs rappelé que cette dynastie devait être reconnue comme
      le principal bénéficiaire de l'héritage turco-persan d'Asie centrale. Lisa Balabanlilar,
      « Lords of the Auspicious Conjunction : Turco-Mongol Imperial Identity on the Subcon-
      tinent », Journal of World History, Volume 18, 1, Mars 2007, p. 3.
36   Sur ce point, voir Azfar Moin, The Millennial Sovereign. Sacred kingship and sainthood in
      Islam, New-York, Columbia University Press, 2012.

Cet accroissement de l'intérêt pour le monde perse, qui doit se lire dans un contexte général d'une ouverture de l'Europe vers le monde, se traduit par la production d'une importante littérature. Pour ne citer que les exemples les plus proches de cette recherche, c'est dans ce contexte que le récit de l'ambassade de Clavijo prit une nouvelle dimension. Loin de servir à un quelconque projet d'alliance désormais dépassé, ce récit devint une source sur les routes à emprunter pour parcourir la Perse. Il fut édité en 1582 par Gonçalo Argote de Molina, qui l'intégra dans une *Historia del Grand Tamorlan*. Avant Pero Mexia, on peut mentionner Joao de Barros, dont l'œuvre retraçait l'expansion portugaise dans le monde. À partir des années 1550, il rédigea une série d'ouvrages intitulée *Decadas da India* dans laquelle il livra les éléments les plus récents sur la géographie et l'histoire de l'Afrique, de l'Amérique et de l'Asie. Dans le volume qui porte sur la Perse, l'auteur fait mention du *Rawżat al-Ṣafā*, dont il connaît l'existence, mais qu'il n'a pu traduire ou se faire traduire. Il fallut attendre 1610 pour voir la publication du premier texte faisant réellement usage de cette source persane.

Dans l'état actuel des connaissances, c'est à Pedro Teixeira (mort vers 1610) que revient la première utilisation concrète de Mīrkhwānd[37]. Teixeira s'inscrit dans la longue tradition des voyageurs ibériques qui séjournèrent dans le monde perse[38]. Il résida en Inde et à Hormuz dans les années 1590, séjour durant lequel il apprit le persan. En 1601, il rentra au Portugal en passant par l'Amérique et repartit en Inde en 1603. Après une nouvelle escale à Hormuz, il regagna l'Europe en passant par la Mésopotamie. Il séjourna alors à Venise, Paris, puis Anvers, où il s'établit en 1608 et où il fit publier la *Relation* de son voyage, accompagnée d'une chronologie des rois de Perse. Cette chronologie, qui représente un quart de l'ouvrage, est composée de biographies de tailles variables et est destinée à éviter les « mille difficultés » que rencontre-

---

37   Pedro Teixeira, *Relaciones de Pedro Teixeira d'el origen, descendencia y succession de los Reyes de Persia, y de Harmuz, y de un viage hecho por el mismo autor dende la India Oriental hasta Italia por tierra*, Anvers, 1610, 3ᵉ page de l'adresse au lecteur. Sur ce point, voir Sanjay Subrahmanyam, *L'éléphant, le canon et le pinceau histoires connectées des cours d'Europe et d'Asie*, 1500-1750. Paris, Alma éditeur, 2016, p. 252.

38   Sur la vie de Pedro Teixeira, voir José Javier Fuente del Pilar, « Pedro Teixeira y su viaje por Mesopotamia », *Arbor*, CLXXX, 711-712 (Mars-Avril 2005), pp. 627-643. Le texte de Teixeira fut traduit en français en 1681. Cette traduction est faite par Ignace Cotolendi, vicaire apostolique de Société des Missions Etrangères de Paris, qui traversa la Perse pour se rendre en Chine. Pour sa notice biographique, voir http://archives.mepasie.org/notices/notices -biographiques/cotolendi (site actif le 8 janvier 2014) et le *Nouveau supplément au grand dictionnaire historique, généalogique et géographique de M. Louis Moreri*, 1749, 1ᵉʳ tome, p. 388.

rait celui qui chercherait à connaître comment les Arabes se sont emparés de la Perse[39]. Au chapitre LV, on retrouve les éléments nécessaires pour l'écriture d'une « relation des Mogols ou Tartares, qui sont les mêmes, qui ont conquis la Perse »[40]. L'auteur y retrace en une dizaine de pages l'origine de Gengis Khan, les étapes de sa conquête et la vie des princes qui ont régné après lui. Dans le même chapitre, Teixeira inclut Tamerlan, « le treizième successeur de Gengis Khan, qui descendait de son sang, qui n'était pas un voleur, un caravanier, ou un pasteur »[41] et les souverains timourides. Cette traduction, qui circula assez largement en Europe, semble être le premier texte mentionnant clairement un lien biologique entre les deux empereurs, donnant corps à l'idée d'une continuité dynastique. Ce faisant, il véhicule pleinement l'idéologie timouride présente chez Mīrkhwānd.

Le peu d'informations disponibles au sujet de l'édition de ce texte pose la question de savoir où et comment l'auteur a eu accès au *Rawżat al-Ṣafā*. On peut penser qu'il fit l'acquisition d'une copie lorsqu'il était en Perse et qu'il en fit une traduction à Anvers. Cependant, rien ne permet de confirmer cette hypothèse, et il est également envisageable qu'il en fît, ou qu'il fît faire, une traduction en Orient et qu'il voyagea avec avant de la faire imprimer. On sait qu'à l'époque pendant laquelle Teixeira était à Anvers, le voyageur et marchand italien Giovanni Battista Vecchietti (1552-1618) introduisit la première copie clairement identifiée du *Rawżat al-Ṣafā* en Europe[42]. Cet exemplaire intégra certainement une collection privée dans un premier temps, avant de venir grossir les fonds de la Bibliothèque royale à Paris. S'il est peu probable qu'il faille établir un lien entre la traduction de Teixeira et le manuscrit rapporté par Vecchietti, cette simultanéité témoigne à la fois de l'intensification des échanges avec la Perse, de la facilité d'accès à ce manuscrit et de l'intérêt grandissant qu'il suscitait en Europe.

L'importance du monde ibérique dans la diffusion des savoirs sur Tamerlan ne passa pas uniquement par la circulation des récits de voyageurs et par la traduction de sources persanes. Il faut ici faire mention d'une autre source

---

39   Teixeira, *Relaciones*, p. 213.

40   Teixeira, *Relaciones*, p. 334. Le titre du chapitre est « Relacion des los Mogoles o Tartaros que es lo mismo que sennorcaron la Persia ».

41   Teixeira, *Relaciones*, p. 334, « de cuya sangrer descendia, y no era salteador, ni recuero, ni pastor ».

42   Sur le rôle de ce voyageur et de son frère dans la circulation des manuscrits orientaux en Europe, voir Richard Francis, « Les frères Vecchietti, diplomates, érudits et aventuriers », dans *The Republic of Letters and the Levant*, a cura di A. Hamilton, M.H. van den Boogert, B. Westerweel, Leiden, Brill, 2005 (Intersections – Yearbook for Early Modern Studies 5 – 2005), pp. 11-26.

qui, sans avoir joué un rôle central, fut fréquemment citée par les auteurs français. Il s'agit de la chronologie écrite par un juif espagnol du XVIe siècle, Abraham bar Samuel Zacuto (1452-1515). S'il est surtout connu pour ses travaux d'astrologie[43], celui que les auteurs européens nommaient Zacut[44] est également l'auteur du *Zefer Yuhasin*, ou *Livre des Généalogies*, rédigé en 1504 à Tunis[45], soit peu après l'expulsion des Juifs d'Espagne (1492), mais surtout du Portugal (1495). Ces événements avaient été interprétés comme un châtiment destiné à punir les Juifs de leurs erreurs, et Zacuto se proposa d'écrire l'histoire de son peuple afin d'identifier les fautes qui auraient été commises et qui justifieraient les sanctions divines qu'il reçut. L'aspect du *Zefer Yuhasin* qui retient l'attention est le fait que, pour écrire cette chronologie, Zacuto rédige les biographies des principaux rabbins en les replaçant dans leurs contextes historiques[46].

Ce texte fut édité à Constantinople en 1566 et à Cracovie en 1580[47], puis traduit par l'orientaliste hollandais Joseph Juste Scaliger (1540-1609) et intégré à son traité sur la chronologie intitulé *Thesaurus temporum*, publié en 1606. C'est sous cette forme qu'il circula en Europe, et notamment en France. Ce type d'œuvres contribua à fixer une généalogie des empereurs tartares et une chronologie de leurs règnes. Ces tables offraient ainsi des repères dans une histoire mal maîtrisée et dans laquelle les confusions étaient non seulement possibles, mais fréquentes.

Les premières connaissances sur Tamerlan s'inscrivent dans une continuité de l'histoire mongole qui se joue sur deux niveaux. Le premier est celui des canaux d'informations qui reprennent les mêmes mécanismes que ceux qui permirent la circulation du portrait de Gengis Khan. Le second est celui d'une méconnaissance des premiers temps de l'histoire timouride par les auteurs européens, qui ne furent pas à même de comprendre les enjeux idéologiques

---

43 José Chabás et Bernard R. Goldstein, *Astronomy in the Iberian Peninsula : Abraham Zacut and the Transition from manuscript to Print*, American Philosophical Society, Philadelphia, 2000.

44 En 1492, il doit quitter l'Espagne lorsque les juifs en sont expulsés et trouve refuge à la cour portugaise. En 1497, toujours pour des raisons religieuses, il quitte le Portugal pour Tunis. Voir Mariano Gómez-Aranda, *Ibn Ezra, Maimónides, Zacuto, serafad científica : la visión judía de la ciencia en la edad media*, Tres cantos, Nivola, 2003, pp. 116 et suiv.

45 Mariano Gomez-Aranda, « Science and Jewish Identity in the Works of Abraham Zacut » dans *Late Medieval Jewish Identities : Iberia and Beyond*. Edited by Carmen Caballero-Navas and Esperanza Alfonso, Hampshire, England : Palgrave Macmillan 2010, ici p. 158.

46 Aranda-Gómez, *Ibn Ezra*, pp. 146-147. Pour ce faire, il s'appuya sur le récit de Benjamin de Tudèle (1130-1173), qui s'était rendu dans le golfe Persique dans la seconde moitié du XIIe siècle auquel il ajouta des sources qu'il n'a pas été possible d'identifier.

47 « Ari Nohem » Archives israélites de France, I, 1840, p. 568.

et dynastiques qui se manifestaient alors. La question de l'origine de Tamerlan était d'autant plus difficile à résoudre qu'elle était à chercher en Transoxiane, région alors en retrait des axes occidentaux de communication. Située entre la Perse et la Chine, cette région était au mieux un lieu de passage, quand elle n'était pas contournée par les routes maritimes. De plus, si cette question était centrale pour les historiens timourides, elle ne représentait qu'un intérêt lointain pour les Européens, qui ne voyaient en Tamerlan qu'un vainqueur, ponctuel, sur les Ottomans.

À la fin du XVIᵉ siècle, l'historiographie timouride, par le biais de Mīrkhwānd, se diffusa en Europe, mais ne constituait pas encore le courant dominant l'écriture de l'histoire de Tamerlan. En effet, d'autres sources étaient également en circulation, proposant des alternatives parfois radicales. Le thème principal d'une continuité entre Gengis Khan et Tamerlan n'est donc pas ancré dans les esprits à cette époque, et l'un des enjeux de cette étude est de comprendre comment cette interprétation de l'histoire s'est imposée face à la thèse défendue par exemple par Ibn ʿArabshāh.

Jusqu'à présent, les sources dont il a été question limitent l'histoire des Tartares à celle de Tamerlan, et ancrent son histoire dans l'histoire de sa guerre contre Bajazet. La découverte du texte de Mīrkhwānd par les Européens ravive les souvenirs relatifs à l'histoire gengiskhanide qui, s'ils sont imprécis, s'intègrent parfaitement dans la dynamique d'une continuité historique entre les empires. La *translatio imperii* ne rencontre donc aucune difficulté, d'autant que les savoirs restent suffisamment imprécis pour laisser une part de doute et d'approximation.

3 L'intégration de savoirs sur les Tartares venus d'horizons différents

Avec l'expansion du commerce et la découverte de nouvelles historiographies, ces premières connaissances sur les Tartares dominées par le point de vue des sources persanes vont être remises en question de façon bien plus profonde. Cette imprécision qui permettait aux informations de fonctionner à condition de ne pas entrer dans les détails laissera la possibilité à des données contradictoires de s'immiscer dans le champ des savoirs.

Le premier exemple que l'on peut citer se trouve dans une histoire de la Sarmatie écrite en 1517 par le polonais Maciej Miechowita (1457-1523)[48], traité

---

48 Maciej Miechowita, *Tractatus de duabus Sarmatiis Asiana et Europiana et de contentis in eis*, Cracovie, 1517. Voir l'édition en ligne accessible sur le site https://www.hs-augsburg.de/~harsch/Chronologia/Lspost16/Miechow/mie_tr11.html#5.

considéré comme le premier ouvrage géographique sur l'Europe de l'Est[49]. Les nombreuses rééditions, traductions, et intégrations au sein d'ouvrages plus généraux ont fait de ce texte la source sur la géographie de l'Europe orientale la plus influente de cette première moitié du XVIe siècle. À ce titre, Miechowita[50] devint une source d'autorité pour la géographie de cette région, mais également pour l'histoire des peuples tartares. Composé dans sa version originale d'une soixantaine de pages, ce traité est divisé en deux parties de longueurs inégales : la première est de loin la plus longue, et porte sur la « Sarmatia Asiana » alors que la seconde est dédiée à la « Sarmatia Europiana »[51]. Comme l'indique Khatarina Piechocki[52], le traité de Miechowita témoigne d'un projet historiographique par lequel l'auteur revendiquait l'héritage sarmate afin de légitimer le pouvoir et les ambitions du royaume de Pologne. En tant que « descendants directs »[53] de ce peuple, les Polonais seraient en droit de réclamer et de conquérir l'ensemble des deux Sarmatie. Ce faisant, Miechowita inscrit la Pologne dans une histoire prestigieuse qui remonte à l'Empire romain, et pose les bases intellectuelles d'un élargissement de la Pologne[54].

Sans faire référence aux sources antiques qu'il connaissait, Miechowita débuta son histoire de la Sarmatie asiatique avec l'invasion mongole. Les premiers chapitres sont ainsi consacrés aux ravages causés par les armées gengiskhanides et aux désolations provoquées par Batu. L'auteur fit ensuite mention des ambassades dépêchées par le pape Innocent IV, et plus précisément de celle

---

49   Bien que le terme d'Europe de l'Est soit délicat à définir, il est utilisé ici en suivant le vocabulaire employé par l'historien Marek Stachowski. Voir par exemple Marek Stachowski, « Miechowita's knowledge of east european languages (mainly hungarian, lithuanian and tatar) based on his tractatus de duabus sarmatiis (1517) », *Studia Linguistica Universitatis Iagellonicae Cracoviensis* 130 (2013), pp. 309-316.

50   On retrouve généralement sous la forme « Michou » dans les textes français.

51   Katharina N. Piechocki, « Discovering Eastern Europe : Cartography and Translation in Maciej Miechowit's *tractatus de Duabus Sarmatiis* (1517) », dans Danilo Facca et Valentina Lepri (éd.), *Polish Culture in the Renaissance : Studies in the arts, humanism and political thought*, Firenze University Press, Florence, 2013, pp. 53-71 et Miechowita, *Tractatus de duabus Sarmatiis*, I, livre 1, chapitre 1.

52   Piechocki « Discovering Eastern Europe ».

53   Iaroslav Lebedynsky, *Scythes, Sarmates et Slaves : l'influence des anciens nomades iranophones sur les Slaves*. Présence ukrainienne. Série « Sciences humaines ». Paris, Harmattan, 2009, p. 16.

54   Piechocki « Discovering Eastern Europe », pp. 64 et suiv. Cette *translatio imperii* se joue également à une échelle européenne, dans la mesure où cette volonté d'expansion doit être interprétée comme un miroir de l'expansion portugaise en Amérique. Pour Miechowita, si l'Europe est fascinée par la « découverte du nouveau monde », elle doit aussi l'être par la conquête de ces vastes régions orientales.

d'Ascelin, dont il a connaissance par le biais de Vincent Beauvais[55]. Malgré cette ambassade, les Tartares se convertirent à l'islam.

Les Tartares se composent de quatre hordes ayant le même empereur[56] et d'une cinquième «qui imperatorem non tenet»[57]. La liste des empereurs tartares permet de constater que Miechowita n'avait qu'une connaissance imprécise et lointaine de l'histoire tartare qu'il diffusait. Exemple d'imprécision lourde de conséquences, Miechowita identifia Temir Qutlug[58], khan de la horde d'or de la fin du XIVe siècle avec Tamerlan. Il écrit ainsi:

> Quartus imperator et Bathi genitus fuit Temir Kutlu, et interpretatur et thartarico felix ferrum. Temir felix et kutlu ferrum: erat siquidem felix et bellicosus. Iste est in ille Temerlanes in historiis celebratus, qui totam Asiam vastavit et usque ad Aegiptum petransiit. Iste imperatorem Turcorum Pesaiten primum conflixit et captivatum catenis aureis alligavit et post in brevi dimisit[59]

Il est regrettable que l'on ne connaisse pas de façon précise les sources utilisées pour la rédaction du traité sur les deux Sarmatie, car ceci aurait permis de mettre en lumière les canaux d'informations de Miechowita. Comme l'indique László Klima, il semble qu'il ait collecté «ses informations lors d'un voyage à Vilnius ainsi qu'auprès de prisonniers de guerre russes rencontrés à Cracovie»[60]. Si la tradition orale tient une place importante dans son œuvre, la référence à Vincent Beauvais montre qu'il disposait de sources écrites dans lesquelles il pouvait puiser ses informations.

---

55   Miechowita, Livre I, traité 1, chapitre 5. Il s'agit là de la horde «Zauolhensium» également nommée «Czahadaiorum», de la horde «Przecopensium», de la horde «Cosanensium» et de la horde «Nohacensium».

56   Miechowita, Livre I, traité 1, chapitre 8.

57   Miechowita, Livre I, traité 1, chapitre 8.

58   L'auteur écrit «Temir Kutlu». Outre les éléments relatifs à la généalogie, ce chapitre 8 du livre 1 du premier traité de Miechowita livre également des rudiments de linguistique dans lesquels l'auteur explique les noms des empereurs. Ainsi, s'il n'a pas conscience de la différence qui existe entre Temir Qutlug et Tamerlan, l'historien polonais sait que le premier nom signifie «fer heureux». Cependant, il inverse les deux traductions et présente «Temir- felix et Kutlu – ferrum». On peut donc raisonnablement penser que l'auteur n'a pas de réelles connaissances de ce qu'il appelle la langue «thartare», mais qu'il reproduit ici certainement une tradition qui, si elle est factuelle, n'est pas pleinement assimilée.

59   Miechowita, Livre I, traité 1, chapitre 8.

60   László Klima, «Les voyageurs européens chez les peuples finno-ougriens au Moyen Âge et au début de l'âge moderne». *Études finno-ougriennes*, n° 48 https://doi.org/10.4000/efo .7104. § 7, consulté le 21 juillet 2017.

Le texte de Miechowita semble être le seul texte à proposer une histoire des Tartares qui s'inscrit dans le cadre de la Horde d'or et qui exerça une réelle influence sur la perception des Tartares par les Européens. Ce manque de circulation s'explique par plusieurs éléments, mais le principal semble être la question de la langue. Écrits en vieux slavon et non en latin, ces textes étaient difficilement accessibles aux Européens. Pourtant, ces chroniques auraient donné une dimension nouvelle et intéressante à l'histoire des Tartares[61].

La pacification de la région et l'effacement progressif de la Horde d'or permirent le développement du commerce. Dans le même temps, la Russie menait une politique d'ouverture vers l'Europe, qui se traduisit par une intensification des échanges et une plus grande circulation des marchands. Outre les différentes ressources, dont les fourrures, ces derniers cherchaient un passage par le Nord permettant de rejoindre la Chine[62]. L'idée reposait sur le constat assez simple qu'il était théoriquement bien plus rapide de se rendre d'Europe en Chine en passant par le nord de la Russie que par l'océan atlantique et l'océan indien. Cette route pouvait être maritime ou fluviale, le long des vastes réseaux hydrographiques de la Russie. La connaissance de ces derniers était alors très limitée, et les marchands hollandais et anglais effectuèrent plusieurs tentatives pour découvrir ce passage. Il faut reconnaître que les enjeux étaient importants car, outre le gain de temps, cette route devait permettre une réorientation du commerce européen au profit des pays du Nord.

Parmi les marchands qui participèrent à ces explorations et qui laissèrent un récit de leurs périples, Anthony Jenkinson (1529-1611) tient une place importante, car son texte fut largement repris et exerça une très forte influence jusqu'au XIXe siècle[63]. Ses voyages en Perse, en Russie et dans le khanat de Boukhara lui permirent d'accumuler de nombreuses connaissances sur les routes et la géographie de ces régions, mais force est de constater que les éléments historiques contenus dans son récit sont limités[64]. En effet, la lecture de son récit démontre que Jenkinson était principalement intéressé par la collecte d'éléments géographiques et politiques, autrement dit par tout ce qui pouvait servir au développement du commerce.

---

61   Sur l'historiographie véhiculée par les sources slaves, voir Donald G. Ostrowski, *Muscovy and the Mongols: Cross-Cultural Influences on the Steppe Frontier*, 1304-1589. Cambridge, Cambridge University Press, 2002.
62   Gorshenina, *L'invention de la Tartarie*, pp. 161 et suiv.
63   Sur ce point, voir les travaux de Gorshenina.
64   Comme le rappelle Vincent Fourniau, ce voyage constitue une exception dans «les relations directes entre l'Europe occidentale et la Transoxiane post-timouride», mais cette

Le résultat de Jenkinson est pour le moins mitigé, du moins d'un point de vue mercantile. À cause de la fragmentation politique de l'Asie centrale et des progrès techniques, la traversée de la Tartarie depuis l'Europe jusqu'en Chine n'était plus une entreprise souhaitable ou rentable, puisque la voie maritime était plus rapide et plus sûre. Ce désintérêt pour le cœur de la Tartarie eut pour conséquence une stagnation des savoirs sur cette région. De plus, cela engendra une forme de polarisation des savoirs sur la Perse et la Chine, dans la mesure où les missionnaires qui se rendaient en Chine étaient rarement les mêmes que ceux qui s'étaient rendus en Perse.

Après les connaissances en provenance du monde russe, les seconds éléments dont il faut ici faire mention proviennent du monde chinois. À l'époque durant laquelle Jenkinson se rendait en Tartarie par voie terrestre, le voyageur portugais Fernão Mendes Pinto (1509-1583)[65] donnait une nouvelle actualité à l'histoire tartare en écrivant que la région de Pékin avait été attaquée par des Tartares[66]. Ici, l'auteur fait référence aux bouleversements qui, depuis l'avènement des Ming, avaient secoué les régions septentrionales de la Chine[67]. Le texte de Pinto, s'il relatait des événements importants, ne les décrivait qu'avec distance et sans donner de véritable information. Rapidement, il fut dépassé par celui que Juan González de Mendoza publiait à Rome, une *Historia de las cosas mas notables, ritos y costumbres del gran reyno de la China* et qui ne reposait pas sur une expérience directe de la Chine, mais sur une compilation des écrits provenant des missionnaires jésuites[68]. Comme Lach le souligne, ces écrits portaient le plus souvent sur le sud de la Chine et les événements qui se passaient au Nord n'étaient pas connus de façon directe, mais

---

destination ne fut pas prise à Londres, mais à Moscou. Voir Fourniau, « Quelques aspects du thème timouride », p. 284.

65   Fernão Mendes Pinto, *The travels of Mendes Pinto*, Catz, Rebecca D. (éd.), The University Chicago Press, 1984. Les chapitres concernant les Tartares sont les 122, 123 et 124. Ecrite entre 1569 et 1578, sa *Pérégrination* ne fut éditée qu'en 1614, mais des copies manuscrites circulaient tant au Portugal qu'en Espagne et en Italie. Voir pp. XXIII-XIV.

66   Sur cette transition Yuan-Ming, voir Timothy Brook, *The troubled empire : China in the Yuan and Ming dynasties*. Cambridge, Mass : Belknap Press of Harvard University Press, 2010 et à Peter C. Perdue, *China Marches West : The Qing Conquest of Central Eurasia*, Cambridge, Mass. London, 2010.

67   La chute des Yuan avait entraîné de nombreuses guerres entre les différents ensembles mongols et la dynastie chinoise. Par exemple, les Mongols Oïrats capturèrent l'empereur chinois en 1449. Un siècle plus tard, la situation n'était pas pacifiée et Altan Khan (1507-1582) réussit à unifier une grande partie des forces mongoles et assiégea Pékin en 1550.

68   Comme le rappelle Antonella Romano, Mendoza ne se rendit jamais en Chine et son texte est avant tout un « plaidoyer en faveur de l'évangélisation de la Chine ». Romano, *Impressions de Chine*, pp. 63-81.

par le biais d'intermédiaires[69]. Or, l'histoire des Tartares se déroulait précisément dans cette région éloignée. Mendoza livra une rapide présentation des
souverains tartares qui ont régné sur la Chine, et souligna qu'un prince chinois
«chassa les Tartares hors de tout le royaume avec grand carnage et occision
[sic] de ces injustes et tyranniques usurpateurs»[70].

L'importance du texte de Mendoza ne réside donc pas tant dans les informations qu'il délivre que dans la place qu'il donne aux Tartares. Pour comprendre
ce point, il est nécessaire de se replacer dans le contexte général de l'œuvre
dont le but est de souligner l'importance de la conversion de la Chine. Sur ce
point, Mendoza indique que

> si ces Chinois reçoivent la foi de notre Seigneur Jésus Christ, il est crédible
> qu'ils exciteraient aussi lesdits Tartares à faire le semblable, comme étant
> hommes bien dociles et grands imitateurs de ceux-ci[71].

Si l'on recoupe les différents récits alors en circulation, un lecteur européen
était en droit de penser que les Tartares occupaient non seulement le nord de
la Chine, mais également l'ensemble des territoires qui s'étendaient jusqu'en
Russie. La conversion de la Chine devenait donc une étape dans la conversion
de ce vaste ensemble qui représentait la moitié nord de l'Eurasie et qui struc-
turait l'histoire des missions depuis le XIIIe siècle.

Le second élément notable de ce texte est que l'auteur livre une description
des Tartares qui

> ne sont pas de même couleur de visage [que les Chinois], étant les Tar-
> tares un peu plus rouges et plus noirs, allant tout nu la plupart depuis la
> ceinture tout jusqu'en haut et mangeant de la chair crue et se frottant du
> sang de celle-ci pour se rendre plus forts et plus robustes au moyen de
> quoi ils puent si fort que quand vient l'air de leur côté, on les sent de bien
> loin pour leur puanteur[72].

Cette description semble être la première faite en Europe depuis les récits
médiévaux, et mérite à ce titre que l'on s'y attarde. Le thème de la viande crue
est un topos de la description d'une altérité que l'on cherche à réduire à la bar-

---

69   Donald F. Lach, *Asia in the Making of Europe*, Chicago et Londres, The University of Chi-
     cago, *The Century of Discovery*, 1971, vol. I-2, p. 751.
70   Mendoza, *Histoire du grand royaume de la Chine*, p. 53.
71   Mendoza, *Histoire du grand royaume de la Chine*, p. 4.
72   Mendoza, *Histoire du grand royaume de la Chine*, Rouen, 1614, p. 3.

barie, et c'est au sujet de la couleur de peau que l'auteur marque son originalité. Cette comparaison entre Chinois et Tartares est intéressante dans la mesure où elle est assez rare et ne fit l'objet d'une réelle attention de la part des Européens que dans la seconde moitié du XVIIIᵉ siècle. Quant à la question de l'odeur des Tartares, il semble que l'auteur fasse ici référence à une description chinoise qui présentait les Tartares comme « les puants tartares »[73]. Rapidement, ce texte s'imposa comme la référence en la matière. Les nombreuses traductions et rééditions qui eurent lieu dans toute l'Europe témoignent de son succès durable et de la diffusion de son contenu.

À l'image de Mendoza, les missionnaires tenaient une place centrale dans la connaissance de la Chine, de sa géographie et de son histoire. Véritable fondateur des missions jésuites en Chine, Matteo Ricci (1552-1610)[74] séjourna près de vingt ans dans ce pays, et sa connaissance de la langue et son intégration dans les milieux lettrés lui permirent d'obtenir des informations de premier ordre sur la Chine et son histoire. Son journal ne fut publié qu'après sa mort par un autre jésuite, Nicolas Trigault, sur demande du supérieur général de la mission en Chine, Niccolo Longobardo. Édité en 1615 sous le titre de *Christiana expeditione apud Sina*, ce texte connut un vif succès et devint la source principale sur cette région du monde, supplantant le récit de Mendoza. Antonella Romano rappelle qu'il s'agissait alors pour Trigault de rapprocher la Chine de l'Europe et de mettre en avant les succès des jésuites[75]. Outre ces éléments destinés à promouvoir l'élan missionnaire de son ordre, Trigault livra de nombreux éléments sur l'histoire passée et présente de la Chine, dont un passage sur la conquête faite par les Tartares.

Dans un chapitre portant sur l'administration de la Chine, on peut lire :

> la première conquête de l'ensemble du pays par un peuple étranger dont on garde une trace n'a pas eu lieu avant l'année 1206. À cette époque, un certain chef tartare, un conquérant de toutes les nations marcha à la tête d'une armée victorieuse à travers le pays entier. Quelques-uns de nos his-

---

73 L'origine de cette description n'est pas claire, mais le jésuite Claude de Visdelou indiquait au XVIIIᵉ siècle qu'elle était mentionnée dans une source que cet auteur présente comme une géographie universelle et dans laquelle on peut lire, toujours d'après Visdelou, que le mot de « Tartare » correspond en chinois à celui de « Tha-tche », qui se transforma en « Tha-tha », « Tha-tçe » puis « Sao-tha-tçe », « c'est-à-dire les puants Tartares ». Ce texte, écrit en Chine en 1612, ne peut être la source de Mendoza, et tout laisse penser qu'il s'agit d'une expression ancienne.

74 Nicolas Standaert, « Jesuits in China », dans *The Cambridge Companion to the Jesuits*, édité par Thomas Worcester, 169-185. Cambridge : Cambridge University Press, 2008, p. 169.

75 Romano, *Impressions de Chine*, p. 153.

toriens, et il me semble avec de bonnes raisons, pensent qu'il s'agit de Tamerlan ou de l'un de ses successeurs. Les Chinois l'appellent Tiemon, et leurs historiens relatent qu'il conduit d'abord la Perse et la Tartarie et qu'il se tourna ensuite vers la Chine. Peu importe qui il avait pu être, nous pouvons simplement l'appeler le Tartare. Avec sa grande armée, il ne lui fallut que peu de temps pour subjuguer ce peuple, et ses descendants restèrent au pouvoir jusqu'en 1368. À cette époque, quand le pouvoir tartare déclina, les dirigeants des différentes régions réussirent à rejeter le joug de ces étrangers et les Chinois ne furent plus soumis aux lois barbares ou à un pouvoir extérieur[76].

À l'exception du nom de Tamerlan, il n'y a pas de doute que ce passage fasse clairement référence à la conquête mongole et à l'établissement de la dynastie Yuan. Pourtant, cet extrait témoigne de la méconnaissance par les missionnaires de l'histoire mongole, dont il ne mentionne aucun souverain. Il semble également tout ignorer de Tamerlan et de l'époque à laquelle il vivait. En effet, si le jésuite avait connu, même approximativement, la date de la bataille d'Ankara, il aurait su qu'il était impossible que le prince timouride ait vécu en 1206.

La première réaction que peut susciter cette confusion évidente dans la chronologie est de conclure à une méconnaissance de l'histoire mongole de la part de Ricci et des relecteurs de son journal. On peut ainsi penser que ni lui ni Longobardo ni Trigault ne furent en mesure d'apporter les corrections nécessaires. On peut en conclure que soit l'histoire de Tamerlan était réellement mal connue chez les jésuites, soit estimer que cet élément ne représente qu'un détail anodin dans l'économie générale du texte, dont les enjeux réels sont bien loin de l'histoire tartare.

Il n'a pas été possible d'identifier les « quelques-uns de nos historiens » dont il est fait mention mais, à la lumière des éléments que nous avons présentés, la confusion de Ricci n'est pas surprenante tant les connaissances sur les Tartares étaient floues et imprécises. L'usage du terme générique d'empereur tartare pouvait en effet désigner les souverains Yuan, ceux de la Horde d'or et Tamerlan. Cette confusion souligne également l'ignorance des sources médiévales des savoirs sur l'empire mongol qu'elles véhiculaient.

Qu'il s'agisse des auteurs français qui inscrivent Tamerlan dans le cadre d'une réflexion politique sur la nature du pouvoir, des Espagnols qui com-

---

76   Matteo Ricc et Nicolas Trigault, *China in the 16th century, the journals of Matthew Ricci (1583-1610)*. Traduit par Louis J. Gallagher. New York : Random House, 1953, p. 42. Traduction libre en français par l'auteur.

mencent à appréhender les sources persanes, des quelques échos du monde russe ou chinois, les informations accessibles sur Tamerlan dans la première moitié du XVIᵉ siècle étaient certes plus nombreuses, mais surtout difficilement compatibles, voire ouvertement contradictoires. Comme le résume Vincent Fourniau, « Tamerlan est rendu comme un mythe et une réalité tout à la fois, sans indication qui sépare les événements évoqués de la période à laquelle les auteurs écrivaient »[77]. Sans même se référer à une quelconque réalité factuelle, le détachement du portrait de l'empereur tartare de tout contexte permettait un flottement dans le temps et dans l'espace renforcé par le fait que la notion même de Tartare était très abstraite.

---

[77]   Fourniau, « Quelques aspects du thème timouride », p. 290.

CHAPITRE 3

Un changement d'échelle dans l'étude des Tartares (seconde moitié du XVIᵉ siècle)

1   Tartares et Tartarie à l'échelle du monde

L'accumulation de ces savoirs provenant d'origines diverses donna lieu à un besoin d'harmonisation dans lequel les Italiens jouèrent une fois de plus un rôle important. Ce mouvement dépasse d'ailleurs le seul cadre de la question tartare et, à partir du XVIᵉ siècle, l'ordonnancement du monde que l'Europe découvre devient une nécessité. L'exemple le plus éloquent de cette transformation est proposé par Giovanni Battista Ramusio (1485-1557). L'auteur passa sa vie au service de Venise et collecta les nombreuses sources sur les voyages et le commerce auxquelles il avait accès dans un traité sur la navigation et les voyages publié en trois tomes entre 1550 et 1559, le dernier étant une édition posthume. Sans se limiter à un horizon précis, Ramusio dressa la liste des principales routes de circulation et des intérêts que chaque région représente.

Comme l'écrit Antonella Romano,

> en mettant bout à bout des récits de natures différentes, il tend aussi à en faire des sources à l'autorité comparable. Voire, à leur faire revêtir une nouvelle autorité, précisément parce qu'ils font partie de l'ensemble. En résultent deux conséquences au moins: en premier lieu, le projet de Ramusio fait entrer la littérature missionnaire dans le vaste cadre de la littérature de voyage, les détournant de leurs fonctions premières; en second lieu, dans le massif des sources plus anciennes, il établit des hiérarchies par les choix qu'il fait et par le traitement qu'il leur accorde[1].

Cette analyse s'illustre parfaitement dans le choix fait par Ramusio de diffuser les textes de Riccold de Monte Croce ou d'Odoric de Pordenone, et ce non pas pour leurs dimensions religieuses, mais bien pour les informations géographiques qu'ils contiennent en tant que littérature de voyage. Il est certain que le choix fait par Ramusio d'intégrer ces textes dans sa compilation

---

1 Romano, *Impression de Chine*, p. 38.

eut pour conséquence d'en accélérer la diffusion, et ce n'est en effet pas un hasard si les textes médiévaux les plus utilisés jusqu'au XVIIIᵉ siècle furent ceux présents dans ce type de compilations. Cette question de la circulation mérite cependant d'être nuancée dans la mesure où c'est également parce que ces textes avaient fait l'objet de compilations précédentes que Ramusio y eut accès.

Conscient des enjeux intellectuels et économiques liés à de telles compilations, l'anglais Richard Hakluyt (1552/53-1616) se livra à son tour à cet exercice. Comme Ramusio, l'intérêt de l'œuvre ne porte pas sur la Tartarie, mais sur l'expansion de l'Europe dans le reste du monde. Plus spécifiquement, le but de son ouvrage est de mettre en avant les progrès des marins anglais et leur importance dans le commerce[2]. Comme le souligne Taylor, Hakluyt était l'un des acteurs qui ont conduit la politique anglaise à s'ouvrir au monde[3] et l'un des promoteurs de l'exploitation économique de la région américaine de la Virginie[4]. Comme ce fut le cas pour Ramusio, les activités de Hakluyt témoignent de cette proximité entre géographie, histoire et commerce, et c'est dans cette optique utilitaire que le compilateur anglais classa ses voyages par aires géographiques puis chronologiquement[5]. Il divise ainsi son recueil entre les voyages faits aux Indes, dans le Nord et vers les Amériques.

Le contexte général dans lequel s'inscrit Hakluyt traduit une volonté de la part de l'Angleterre de combler son retard vis-à-vis de l'Espagne, du Portugal et, dans une moindre mesure, de l'Italie. Conscient qu'il était impossible de rivaliser avec ces puissances maritimes, Hakluyt défendait l'idée d'une réorientation des routes commerciales vers l'Asie, en cherchant un «passage du Nord-Ouest» qui, en contournant le Canada, permettrait de raccourcir sensiblement le temps nécessaire pour se rendre de l'Europe jusqu'en Chine. Ce renversement des axes de circulation permettrait à l'Angleterre et, dans une moindre mesure, à la France de se replacer au centre des échanges. Dans cette logique, Hakluyt a conscience de l'importance des compilations comme celles de Ramusio comme point de concentration des savoirs, mais également dans leurs dimensions idéologiques. Reconnaissant qu'il serait réducteur

---

2   Richard Hakluyt, *The Principall Navigations, Voiages, and Discoveries of the English Nation...* Londres, 1589.

3   Eva Germaine Rimington Taylor, «Richard Hakluyt», *The Geographical Journal*, Vol. 109, No. 4/6 (Apr.-Jun., 1947), pp. 165-171, ici p. 166.

4   James P. Helfers, «The Explorer or the Pilgrim? Modern Critical Opinion and the Editorial Methods of Richard Hakluyt and Samuel Purchas», Studies in Philology, Vol. 94, No. 2 (Spring, 1997), pp. 160-186, ici p. 163.

5   Helfers, «The Explorer or the Pilgrim?», p. 166.

de se limiter aux récits anglais, Hakluyt propose une version considérablement augmentée de ce recueil entre 1598 et 1600.

Comme dans toutes les compilations, la question des sources utilisées par Hakluyt est centrale et dépasse largement le cadre de cette étude. L'auteur compile différents témoignages, à la fois médiévaux et contemporains, qu'il recueille parfois de la bouche même des marins[6] ou par le biais de correspondances[7]. Pour se limiter aux textes relatifs aux Tartares utilisés, à savoir Plan Carpin, Rubrouck, Pordenone et Mandeville, il est difficile de savoir quels manuscrits le compilateur a utilisés. Il est cependant intéressant de noter que Hakluyt prit le parti de ne publier que les récits des voyageurs qui s'étaient réellement rendus sur place[8] et refusa les textes d'autres natures. Dans le cas de Rubrouck, Hakluyt ne se contenta pas de l'éditer, il en proposa également une traduction. Dès lors, le texte devenait plus facilement accessible, ce qui contribua à lui donner une nouvelle visibilité. Le travail de Hakluyt fut repris par Samuel Purchas (1575-1626), qui donna à ses publications une dimension plus religieuse que commerciale[9].

Cette volonté qui animait Ramusio et Hakluyt de faire connaître le monde était également partagée par Sebastian Münster (1488-1552), l'auteur de la cosmographie qui exerça l'influence la plus notable sur la perception de l'espace en Europe. Ici, le projet de l'auteur s'inscrit dans une méthodologie différente dans la mesure où il ne s'agit plus d'accumuler les savoirs, mais de tenter de les rendre cohérents. Comme l'écrit Jean-Marc Besse, l'élargissement du monde au XVIe siècle aurait pu rendre la cosmographie caduque, étant donné que l'on découvrait que le monde était bien plus vaste et plus hétérogène qu'on ne le pensait aux époques antiques et médiévales. En effet,

> la cosmographie, devenue inadaptée si l'on se place dans une logique positive de l'établissement des vérités, reste, au XVIe siècle, un élément central du savoir géographique parce qu'elle est *utile*, parce que, plus exactement, elle offre une forme de discours et de représentation à l'*intérieur de laquelle* la dynamique de l'information géographique nouvelle peut trouver à s'inscrire[10].

---

6   Helfers, « The Explorer or the Pilgrim ? », p. 163.

7   Taylor, « Richard Hakluyt », p. 168. Il était par exemple en relation avec Gérard Mercator.

8   On pensait alors que c'était le cas pour Mandeville.

9   Samuel Purchas, *Relations of the World and the Religions observed in all Ages*, Londres, Williams Stansby, 1614.

10   Jean-Marc Besse, *Les grandeurs de la terre : aspects du savoir géographique à la Renaissance*, Lyon, ENS, 2003, p. 152.

La cosmographie est une œuvre qui tend à harmoniser des savoirs hétérogènes. Aussi, alors que les compilateurs avaient pour objectif de faire connaître le monde, Münster et ses successeurs s'étaient donné pour mission de le rendre intelligible. Il s'agit d'une description du monde, qui repose sur une description des différents pays qui le composent. À cette époque, décrire un pays, «c'est faire l'inventaire de trois genres de réalités : d'abord les établissements humains, leur situation, leur origine, leur taille et la forme de leur gouvernement ; ensuite les usages, c'est-à-dire les façons de vivre, de se nourrir, de se vêtir, de croire, de produire ; enfin les curiosités de la nature et de l'histoire qui se trouvent dans le pays »[11]. Ne pouvant maîtriser seul des savoirs de plus en plus nombreux, le cosmographe tend à s'effacer devant un collectif, ou du moins un réseau, qu'il coordonne. Il se fait donc tour à tour auteur, lorsqu'il s'agit de décrire des régions qu'il a vues, *scriptor*, lorsqu'il recopie des passages déjà écrits, *commentator*, lorsqu'il commente ces passages et *compilator*, lorsqu'il réunit diverses traditions littéraires[12].

Ces trois facettes de l'auteur furent parfaitement incarnées par Sebastian Münster, qui publia d'abord en 1544 puis en 1550 une *Cosmographia Universalis* qui servit de modèle à l'ensemble de ses successeurs[13]. D'abord moine franciscain, Münster se forma à l'hébreu, langue qu'il enseigna à Heidelberg en 1524, puis à Bâle[14]. En contact étroit avec les milieux réformés, Münster devint protestant en 1529, après avoir publié plusieurs écrits de Luther. Cette dimension religieuse se retrouve dans sa perception de la géographie, qui « est d'abord un guide de lecture pour l'histoire sainte. Elle permet au lecteur de situer, voire de visualiser mentalement, en les rapportant à leur lieu, les épisodes évoqués dans l'Écriture »[15]. Les Tartares, au même titre que les autres nations connues de la Terre, devaient être identifiés, localisés et décrits. Pour cela, Münster s'appuya sur les auteurs médiévaux comme Plan Carpin, Rubrouck, Marco Polo et Hayton, et Maciej Miechowita[16] dont Münster eut connaissance par l'intermédiaire

---

11   Besse, *Les grandeurs de la Terre*, p. 212.

12   Besse, *Les grandeurs de la Terre*, p. 155.

13   Cette dernière édition, revue et augmentée, connaîtra un succès immense en Europe. Pour ne citer que le cas de la France, elle connut quatre rééditions entre 1550 et 1568, avant d'être traduite en français par François de Belleforest en 1575. Thomas Münster, *Cosmographia universalis*, 1550.

14   Il s'agissait pour l'auteur de proposer une exégèse des Écritures qu'il matérialisa en 1534-1535 par une version de la bible en latin et en hébreu. Sur la vie de Münster, voir Matthew McLean, *The cosmographia of Sebastian Münster: describing the world in the Reformation*, Aldershot, Ashgate Publishing, 2007, 378 p.

15   Besse, *Les grandeurs de la Terre*, pp. 161-162.

16   Münster, p. 1063. Le cosmographe a eu connaissance de ces textes par l'intermédiaire d'une compilation réalisée par Simon Grynaeus en 1532 et intitulée *Novus Orbis regio-*

TABLEAU 5   Les successeurs de Gengis Khan chez Thomas Münster

Miechowita	Marco Polo	Hayton
Gengis Khan	Gengis Khan	Gengis Khan
Iocucham	Cui	Hoccota
Zaincham, tertium imperatorem	Barchim	Gino Can
qui ab aliis Bathi appellatur		
Quartus ex Bathi genitus fuit	Allau	Mango Can
Temir Cutlu, qui est Tamerlanes		
	Mongu	Cobila Can
	Cublai	Tamor Can, qui régna sur le
		Cathay en l'an 1380

d'une compilation réalisée par Simon Grynaeus en 1532 et intitulée *Novis Orbis regionum ac insulam veteribus incognitarum*.

Parce qu'ils occupent la majeure partie de l'actuelle Eurasie, Münster accorde une place importante aux Tartares dans sa cosmographie. Ici, l'histoire des Tartares vient s'écrire à la suite de celle des Scythes. Du point de vue de son contenu, le texte se divise en deux parties, à savoir une description à dimension ethnographique et une généalogie des empereurs tartares[17]. La première partie comprend des éléments présents chez Rubrouck et Plan Carpin, mais le cosmographe s'appuie également à plusieurs reprises sur d'autres sources, notamment lorsqu'il évoque la cruauté des Tartares. Ainsi, il décrit leur supposée propension à l'anthropophagie et leur non moins supposée coutume de boire du sang humain. Ces descriptions sont renforcées par des illustrations représentant un Tartare faisant cuire un homme ou un prisonnier pendu par les pieds au-dessus de plusieurs cadavres[18].

Concernant les généalogies, Münster en présente trois, témoignant ainsi des différentes sources auxquelles il a accès, mais illustrant le fait qu'il ne se prononce pas sur la pertinence de l'une d'entre elles.

---

num ac insulam veteribus incognitarum. Il s'agit d'une compilation de textes à caractère géographique dans lequel sont présents, en plus des auteurs cités, les récits de Christophe Colomb, d'Amérigo Vespucci et des lettres d'Erasme. Voir Besse, *Les grandeurs de la Terre*, p. 170.

17   Münster, p. 1063 : genealogia imperatorum Tartarorum.
18   Münster, pp. 1060-1061. Il est possible d'y voir l'influence d'Ammien Marcellin, dont le *Res gestae* décrivant les peuples barbares de la fin de l'empire romain était alors traduit et imprimé.

De ces listes, nous ne retiendrons que la place accordée à Tamerlan. Tout d'abord, recopiant presque mot à mot le texte de Miechowita[19], Münster établit une identité entre Tamerlan, « Timur-lang », et « Temir Cutlu ». Ensuite, la généalogie attribuée à Hayton mérite quelques attentions. Tout d'abord, il faut signaler ici que l'attribution d'une telle généalogie à Hayton est fautive, puisque ce dernier est mort en 1308, et ne peut relater des faits datant de 1380. La confusion vient du fait que les copies du texte de Hayton circulaient avec d'autres manuscrits et que l'on attribua à l'auteur arménien un texte plus tardif. Derrière le « Tamor Can », qui aurait succédé à Qubilai et aurait régné sur la Chine en 1380, il faut peut-être voir une référence à Toghan Timour, ou Toggontomor, descendant de Qubilai et dernier empereur de la dynastie Yuan, qui régna sur la Chine entre 1333 et 1370.

Dans le dernier tiers du XIVᵉ siècle, on assiste donc à l'accès au pouvoir de trois différents Timour, à savoir Tamerlan en Asie centrale, Temir Qutlug à la tête de la Horde d'or et Toghan Temur en Chine. Une comparaison des chronologies permet de constater que ces souverains n'ont jamais régné en même temps, car Toghan Temur est mort avant que Temir Qutlug n'accède au pouvoir, mais cet écart passa inaperçu aux yeux des Européens. À partir de ces éléments, il était facile de réunir ces trois règnes dans un même ensemble et de les attribuer au seul Timour alors vraiment connu en Europe, à savoir Tamerlan. On comprend dès lors mieux comment Tamerlan, au prix de glissements et de rapprochements imprécis, a pu régner sur la Russie et la Chine en même temps.

Avant de comprendre comment ces éléments ont été repris par les cosmographes français, un détail de la page de garde de l'édition de 1550 a attiré notre attention. On constate que le haut de cette page est occupé par les princes européens et les évêques romains, le tout dominé par l'empereur germanique. Au centre, encadrant le titre, sont répartis quatre empereurs orientaux, à savoir « Turca, Tartarus, Sophi et Sultanus », c'est-à-dire l'empereur ottoman, tartare, perse et le sultan d'Égypte. Le bas de la page est occupé par un monde sauvage, représenté par un éléphant, un homme nu et un archer vêtu d'un pagne[20]. Si l'on estime que cette représentation est conforme aux idées de Münster, et pas uniquement du graveur ou de l'imprimeur, on peut conclure que le cosmographe considérait ce peuple comme l'un des quatre qui, en dehors de l'Europe, jouaient une place importante dans l'histoire du monde.

19   Voir *supra*.
20   McLean, *The Cosmographia of Sebastian Münster*, p. 189.

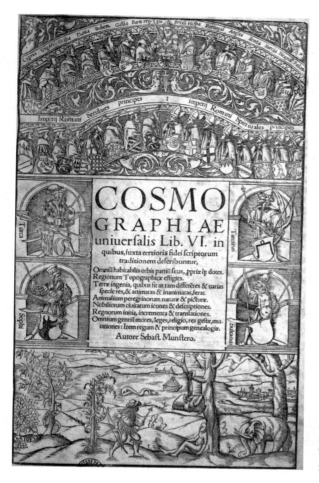

FIGURE 4
Page de garde de la *Cosmographia universalis* de Thomas Münster, édition 1550

2   Les Tartares dans la cosmographie en France

En France, cette volonté de rendre cohérents les savoirs sur le monde se déve-loppa quelques décennies plus tard et fut incarnée par les deux auteurs que sont André Thevet (1515-1592) et François de Belleforest (1530-1583). Comme l'indiquent Frank Lestringant[21] et Michel Simonin[22], ces deux auteurs repré-sentent deux conceptions différentes de l'écriture cosmographique qu'il faut ici résumer afin de mieux comprendre le contexte dans lequel ces œuvres s'inscrivent.

---

21   Frank Lestringant, *André Thevet, cosmographe des derniers Valois*. Genève : Droz, 1991.
22   Michel Simonin, *Vivre de sa plume au XVIᵉ siècle, ou La carrière de François de Belleforest*, Genève, Librairie Droz, 1992.

Issu d'un milieu modeste, André Thevet reçut une éducation franciscaine et montra un intérêt pour les récits de voyage[23]. Après un pèlerinage en Terre sainte qu'il décrivit dans une *Cosmographie de Levant*, il se rendit au Brésil[24] et publia les *Singularités de la France antarctique* (1557), œuvre dans laquelle il prôna les bénéfices que la France pourrait tirer d'une exploitation de cette région du Nouveau Monde[25]. Le succès de cette œuvre, tant en France que dans le reste de l'Europe, assura à Thevet le titre de cosmographe du roi « charge qu'il inaugure en France »[26] et lui ouvrit les cercles des milieux lettrés. Proche des poètes de la Pléiade, il fréquenta également Richard Hakluyt lorsque ce dernier séjourna à Paris. À partir de 1566, il commença la rédaction d'une cosmographie universelle qui fut publiée en 1575, dans laquelle il reprit les bases posées par Münster, tout en critiquant le contenu diffusé par son prédécesseur.

Du point de vue méthodologique, Thevet ne semble pas avoir partagé les « scrupules de l'historien de cabinet »[27], ne portant qu'un regard distant aux *auctoritas*, privilégiant son propre jugement, peu importe qu'il résulte d'une expérience personnelle ou d'une invention. Si le rejet explicite des *auctoritas* contenait alors une dimension critiquable en soi, cette « outrecuidance »[28] devenait blasphématoire lorsqu'elle remettait en cause les Écritures. Ces éléments, ajoutés à sa sombre réputation, expliquent que sa cosmographie connut une circulation plutôt limitée et un accueil hostile de la part des savants euro-

---

23 Les évènements de la vie d'André Thevet doivent être reçus avec prudence et précaution. En effet, le recoupement des informations accessibles à travers les nombreuses œuvres de l'auteur laisse apparaître de nombreuses incohérences, qui relèvent parfois du mensonge. Par exemple, Frank Lestringant souligne le fait que Thevet apposa deux signatures sur un exemplaire de la cosmographie de Münster, l'une datée de 1562 et l'autre de 1558, alors que l'ouvrage ne fut publié qu'en 1565. Il en est de même pour les voyages entrepris par Thevet et pour le réseau de relations savantes dans lequel l'auteur affirmait s'inscrire. Ainsi, malgré ses dires, il semble peu probable que Thevet ait rencontré Guillaume Postel. Voir Lestringant, chap. II.

24 Lestringant, *André Thevet*, pp. 90 et suiv.

25 Notons également qu'il rédigea une traduction du texte de Benjamin Tudèle, sans pour autant le publier. Lestringant, *André Thevet*, p. 39. Comme indiqué par l'auteur, Thevet n'a pas traduit depuis l'original en hébreu, mais depuis une copie latine.

26 Franck Lestringant, *L'Histoire d'André Thevet, de deux voyages par luy faits dans les Indes Australes et Occidentales* (circa 1588), dans le cadre du colloque international « Voyageurs et images du Brésil », MSH-Paris, le 10 décembre 2003, ici p. 3.

27 Lestringant, *André Thevet*, p. 170. « Thevet, sa vie durant, demeure étranger aux scrupules de l'historien de cabinet. En revanche, il entretient une connivence instinctive avec ces poètes qui le célèbrent à l'envi et dont il recherche partout la compagnie ».

28 Le terme est employé par Lestringant, *André Thevet*, p. 197 par exemple.

péens[29]. L'œuvre du savant s'efface devant l'œuvre du romancier, si bien que Montaigne et Hakluyt critiquèrent les errances de la pensée de Thevet, dont « les productions s'apparentent aux fictions des poètes »[30].

Il n'en fut pas de même pour la seconde cosmographie publiée la même année et écrite par François de Belleforest (1530-1583). En effet, « la diffusion de cette œuvre ne saurait en rien être comparée à celle de sa rivale, beaucoup plus confidentielle »[31]. Dès lors, il est nécessaire de s'interroger sur la méthode employée par Belleforest pour y chercher les raisons de son succès. Longtemps « scribe docile »[32] de Thevet[33], Belleforest s'illustra en publiant d'abord une histoire universelle du monde, qui annonçait sous bien des aspects la nature de sa propre cosmographie. À la différence de Thevet, il soulignait la prévalence que le temps devait avoir sur l'espace[34] et se montrait un « observateur scrupuleux de la tradition écrite »[35], celle précisément rejetée par Thevet.

D'après le sous-titre de sa propre cosmographie, Belleforest présentait son travail comme une simple augmentation de l'œuvre de Münster, mais une comparaison des deux textes permet de mesurer une transformation bien plus profonde. Lestringant décrit même cette œuvre comme une « anti-cosmographie », dont la priorité n'était pas de décrire le monde d'un point de vue géographique, mais d'un point de vue politique, en énumérant les différents états, royaumes et empires qui le composent[36]. Dès lors, Belleforest s'inscrit plus dans une géographie, voire une topographie, que dans une cosmographie[37]. Cette différence d'objectif témoigne d'une divergence idéologique. Thevet, en tant que catholique convaincu, ne pouvait accepter les blasphèmes et les positions ouvertement favorables à la Réforme défendues par Münster. Pour lui,

---

29   Cette hostilité provient du style « outrecuidant » de Thevet et de ses attaques systématiques contre les *auctoritas*.

30   Frank Lestringant, *Écrire le monde à la Renaissance : quinze études sur Rabelais, Bodin et la littérature géographique*. Collection varia 6. Caen : Paradigme, 1994.

31   Simonin, *Vivre de sa plume au XVIe siècle*, p. 267.

32   Lestringant, *André Thevet*, p. 168.

33   Simonin, *Vivre de sa plume au XVIe siècle*, p. 89 et Lestringant, *André Thevet* pp. 165 et suiv. Belleforest participa à la rédaction de la *Cosmographie de Levant*, dont Thevet s'était accordé seul la paternité. En 1568, Belleforest révéla l'usurpation, ce qui déclencha un procès retentissant dont Thevet sortit vainqueur, mais qui mit en lumière l'importance du travail fourni par Belleforest.

34   Belleforest avait déjà publié plusieurs œuvres sur l'histoire de France, dont une *Histoire des neuf rois qui ont eu le nom de Charles*, publiée en 1568. C'est d'ailleurs dans ce texte que Belleforest revendiqua la paternité de la *Cosmographie de Levant*.

35   Lestringant, *André Thevet*, p. 170.

36   Lestringant, *André Thevet*, chap. VII.

37   Lestringant, *André Thevet*, p. 190.

la cosmographie devrait servir à édifier le lecteur tout en soulignant l'écart incommensurable qui existe entre l'homme et Dieu. Sans grande surprise, les sources utilisées par Belleforest pour la question tartare, dont Miechowita, Hayton et Marco Polo, sont assez proches de celle de Thevet[38].

Un élément illustre à la fois l'opposition entre Belleforest et Thevet et le style de ce dernier. Belleforest amplifie les actes de cruauté déjà attribués aux Tartares par Münster. Un peuple de Scythie orientale, c'est-à-dire proche du lieu d'origine des Tartares, aurait pour coutume d'utiliser les crânes de leurs ennemis en guise de coupe[39]. Thevet s'oppose avec énergie à ce qu'il appelle une « fable » et indique que

> Münster, parlant en sa cosmographie de la Scythie Asiatique, se trompe grandement (et n'est pas seul en cette opinion) quand il dit que ce peuple prend plaisir en l'effusion de sang humain lorsqu'ils guerroient leurs ennemis. Ce que je ne doute point. Mais de me vouloir faire croire qu'ils boivent le sang de leurs dits ennemis pris en guerre et qu'ils offrent les têtes des occis à leur Roi et après couvrent ces têtes de cuir de bœuf par dehors et les dorent par dedans, et par après usent au lieu de hanap ou de coupe [...] : chose très fausse et fables Gargantualistes, indigne d'être décrite dans une histoire cosmographique : étant certain que ce peuple scythique n'est si barbare que Münster nous l'a laissé par écrit[40].

Tout d'abord, l'auteur corrige ouvertement et sans ambiguïté le texte de Münster et attaque sans le nommer Belleforest. Ensuite, il considère que cette anecdote ne mérite pas sa place dans un ouvrage savant, reléguant les deux autres cosmographies au rang d'œuvres de divertissement. Enfin, ce jugement ne repose pas sur une autre autorité que Thevet pourrait opposer à Münster, mais bien sur une « certitude ».

---

38 Outre ces auteurs largement diffusés, il faut faire mention d'une source absente jusqu'alors, à savoir Antonio Bonfini. Ce dernier est un humaniste italien mort en 1502 qui s'illustra par une histoire de la Hongrie, dans laquelle il décrivit entre autres le règne de Bela IV et sa guerre contre les Mongols. À cette occasion, l'auteur diffusa de nombreux renseignements sur ceux qu'il nomme les Tartares. Il est intéressant de noter que la version latine de son texte a été publiée en 1581, chez André Wechel, qui édita un temps les œuvres de Thevet et de Belleforest. Voir Simonin, *Vivre de sa plume au XVIe* siècle, pp. 139-141. Si des recherches plus approfondies sont nécessaires pour mesurer l'influence de cet auteur, il était présent chez Münster sous la forme de « Bonfinius de Ungaria ».

39 François de Belleforest, *La cosmographie universelle*, Paris, 1575, colonne 1480.

40 André Thevet, *La cosmographie universelle*, Paris, 1575, p. 287 b.

Dans le court passage que Thevet consacre à la Tartarie[41], l'auteur n'apporte que des éléments confus et parfois contradictoires. Sa volonté de s'affranchir des auteurs grecs et romains le conduit à refuser toute référence à l'Antiquité. Selon lui, ces sources seraient inutiles à la connaissance de l'histoire d'un peuple dont l'origine ne saurait être très ancienne[42]. Pourtant, comme Münster, Thevet associait d'emblée la Tartarie et la Scythie, et son texte est rempli de références au mode de vie des Scythes. Du point de vue économique, Thevet décrivait la Tartarie comme un pays prospère, dont la richesse serait à chercher dans le nombre important de sa population et dans une faune luxuriante[43].

Pour Thevet, l'origine des Tartares était à chercher en deux temps. Tout d'abord, un certain Thartasrif ou Cazul quitta l'Arménie pour le nord-est de la Tartarie[44]. Cette région «de Ciezze et de Bargu»[45] était occupée par un peuple nommé Tartar. Sans préciser la région ou l'époque à laquelle ce Thartasrif/Cazul aurait vécu, Thevet indique qu'il fédéra différents peuples. À sa mort, ces peuples se divisèrent de nouveau et vécurent sans roi jusqu'à Gengis Khan. Conformément aux goûts de son temps, c'est Tamerlan qui reçoit l'attention de l'auteur, et non Gengis Khan ou d'autres empereurs tartares. Régnant sur le Turkestan[46], Tamerlan serait un Parthe, peuple scythique dont le nom signifie «banni»[47], définition déjà présente chez Postel. Pour Thevet, l'empire parthe fut renversé par les Arabes, ce qui entraîna leur conversion à l'islam et la disparition de leur nom au profit de celui de Sarrazin[48]. Si l'opposition de Tamer-

---

41 Thevet, *Cosmographie universelle*, I, pp. 286A-290A.

42 Thevet, *Cosmographie universelle*, I, p. 286B: l'origine des Tartares remonterait à «quelques quatre ou cinq cent ans après que Mahemet eut infesté le monde», soit vers le XIe ou le XIIe siècle.

43 En effet une grande partie du développement accordé à la Tartarie porte sur les animaux que l'on y trouve, et de l'importance du commerce de ces bêtes et de leurs fourrures pour l'Europe.

44 On peut voir ici l'influence de Postel, mais Thevet refusait d'établir un lien entre les Tartares et les Turcs.

45 Thevet reprend ici Marco Polo, sans le nommer.

46 Thevet, *Cosmographie universelle*, p. 291B. Thevet, dans la *Cosmographie universelle*, p. 304B, tire ce terme d'un «savant Arménien» et comme l'indique Gorshenina, *L'invention de la Tartarie*, p. 154, c'est Hayton qui introduit ce terme en Europe.

47 Thevet, *Cosmographie universelle*, I, p. 304B. «L'origine [des Parthes] est descendue (comme de plusieurs nations) des Scythes, lesquels étant le temps passé bannis de leur terre, vinrent envahir cette région [le Turkestan]: étant à dire ce [que] mot de Parthe en leur langue [signifie] autant que Banni».

48 Thevet, *Cosmographie universelle*, I, pp. 304B-305. Cette défaite des Parthes est confirmée

lan à Bajazet fait l'objet de plusieurs paragraphes dans le chapitre relatif à la Turquie[49], Thevet renverse le point de vue dominant. Ici, Tamerlan est un usurpateur qui prit le pouvoir à partir de «quelques amas des plus mauvais garçons»[50]. Selon lui, «ce fut ce tyran [Tamerlan], et non le Turc, comme aucun desdits Grecs et Arabes m'assurent, qui démolit les plus belles et riches cités de toute l'antiquité»[51]. Thevet s'éloigne donc de la tradition humaniste qui fait de Tamerlan un prince exemplaire.

La cosmographie de Thevet ne résume pas les éléments que l'auteur diffusa sur Tamerlan. Quelques années après, il traduisit et augmenta *Les Portraits et vies des Hommes illustres*[52] de Paolo Giovio, dans l'objectif de «réhabilite[r] les barbares aux côtés des Grecs et des Latins»[53]. À l'image du portrait dressé par Giovio, les quelques pages sur Tamerlan[54] illustrent l'accumulation des savoirs à son sujet et l'absence de hiérarchisation des sources. Le conquérant est ainsi de «l'estoc de Gengis Khan», fils de «Zain Cham, troisième empereur, qui coutumièrement est nommé Bacthi». Il est également décrit comme le fils «d'un nommé Sangali, homme qui n'était des plus avancés du monde»[55], si bien que Tamerlan dut garder les troupeaux et qu'il noua ensuite des alliances avec les autres bergers dont il devint le roi[56].

En ce qui concerne le portrait moral de l'empereur, Thevet ne semble pas croire en la *virtu* humaniste de Tamerlan. Il indique qu'il ne veut pas prendre part au débat sur la légitimité de l'entrée en guerre contre Bajazet, tout en précisant que les motifs invoqués ne sont que des excuses[57]. Concernant le nom même de Tamerlan, Thevet reconnaît que le nom de Timur Lenk [Timür-i Lang] est plus adapté, car conforme à «l'appellation du pays», mais il lui préfère

par Lebedynsky, qui indique que «leur nom disparaît des sources sous les Sassanides». Lebedynsky, *Les nomades*, p. 87.

49 Thevet, *Cosmographie universelle*, I, p. 364 et le mythe de la cage de fer fait même l'objet d'une gravure.

50 Thevet, *Cosmographie universelle*, I, p. 307.

51 Thevet, *Cosmographie universelle*, p. 307B.

52 André Thevet, *Les vrais pourtraits et vies des hommes illustres, grecques, latins et payens, recueilliz de leurs tableaux, livres, médailles antiques et modernes*, 3 volumes, Paris, 1584.

53 Coll, *Guillaume Postel, 1581-1981*, Actes du colloque international d'Avranches, p. 6.

54 Thevet, *Portrait des hommes illustres*, III, p. 630.

55 Thevet, *Portrait des Hommes illustres*, III, pp. 630-631.

56 On voit donc poindre les deux thèmes dominant les sources orientales, à savoir la naissance honteuse et l'ascendance gengiskhanide, même si ici la branche de la famille impériale qui sert de filiation n'est pas la même que dans les sources persanes.

57 Thevet, *Portrait des Hommes illustres*, p. 632. «Ce Tartare ne se couvrait de ce sac mouillé [la tyrannie de Bajazet], que pour avoir prétexte coloré, afin de des-arçonner ce pauvre Turc». L'expression «Se servir d'un sac mouillé» signifie se servir d'excuse.

le nom de Tamerlan «pour suivre la commune opinion»[58]. Quant à «Temir Cuthlu [Qutlug]», c'est-à-dire «fer-heureux»[59], il s'agirait de l'un de ses surnoms.

À la différence de Thevet, Belleforest consacre de très longs paragraphes aux Tartares[60]. Il insiste entre autres sur les «Tartares, leurs mœurs, origines, religions et conquêtes», sur «les rois et grands monarques des Tartares», sur leur «magnificence», et sur la «police observée par les terres du Grand Cham»[61]. Malgré un usage important de sources, Belleforest arrive à se faire une idée assez claire de l'origine des Tartares et indique que l'histoire de ce peuple regroupe en réalité celle de plusieurs nations.

Concernant Tamerlan, l'auteur rencontre plus de difficultés à proposer un portrait unique. Tamerlan est présenté comme un Scythe, un «Zagatéen» ou un Tartare, ces termes étant présentés comme synonymes[62]. Pour ce qui est de son ascendance, Belleforest n'a pas d'avis tranché, et une lecture attentive permet de souligner une contradiction. Dans les développements sur les Tartares, Belleforest se range, certes avec réserve, derrière l'avis de Miechowita et la généalogie royale de Tamerlan. Le cosmographe confirme ce lignage royal en expliquant que, sans cette origine, «il eût été impossible [à Tamerlan] de faire si grand en si peu de temps»[63].

Cependant, cette affirmation est contredite ailleurs dans le texte puisque l'on peut lire qu'

> après lui [Batu] vint *Temir Cutlu*, qui signifie fer heureux, à cause que ce fut un grand guerrier, et heureux en ses entreprises, et tient-on que ce fut Tamerlan, ce que je ne puis me persuader, vu que Tamerlan n'était fils de Roi, ni sorti de sang illustre, et que les enfants de celui-ci n'ont guère joui après lui des seigneuries domptées par leur père : là où le royaume des Tartares est en vigueur. Aussi, du temps de Temir Cutlu ou Tamerlan, il y avait un roi en Tartarie nommé *Acsat Cutlu*, qui signifie fer boiteux,

---

58   Thevet, *Portrait des Hommes illustres*, p. 633.
59   Thevet, *Portrait des Hommes illustres*, III, p. 633.
60   Belleforest, *La Cosmographie universelle*, II, colonnes 1438 à 1529. Notons que la numérotation se fait en colonnes, et non en pages. Il en sera donc de même pour les références. L'auteur consacre en effet une cinquantaine de pages à l'empire, aux rois et monarques des Tartares, à leur grandeur et aux raisons de leurs puissances.
61   Belleforest, *La cosmographie universelle*, colonnes 1482, 1498, 1508, 1517. Il s'agit des titres donnés par Belleforest aux différents chapitres. Ces thèmes reprennent certains points développés par Münster, mais traités ici avec bien plus de détail.
62   Belleforest, *La cosmographie universelle*, colonne 1449.
63   Belleforest, *La cosmographie universelle*, colonne 1450.

à cause qu'il était boiteux et non pourtant vaillant et furieux en bataille, lequel chassa les Goths de Zavolhen et des églises il en fit des mosquées[64].

Cette différence d'interprétation, qui conduit Belleforest à hésiter sur le fait de savoir si Tamerlan était ou non issu d'une dynastie royale, s'explique soit par une évolution dans la pensée de l'auteur au cours de la rédaction, soit par l'accès à de nouvelles sources.

Ce changement d'échelle, qui pose un problème lorsqu'il s'agit de l'histoire des Tartares et de la confrontation de plusieurs sources, se retrouve également lorsqu'il s'agit d'un point crucial pour la définition d'une identité tartare, à savoir la langue. Guillaume Postel avait déjà évoqué cette question de la langue tartare, en soulignant les similitudes avec le turc, mais n'avait pas poussé plus loin son raisonnement. En 1555 (1516-1565), Conrad Gessner pousse le raisonnement un peu plus loin et écrit que :

> Vu qu'il y a [en Tartarie] un très grand nombre de royaumes, il n'est pas douteux que les langues qu'on y parle sont également nombreuses et tout à fait différentes. Nous pensons cependant que doit être appelée *tartare* une seule langue qui, en comparaison de toutes les autres, s'étend sans doute sur une plus grande étendue, qui est plus proche de l'Europe et de l'empire du Turc et qui est d'un usage plus commun dans les régions où est plus présent l'empereur des Tartares[65].

En reprenant Postel, Gessner considère que les langues turque et tartare ont une même origine. L'élément qui doit retenir l'attention ici n'est pas le classement des langues, mais les conséquences qui en découlent. Non seulement Gessner conclut que les Tartares et les Turcs sont à l'origine un même peuple, mais surtout que les Turcs sont issus des Tartares. Dès lors, l'histoire des Turcs ne saurait remonter avant la fin du XIIe siècle, période à laquelle Gengis Khan forgea son empire[66].

Conscient que la langue tartare s'étend nécessairement au-delà des régions connues, Gessner indique qu'il existe des langues dans les «régions les plus reculées de l'empire tartare», qu'il classe dans le même ensemble que les

---

64 Belleforest, *La cosmographie universelle*, colonnes 872-873.
65 Conrad Gessner, *Mithridates (1555)*. Édité par Bernard Colombat et Manfred Peters. Travaux d'humanisme et Renaissance, Genève, Droz, 2009, p. 259.
66 Gessner, *Mithridates*, p. 260. L'auteur s'appuie ici sur un texte du juriste allemand Willibald Pirkheimer (1470-1530).

«langues du Nouveau Monde»[67]. En d'autres termes, il s'agit d'une catégorie construite par défaut dans laquelle l'auteur range de nombreuses langues dont il a eu écho par le biais de voyageurs, mais pour lesquelles il n'a aucune information concrète[68]. Cette catégorie contribue cependant à complexifier l'idée que l'on peut se faire de la langue tartare, tout en donnant une impression d'exhaustivité au travail de Gessner.

Ce jugement fut repris entre autres par Claude Duret (1570-1611) dans un *Thrésor des langues de cet univers* publié de façon posthume en 1613. Médecin et juge, Duret propose une compilation des langues du monde qui s'apparente à une taxinomie dans laquelle l'auteur classe les langues en fonction des peuples qui les parlent. Largement influencé par des auteurs comme Münster, Duret reprend le cadre général de la cosmographie et l'applique à son propre sujet.

Cette influence de la cosmographie est très claire dans les informations délivrées sur les Tartares. L'auteur fait en réalité moins mention des éléments linguistiques que de l'histoire des peuples dits tartares. Si l'un des chapitres relatifs aux Tartares porte bien sur «la langue tartaresque»[69], il ne représente que quatre pages, sur les trente que Duret consacre à l'étude de cette nation[70]. D'ailleurs, les thèmes abordés, qu'il s'agisse de la «région des Tartares», des Tartares en eux-mêmes, de leur empereur, de leurs hordes ou de leur religion témoignent bien d'une ambition qui ne saurait se limiter à la seule question de la langue. Des nombreuses lectures qu'il a faites et qui renvoient aux principaux textes étudiés jusqu'à présent[71], Duret tire deux éléments qui méritent d'être soulignés. Tout d'abord, il reconnaît que

> Si l'on veut décrire les Tartares, il faut par même moyen décrire plusieurs et diverses nations grandement séparées et éloignées les unes des autres[72].

Malgré la diversité de ces nations,

---

67 Gessner, *Mithridates*, p. 265.
68 Bernard Colombat, «L'accès aux langues pérégrines dans le Mithridate de Conrad Gessner (1555)». *Histoire Épistémologie Langage* 30, n° 2, 2008, p. 87.
69 Claude Duret, *Thrésor des langues de cest univers*, Cologny, 1613, p. 529.
70 Les Tartares sont traités de la page 513 à la page 543 et le chapitre sur la langue s'étend des pages 529 à 532.
71 Sans être exhaustif, il faut ici citer Münster, Belleforest, Thevet, Hayton, Marco Polo, Miechowita, Plan Carpin, Mandeville.
72 Duret, *Thrésor des langues de cest univers*, pp. 524-525.

nous sommes assurés par les relations des modernes que la langue Tartaresque du jourd'huy est entendue par tout le Septentrion et une grande
partie de l'Orient[73].

Dès lors, deux possibilités s'offrent au lecteur. Soit les différentes nations tartares parlent une même langue, soit la langue tartare est une langue commune
parlée en plus de celles qui leur sont propres. Pourtant, si l'on regarde de plus
près les argumentations de Gessner et Duret, rien ne permet de conclure à
l'existence d'une telle langue commune. Le premier « pense » qu'il existe une
langue qui est « sans doute » parlée dans tout l'empire, mais sans en avoir
aucune preuve. Il en est de même chez le second, car, malgré son affirmation,
rien dans « les relations modernes » n'assure l'existence d'une telle langue. À
l'inverse, il semble que, parce que ces relations modernes font état d'un empire
tartare, alors Duret en déduit l'existence d'une langue commune. Sans pouvoir y apporter de réponse, il est intéressant de se poser la question de savoir
comment Duret aurait intégré les sources décrivant des Tartares qui ne parlent
pas cette langue tartare, comme les Mandchous par exemple. On sait, à travers
le chapitre consacré à la langue chinoise, qu'il avait accès aux récits de missionnaires jésuites et des marchands ibériques qui s'étaient rendus en Chine.
Il paraît cependant évident que, pour l'auteur, les Tartares restaient avant tout
une nation centrasiatique. Cela témoigne de la diffusion encore cloisonnée des
sources en provenance de Chine.

Ici, on constate que les éléments linguistiques reposent sur des savoirs très
minces et difficilement exploitables, et sont en fait construits dans le but de
venir confirmer un cadre déjà existant. Puisqu'il existe un empire tartare et une
Tartarie, alors une langue tartare doit également exister. Dans le même temps,
l'idée qu'il existe une langue tartare vient renforcer l'idée qu'il existe une Tartarie et un empire tartare.

3   La biographie de Tamerlan par Jean du Bec (1595)

L'exemple le plus significatif de cette volonté d'intégrer l'histoire tartare dans
un cadre plus large est à trouver dans le premier ouvrage français entièrement
consacré à Tamerlan. Dans cette biographie publiée en 1595, Jean du Bec[74]
(1540-1610) propose une synthèse complète des nombreux éléments disparates
que nous venons de présenter.

---

73   Duret, *Thrésor des langues de cest univers*, p. 532.
74   Présent également sous le nom de Du Bec-Crespin.

D'après la notice biographique établie par Ernest Julien à la fin du XIXe siècle[75], on sait que du Bec est né dans une famille protestante de la noblesse normande. Il passa une partie de sa jeunesse en Allemagne et en Italie, et il aurait effectué plusieurs voyages en Orient, « notamment en Égypte et en Palestine, recueillant partout soit des médailles, soit de précieux manuscrits »[76]. De retour en France au moment de la Saint-Barthélemy (1572) et du début de la quatrième guerre de religion, du Bec se serait converti au catholicisme. Cette conversion semble cependant moins spirituelle que politique dans la mesure où il s'agissait pour lui de se joindre aux armées royales dans le but de maintenir l'unité du royaume. Après qu'une blessure au combat l'a rendu inapte pour la vie militaire, du Bec devint homme d'Église[77]. À la même époque, il entama une carrière d'écrivain et rédigea la biographie de Tamerlan[78]. Dans la préface de l'*Histoire du grand empereur Tamerlanes*, du Bec témoigne d'une préoccupation constante. Puisqu'il n'est plus en mesure de servir son royaume par les armes, il cherche à le servir au mieux par les lettres[79]. Dès lors, il attribue à son texte une fonction édificatrice destinée au roi et à la noblesse[80], dans laquelle on retrouve des éléments présents chez Postel et surtout Bodin, dont la lecture de l'histoire de Tamerlan proposée à peine 20 ans avant, devait faire écho à la situation politique en France. D'ailleurs, la lecture complète du titre de l'œuvre de du Bec témoigne de cette volonté. Il s'agit en effet d'une

Histoire du grand empereur Tamerlanes où sont décrites rencontres, escarmouches, prises de villes et places fortes défendues et assaillies avec plusieurs stratagèmes de guerre, que ce grand et renommé guerrier a conduites

---

75   Ernest Jullien, *Discours de l'antagonie du chien et du lièvre*, 1593, réed 1880, préface. Il s'agit de la réédition d'une autre œuvre de Jean du Bec.

76   Jullien, *Discours de l'antagonie du chien et du lièvre*, p. v.

77   Jullien, p. VII et Bergin Joseph, *The Making of the French* Episcopate, 1589-1661, Yale University Press, New Haven, Londres, 1996, p. 612. Il est blessé lors de la prise d'Issoire en 1577. Il devient abbé de Mortemer en 1578, puis évêque de Saint-Malo. Il bénéficiait pour cela du soutien de son frère et surtout de son oncle, Philippe du Bec, évêque de Nantes puis archevêque de Reims.

78   Jullien Ernest, p. XIV. D'après l'épitaphe gravée sur le tombeau de du Bec, il semble avoir été l'auteur de onze textes, dont un traité sur la chasse et des textes à dimensions religieuses et politiques.

79   Jean Du Bec, *Histoire du grand empereur Tamerlanes...* Rouen, 1595, p. 6.

80   Pour du Bec, la noblesse est subordonnée au roi et « rechercher de l'honneur et de la gloire [...] en exposant leurs vies pour mettre à fin [les] grands projets et généreux desseins » du souverain. Cette prise de position était alors au cœur d'un important débat sur la nature du pouvoir royal. Du Bec, *Histoire du grand empereur Tamerlanes*, Au roi.

et mises à fin durant son règne de quarante ou cinquante ans, avec autres instructions pour la guerre qui ne doivent être ignorées de ceux qui veulent atteindre à la science des armes.

Il faut désormais s'interroger sur le choix de prendre Tamerlan comme moyen d'atteindre un tel objectif. Dans sa préface, l'auteur se justifie de la façon suivante : il refusa d'écrire sur l'actualité troublée des guerres de religion sous peine de raviver de vieilles tensions « car disant la vérité, elle engendre la haine à plusieurs esprits »[81]. Il se refusa également à écrire sur l'histoire antique, trop marquée par les luttes intestines, les guerres civiles qui sont « la louange du parricide » que l'on commet contre la mère patrie[82]. L'Orient offrait donc un cadre intéressant, car lointain, et dans cet Orient Tamerlan était considéré comme un parfait exemple de l'usage de la force à des fins utiles pour le royaume. Si le projet de l'auteur est clairement revendiqué, il n'en est pas de même pour les sources utilisées. Il faut ici faire la part des choses entre le discours tenu dans la préface et la reconstruction réalisée.

La position de du Bec est la suivante. Lors de son séjour en Orient, il aurait eu accès à une source essentielle qu'il décrit de la façon suivante :

> Il eut un grand et digne personnage, docte tant en la philosophie qu'en l'astrologie, lequel était du temps de ce prince [Tamerlan], compagnon et familier de ses conquêtes, appelé Alhacen, arabe de nation. [...]. Cet auteur m'étant tombé entre les mains, en mes voyages de Levant, je me [le] fis interpréter par un arabe qui parlait Franc[83].

Tout dans ce passage donne à cet Alhacen et à son texte le statut d'une œuvre indépassable, dont du Bec serait l'héritier par le biais d'une traduction fiable et riche. Dès lors, ce texte permettrait de corriger les erreurs diffusées par les Européens. Dans les faits, il n'existe aucune preuve de l'existence d'un tel auteur arabe rattaché à la vie de Tamerlan[84] et ce thème de la traduction d'une œuvre perdue ou inaccessible aux lecteurs est un *topos* fréquemment utilisé. Même fictif, ce texte reste une biographie de Tamerlan écrite en français à la fin du

---

81   Du Bec, *Histoire du grand empereur Tamerlanes*, p. 6.

82   Du Bec, *Histoire du grand empereur Tamerlanes*, p. 8. Du Bec se demande même pourquoi, alors que le parricide est interdit par la loi, les historiens peuvent écrire l'histoire des guerres civiles romaines, qui sont « la louange du parricide », que l'on commet contre la partie mère.

83   Du Bec, *Histoire du grand empereur Tamerlanes*, p. 2.

84   La littérature secondaire fait bien mention d'un Alhacen, ou plutôt Alhazen, mais il s'agit d'un mathématicien qui vivait au Xe siècle, soit bien avant le règne de Tamerlan et dont

XVIᵉ siècle et mérite d'être étudié non pour ce qu'elle permet d'apprendre sur cet empereur, mais sur la façon dont l'auteur a construit son texte, et sur les sources qu'il a utilisées pour cela.

Sur ce dernier point, du Bec dresse la liste des auteurs qui ont abordé la question de Tamerlan et qui serviraient de caution à son propre texte, à savoir Andreas Cambini, Paolo Giovio, Théodore Spandounes, Louis le Roy et Pierre Messie. Si les trois premiers auteurs sont familiers, il faut s'arrêter brièvement sur les deux derniers, à savoir Pierre Messie (1497-1551) et Louis le Roy (1510-1577). Ces deux auteurs ont consacré de courts chapitres à Tamerlan au sein d'ouvrages couvrant des thèmes bien plus larges. Pour Pero Mexia, ou Pierre Messie dans sa forme francisée, l'empereur timouride « ne fut pas moins qu'Alexandre »[85], tant par ses conquêtes que par son courage[86]. Quant à Louis Le Roy, il intégra Tamerlan dans un chapitre consacré à la vertu et se servit de cet exemple pour démontrer la supériorité des conquérants modernes sur ceux de l'antiquité[87]. À partir de ces sources, dont certaines ne font que quelques paragraphes, du Bec rédigea une biographie composée de plus de 500 pages, format in 8°, ce qui laisse entendre qu'une très grande part de ce texte est constituée d'ajouts de l'auteur. Cette différence de taille s'explique certainement par l'utilisation de sources non mentionnées et qu'il n'a pas été possible d'identifier. Elle illustre surtout l'ajout par du Bec de nombreux éléments. L'invention de cet Alhacen était d'ailleurs destinée à donner plus de crédit aux corrections et aux ajouts réalisés.

---

les traités d'optique ont été connus en Europe par les traductions de Jacob Golius dans les années 1610, soit après la mort de du Bec. Dans les sources européennes, les seules mentions que l'on trouve de cet auteur sont faites dans des textes directement liés à du Bec. Si l'on cherche du côté de l'Orient, on s'attend à ce qu'un texte aussi important soit largement cité. Il s'agirait en effet de l'une des rares sources écrites du vivant même de Tamerlan. Pourtant, ici non plus, aucune trace de cet Alhacen. À l'inverse, la biographie arabe, réelle cette fois-ci, écrite par Ibn ʿArabshāh est quant à elle largement attestée, et plusieurs copies de son manuscrit sont en circulation.

85   Pierre Messie, *Les divers leçons de Pierre Messie gentilhomme de Seuile contenant variables et mémorables histoires*, mises en français par Claude Gruget, Lyon, à l'Ecu de Milan, 1563, p. 388.

86   Le texte de Pero Mexia, que du Bec connaît par l'intermédiaire d'une traduction française, se compose de nombreux petits traités sans rapport les uns avec les autres traitant de thèmes aussi variés que la physique, la biologie, l'art ou encore l'histoire. Ainsi, le chapitre XXVII sur Tamerlan est encadré par un chapitre sur la démarche des animaux et un autre sur l'empereur romain Héliogabale. Cette traduction a été effectuée par Georges Gruget et publiée à Lyon en 1563. Rappelons que Pero Mexia fut également réédité en 1582 avec le récit de l'ambassade de Clavijo par Argote de Molina.

87   Du Bec fait explicitement mention de l'ouvrage *Douze livres de la vicissitude ou variété des choses de l'univers*, publié à Paris en 1575.

Ces éléments, auxquels s'ajoute la dimension de fausse traduction, invitent à interroger la méthode de l'auteur et le statut de cette œuvre. Tout d'abord, il faut rappeler qu'une distinction entre « œuvre de fiction » et « œuvre historique » n'a aucune valeur pour le XVIe siècle dans la mesure où l'ensemble de la production littéraire était englobée dans « les Belles-Lettres » et qu'« écriture de l'histoire et écriture littéraire ou dramatique »[88] partageaient tant les sujets que les méthodes. Du Bec avait conscience de l'ambivalence de son texte puisque, dès la première phrase, il s'adresse aux lecteurs de la sorte :

> Ami lecteur, afin que vous ne pensiez point que cette histoire, pour avoir été longtemps ensevelie, ne fut une chose inventée à l'imitation des Amadis ou des anciens Romains...[89].

Cette référence à Amadis est loin d'être anodine et mérite que l'on s'y arrête. Œuvre de fiction publiée en Espagne au début du XVIe siècle, et traduite entre autres en français en 1540, *Amadis de Gaule* est l'un des exemples de roman le plus largement diffusé en Europe au XVIe siècle et répondait, comme le Tamerlan de du Bec ou plus tard le Don Quichotte de Cervantes, aux critères de l'épopée. Solidement lié, « roman et épopée promettaient au lecteur un texte patriotique, plein de détails utiles concernant les aspects les plus variés du savoir humain et des prouesses d'armes »[90], c'est-à-dire précisément ce que du Bec annonçait dans son titre.

Pourquoi du Bec a-t-il cherché à donner à son texte une telle autorité ? En quoi le Tamerlan qu'il décrit est-il en rupture avec le portrait déjà en circulation ? En d'autres termes, quelle est la spécificité de cette biographie ? L'étude de deux thèmes permet de répondre à cette question. Avant cela, commençons par une étude de la répartition des chapitres[91].

Ce graphique permet de visualiser le fait que la question de l'origine de Tamerlan, ses conquêtes en Russie et la victoire contre Bajazet Ier, c'est-à-dire

---

88   Xavier Cervantes et Guy Le Thiec, « Sur les théâtres de l'histoire : Tamerlan et Bajazet en France et en Angleterre (1529-1724) », dans *Rêver d'Orient, connaître l'Orient*, Isabelle Gadoin et Marie-Elise Palmier-Chatelain (dir.), Paris, ENS Editions, 2008, pp. 149-176.

89   Du Bec, *Histoire du grand empereur Tamerlanes*, Epitre au lecteur.

90   Marian Rothstein, « Le genre du roman à la Renaissance », Études françaises, 1996, 32, (1), 35-47, p. 47.

91   L'édition choisie de 1602, réalisée du vivant de l'auteur. En effet, l'édition originale est un bloc sans chapitre ni même paragraphe, et le style souvent confus de l'auteur ne permet pas de distinguer clairement les différents chapitres. Dans l'édition de 1602, le chapitre 1 va de la page 1 à 40, le chapitre 2 de la page 41 à 189, le chapitre 3 de la page 18 à 253, le chapitre 4 de la page 253 à 386 et le chapitre 5 de la page 387 à 504.

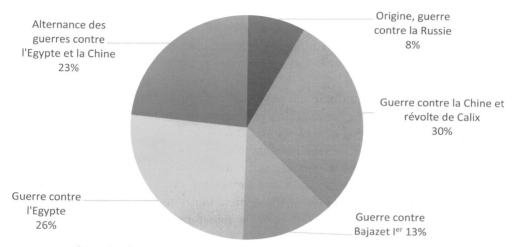

Alternance des guerres contre l'Egypte et la Chine 23%

Origine, guerre contre la Russie 8%

Guerre contre la Chine et révolte de Calix 30%

Guerre contre l'Egypte 26%

Guerre contre Bajazet Ier 13%

FIGURE 5   Thème des chapitres et représentation de leurs proportions (éd. 1602)

les éléments alors connus en Europe, ne représentent que 21 % de l'ouvrage. La grande majorité de l'*Histoire du grand empereur Tamerlanes* est consacrée aux campagnes contre l'Égypte, durant lesquelles Tamerlan aurait pris Le Caire et Jérusalem[92], et aux campagnes contre la Chine, dont l'apogée aurait été la prise de Pékin. Ce dernier point représente en effet plus de 30 % de l'œuvre, soit près de 150 pages. Expliquer la prise du Caire est assez simple, et on peut y voir une extrapolation des victoires de Tamerlan contre les Mamelouks. En revanche, la supposée prise de Pékin est quant à elle plus problématique, et il faut revenir brièvement sur les étapes de cette guerre imaginée par l'auteur.

Dans le texte, on peut lire qu'un certain Calix se révolta contre Tamerlan et s'allia à la Chine. Après avoir maté la révolte, Tamerlan s'avança d'abord vers le Cathay, jusqu'à prendre la capitale Cambalu[93], puis vers la Chine, royaume dont il prit également la capitale. Bien que Tamerlan n'ait jamais entrepris de telles campagnes[94], du Bec livre une quantité d'informations qui témoigne d'une connaissance de ces régions, et donc de l'usage d'autres sources que celles mentionnées dans la préface. Les toponymes témoignent d'une influence de Marco Polo, et il n'est pas impossible qu'il fasse également usage de Mandeville ou d'Odoric de Pordenone. Enfin, il est possible d'y voir la trace

---

92   Du Bec, *Histoire du grand empereur Tamerlanes*, p. 287.
93   Du Bec, *Histoire du grand empereur Tamerlanes*, pp. 86 et suiv.
94   Bien que sa mort eût lieu pendant qu'il se préparait à marcher contre la Chine, il est impossible d'imaginer quels auraient été les fruits de cette campagne, ni jusqu'où l'empereur souhaitait la pousser.

de l'influence de Münster. D'une certaine façon, la biographie écrite par du Bec contient une dimension cosmographique dans la mesure où les victoires de son héros sont l'occasion pour l'auteur d'évoquer la plus grande partie de l'Asie, en s'affranchissant cependant de toute contrainte chronologique ou géographique.

La campagne de Chine n'a pas pour fonction de faire voyager le lecteur et le texte, aride, ne contient presque aucune description. C'est pour du Bec l'occasion de donner corps à son projet d'édifier la noblesse et le roi. Pour la noblesse, la Chine, avec ses innombrables villes, était le théâtre parfait pour décrire de multiples sièges qui sont autant de cas d'exemple à travers lesquels l'auteur donne ses conseils et partage son expérience militaire. Pour le roi, il s'agit de montrer comment se prémunir d'une révolte de la noblesse, ici incarnée par Calix, et l'on peut lire toute une série de conseils que l'on pourrait ériger en maxime. Par exemple, lorsqu'une révolte gronde, il est nécessaire que le souverain se déplace en personne et qu'il ne se contente pas d'envoyer quelques ambassadeurs. De même, il n'est pas souhaitable de réprimer le peuple par la violence, puisque les troubles de la guerre finiront par lui ôter toute envie de révolte[95]. Enfin, pour se préserver d'une telle situation, le souverain doit être capable de transformer des troubles civils en guerre de conquête, ce qui permettrait aux «plus remuants» de prendre les armes non pas à l'intérieur, mais à l'extérieur de l'empire[96]. Il est évident que ces éléments, dans lesquels on peut voir une influence machiavélienne, trouvent un écho particulier dans une France en pleine guerre de Religion. Faut-il en conclure que du Bec appelait à la guerre contre un ennemi extérieur, et ce afin d'apaiser les tensions en France? Rien ne permet d'aller aussi loin dans ce raisonnement.

Le second thème à aborder ici connut un assez grand succès. Il s'agit du rôle joué par un certain Axalla, qui s'illustra dans la campagne de Chine. Bien que chrétien, ce général aurait grandi aux côtés de Tamerlan[97]. C'est à lui que

---

95 Du Bec, *Histoire du grand empereur Tamerlanes*, pp. 60-61. «Les mouvements des guerres civiles sont furieux au commencement et [...] il faut [s'y] opposer lentement, les tenant toujours en longueur s'il est possible. Car les peuples reconnaissant en fin leurs fautes, les moyens et l'argent manquent, les vivres souvent. Au contraire en une armée [royale], tout cela n'arrive point où tout est favorable et les gens d'armes bien disciplinés, l'obéissance et l'ordre gardé sagement». (Par souci de clarté, la ponctuation a été adaptée afin d'essayer de rendre cet extrait plus lisible).

96 Du Bec, *Histoire du grand empereur Tamerlanes*, p. 48.

97 Du Bec, *Histoire du grand empereur Tamerlanes*, p. 74. On peut lire «qui était Genevois et avait beaucoup de crédit près de [Tamerlan], pour avoir été nourri avec lui en sa jeunesse et duquel avait beaucoup reconnu sa fidélité, valeur et industrie». Il était un «homme

l'on doit les principales actions qui marquent le récit, comme la capture de Calix, et c'est lui qui aurait incité Tamerlan à entrer en guerre contre Bajazet Ier. Transformant le récit de Théodore Spandounes, du Bec indique que l'empereur byzantin demanda l'aide de Tamerlan par l'intermédiaire d'Axalla, qui était « parent des Paléologues et aussi poussé du désir de maintenir sa religion en la Grèce »[98]. Non seulement Axalla déclencha la guerre contre Bajazet Ier, mais en plus c'est lui qui fit la capture de l'empereur ottoman[99]. C'est également lui qui joua un rôle décisif lors de la supposée prise du Caire et de Jérusalem. Outre ces éclats militaires, Axalla est présenté comme un modèle de vertu et refuse la couronne de Chine pour pouvoir rester dans le comptoir italien de Caffa[100].

Ici aussi, du Bec adapte des éléments qu'il a puisés ailleurs. Comme l'indique Michele Bernardini, Pierre Messie évoquait déjà un « marchand Genevois » qui fut le « familier » de Tamerlan[101] et Louis Le Roy mentionnait un Italien que Tamerlan avait promu, « pour la dextérité qu'il trouvait en lui, de médiocre marchand [à] intendant des finances »[102]. C'est à partir de ces sources que du Bec a construit son personnage, en lui attribuant un nom et une fonction centrale dans l'histoire. Une étude quantitative permet de constater que le nom d'Axalla revient plus de 200 fois, dans le texte, contre seulement 71 pour Tamerlan[103]. À titre de comparaison, Calibes et Odmar, deux autres généraux de Tamerlan, ne sont mentionnés qu'une soixantaine de fois[104]. Certes, ces personnages peuvent être désignés sous d'autres termes et Tamerlan apparaît souvent comme un « prince », mais ce constat permet d'évaluer, au moins sommairement, l'importance accordée à ce personnage. D'ailleurs, si l'on se focalise sur Axalla et non plus sur Tamerlan, la lecture de l'*Histoire du grand empereur Tamerlanes* prend une tout autre dimension et se rapproche du roman. De plus, il participe à la mise en avant de l'importance de la religion chrétienne comme moteur de l'histoire de Tamerlan. Bien que libérateur de Jérusalem et

---

de grand jugement et d'entendement beau et clair, Capitaine en grande estime parmi les gens de guerre, quoi qu'il adorait Dieu d'une autre façon ». Il faut noter que dans l'édition de 1595, Axalla est nommé Exella ou Exiialla. Tout laisse penser qu'il s'agit d'une erreur de l'imprimeur.

98   Du Bec, *Histoire du grand empereur Tamerlanes*, p. 196.
99   Du Bec, *Histoire du grand empereur Tamerlanes*, p. 243.
100   Michele Bernardini, « Tamerlano, i genovesi e il favoloso Axalla », dans Bernardini et *alii*, *Europa e Islam tra i secoli XIV e XVI. Europe and Islam between 14th and 16th centuries*, Napoli, 2002, 2 tomes, I, p. 415.
101   Michele Bernardini, *Tamerlano, i Genovesi e il favoloso Axalla*, p. 411. Voir aussi Pierre Messie, p. 397.
102   Louis Le Roy, *De la vicissitude ou variété des choses en l'univers...*, Paris, 1575, p. 97b.
103   Ce décompte a été réalisé sur l'édition faite à Lyon en 1602.
104   61 pour Calibes et 71 pour Odmar.

de Constantinople, Tamerlan ne pouvait être présenté comme un souverain chrétien. Dès lors, du Bec prit le parti de souligner l'importance de l'entourage chrétien, dont Axalla est la principale figure.

Du Bec sut trouver son public et son succès a été fulgurant. Entre 1597 et 1614, on ne compte pas moins de sept rééditions en France et au moins deux traductions[105]. Ce succès témoigne d'une réelle adhésion du lectorat au contenu de l'œuvre, mais aussi d'un réel engouement pour Tamerlan à cette époque. L'exemple le plus éloquent de cet intérêt est sans doute le succès rencontré par Christopher Marlowe, qui rédigea à la même époque une pièce de théâtre intitulé *Tamburlaine the Great*. Cette œuvre contribua à transformer la perception que l'on avait de Tamerlan, devenu «nouvellement courtois et humain face à l'orgueil et à la superbe d'un Bajazet colérique»[106]. Plusieurs études ont déjà souligné la proximité entre ces deux œuvres mais, dans la mesure où il est difficile d'établir une chronologie stricte de ces textes, il n'a pas été possible de savoir qui de du Bec ou de Marlowe inspira l'autre. Malgré la proximité de ces textes, l'auteur français introduit de réelles transformations dans le portrait moral du conquérant. Comme le soulignent le Thiec et Cervantes, du Bec façonne «une nouvelle figure historiographique» dans laquelle Tamerlan est purgé de ses aspects colériques et devient un prince «courtois et humain».

Outre sur la pièce de Marlowe, du Bec exerça une influence notable sur les œuvres littéraires ayant Tamerlan comme personnage central[107]. Cette influence a pu être directe, par la reprise des thèmes diffusés par du Bec, mais également indirecte, par l'impulsion d'un «effet de mode» favorable à la diffusion de ce thème historique. Afin de rester dans le cadre de cette étude, et au prix d'une anticipation sur l'ordre chronologique, il ne sera fait ici mention que de deux textes directement inspirés par celui de du Bec. Le premier texte fut publié en 1678 par un certain Sieur de Sainctyon. L'auteur indique s'être appuyé sur du Bec, Alhacen et un «ancien manuscrit» prêté par certains de ses amis[108]. Le second texte est un *Abrégé de la vie de divers princes illustres*

---

105   Ces rééditions et traductions sont: 1597, Rouen, 1597, traduction anglaise, Londres, 1602, Lyon, chez Léonard Fiscelle, 1602, Bruxelles, R. Velpuis, 1607, Paris, T. de la Ruelle, 1607, Paris, G. Robinot, 1607, Paris, D. Guillemot, 1612, Paris, D. Guillemot, 1614, Rouen, chez Louys Loudet, 1647, traduction en néerlandais, Ed Amsterdam par Ian van Hilten.
106   Cervantes et Le Thiec, «Sur les théâtres de l'histoire», p. 13.
107   Pour ne citer que quelques exemples français, Jean Magnon rédigea *Le Grand Tamerlan et Bajazet* (1648). En 1650, il est suivi par Madeleine de Scudery et son *Ladice ou le Grand Tamerlan* et par Jacques Pradon, qui publie en 1675 *Tamerlan ou la mort de Bajazet*. Pour des études bien plus documentées, voir entre autres Milwright, «So Despicable a Vessel».
108   Rolando Minuti, *Oriente barbarico e storiografia settecentesca*, pp. 22-23.

TABLEAU 6   Trois explications de l'origine de Tamerlan

Du Bec	Sainctyon	Tessier
« Or il [Tamerlan] fut du sang des empereurs Tartares et avait eu en son partage son père Og, le paye de Sacheteay, en Tartarie duquel il était seigneur. Ce pays tire entre le Septentrion et l'Orient est l'ancienne Parthe, du coté des Zogdians, et la ville principalle de son Etat était Samarcande, assise sur le fleuve Issarle. Auncuns de nos historiens ont voulu qu'il fut fils de pasteur : mais cela ont ils dit ne sachant point les coutumes de ces pays, ou le principal revenu des Roys et des grands est en bestiaux, méprisant l'or et l'argent, mais tenant grand compte de telles richesses, dont ils abondent en toutes façons, c'est pourquoi l'on les appelle Bergers et dit on que ces Princes étaient sortis de pasteurs ».	« Tamerlan, qui signifie grace celeste, fut fils de Og Seigneur et Roy de Sachetay ou des Parthes, et neveu du grand Cham des Tartares, et non pas fils d'un misérable pastre et d'un indigne brigand, comme ses ennemis l'ont faussement publié ; ca a été par malice, ou pour ne pas savoir que le principal revenu de nos Princes consiste plus en bestiaux qu'en mines d'or et d'argent, quoy que le païs n'en soit pas tout-à-fait dépourvu. La province de Sachetay est au Septentrion de celle des Sogdians, et est proprement l'ancienne Parthe. Sa ville capitale est Samarcande, assise sur le fleuve Issarle ».	« Tamerlan était fils d'Og, Prince de Sachetay, ou des Parthes, et neveu du Grand Cham des Tartares. La province de Sachetay est au nord de celle des Sogdians et c'est proprement parlé l'ancienne Parthe. Sa ville Capitale est Samarcande, située sur le fleuve Isarle. Elle devint si florissante sous le reigne de Tamerlan que c'était une des plus belles villes de l'Asie ».

écrit en 1710 par Antoine Teissier[109]. Si ce titre fait penser à Thevet, Giovio et Plutarque, cette série de portraits est bien plus réduite, ce qui donne plus de poids à chacun des grands hommes décrits[110].

La comparaison des textes est suffisamment éloquente pour indiquer qu'une tradition s'est développée à partir du texte de du Bec, même lorsque d'autres sources plus factuelles étaient accessibles.

Aussi dense et riche que soit ce texte, le fait qu'il n'existe aucune étude sur l'*Histoire du grand empereur Tamerlanes* est révélateur d'une approche plus large. Ce silence s'explique certainement par le fait que le statut ambigu de ce texte l'a conduit à être ignoré par les différentes disciplines académiques. Ainsi, les orientalistes et les historiens de Tamerlan ont délaissé ce texte euro-

---

109   Antoine Teissier, *Abrégé de la vie de divers princes illustres*, Amsterdam, 1710, Tessier était l'historiographe du roi de Prusse, à qui cette œuvre était destinée.

110   Tamerlan est ainsi entouré entre autres par Scipion l'Africain et Alphonse roi d'Aragon et de Naples.

péen qui relève à leurs yeux de la littérature occidentale et les historiens de la littérature n'ont pas prêté attention à ce qui était censé être la traduction d'un texte arabe. L'intérêt pour ce texte se situe précisément dans le fait qu'il réalise la jonction entre différents univers qui restaient distants les uns des autres.

Bien qu'il écrive son texte quelques années avant que les savoirs sur la Chine produits par le jésuite ne soient accessibles en Europe, du Bec s'inscrit parfaitement dans ce mouvement d'englobement du monde qui tend à souligner l'unité des espaces connus. En faisant parcourir des espaces eurasiatiques qui restèrent inconnus de Tamerlan, mais que du Bec décrit avec une certaine rigueur lorsqu'il s'agit des toponymes, du Bec témoigne d'une connaissance de ces territoires qui reflète l'accroissement de la circulation des savoirs.

À la lumière de ces éléments, force est de constater que l'accumulation des connaissances produites dans la seconde moitié du XVIᵉ siècle a eu pour conséquence de brouiller la perception que l'on avait de Tamerlan. Certes, la plus grande connaissance de la Tartarie et de son histoire avait conduit certains, comme Belleforest, à s'interroger sur l'identité de ce peuple, mais les grilles d'interprétations restaient encore assez solidement ancrées pour supporter ces remises en question. Plus exactement, les nouvelles connaissances n'étaient pas encore assez précises pour mettre les différents auteurs face aux contradictions générées par cette lecture « tartarisé » de l'histoire centrasiatique. Thevet, malgré sa volonté affirmée de rompre avec la tradition, s'inscrit malgré tout dans un cadre déjà existant, ce qui s'explique par le fait qu'il connaît bien moins cette région que celles qu'il a pu visiter. L'exemple le plus significatif de ce maintien des schémas existants est la biographie écrite par du Bec, qui décrit un khan de Tartarie dont le pouvoir s'étend de la Chine à l'Égypte, reprenant ainsi le cadre posé au début du XIVᵉ siècle. Cela peut s'expliquer par le fait que les savoirs, même s'ils sont plus nombreux, restent peu précis et que la Tartarie demeure un sujet marginal aux yeux des auteurs, à l'exception une nouvelle fois de du Bec, qui y voit un terrain idéal pour donner un environnement réel à un Tamerlan dont la dimension fictive se renforce. De plus, ces différents savoirs n'avaient pas remis en question des cadres de lecture de l'histoire tartare, processus intellectuel qui n'arriva que dans les années 1630.

Histoire et fonction de l'empire tartare chez Pierre Bergeron (1634)

1   Les enjeux de l'écriture de l'histoire de l'empire tartare en France

Le début du XVIIe siècle connaît un tournant dans l'écriture de l'histoire des Tartares, marqué par l'utilisation plus importante des sources latines médiévales. Si l'on a noté que ce type de document n'a jamais été complètement abandonné, il servait surtout à connaître la géographie de la Tartarie et la généalogie des empereurs, laissant à l'écart la question de la place de l'empire mongol. En 1613, Pierre d'Avity (1573-1635), dans les *Estats, empires et principautés du monde*[1], introduisit un élément de rupture en soulignant que l'histoire des Tartares avait gardé toute son actualité. Comme chez Münster, l'empire tartare était l'un des plus puissants empires du monde, mais la description qui en est faite est surprenante par l'inertie qui s'en dégage. Tout laisse penser que, en ce début du XVIIe siècle, l'empire mongol existait toujours à son apogée. Les souverains y étaient puissants, les armées redoutables et l'état très riche. D'Avity ne disposait pas d'élément pour évaluer cette richesse, mais il présumait qu'un empire aussi puissant avait nécessairement gardé des traces de sa grandeur passée[2].

Selon cet auteur, l'histoire des Tartares se découpe en deux temps. De façon assez originale pour l'époque, la rupture ne se situe pas avec Tamerlan, mais avec Gengis Khan qui, en prenant le pouvoir, marquait la fin de l'histoire scythe et ouvrait celle des Tartares proprement dits[3]. On assiste donc à une forme de réévaluation de la place de Gengis Khan et, en même temps, à une acceptation complète que Tamerlan fut une simple continuation de l'empire mongol. L'idée d'empire tartare se structure donc progressivement, donnant l'impression d'une unité politique qui perdure encore au XVIIe siècle. Un détail dans l'écriture marque cette continuité. Alors que le premier chapitre, consacré aux anciens Tartares, est rédigé à l'imparfait ou au passé simple, le second,

---

1   Pierre d'Avity, *Les estats, empires et principautés du monde...*, Paris, 1613.
2   Avity, *Les estats, empires et principautés du monde*, p. 841.
3   C'est ce qui ressort de la lecture des deux chapitres portant sur les « mœurs anciennes », c'est-à-dire les pratiques et coutumes des Scythes, et les « mœurs des Tartares de ce temps ». D'Avity, *Les estats, empires et principautés du monde*, pp. 834-840.

© KONINKLIJKE BRILL NV, LEIDEN, 2022 | DOI:10.1163/9789004499027_007

relatif aux Tartares depuis Gengis Khan, est écrit au présent, donnant ainsi
une impression d'actualité. De plus, les descriptions des pratiques sociales, et
notamment des tenues vestimentaires, contribuent à donner un portrait vivant
de ces Tartares. Plutôt que de reprendre les descriptions données par d'Avity,
il est préférable de revenir sur un point plus spécifique à cette œuvre.

La richesse matérielle et la puissance politique dont disposerait l'empereur
des Tartares font de lui l'un des principaux souverains du monde. En effet, si
l'on étudie la page de garde des *Estats, empires et principautés*, on constate
qu'elle témoigne de la hiérarchie entre les grandes puissances du monde telle
que l'auteur, ou le graveur, souhaitait la représenter. Sans surprise, le roi de
France Louis XIII domine l'Europe, l'Afrique, l'Asie et l'Amérique. Au centre,
quatre hommes personnifient ces quatre continents, chacun revêtant des attri-
buts clairement identifiables. L'Europe porte ainsi une arme à feu et un pan-
talon bouffant, l'Afrique est représentée par un homme noir tenant un arc,
l'Asiatique porte un turban et l'Américain arbore un vêtement évoquant les
tenues précolombiennes d'Amérique du Sud. Si les continents sont identifiables, ils ne sont en aucun cas définis par une nation particulière. En 1625,
l'ouvrage de Pierre d'Avity connaît une seconde édition augmentée, pour laquelle un nouveau frontispice est préparé. Non seulement le travail du graveur
y est plus précis, mais ce dernier a également transformé le message de sa
gravure. Les quatre hommes ne représentent plus les continents, mais « l'empereur des Romains, le roi des Espagnes, l'empereur des Turcs et le Grand Cam
de Tartarie ». Cette identification, rendue possible par les titres écrits à côté des
souverains, indique que l'empereur des Tartares fait jeu égal avec les grandes
puissances mondiales, du moins telles qu'elles sont définies depuis l'Europe. Il
est donc paradoxal que d'Avity place le grand khan de Tartarie si haut dans la
hiérarchie mondiale, alors qu'il n'existe à cette époque aucun souverain pour
revendiquer ni un tel titre ni une telle puissance.

Il est délicat de tirer des conclusions définitives de ces transformations entre
ces deux gravures, dans la mesure où trop de paramètres entrent en jeu pour en
expliquer l'origine[4]. Elles témoignent cependant d'une reconnaissance de la
puissance de l'empire tartare, et ce aux dépens de l'Afrique et de l'Amérique,
continents qui ne sont représentés par aucun souverain, ou de la Chine, qui
n'a quant à elle jamais été présentée sur le frontispice. On constate donc que,
malgré son caractère fictif, le « Grand Cam de Tartarie » était crédité d'une

---

4 Comme dans le cas de Münster, il n'a pas été possible de savoir s'il s'agit d'une volonté de
   l'auteur, ce qui est peu probable, ou de l'imprimeur.

FIGURE 6
*Les Estats, empires
et principautés du
monde*, édition 1613

réelle existence et d'un réel pouvoir politique. Sur le plan des relations inter-
nationales, reconnaître une telle existence et surtout une telle puissance à un
souverain justifiait que l'on en cherchât l'empire et que l'on souhaitât entretenir des relations commerciales avec lui.

Cet intérêt pour l'empire tartare en tant qu'objet politique se confirma peu
après avec les travaux de Pierre Bergeron (1580-1637). Neveu de Nicolas Bergeron[5], Pierre Bergeron hérita des opinions gallicanes de son oncle, et accentua

---

5   Grégoire Holtz réfute l'idée que Nicolas Bergeron fût le père de Pierre, mais il souligne
    l'influence que le premier exerça sur le second. Avocat au Parlement de Paris, Nicolas Ber-
    geron était issu des milieux gallicans. Il défendait l'affirmation de la monarchie française en
    soulignant la liberté de l'Église face à Rome et sa dépendance vis-à-vis de la Couronne.

FIGURE 7
Les *Estats, empires et principautés du monde*, édition
1625

l'importance de l'unité politique du royaume face à la question religieuse. Pour
lui, la défense des intérêts nationaux passait d'abord par un renforcement de
l'unité nationale autour de l'autorité royale. Sans se positionner sur les enjeux
politiques internes, comme l'avait fait en son temps Bodin par exemple, Bergeron défendait un gallicanisme « compris alors comme un nationalisme expan-
sionniste, visant le développement des compagnies de commerce françaises »[6].

---

6   Holtz, Grégoire. « Nicolas Bergeron († 1584/1588) et la construction de la culture gallicane ».
    Revue de l'histoire des religions, n° 3, juillet 2009, p. 440.

La carrière de Bergeron s'articule autour de deux axes. D'un côté, à l'image de son oncle, il devint avocat au Parlement de Paris, puis membre de la chancellerie de Louis XIII. De l'autre, il devint l'auteur anonyme de plusieurs récits de voyage dans lesquels il mettait en forme les notes ou les journaux de marchands qui avaient séjourné en Asie[7]. Dans le même temps, il devint le secrétaire d'un membre de la noblesse, pour qui il effectua plusieurs séjours en Espagne, en Italie et aux Pays-Bas[8]. C'est durant cette période qu'il prit également conscience que les marchands français n'étaient pas prêts pour un commerce avec l'Amérique ou les Indes. À la différence des Pays-Bas ou de l'Angleterre, le roi refusait de prendre une part active dans ce type de commerce et, si des compagnies existaient en France, elles étaient fragiles et ces entreprises furent souvent minées par des dissensions internes. Comme Thevet avant lui, Bergeron appelait de tous ses vœux la formation d'une compagnie unique, seule structure capable, selon lui, d'apporter les fonds et la souplesse nécessaires à la défense des intérêts français.

La question de la formation d'un empire ultramarin et de son exploitation économique était alors dans une impasse. Les projets de colonisation de l'Amérique étaient peu soutenus dans la mesure où l'on estimait que les risques et les coûts étaient trop grands par rapport aux bénéfices éventuels[9]. Ce choix politique conduisait, aux yeux de Bergeron et des partisans de la colonisation, à un retard de la France face aux autres puissances européennes, et principalement face à l'Espagne. C'est à ce titre que Grégoire Holtz évoque un « anti-ibérisme virulent » chez Bergeron, sentiment alors largement partagé en France[10].

Ces idées structurent les œuvres sur les Tartares écrites par Bergeron mais sont déjà présentes en 1629 dans son *Traité de la Navigation*, dans lequel l'auteur retrace les progrès de la navigation réalisés par les Européens et expose les avantages liés à l'exploration du monde. Si les intérêts économiques sont mis en avant, c'est surtout une lecture idéologique qui est le moteur de Bergeron, que Grégoire Holtz présente comme une conséquence du « passé réformé de

---

7   Sans compter le texte où il relate sa propre expérience en Europe, Bergeron est l'auteur de quatre récits de voyage.

8   Déjà sensible à l'importance du commerce par son milieu familial, il est fort possible que ces voyages l'aient sensibilisé à l'importance de l'outre-mer.

9   Grégoire Holtz, *L'ombre de l'auteur : Pierre Bergeron et l'écriture du voyage à la fin de la Renaissance*. Travaux d'humanisme et Renaissance, n° 480. Genève : Librairie Droz, 2011, pp. 155 et suiv. Richelieu, malgré un programme engageant, n'infléchit pas considérablement cette politique, en dépit de ses actions réelles pour moderniser la marine.

10   Holtz, « Nicolas Bergeron († 1584/1588) et la construction de la culture gallicane », p. 441.

Bergeron »[11]. Dans cette logique, il s'agit de mettre en valeur de nouvelles terres sur lesquelles il sera possible de développer une société purifiée de toutes scories. C'est également par ce traité qu'il avance, à la suite de Grotius, la liberté des mers et la libre circulation sur ces espaces. À ce titre, il attaque la légitimité de l'empire espagnol et portugais, mais justifie les mêmes pratiques qu'il dénonce lorsqu'elles sont appliquées, ou qu'elles devraient l'être, par la France.

Pierre Bergeron est un acteur et un témoin incontournable de l'élargissement des horizons français dans la première moitié du XVIIe siècle. Au même titre que Thevet, il participe de la dynamique commerciale et invite la couronne à affirmer ses positions coloniales. En tant que bon connaisseur de la situation internationale, Bergeron avait conscience qu'il était impossible de rivaliser avec l'Espagne et le Portugal dans la course pour le « Nouveau Monde ». Dès lors, son objectif pourrait être défini, en des termes modernes, comme l'ouverture d'un nouveau marché, à savoir la Tartarie. Cette région, les richesses qu'elle était censée renfermer et les routes qui la traversaient représentaient des éléments stratégiques majeurs dans lesquels la France se devait d'avoir des intérêts. Pierre d'Avity n'avait-il pas énuméré l'ensemble des richesses de cet empire ? Les Tartares ne représentaient-ils pas une clef de voûte réunissant la Perse, les Indes, la Russie et la Chine ?

Par le biais des récits de voyage qu'il avait écrits ou qu'il avait pu consulter, Bergeron savait que la présence de l'Espagne et du Portugal se réduisait à quelques comptoirs sur le littoral indien et perse, et qu'en aucun cas ils n'étaient présents dans les terres. C'est ainsi que se manifesta le « tropisme oriental »[12] de Bergeron, qui se manifeste par la volonté d'établir un commerce par voie terrestre vers la Tartarie et, à long terme, de repousser les Ibériques à la mer. Pour ce faire, Bergeron rédigea un *Traité des Tartares* et un *Recueil des voyages en Tartarie*, qui furent tous deux édités en 1634. Ces ouvrages sont clairement les deux aspects du même projet, le *Traité* développant les arguments économiques et politiques alors que les *Relations* compilent les éléments pratiques comme les routes, les distances, ou les climats.

Dans un contexte marqué sur le plan culturel par une riche production littéraire centrée sur le personnage de Tamerlan[13], Bergeron compila et utilisa les récits de voyage terrestres en Tartarie car, selon lui, il s'agissait alors du moyen le plus sûr et le plus rapide pour commercer avec cette région sans dépendre des

---

11   Holtz, *L'ombre de l'auteur*, pp. 160 et suiv.

12   Holtz, *L'ombre de l'auteur*, chap. v.

13   Si la nature de cette production n'entre pas directement dans notre étude, elle participe de la manifestation d'un intérêt croissant pour la région.

autres puissances européennes. Cependant, il avait conscience des contraintes imposées par le trafic terrestre et de ses limites face au commerce maritime. Aussi, à la fin de son *Traité des Tartares*, il édita une lettre du cartographe Gérard Mercator à Richard Hakluyt datée de 1580[14] et une lettre de Jean Balak, qu'il faut plutôt lire Balach, à Gérard Mercator[15]. Le principal thème de ces lettres est celui de la recherche d'une route maritime vers le Nord, conformément aux projets déjà construits par Hakluyt quelques décennies auparavant. Comme les Anglais et les Hollandais l'avaient déjà expérimenté, cette route posait de réelles difficultés, et la principale difficulté consistait à contourner l'actuelle Scandinavie en évitant les glaces[16]. Une fois ces obstacles surmontés, les vastes fleuves qui parcourent la Russie devaient permettre de se rendre au cœur de la Tartarie. Dans sa lettre, Mercator incite d'ailleurs Hakluyt à encourager la reine à former une alliance avec le Grand khan de Tartarie[17].

Dans la seconde lettre, cette fois-ci adressée à Mercator, un certain Jean Balach[18] souligne lui aussi l'importance de la recherche du «passage du Cathay»[19], mais propose une route moins difficile que celle des Anglais et des Hollandais. Balach estimait qu'il serait possible d'utiliser les réseaux fluviaux du Canada afin de traverser l'espace américain et de déboucher directement sur la Chine et la Tartarie. Dès lors, les Français pourraient tirer profit de leurs positions en Nouvelle-France pour devenir les maîtres de ce passage plus court vers l'Asie, et ainsi décentrer le commerce maritime mondial et avec lui les luttes d'influence entre les puissances européennes.

Ces projets rendent compte de plusieurs éléments. Tout d'abord, les nations européennes de l'Europe du Nord avaient conscience qu'une route plus courte vers la Chine et la Tartarie pouvait exister. Elles connaissaient les enjeux géopolitiques d'une réorientation du trafic maritime, mais également les difficultés que cela représentait. Cet enjeu donne une dimension pratique et politique aux compilations de voyages et aux traités de géographie. Du côté de la cartographie, la question de la continuité entre les terres américaines et tartares dans l'actuelle région de Béring était également d'actualité, et ne sera tranchée qu'avec l'expédition de Vitus Béring dans la seconde moitié du XVIIIe siècle[20].

---

14 Bergeron, *Traité des Tartares*, pp. 207-213.
15 Bergeron, *Traité des Tartares*, pp. 213-240.
16 Un autre problème, plus technique, était de compenser la différence qui existe entre le nord géographique et le nord magnétique.
17 Bergeron, *Traité des Tartares*, p. 210.
18 Il n'a pas été possible de l'identifier.
19 Bergeron, *Traité des Tartares*, p. 222.
20 Holtz, «Nicolas Bergeron (†1584/1588) et la construction de la culture gallicane».

En publiant ces lettres à la fin de son traité, Bergeron visait deux objectifs. Le premier était de rappeler que la France n'était pas seule dans cette course et que les Anglais et, dans une moindre mesure, les Hollandais étaient des adversaires réels. Le second était de montrer que l'intérêt pour la Tartarie devait conduire à une plus grande exploration de la Nouvelle-France, ce qui devait se traduire par un renforcement de la présence coloniale dans la région dans le but de s'en servir comme d'une tête de pont vers les richesses, en grande partie fantasmées, de l'Asie. Dans cette optique, le traité de Bergeron et la connaissance terrestre de la Tartarie peuvent être considérés comme nécessaires, mais ne restent que la première étape d'une expansion commerciale de la France qui ne se réaliserait pleinement que de façon maritime.

2   Composition et structuration du corpus de Bergeron

Comme dans les différentes compilations déjà étudiées, il est important de s'attarder sur les sources utilisées par Bergeron. Plus qu'une liste des auteurs utilisés, il semble préférable de tenter de comprendre la logique de construction et d'utilisation de ce corpus. L'aspect le plus caractéristique de l'œuvre de Bergeron, et qui le distingue pleinement de ses contemporains, est qu'il accorda une large place aux textes médiévaux. Cet accès fut facilité par la réédition, en 1624, du *Speculum historiale* de Vincent Beauvais et l'accès à la compilation de Jean le Long. Si l'on ajoute à cela la traduction du texte de Rubrouck par Hakluyt, Bergeron disposait d'un large corpus aisément accessible. À côté de ces sources, il fit également usage de sources antiques, dont par exemple Hérodote, pour connaître l'origine des Tartares, ainsi que de sources qui lui étaient contemporaines, pour bénéficier des informations les plus récentes sur les Tartares. Il faut noter que Bergeron fit preuve d'un souci de la précision dans ces références qui tranche avec la majorité de ses contemporains. Les notes de marges sont en effet nombreuses, et elles indiquent généralement le titre de l'œuvre ou de l'auteur, ainsi que la page. Cette démarche s'inscrit dans une volonté de différencier son texte des fables et romans qui, selon Bergeron, sont trop souvent répétés sans être vérifiés.

Cette volonté de donner à son texte toutes les preuves de la solidité intellectuelle a conduit Bergeron à établir des critères de sélection. S'il ne se prononça pas explicitement sur la question, il indiqua avoir rejeté Mendez Pinto, dont l'ouvrage sur la Chine était pourtant reconnu comme une source importante, car il « dit des choses qui ne s'accordent guère ni aux noms ni aux choses que l'on peut savoir ailleurs »[21]. C'est sur le même argument qu'il réfute ouverte-

---

21   Bergeron, *Traité des Tartares*, p. 187.

ment le récit trop merveilleux de Jean du Bec, qui ne s'accordait «pas bien aux temps, lieux et personnes d'alors»[22]. Il en est de même pour Nicolas Trigault, qui avait réécrit le texte de Matteo Ricci. À son sujet, Bergeron est catégorique : il «se trompe en faisant la Chine alors prise par Tamerlan»[23] et Bergeron considère que ces sources sont «un peu suspectes de romancerie»[24]. Derrière les raisons politiques qui pouvaient pousser Bergeron à rejeter le texte espagnol se cachent surtout des raisons intellectuelles solides et une volonté de distinguer le factuel du fantaisiste. Pour cela, le critère choisi est la cohérence, c'est-à-dire le degré de correspondance d'une source par rapport aux autres.

Bergeron avait conscience que l'écriture de l'histoire des Tartares ne pouvait plus se faire par une simple accumulation de faits et nécessitait une hiérarchisation des savoirs. Là où du Bec cherchait à tordre le cadre historique et géographique pour y faire entrer l'ensemble des connaissances qu'il avait à sa disposition, Bergeron porte un regard plus critique sur ces données, établissant une vision à dimension si ce n'est scientifique, au moins savante. Ce besoin était d'autant plus important que ces connaissances devaient avoir une dimension utile, puisqu'il était nécessaire de fournir aux marchands et à la cour des informations fiables qui orienteraient les décisions dans le sens voulu par Bergeron, à savoir celui de la création d'une compagnie de commerce vers la Tartarie. Cette volonté de diffuser des savoirs utiles, actuels et cohérents conduisit Bergeron à réfuter des auteurs considérés comme des autorités. Aussi, bien qu'il diffusât certains de ces textes, il marqua une certaine retenue dans leur utilisation. Cette idée de «romancerie» se retrouve également dans l'introduction des *Relations des voyages en Tartarie*, dans laquelle Bergeron expliquait que les récits doivent servir à l'histoire, qu'il présente comme étant la vraie suite des temps, et à la géographie, qui est selon lui l'exacte situation des lieux[25]. Pour ce faire, ces récits doivent se trouver «conformes à la vérité»[26] et ainsi s'éloigner des romans et des fables[27].

Dans un souci d'asseoir son raisonnement sur le plus grand nombre de savoirs, Bergeron ne se limita pas aux seules sources latines médiévales. L'époque durant laquelle Bergeron travaillait connaissait une forte augmen-

---

22   Bergeron, *Traité des Tartares*, pp. 150-151.
23   Bergeron, *Traité des Tartares*, pp. 131-132.
24   Bergeron, *Traité des Tartares*, p. 187.
25   Bergeron, *Relations des voyages en Tartarie*, préface.
26   Bergeron, *Relations des voyages en Tartarie*, préface.
27   Nous pouvons cependant noter que cette méthode offre la limite de n'accepter que des textes qui vont dans le sens de l'opinion générale. Ainsi, une source qui serait nouvelle et complètement originale risquerait d'être rejetée.

tation de la traduction des sources orientales, et principalement arabes. Les intérêts de l'apprentissage de l'arabe étaient multiples. Il s'agissait d'abord de mieux connaître une langue proche de l'hébreu, ce qui permettait une connaissance plus précise de la Bible. Cela permettait également de faciliter le commerce et les échanges avec les régions arabes de l'Empire ottoman[28]. Pour ces deux raisons, Rome et les autres cités italiennes avaient systématisé la collecte de manuscrits orientaux. Outre les intérêts commerciaux et diplomatiques, la volonté post-tridentine d'affirmation et d'expansion du catholicisme se traduisait par une véritable recherche de ces manuscrits afin de mieux connaître les doctrines de l'islam et des chrétiens d'Orient. Cette collecte n'était que la première étape d'une entreprise plus large, qui passait également par la traduction et l'impression de ces textes. Bergeron était parfaitement conscient de cette importance croissante des sources orientales à une époque où le milieu parisien des études orientales commençait à se structurer[29]. Il intégra d'ailleurs à la fin de la *Relation des voyages en Tartarie* un *Abrégé de l'histoire des Sarrasins et Mahométans*. On peut penser que c'est en travaillant sur ce texte qu'il prit connaissance des géographes qu'il utilisa.

Des trois principaux auteurs arabes utilisés dans le *Traité*, le plus ancien est al-Idrīsī. Sa géographie, traduite en latin par deux orientalistes parisiens nés en Orient, Gabriel Sionite et Ionannes Hesronita[30] sous le titre *Geographia Nubiensis*, avait été également imprimée en arabe par la «Stamperia Orientale Medicea»[31]. Bergeron fit également usage du *Taqwīn al-Buldān* d'Abū l-Fidā'[32]. Basée sur les traductions en arabe de Ptolémée et sur al-Idrīsī, cette géographie s'illustre par le fait qu'elle contient les coordonnées géographiques

---

28 Vrolijk van Leeuwen et Hamilton. *Arabic Studies in the Netherlands*, p. 2.

29 Sur les enjeux de la traduction des sources orientales à Paris dans les années 1630, voir Bernard Heyberger, dans *Orientalisme, science et controverse : Abraham Ecchellensis (1605-1664)*, Turnhout, Brepols, 2010. Voir notre chapitre 5.

30 Marina Tolmacheva, «The Medieval Arabic Geographers and the beginning of modern orientalim», *International Journal of Middle East Studies*, 27, 2, mai 1995, p. 144. Comme l'indique Tolmacheva, al-Idrīsī a été surnommé le «géographe nubien», car le manuscrit de 1592 qui a servi de base à l'édition, puis à la traduction, n'indiquait pas le nom de l'auteur.

31 http://www.iranicaonline.org/articles/italy-viii-persian-manuscripts-2, consulté le 15 avril 2018.

32 François Pétis de La Croix (père), *Histoire du Grand Genghizcan, premier empereur des anciens Mogols et Tartares*, Paris, Veuve Jombert, 1710, 564 p., ici p. 546. Sur les différentes traductions d'Abū l-Fidā' avant 1765, voir le *Supplément au dictionnaire universel, dogmatique, canonique, historique, géographique et chronologique des sciences ecclésiastiques*, Paris, Rue Dauphine, 1765, tome VI, p. 32.

des localités mentionnées[33]. Son intérêt pour les géographes et les marchands était donc évident aux yeux des Européens. Bergeron indique que Guillaume Postel en fit l'acquisition en Orient et qu'il « en communiqua quelque abrégé de sa traduction au Ramusio en passant à Venise »[34]. On sait également que l'orientaliste allemand Wilhelm Shickard traduit cette géographie à Paris, traduction qui restera à l'état de manuscrit. Par la suite, John Greaves, astronome et orientaliste, en fit éditer quelques extraits, dont un sur l'Asie centrale[35]. Ce dernier traduisit également *Zij-i ilkhānī*, connu en Europe sous le titre de *Tables ilkhaniennes*, du savant Naṣir al-Dīn Ṭūsī (1201-1274)[36]. Ce texte avait été rapporté en Europe par Giovanni Battista Vecchietti, certainement en même temps qu'il introduisit une copie de Mīrkhwānd. Toujours dans ce cadre de l'influence des sources orientales, Bergeron avait connaissance, par l'intermédiaire de Teixeira, du texte de Mīrkhwānd et y fit référence sous le titre de *Tarikh Mircond*[37]. Il savait également qu'une traduction d'Ibn 'Arabshāh[38] était en préparation, mais il ne put en faire usage dans son traité. Enfin, il fit également un usage assez important des généalogies hébraïques, et plus précisément d'Abraham Zacuto.

---

33   Denise Aigle, « L'histoire sous forme graphique en arabe, persan et turc ottoman. Origine et fonction », *Bulletin d'études orientales*, vol. 58-59, 2008, pp. 17-18.

34   Bergeron, *Traité des Tartares*, p. 222.

35   Edward Pococke et Peter Malcolm Holt, « The Study of Arabic Historians in Seventeenth Century England : The Background and the Work of Edward Pococke. » *Bulletin of the School of Oriental and African Studies, University of London*, vol. 19, no. 3, 1957, p. 450. Le développement de l'orientalisme en Angleterre doit être analysé sur fond de volonté des élites protestantes de s'affranchir des centres de production du savoir sous domination catholique, comme Rome et Paris. Cette rivalité se traduit par l'accès aux sources et l'on note une compétition entre Pococke et Golius dans l'acquisition de livres anciens. Pour cela, Pococke se rendit à Constantinople en compagnie de John Greaves, dont la famille joua un grand rôle dans l'orientalisme anglais. Le frère de John Greaves, Thomas, effectua plusieurs voyages en Orient et en rapporta de nombreux manuscrits, qu'il intégra à la bibliothèque d'Oxford, augmentant par là le nombre de manuscrits orientaux.

36   Richard, « Les frères Vecchietti », p. 19. *Encyclopédie de l'Islam*, xb, pp. 804-810. Écrit en persan, le texte est une correspondance entre le calendrier animal utilisé par les Mongols et le calendrier hégirien propre à l'islam. Charles Melville, « The Chinese Uighur Animal Calender in Persian Historiography of the Mongol Period », Iran, xxxii, 1994, pp. 83-98. Le but de cette correspondance entre le calendrier mongol et le calendrier islamique était de permettre à Hülegü, fortement influencé par l'astrologie, de calculer les périodes fastes de son règne.

37   Bergeron, *Traité des Tartares*, p. 149.

38   Cette traduction latine est le fruit du travail de Jacob Golius (1596-1667), hollandais et figure majeure de l'orientalisme européen de cette époque.

Un élément présent chez Bergeron laisse cependant penser que si l'auteur accorde un certain crédit aux géographes arabes, il n'en est pas de même pour les historiens. Bien qu'il témoigne à plusieurs reprises d'une réelle attente de la traduction des textes dont il connaît l'existence, il écrit, à propos des biographies de Tamerlan, que les auteurs musulmans sont trop éloignés de la réalité pour être jugés comme de véritables biographes[39]. Cependant, lorsqu'il écrit le *Traité*, la seule traduction d'une vie de Tamerlan qu'il connaît est celle d'Alhacen, ce qui peut expliquer la méfiance qu'il manifeste.

Dans la préface de la *Relation*, Bergeron expliquait que la connaissance de l'histoire des Tartares était le meilleur moyen pour développer le commerce car elle permettait à la fois la connaissance des réalités politiques et celle des routes suivies par les marchands. Dans cette optique, il affirmait qu'il ne pouvait compter sur les textes ibériques alors en circulation dans la mesure où ces derniers ne permettaient pas une connaissance précise de la Tartarie, mais uniquement de quelques-unes de ses côtes. Pour servir son projet, Bergeron chercha donc les voyageurs s'étant rendus en Tartarie par le continent, et il se tourna vers les récits médiévaux. C'est donc naturellement que l'on retrouve les textes de Plan Carpin, d'Ascelin de Crémone et de Rubrouck. Concernant ce dernier auteur, il est intéressant de noter que Bergeron propose sa propre édition du texte[40], sans reprendre celle de Hakluyt pourtant récente. Bergeron justifie ce choix en avançant que la traduction anglaise n'était ni complète ni fiable. C'est également un nouveau moyen de donner à la France un outil dans la connaissance de ce que Bergeron présente comme un nouveau marché.

Outre le fait de se tourner vers les récits médiévaux pour écrire l'histoire des Tartares, ce choix s'explique par une autre raison. Dans la préface de la *Relation des voyages en Tartarie*, Bergeron indiquait très clairement que son projet était de démontrer que «nos Français n'ont pas été les derniers dans un si louable dessein»[41], à savoir faire connaître l'histoire et la géographie de la Tartarie à travers leurs écrits. Rappeler que Rubrouck s'était mis au service de Louis IX et représentait ainsi la France auprès des Tartares, c'était rappeler et accentuer le fait que la France était alors capable d'établir des relations avec le reste du monde et susciter l'admiration des plus grandes puissances. L'objectif final

---

39   Bergeron, *Traité des Tartares*, p. 151.
40   Et ce à partir d'un manuscrit auquel il a accès par l'intermédiaire de Denis Petau, érudit jésuite de la première moitié du XVIIe siècle.
41   Pierre Bergeron, *Relation des voyages en Tartarie*, Paris, 1634, préface p. 2. Bien que le fait d'attribuer une nationalité «moderne» aux auteurs médiévaux relève de l'anachronisme, rien ne permet de présenter les missionnaires s'étant rendus en terre mongole comme des Français.

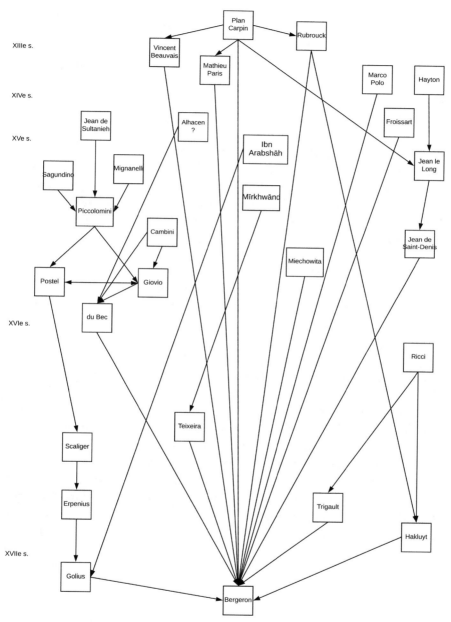

FIGURE 8   Schéma de la circulation des sources utilisées par Bergeron dans le Traité des Tartares

de Bergeron était de participer à la grandeur de la France, mais cette grandeur avait une ambition universaliste. Comme le note Holtz, l'intérêt pour l'empire tartare s'explique certes par ses richesses, mais aussi par sa dimension politique. En effet, il représente un modèle d'empire autre que l'empire germanique et ottoman. Aussi, si le royaume de France était en mesure de s'allier avec les Tartares, il serait en mesure de devenir la plus grande puissance de l'Europe, et d'imposer ce projet de concorde universelle déjà présente chez Postel.

En parallèle de cette lecture, Bergeron voit en ce modèle un exemple qu'il tend vers l'Europe. L'histoire de l'empire tartare telle qu'elle est écrite par Bergeron illustre le caractère cyclique des grandes puissances. Une petite nation a su dépasser ses divisions pour se réunir et renverser de grands empires avant de se morceler. Sous la plume de Bergeron, on comprend que les grands empires européens sont voués à disparaître au profit de nations alors moins puissantes, en l'occurrence la France.

> Les anciens conquérants sont les conquis de demain : telle est la leçon ironique de ce traité des Tartares, qui ne rappelle la grandeur passée de l'empire mongol médiéval que pour mieux y projeter les desseins conquérants de la France du XVIIe siècle[42].

En mobilisant comme il le fit les sources médiévales, Bergeron est le premier auteur à donner autant de détail sur l'origine de ces Tartares et de leur empire. Il réécrit ainsi un chapitre entre l'histoire qui lui est contemporaine de la Chine et de la Perse et les auteurs antiques. Il reconstruit par là même un lien solide entre les Scythes d'Hérodote et les Perses, là où ses prédécesseurs ne s'étaient contentés que de quelques rapprochements. La structure de cet empire repose sur la reconnaissance d'une autorité centrale, le « Grand Cham », que Bergeron n'identifie pourtant pas[43] et la pratique de l'idolâtrie comme religion. Outre ces éléments politiques et religieux, Bergeron ajouta que les Tartares parlaient une même langue, ou plutôt des dialectes dérivés du turc[44]. Il précisa également que la succession des empereurs tartares est « obscure et embrouillée »[45].

---

[42] Holtz, *L'ombre de l'auteur*, p. 192.
[43] Bergeron, *traité des Tartares*, p. 186.
[44] Bergeron, *Traité des Tartares*, pp. 186 et suiv.
[45] Bergeron, *Traité des Tartares*, chap. XVII. L'étude de cette filiation est un sujet en soi et ne peut être développée dans le cadre que nous avons défini. Notons simplement que Bergeron n'est ni le premier ni le seul à défendre une pareille hypothèse que nous verrons ressurgir dans la seconde moitié du XVIIIe siècle.

Bergeron embrassait une histoire qui recouvrait et qui expliquait la situation politique de la quasi-totalité de l'Asie. Si la définition précise de ce qu'est un Tartare pour Bergeron est loin d'être simple, l'auteur leur attribua une origine commune. Dans une lecture biblique de l'histoire, il considérait que le monde a été peuplé à partir d'un foyer unique, incarné par Adam et Ève. Dès lors, l'histoire s'explique par une série de divisions et de migrations d'un peuple originel auquel se rattache l'ensemble des peuples de la terre, dans un schéma déjà présent chez Postel par exemple. En inscrivant les Tartares dans une longue durée, Bergeron rétablissait une continuité historique qui lui permettait deux réajustements. Le premier est de contextualiser l'histoire timouride, dont l'une des particularités était d'avoir été écrite quasiment sans repère géographique ou temporel. Le second est de pouvoir donner un sens à l'histoire tartare, dans la mesure où cette histoire peut désormais s'inscrire dans une tradition plus facilement intelligible et à travers laquelle on voit poindre les récits médiévaux.

Le dernier point à souligner ici est que l'histoire tartare chez Bergeron s'intégrait dans un cadre plus large que celui des relations entre l'Europe et l'Asie. En effet, bien que Bergeron ne mentionnât cet élément que très rapidement, il considérait que les migrations successives avaient conduit ce peuple depuis le Proche-Orient jusqu'en Amérique. Pour Bergeron, «il y a beaucoup de ressemblance en la taille, visage, couleur, mœurs et façon de vivre entre ces peuples Américains et nos Scythes Tartares, ou nos Chinois»[46]. L'histoire des Tartares dépasse donc le cadre de l'histoire déjà vaste de l'Asie, et ce point vient renforcer la dimension globale de la vision de Bergeron.

Malgré cette cohérence affichée, Bergeron a conscience des limites de son projet. Il précise en effet que la fin de l'empire a conduit à un morcellement en une quantité d'états et de royaumes dont les histoires sont très peu connues. Cette mosaïque de royaumes rend le commerce terrestre compliqué, car «il est bien plus difficile de traverser tant de divers états séparés que lorsqu'ils étaient tous unis en un seul»[47]. Si l'empire tartare n'existe plus, comment la France pourrait s'allier avec lui? Bergeron ne se prononce pas sur ce point.

Avec le *Traité des Tartares*, l'histoire de cet empire prit une dimension concrète. Il ne s'agissait pas d'une érudition livresque ou d'une réflexion sur les idées politiques, mais bien d'une actualisation des savoirs dans le but de servir les intérêts commerciaux et politiques de la France. S'il était nécessaire de rappeler ces enjeux pour mieux comprendre l'économie générale de l'œuvre,

---

46   Bergeron, *Traité des Tartares*, p. 17. Il suit en cela le témoignage d'un certain Barthat.

47   Bergeron, *Traité des Tartares*, p. 186.

il est désormais nécessaire de s'intéresser aux connaissances contenues dans
ce traité et dans cette compilation de voyages en Tartarie, afin de comprendre
où elles se situent dans la construction d'un savoir sur les Tartares. Pour cela, il
sera d'abord nécessaire de s'interroger sur les sources utilisées par Bergeron.

3   Des signes discrets de fragilité de l'unité des Tartares chez Bergeron

Le cadre général de la rédaction de ces deux œuvres de Bergeron permet de
mieux comprendre la façon dont l'auteur a organisé ses savoirs sur les Tartares.
Le regard critique qu'il porta sur ses sources se retrouve dans le traitement qu'il
fit des données et se manifeste dans plusieurs ruptures avec les savoirs alors en
circulation.

Le premier apport de Bergeron fut de donner à son lectorat les moyens de
constater que les Tartares et les Mongols sont en réalité deux peuples distincts.
Tout d'abord, Bergeron condamna l'étymologie de Postel rapprochant le nom
des Tartares d'un mot chaldéen et ne pensait pas que les Tartares soient liés aux
dix tribus d'Israël[48]. Il s'appuya certainement pour cela sur le texte de Riccold
de Monte Croce, pour qui les Tartares «ne semblent avoir aucune connaissance ni de la Loi, ni de Moïse, ni de la sortie d'Égypte, ni du sacerdoce»[49].
Selon Bergeron, ces dix tribus auraient été déplacées non pas en Scythie, mais
en Médie. Il chercha donc ailleurs l'origine des Tartares et se tourna vers les
auteurs antiques.

À partir des textes d'Homère et d'Hippocrate[50], Bergeron décrivit les Tartares comme étant les héritiers des Scythes en se basant sur le fait que ces deux
peuples sont nomades, galactophages[51] et «hamaxovites»[52]. C'est donc désormais le mode de vie et non plus la simple origine géographique qui permet
d'établir un lien entre les Scythes de l'Antiquité et les Tartares. Ces similitudes
permirent à Bergeron de faire mention, pour la première fois dans cette étude,
de «Scythes Tartares»[53]. Dans le même temps, Bergeron reconnaît que «les
Turcs Mahometans [sont] de mesme origine que les Tartares»[54], et reprend

---

48   Bergeron, *Traité des Tartares*, pp. 19-20.
49   Monte Croce, *Pérégrination en Terre sainte*, p. 97.
50   Bergeron, *Traité des Tartares*, pp. 13-18.
51   Bergeron, *Traité des Tartares*, p. 13-18. Ils se nourrissent de lait.
52   C'est-à-dire qu'ils se déplacent en chariots.
53   Bergeron, *Traité des Tartares*, p. 17. Dépassant le cadre de cette étude, notons que Berge-
      ron prolonge l'histoire des Scythes jusqu'aux Amériques, où il voit dans le mode de vie
      des Mexicains et des Péruviens le prolongement de celui des Scythes Tartares.
54   Bergeron, *Traité des Tartares*, p. 27.

une chronologie détaillée par Thevet au sujet de l'apparition des Turcs dans l'histoire. Il se pencha ensuite sur la délicate question de l'origine de l'empire tartare et de la distinction qui existe entre ce peuple et les Mongols.

Si Bergeron s'appuie sur les sources médiévales latines pour retracer l'origine de l'empire tartare, il porte un regard assez critique sur l'utilisation des mythes fondateurs et prend un certain recul lorsqu'ils sont utilisés pour légitimer l'histoire. Tout d'abord, il refusa de porter crédit aux Portes de Fer, et si ce thème avait eu un succès assez large, il n'était pas partagé par tous[55]. Concernant Gog et Magog, la critique était plus délicate dans la mesure où il s'agissait ici d'éléments présents dans la Bible. Bergeron ne réfuta donc pas l'existence de ces peuples, et précisa qu'ils vivaient derrière une montagne située « aux extrémités de la terre vers le Nord et la mer glaciale »[56]. Comme ce fut déjà le cas auparavant, Bergeron mentionnait cette information, sans y apporter plus de détail ni faire preuve d'une grande crédulité à son sujet. Cependant, pour critiquer ce mythe, Bergeron ne fit pas référence à la Bible, mais à des sources orientales comme Abū l-Fidāʾ et al-Idrīsī[57].

Au sujet de l'accès au pouvoir de Gengis Khan, il est intéressant de noter que Bergeron reprit le mythe du Prêtre Jean, non à partir du texte de Hayton, mais à partir de celui de Zacuto[58] selon lequel le Prêtre Jean aurait été très proche de Gengis Khan. Cependant, ce mythe n'est pas central chez Bergeron, et ce dernier se contenta d'indiquer la victoire des Tartares contre « David, roi des Indiens, fils de Jean »[59], à l'image de ce qu'avait décrit Marco Polo avant lui. Il est difficile de savoir, à partir des quelques extraits présents dans le texte, si Bergeron accordait un certain crédit à ces mythes. On peut penser que l'effacement de Gengis Khan durant la Renaissance et la transformation des contextes politiques et religieux avaient conduit à une prise de distance vis-à-vis de ces explications, éloignement qui était déjà sensible au XIVe siècle.

Il est cependant un point sur lequel Bergeron se positionna clairement. Lecteur de Teixeira, il connaissait les mythes que l'espagnol avait tirés de Mīrkh-

---

55   Dès le XIIIe siècle, les missionnaires en terres mongoles cherchèrent des éléments permettant la confirmation de ce mythe. Simon de Saint-Quentin rapporta que les Géorgiens ignoraient tout de cette légende et il se contenta d'écrire qu'il n'avait pas trouvé de trace de ces portes. Simon de Saint-Quentin, XXX, 89: « Ceterum de reclusione hominum in montibus illis nichil aliud reperitur veritatis in illis locis ». Voir Richard, *Au-delà de la Perse et de l'Arménie*, p. 104: « Pour tout dire, on ne retrouve là-bas rien d'autre qui soit assuré sur des hommes qui auraient été enfermés dans ces montagnes ».

56   Bergeron, *Traité des Tartares*, pp. 19-20.

57   Bergeron, *Traité des Tartares*, p. 38.

58   Bergeron, *Traité des Tartares*, p. 23.

59   Bergeron, *Traité des Tartares*, pp. 33-34.

wānd. Cependant, il n'accorda pas beaucoup de poids à ce texte, et à un passage en particulier dans lequel on apprend que la mère de Gengis Khan « donnait à entendre qu'elle l'avait conçu des rayons du soleil, sans mélange d'homme »[60]. Il s'agit ici d'une référence à l'un des mythes fondateurs de l'histoire mongole, à savoir que la lignée à laquelle Gengis Khan appartenait tirait sa grandeur de la princesse Alan Qo'a[61]. Cette dernière aurait été fécondée par un rayon lumineux et aurait donné naissance à des enfants destinés à diriger les autres peuples « tartares ». La particularité de ce mythe tel qu'il est présenté ici est qu'il est appliqué non pas à un ancêtre lointain, mais à la mère de Gengis Khan. Bergeron réfutait ouvertement ce mythe et écrit que

> tous les grands conquérants et fondateurs d'empires, tant païens que Mahométans, se sont servis de semblables visions et impostures pour donner crédits à leurs promesses et se faire estimer comme Dieux[62].

Il est intéressant de noter que Bergeron appliqua cette critique assez lucide de la légitimation du pouvoir aux souverains païens et « Mahométans », mais ne fait pas mention des conquérants chrétiens.

Pour ce qui est des différents peuples qui composent l'empire tartare à son origine, le raisonnement de Bergeron est plus confus. À ce titre, il est utile de rappeler quelques-uns de ces éléments pour comprendre à la fois la difficulté à laquelle Bergeron devait faire face dans la volonté d'harmoniser les différents savoirs et pour comprendre sa méthode. La diffusion des sources latines rédigées au XIIIe et au XIVe siècles permettait de rappeler que, dès l'époque médiévale, les auteurs avaient assez d'éléments pour établir une distinction entre les peuples tartares. Dans son récit, Plan Carpin indiquait qu'il y

> avait autrefois quatre sortes de peuples ; l'un dit Ieka Mongol, c'est-à-dire les grands Mongols. L'autre Sumongol, ou Mongols aquatiques[63], qui furent aussi appelés Tartares à cause d'un fleuve nommé Tartar qui passe par leur terre. Le troisième s'appelle Merkat et le dernier Metrit[64].

---

60 Bergeron, *Traité des Tartares*, p. 25.

61 Parmi les nombreuses études sur ce sujet, voir Aigle, *The Mongol Empire*, chap. 6 ; et Atwood Christopher, « Six Pre-Chinggisid Genealogies ».

62 Bergeron, *Traité des Tartares*, p. 25. Notons que les empereurs chrétiens sont exclus de cette critique.

63 Il est possible de voir dans ces Tartares aquatiques les Yupi, dont l'économie tournait principalement autour du poisson. Voir Cevoli Daria, *Esthétiques de l'Amour, Sibérie extrême-orientale*, Paris, Flammarion, 2015.

64 Plan Carpin dans Bergeron, *Relation des voyages en Tartarie*, p. 342. Nous avons repro-

Ces quatre peuples, qui étaient «tous de même forme, mœurs et langue»[65], correspondaient aux principaux peuples voisins des Mongols contre lesquels Gengis Khan dut se battre pour prendre le pouvoir. Cette unité était remise en question par le texte de Rubrouck. Pour le missionnaire, le pays d'origine des Mongols est appelé «Mancherule» ou «Onāncherule»[66], et c'est là que se trouvait la cour «moal» [mongole] de Cingis [Gengis Khan][67]. Pour le missionnaire, les «vrais Tartares ont été un autre peuple»[68] que celui des Mongols, et alors que les Sumongols ne «vivent que de poisson et de chasse»[69], «les Tartares ne savent pas [...] pêcher et ne se soucient pas du poisson»[70]. Ainsi, Rubrouck refusait de faire des Tartares et des Sumongols un même peuple, en se basant sur leur mode de vie et leurs pratiques alimentaires. Bergeron doit également composer avec les informations qu'il tient de Hayton, dont la diffusion était beaucoup plus large que celle de Rubrouck et de Plan Carpin. D'après cette source, «plusieurs Tartares[71], appelés Mongols, se réunirent et se donnèrent des chefs et des gouverneurs». Gengis Khan réussit à unifier ces nations pour les soustraire de leurs voisins[72].

Afin de proposer une histoire cohérente, Bergeron dut faire plusieurs choix. Le pays des Mongols était-il composé de quatre ou de sept peuples? Parmi ces peuples, les Tartares étaient-ils les mêmes que les Su-mongols comme l'indique Plan Carpin ou s'agissait-il de deux peuples différents comme le laisse penser Rubrouck? Enfin, et surtout, fallait-il suivre Plan Carpin et Rubrouck et faire de

---

duit les passages en italiques. Par souci de clarté, nous avons uniformisé l'orthographe de «Mongol» que l'on retrouve parfois sous la forme de Mongale, sans que cela porte à confusion.

65   Plan Carpin dans Bergeron, *Relation des voyages en Tartarie*, p. 342.

66   Rubrouck, dans Bergeron, *Relation des voyages en Tartarie*, p. 175. C'est-à-dire la Mandchourie.

67   Rubrouck, dans Bergeron, *Relation des voyages en Tartarie*, p. 175. Ce pays de «Onāncherule» se trouve orthographié différemment dans l'édition de Kappler, *Rubrouck*, p. 183 et on peut y lire «Onan Kerule». Comme précisé par Kappler, *Rubrouck*, p. 125, note 16, il s'agit effectivement des rivières qui bornent les terres «patrimoniales» de Gengis Khan, à savoir l'Onon et le Kerulen.

68   Rubrouck, dans Bergeron, *Relation des voyages en Tartarie*, pp. 68-69.

69   Rubrouck, dans Bergeron, *Relation des voyages en Tartarie*, p. 175.

70   Rubrouck, dans Bergeron, *Relation des voyages en Tartarie*, p. 75.

71   Ces nations, au nombre de sept, sont les Tartars [Tatars], les Tanghuts [Tangut], les Talaïrs [Jalair], les Cunats [?], les Sonichs [?], les Monghi [Merkit] et les Thebets [Tümet].

72   Bergeron, *Traité des Tartares*, p. 19. Comme l'illustre le tableau suivant, ces peuples ont connu plusieurs orthographes en fonction des éditions. On notera que Bergeron semble avoir éludé une difficulté présente dans l'édition de Hayton par Deluz, p. 826. L'édition moderne du texte est la suivante: «Plusieurs peuples tartares, appelés Mongols se réunirent...».

TABLEAU 7   Les principales nations tartares selon Bergeron

Plan Carpin (Bergeron)	Rubrouck (Bergeron)	Hayton (Bergeron)	Hayton (Deluz)	Correspondance
Sumongol ou Tartare	Su-Mongol Tartare	Tartar	Tartare	Tatars
Ieka-Mongol	Mongol			Mongol
Merkat		Monghi	Merkit	Merkit
Metrit	Krit-Merkit			Kereyid
		Tanguth	Tanguth	Tangut
		Cunat	Eurach	
		Sonich	Sonich	
		Talaïr	Talaïr	Jalaïr
		Thebet	Thebet	Tibétain (?)

Gengis Khan un Mongol ou suivre Hayton et le considérer comme un Tartare ?
Bergeron tente de résumer l'origine de l'empire mongol en expliquant que

> Cingis fut fait roi premièrement de la tribu Tartar, ou Tatar en Mongal,
> dont vint le nom à toute sa nation, que les Grecs appellent Tochares et
> Tonchares, et Hayton Tangores, du pays de Tangur, ou Tanguth, et dit qu'il
> fut élu par les sept peuples de Mongal dont nous avons parlé ci-dessus.
> Mongal comprenait les peuples des Grands Mongals, des Aquatiques, des
> Merkit, et des Metrit, tous de même langue, mœurs et forme[73].

Plusieurs éléments qui permettent de comprendre les difficultés avec lesquelles on distingue les Tartares des Mongols peuvent être relevés. Tout
d'abord, Bergeron considère à tort que Hayton identifie les Tartares aux Tan-
guth, alors que l'auteur arménien en fait une claire distinction. Ensuite, le
« Mongol » chez Bergeron est une langue et un pays, mais pas un peuple. Enfin,
on constate que Bergeron ne fait pas de lien entre les sept peuples présents
chez Hayton et les quatre présents chez Plan Carpin. Le pays de Mongol est
donc occupé soit par sept, soit par quatre peuples que rien ne semble rattacher. Si les détails de ce raisonnement sont loin d'être clairement avancés par
l'auteur, on peut souligner que l'idée que les Mongols et les Tartares ne sont pas

---

73   Bergeron, *Traité des Tartares*, p. 33.

TABLEAU 8   Liste des successeurs de Gengis Khan d'après les sources de Bergeron

Nom	Rubrouck /Plan Carpin	Marco Polo	Hayton	Mandeville	Sabellico[a]	Teixeira	Miechowita
Gengis Khan	Cingis	Cinchit	Cangican	Cingis	Canguista	Cingi-scham	Cingos ou Cingizis
Ögödeï	Occoday ou Hocotha	Cuy ou Cin	Hocota	Ethecantan	Hocota	Octaikahon	Iocucham
Batu					Iocucham Zaincham dit Baatu		Baati
Güyük Hülegü	Cuyné	Barchin Allau	Gino	Ginscan		Gaiatkhan	
Möngke	Mangu ou Mangucham	Mangu	Mango	Mango		Manchuca-hon	
				Illun ou Hulon			
Qubilai	Cobila ou Cublay	Cublay	Cobila	Cobilachan		Coblay Cahon	
Tamerlan			Tamercan ou Tamorcan		Temircutlu ou Tamerlan		Temircutlu ou Tamerlan

a   Il s'agit de Marco Antonio Sabellico, historien italien mort en 1506.

un même peuple est clairement établie dans l'esprit de Bergeron, tout comme le fait que le nom de Tartare est devenu un terme générique après la victoire de Gengis Khan sur les autres peuples des steppes.

Bergeron rencontra donc quelques difficultés dans l'harmonisation des savoirs sur les peuples tartares, et il en fut de même au sujet des généalogies des empereurs. En réunissant un corpus aussi vaste, Bergeron ne pouvait que se heurter à plusieurs contradictions, qu'il dépassa avec un argument solide. La confusion qui régnait chez les historiens s'expliquait par le fait que certains auteurs « mettent au rang des grands Chams [khans] ceux qui n'étaient que frères ou issus d'eux comme Baatu, Barchin, Allau... »[74]. Une fois cette distinction posée, la descendance de Gengis Khan se suit donc sans difficulté pour Bergeron, qui établit une continuité impériale entre l'empereur mongol et le timouride. Au sujet de Tamerlan, Bergeron ne doutait pas de son origine noble et, s'il mentionne l'idée qu'il aurait pu être de basse naissance, ce n'est que

---

74   Bergeron, *Traité des Tartares*, p. 37. Cette remarque est juste pour « Baatu », c'est-à-dire Batu et « Allau », c'est-à-dire Hülegü, mais surprenante au sujet de « Barchin » car, comme l'indique Bergeron lui-même à la page précédente, il s'agit du nom que Marco Polo donne à Güyük.

pour contredire un point de vue minoritaire parmi les sources. Il refusa cependant de suivre la généalogie établie par Miechowita, chez qui « Tamerlan est mal colloqué en cet ordre, n'ayant été [souverain] que plus de cent ans après »[75] les faits décrits dans la source polonaise. Il faut cependant noter que jamais Bergeron n'indique que Tamerlan est un descendant de Gengis Khan, et si les deux souverains appartiennent à la même « race », ce terme doit être compris comme synonyme de « dynastie ».

Nous avons noté que Bergeron attendait la traduction latine de la biographie écrite par Ibn ʿArabshāh. On peut se demander comment l'auteur français aurait reçu cette source hostile à Tamerlan qui véhiculait l'idée que Tamerlan n'était pas le fils d'un empereur, mais celui d'un paysan. Il semble probable qu'il aurait rejeté ce texte au même titre que les autres, car il ne s'inscrivait pas dans le courant dominant, soulignant que le critère d'évaluation d'une source n'était pas sa proximité avec les faits, mais son degré de cohérence avec les savoirs déjà en circulation.

Véritable synthèse des connaissances en circulation en Europe, le *Traité* apporte une réflexion globale sur l'empire tartare et sur les avantages que la France pourrait tirer d'un commerce avec cette région. Dans le cadre d'une compétition européenne, établir une forme de monopole, ou au moins être la première nation à tirer profit des richesses de cet empire, serait un pas décisif vers une affirmation de la puissance monarchique française, du moins selon Bergeron. Dans un contexte différent, il s'inscrit en cela dans la lignée du *Livre de l'estat du grant Caan*, dont Bergeron avait connaissance tout en lui donnant une nouvelle ampleur.

Cette ampleur est rendue possible par un usage des sources sans comparaison avec les œuvres précédentes traitant des Tartares. La volonté de produire un texte intégrant les dernières connaissances à une profondeur historique a conduit à la constitution d'un corpus englobant la quasi-totalité des savoirs accessibles. Savant de cabinet, Bergeron n'apporte aucun nouvel élément, mais l'originalité de son texte réside dans la mise en lumière de sources tenues à l'écart. C'est par exemple le *Traité*, et peut-être plus encore les *Relations*, qui permirent de raviver le souvenir de Gengis Khan. En effet, le *Traité des Tartares* et la *Relation des voyages en Tartarie* ont conditionné une part importante des savoirs sur les Tartares, et c'est à partir de l'édition de Bergeron que les textes médiévaux ont été étudiés jusqu'au XIXe siècle. On peut dès lors considérer Bergeron comme celui qui a ravivé l'intérêt pour l'histoire mongole après la Renaissance.

---

75   Bergeron, *Traité des Tartares*, p. 37.

L'usage fait des sources latines est essentiel, mais il ne saurait résumer le travail de Bergeron qui, toujours dans un souci d'exhaustivité, intégra également des textes orientaux, et principalement arabes et persans, dont il connaissait les contenus par le biais de traductions. Il témoigne en cela d'un accroissement de l'intérêt que l'Europe portait à ces textes et, plus largement, à l'Orient. C'est précisément cette nouvelle dimension qu'il faut présenter.

Conclusion à la Première Partie

L'idée d'empire tartare reposant sur la continuité historique et politique entre Gengis Khan et Tamerlan est donc le fruit d'une lente évolution qui débute avec les premiers savoirs sur l'empereur timouride. Si l'idée d'une telle filiation s'explique dans l'historiographie persane par le besoin de légitimer le pouvoir des successeurs de Tamerlan, elle s'inscrit, dans le cadre européen, dans d'autres dynamiques. Le besoin auquel répond cette création est celui d'intégrer les connaissances toujours plus nombreuses dans un cadre déjà connu et familier.

L'origine de ce cadre est à chercher dans les premières interprétations données à l'expansion mongole au XIIIᵉ siècle. Les mythes mobilisés alors ont gardé une certaine prégnance jusqu'au XVIIᵉ siècle, et il a d'ailleurs été surprenant de voir avec quelle permanence les volontés d'inclure Tamerlan dans un projet d'alliance contre les puissances musulmanes faisaient écho aux projets d'une croisade commune avec les Mongols. Si la question de la conversion de Tamerlan ne semble pas avoir réellement effleuré les esprits, nous avons noté que Jean du Bec, par le biais du personnage d'Axalla, jouait sur une supposée proximité entre les Tartares et les chrétiens. Quelques années plus tard, cette volonté de convertir les Tartares devait servir de motivation pour soutenir l'effort jésuite en Chine. On pourrait s'étonner de la plasticité du personnage désigné sous le nom de « Grand Khan de Tartarie », dont le pouvoir se serait étendu, encore au XVIIᵉ siècle, de la Russie à la Chine et qui rivalisait sur les pages de garde des cosmographies du XVIᵉ siècle avec les empereurs d'Europe, de Turquie et d'Amérique.

Comme nous l'avons souligné, il existait de nombreux signaux qui auraient pu faire comprendre qu'une telle construction intellectuelle était impossible et qu'elle était contredite par de nombreuses sources. Exiger un raisonnement de cette nature pour la période étudiée relèverait de l'anachronisme, étant donné que le degré de recevabilité d'une source ne dépendait alors pas de sa quelconque proximité avec les faits, mais de son degré d'intégration aux savoirs déjà existants. Aussi, à plusieurs reprises, nous avons pu noter que des sources étaient rejetées non parce qu'elles auraient été « fausses » sur le plan factuel, mais parce qu'elles ne s'accordaient pas avec l'idée maîtresse qui s'imposait alors. En d'autres termes, il ne s'agissait pas d'écrire une histoire « vraie » ou « réelle », mais une histoire cohérente.

Dans la mesure où l'histoire tartare s'inscrivait dans un cadre géographique et chronologique peu connu, il était presque toujours possible d'intégrer l'ensemble des éléments dans une même unité historiographique. Seules les données les plus extravagantes furent mises à l'écart, comme la succession entre Batu et Tamerlan ou la conquête de la Chine par ce dernier. Dans cette méthodologie, la volonté de maintenir le cadre existant l'emportait sur l'intégration de ces données contradictoires. De plus, ces divergences venaient remettre en question le cadre de lecture de l'histoire sans en proposer un nouveau. Pour reprendre le vocabulaire Kuhnien de notre introduction, il était encore plus simple d'écarter ces anomalies que de les prendre en considération. Dans un schéma mieux connu et qui relève de notre étude, cette forme de conservatisme est particulièrement visible dans le mythe du Prêtre Jean, au sujet duquel on considérait qu'il était plus simple de chercher la preuve à travers toute l'Asie et l'Afrique plutôt que d'accepter son inexistence. Dans une certaine mesure, il en fut de même pour l'empereur tartare.

Cet établissement de la véracité historique qui repose sur la confirmation des nouveaux éléments par les sources déjà acquises invite à porter une attention particulière à la constitution de ces premiers savoirs. Comment l'histoire de Tamerlan aurait-elle été écrite par les auteurs français si, dès le XIIIe siècle, la question des Tartares avait été abordée d'une façon plus rationnelle? Il ne s'agit pas de regretter un quelconque retard ou une errance dans la formation des savoirs, mais de souligner que l'idée d'empire tartare telle qu'elle est appliquée au XVIIe siècle témoigne d'une lecture de l'histoire du monde qui était déjà ancrée depuis plusieurs siècles. C'est précisément cette forme d'inertie, de continuité de mouvement d'un objet jusqu'à ce qu'il rencontre une force opposée, qui est au cœur de la seconde partie de notre étude et qui porte sur l'apparition simultanée de sources venant confirmer cette idée d'empire tartare et l'accès à de nouveaux savoirs contraires dont les ancrages historiques et idéologiques sont bien plus profonds que les anomalies présentées jusqu'alors.

PARTIE 2

L'« empire tartare »
à l'épreuve des traductions françaises
des sources orientales

∴

Introduction à la Deuxième Partie

Jusqu'à présent, nous avons constaté que l'idée d'empire tartare était construite à partir de sources européennes. Certains auteurs tiraient leurs savoirs d'une expérience directe de l'Orient, mais les traductions des grandes œuvres historiques n'avaient pas réellement pénétré les milieux savants. Nous avons constaté que la seule traduction d'un texte oriental, celle du pseudo Alhacen, était un faux, et si Teixeira faisait déjà état du texte de Mīrkhwānd, il n'influença Bergeron que de façon indirecte. D'un point de vue épistémologique, il s'agissait donc d'organiser des savoirs ayant la même origine et, même s'il existait des différences dans les contextes de production, ces œuvres résultaient d'enjeux historiographiques compatibles.

À partir du milieu du XVIIe siècle, la situation évolue sensiblement dans la mesure où l'on assiste à une large diffusion de sources non européennes par le biais de traductions de sources arabes, mais surtout persanes et chinoises. Alors qu'ils avaient marqué un retard dans l'acquisition et la traduction de ce type de textes, les orientalistes français comptaient désormais parmi les premiers à s'intéresser à la traduction des sources persanes et chinoises. En effet, la rencontre entre les ambitions royales et les entreprises personnelles a conduit la France à se doter de riches fonds de manuscrits, et la présence de missionnaires à la cour impériale de Chine donnait un accès privilégié à de nouveaux types de savoirs. Comment l'introduction de ces nouveaux savoirs a-t-elle influencé l'idée de l'empire tartare telle qu'elle avait été construite aux siècles précédents et mise en exergue par Bergeron ? Plus exactement, ces nouveaux savoirs ont-ils conduit à repenser la place et la nature de l'empire tartare telle qu'elles étaient alors définies ?

Pour répondre à cette question, il faudra d'abord étudier les conditions d'accès à ces sources orientales, en mettant en lumière les cadres politiques et culturels qui ont permis ce développement de l'orientalisme. Par la suite, ce sont les modalités de traduction des sources persanes et l'impact en France de la diffusion de l'historiographie timouride qui seront mises en question. Dans un raisonnement similaire, cette question sera posée au sujet des sources chinoises rendues accessibles par les missionnaires jésuites. Dès lors, il sera possible d'avancer plusieurs éléments permettant de comprendre les liens entre l'apparition de ce que l'on peut nommer les prémices des études persanes et chinoises, et de comprendre comment les développements de ces savoirs s'expliquent et sont expliqués par les transformations de cette idée d'empire tartare.

© KONINKLIJKE BRILL NV, LEIDEN, 2022 | DOI:10.1163/9789004499027_009

CHAPITRE 5

Les conditions d'accès aux sources « orientales » (seconde moitié du XVIIᵉ siècle)

1   Un nouveau contexte pour les études orientales

À travers son utilisation indirecte de Mīrkhwānd et de son attente de la traduction d'Ibn ʿArabshāh, Bergeron témoignait d'un contexte plus favorable à la circulation des sources orientales. Cependant, cet intérêt marqué pour des œuvres qui parfois n'étaient pas encore achevées est en décalage avec l'état de l'apprentissage des études orientales en France, surtout si l'on compare le développement de ces savoirs avec le reste de l'Europe.

À cette époque, les études orientales en France étaient principalement focalisées sur la production d'une bible polyglotte, dont l'objectif était de proposer aux chrétiens d'Orient une version des Écritures compatible avec la doctrine romaine. Ce projet, ambitieux sur le plan intellectuel et coûteux sur le plan matériel, avait été initié par François Savary de Brève, ancien ambassadeur dans l'Empire ottoman. Parmi les principaux protagonistes, on retrouve Gabriel Sionite (1577-1648), qui avait traduit une géographie arabe utilisée par Bergeron, et Abraham Ecchellensis (1605-1664)[1]. Ces deux savants n'étaient pas français et étaient au nombre des chrétiens d'Orient qui résidaient à Rome. Ils vinrent à Paris pour la traduction de cette bible et enseignèrent tous deux l'arabe au Collège royal. Du côté de l'apprentissage de la langue persane, André du Ryer s'était illustré en 1634 par une traduction des poèmes de Sadi, mais là non plus, aucune des traductions des grands textes orientaux n'était faite par un Français. Comme le souligne Francis Richard, de tous les dictionnaires persans produits en Europe à cette époque, « aucun n'est l'œuvre de Français »[2]. Ce retard était bien réel dans le cadre des sources historiques relatives à l'histoire des Tartares, et nous pouvons rappeler que, au début du XVIIᵉ siècle, Teixeira proposait une première traduction *Rawżat al-Ṣafā*. Peu après, Golius traduisit

---

1 Dew, p. 23. Heyberger, *Orientalisme, science et controverse...* Voir aussi Simon Mills, Simon Mills, *A commerce of knowledge, Trade, Religion and Scholarship between England and the Ottoman Empire, c. 1600-1760*, Oxford, Oxford University Press, 2020, pp. 108-109.

2 Francis Richard, « Aux origines de la connaissance de la langue persane en France » *Luqmān*, 3/1, 1986-1987, pp. 23-42.

de façon certainement plus complète certaines portions de cette histoire de la Perse, et Louis de Dieu, son élève, publia la première grammaire persane en 1639[3].

Bien que rapide, cet état des lieux permet de souligner un certain retard de la France vis-à-vis de ses voisins européens. Si Rome, par ses collèges, ses bibliothèques et le développement de la presse orientale, était le lieu d'attraction de l'orientalisme catholique de cette époque, Leyde et peu après Oxford se développaient comme des centres d'un orientalisme réformé. L'un des élèves de Guillaume Postel, Joseph Juste Scaliger (1540-1609), s'installa à Leyde et enseigna l'arabe. À sa mort, il fit don d'une partie de sa bibliothèque à l'université. Ce fond servit de base aux recherches de Thomas Erpenius, premier à recevoir le titre de professeur d'arabe, à partir de 1613[4]. C'est Jacob Golius (1596-1667), successeur d'Erpenius en 1625, qui joua un rôle décisif dans l'étude des Tartares.

Golius incarnait parfaitement cette rencontre entre le monde des études orientales et celui du commerce. Tout en étant professeur à Leyde, il obtint la charge de chancelier pour la Compagnie des Indes orientales et vécut quatre ans à Alep[5]. Il profita de cette fonction pour voyager en Orient et collecter près de 300 ouvrages avec l'aide de son frère, Peter Golius[6]. Il séjourna également à Istanbul, où il acquit lui aussi de nombreux manuscrits, dont le texte d'Ibn ʿArabshāh[7]. Golius en proposa une traduction latine, aujourd'hui perdue, et une édition du texte arabe, imprimée en 1636, qu'il aurait utilisée dans son enseignement[8]. La démarche de Golius résultait d'un acte réfléchi dont il faut essayer de reconstituer les éléments. Le choix de ce texte témoigne de l'intérêt

---

3 http://www.iranicaonline.org/articles/dieu, consulté le 12 mai 2017.

4 Ce texte ne fut cependant publié que par son élève et successeur, Jacob Golius. Vrolijk, van Leeuwen et Hamilton. *Arabic Studies in the Netherlands*, p. 40.

5 Johannes Thomas Peter de Bruijn, « Iranian Studies in the Netherlands », *Iranian Studies*, 20, 2/4, Iranian Studies in Europe and Japan, 1987, p. 167.

6 Pococke et Holt, « The Study of Arabic Historians in Seventeenth Century England : The Background and the Work of Edward Pococke », *Bulletin of the School of Oriental and African Studies*, 19, 3, pp. 444-455, p. 449. Dans le but de partager ces découvertes, et peut-être aussi dans une démonstration de savoir, il fit publier la liste de ces ouvrages à Paris en 1630. À la mort du hollandais, les ouvrages de Golius sont vendus, principalement en Angleterre où ils viennent étoffer les fonds de Cambridge et d'Oxford.

7 Arnoud Vrolijk, « Arabic Studies in the Netherlands and the prerequisite of social impact – a survey », dans Jan Loop, Alastair Hamilton, et Charles Burnett (éd). *The teaching and learning of Arabic in early modern Europe*. The history of Oriental studies, volume 3. Leiden ; Boston, Brill, 2017, p. 18.

8 Il semble que cette version imprimée, accompagnée d'une courte préface écrite en latin, était destinée aux élèves.

existant alors en Europe pour le conquérant timouride. On peut d'ailleurs penser que Golius souhaitait en quelque sorte bénéficier de l'engouement généré par le texte de du Bec, mais il est possible qu'il cherchât à contrebalancer les informations fictives que ce livre contenait.

Si Erpenius et Golius avaient fait de Leyde un point central de l'orientalisme en Europe, les autres nations ne pouvaient rester en retrait, tant on sait l'importance de la connaissance des langues pour le commerce. C'est dans un contexte de rivalité entre les grandes nations européennes que l'Angleterre développa ses propres lieux de savoirs, dont principalement Oxford. C'est dans cette ville qu'Edward Pococke (1604-1691), le plus grand orientaliste de l'Angleterre du XVIIe siècle, se forma sous la protection de son professeur Abraham Wheelocke. À la même époque que Golius, Pococke se rendit à Constantinople en compagnie de John Greaves dans le but d'acquérir des manuscrits[9]. C'est parmi les centaines de manuscrits regroupés à la bibliothèque d'Oxford que l'on trouve les exemplaires des géographes arabes utilisés entre autres par Bergeron[10].

Plusieurs éléments viennent expliquer ce décalage entre la France et l'Europe dans le développement des études orientales. Depuis François Ier, la France était l'alliée des Ottomans, eux-mêmes ennemis de la Perse safavide. Cette dynastie, formée sur les restes de l'empire timouride, affirmait sa puissance à partir du XVIe siècle et menaçait ainsi directement la Sublime Porte. À côté des conquêtes militaires, cette expansion passa par une ouverture commerciale et diplomatique principalement tournée vers les puissances maritimes que sont le Portugal et les Pays-Bas. La France ne pouvait donc commercer ouvertement avec la Perse sans fragiliser son alliance avec les Ottomans[11]. De plus, si le commerce méditerranéen avec l'Empire ottoman était à la portée de la France, le pays n'avait pas développé les infrastructures maritimes qui permettaient un commerce avec la Perse, l'Inde, et plus loin la Chine. Cependant, conscient que la France ne pouvait rester plus longtemps en retrait par rapport aux Hollandais et aux Portugais, Richelieu contourna les accords signés avec les Ottomans en envoyant deux missionnaires en Perse en 1628[12]. C'est ainsi que

---

9   Edward Pococke et P.M. Holt, « The study of Arabic Historians in Seventeenth Century England », p. 450.

10   John Greaves en proposa la traduction dans le but d'utiliser les données astronomiques afin de permettre une plus grande connaissance géographique de la Perse, ce qui devait, à terme, faciliter le commerce.

11   Jean Calmard, « The French in the Safavid Persia, a preliminary study », dans Willem Floor et Edmund Herzig (éd.), *Iran and the World in the Safavid Age*, Londres, I.B. Tauris, 2015 (rééd), pp. 309-326.

12   http://www.iranicaonline.org/articles/france-ii, consulté le 14 avril 2018.

le couvent d'Ispahan servira de relais aux voyageurs et marchands français[13]. Il fut suivi par l'ambassade d'André du Ryer qui, sur intervention ottomane, n'atteignit jamais la Perse. La présence française fut renforcée de façon non officielle par la présence des religieux, plus durablement implantés et souvent bien intégrés en Perse.

Ces moines offraient le double avantage d'avoir des informations plus régulières et de servir de point d'appui aux voyageurs de passage. Ce fut le cas de Raphaël du Mans, dont la vie a été mise en lumière par Francis Richard[14]. Né en 1613 au Mans sous le nom de Jacques Dutertre, il entra chez les Capucins en 1636[15] et arriva à Ispahan en 1647[16]. « Dès son arrivée, le P. Raphaël du Mans se mit certainement à l'étude du persan et du turc »[17] et devint l'un des traducteurs au service de la cour. Peut-être en réponse à une sorte de questionnaire préétabli, du Mans rédige un *Estat de la Perse* en 1660 dans lequel il décrit les avantages commerciaux qui pourraient résulter d'un rapprochement avec les Safavides, mais également des éléments historiques et culturels[18]. Du Mans était donc un personnage informé, et c'est naturellement à lui que les voyageurs s'adressaient lors de leurs séjours en Perse.

Ces voyageurs et marchands étaient d'ailleurs de plus en plus nombreux dans la mesure où Colbert établit, en 1664, la Compagnie des Indes orientales destinée à faciliter le commerce avec la Perse, mais surtout avec l'Inde. Comme le rappelle Holtz, il s'agit d'une concrétisation des travaux de Bergeron, mais il est évident que ce dernier ne fut pas le seul promoteur de ce projet[19]. « L'ambition colbertienne »[20] d'une colonisation des Indes était éga-

---

13   C'est à partir de ce couvent que Raphaël du Mans (1613-1696) contribua par sa correspondance à diffuser les savoirs persans à Paris.

14   Francis Richard, *Raphaël du Mans, missionnaire en Perse au XVIIe siècle*. Moyen Orient & océan indien, XVIe-XIXe s 9. Paris, Société d'histoire de l'Orient, L'Harmattan, 1995. 2 tomes.

15   C'est à cette occasion qu'il changea de prénom.

16   Richard, *Raphaël du Mans*, I, p. 30. Implantés dans cette ville en 1628, les Capucins représentaient les ambassadeurs non officiels de la France dans cette région et étaient, à ce titre, parfois aux prises avec les autres ordres religieux représentants de l'Espagne ou du Portugal.

17   Richard, *Raphaël du Mans*, I, p. 33.

18   Ce texte est destiné à corriger les récits des marchands, mais surtout celui écrit par un missionnaire jésuite et publié à Paris peu de temps avant Richard, *Raphaël du Mans*, I, p. 49.

19   Grégoire Holtz, *L'ombre de l'auteur*, p. 178.

20   Jean Meyer, Jean Tarrade, Annie Rey-Goldzeiguer, Jacques Thobie, *Histoire de la France coloniale, des origines à 1914*, Paris, Arman Colin, 1991, 4 vol, p. 79.

lement motivée par les comptes-rendus de marchands et par la littérature de
voyages dans ces régions dont la production avait considérablement augmenté
depuis la publication du *Traité des Tartares*. Sans surestimer le poids de cette
décision politique sur le développement du commerce, elle témoigne d'un renforcement de l'intérêt pour cette région.

Comme l'a souligné Dew, c'est à partir de la politique volontariste de
Louis XIV et de Colbert que la France se dota des supports nécessaires au développement des études orientales. L'enseignement au sein du Collège royal,
initié par Postel, assurait une formation, au moins en arabe, souvent par l'intermédiaire de chrétiens d'Orient. Cependant, cette structure offrait une connaissance surtout livresque et ne permettait pas l'apprentissage des langues parlées
ou des dialectes, pourtant si nécessaire au commerce. Conscient des limites de
cette institution, le ministre Colbert fonda l'école des Jeunes de Langues en
1669. Il s'agissait de former de jeunes adolescents à la connaissance du langage diplomatique et commercial dans les langues orientales, afin de pouvoir
converser directement avec ses interlocuteurs, sans passer par des interprètes
étrangers[21].

Sur un plan plus large, le développement des études orientales s'inscrit
également dans le développement des sciences voulu par le ministre, et qui
s'illustre par exemple dans la fondation de nombreuses académies, qui toutes
devaient permettre l'accroissement des savoirs dans des domaines scientifiques particuliers. Dans le cadre de la connaissance de l'Orient, les savants
étaient rattachés à l'Académie des Inscriptions et Belles-Lettres, inscrivant
ainsi les études orientales dans la continuité des études sur l'Antiquité classique, en employant les mêmes méthodes et parfois les mêmes auteurs. Le
dernier volet qu'il faut ici présenter est le développement des bibliothèques
et le renforcement de la collecte des manuscrits orientaux, élément nécessaire
à toute forme d'apprentissage. Ces fonds, sans cesse plus importants, étaient
de mieux en mieux mis en valeur et plus facilement accessibles, notamment
par le biais des catalogues.

En complément de ces entreprises étatiques, on assiste à l'augmentation
des récits de voyage concernant cette partie du monde. Si ce type de littérature
constitue un genre en soi qui n'entre pas dans cette étude, il est utile de faire
mention des principaux voyageurs alors en activité, étant donné qu'ils étaient
des sources d'informations importantes et participaient, eux aussi, à la pro-

---

21   Pierre Labrousse (dir.), *Langues'O, 1795-1995, deux siècles d'histoire de l'Ecole des langues
        orientales*, Paris, Hervas, 1995, p. 9.

duction des savoirs. Leurs textes ne comportent pas toujours d'informations notables sur l'histoire des Tartares, mais ils jouèrent un rôle important dans l'acquisition de manuscrits, véritable matière première des orientalistes.

Par exemple, Jean Baptiste Tavernier[22] effectua six voyages entre Istanbul et les Indes. Il en rapporta de nombreuses pierres précieuses, et surtout la matière d'un récit décrivant les *Six voyages de Jean-Baptiste Tavernier [...] en Turquie, Perse et aux Indes*. Ce récit fut édité en 1675 et connut un franc succès au XVIIIe siècle. En 1666, il voyagea en compagnie de François Bernier, qui avait passé douze ans aux Indes[23]. Ce dernier laissa également une riche littérature sur l'empire du Grand Moghol en quatre volumes entre 1670 et 1671 qui connurent une diffusion dans toute l'Europe. La trajectoire est identique pour Jean Chardin[24], qui sera également une source sur l'Orient pour Voltaire et Montesquieu.

Jean Thévenot illustre le mieux le lien entre le monde marchand et politique d'un côté et le monde « scientifique » de l'autre. Auteur du récit de voyage le plus lu tant au XVIIe qu'au XVIIIe siècle[25], Thévenot connaissait l'arabe, à la différence de nombreux voyageurs. Il apprit cette langue auprès de son oncle Melchisédech Thévenot, conservateur à la Bibliothèque du Roi. Ce dernier avait déjà publié, à partir de 1663, plusieurs récits de voyage afin de « rectifier et accroître le peu de connaissance que l'Europe a eue jusqu'ici de l'Asie »[26], dans la continuité de compilateurs comme Hakluyt et Purchas. Voyageurs et commerçants ont ainsi permis aux orientalistes français de combler leur retard vis-à-vis des autres nations en enrichissant, à partir de 1667, la Bibliothèque royale des manuscrits qui lui faisaient défaut[27].

---

22 *DOLF*, 916-917. Ancien élève du Collège royal en philosophie, Tavernier est proche des milieux savants et c'est d'Herbelot, l'un des deux principaux orientalistes de Louis XIV, qui prit soin de ses funérailles en 1688. Pour une présentation des différents voyageurs et marchands s'étant rendus en Perse au XVIIe siècle, notons Stevens Roger, « European Visitors to the Safavid Court », *Iranian Studies*, Vol. 7, No. 3/4, Studies on Isfahan : Proceedings of the Isfahan Colloquium, Part II (Summer-Autumn, 1974), pp. 421-457.

23 *DOLF*, pp. 98-99.

24 *DOLF*, p. 195. Voir surtout Dirk van der Cruysse, *Chardin le Persan*, Paris, Fayard, 1998.

25 Francis Richard, *Raphaël du Mans, missionnaire en Perse au XVIIe siècle*, Paris, l'Harmattan, 1995. 2 tomes, p. LXXVII.

26 Melchisédech Thevenot, *Relations de divers voyages curieux qui n'ont point été publiées ou qui ont été traduites d'Hacluyt, de Purchas et d'autres voyageurs anglais, hollandais, portugais, allemands, espagnols...* Paris, 1663.

27 Sur les acquisitions de manuscrits persans par la Bibliothèque royale, voir l'article de Francis, « Aux origines de la connaissance de la langue persane en France », *Luqmān*, 3/1, 1986-1987, pp. 23-42.

2   Les premières traductions françaises de sources orientales relatives aux Tartares

La première traduction en français d'une source orientale, en l'occurrence arabe, relative aux Tartares par un auteur français est l'œuvre de Pierre Vattier (1623-1667). Sa formation de médecin ne le destinait pas à une carrière d'orientaliste, mais sa volonté de lire Avicenne dans le texte original le dirigea vers l'apprentissage de l'arabe[28], qu'il enseigna au Collège royal de 1658 jusqu'à sa mort. Cette même année, il publia une *Histoire du Grand Tamerlan*[29] à partir du texte d'Ibn 'Arabshāh que Golius avait déjà traduit en latin[30]. Le succès de cette traduction encouragea Vattier à compléter ce texte par un *Portrait de Tamerlan* publié la même année. Comme l'indiquent les sous-titres de ces deux ouvrages, l'*Histoire* est consacrée à « l'origine, la vie et la mort de ce fameux conquérant »[31] alors que le *Portrait* concerne la « suite de son histoire jusqu'à l'établissement de l'Empire du Mogol ». Vattier inscrit donc l'histoire de Tamerlan comme une introduction à l'histoire de l'Inde.

La traduction depuis une langue orientale posait de sérieux problèmes méthodologiques. Dans une autre traduction publiée un an avant la biographie de Tamerlan[32], Vattier expliquait que la difficulté se trouvait, selon lui, dans le juste équilibre entre le respect du texte, celui de la langue de rédaction et la recherche du style et du plaisir du lecteur. Sur ce point délicat, Vattier avait tranché en privilégiant la recherche esthétique. Il écrivit ainsi que son « intention n'a point été de rendre l'arabe mot pour mot, comme dans une école de grammaire, mais bien sens pour sens »[33]. Considérant que la prononciation des mots arabes « écorche la langue [et] étourdit la tête »[34] de nombreux Européens, Vattier plaidait pour un adoucissement des noms propres et une traduction simplifiée des termes techniques. Dans le cadre de cette étude, cette simplification s'illustre dans le rejet des noms employés par Ibn 'Arabshāh et d'autres auteurs, à savoir Timur, Tamour et Tamerlanc au profit de l'usage du nom « Tamerlan », « tant parce qu'il est usité en français que parce qu'il [lui] a

---

28   *DOLF*, p. 951.

29   Pierre Vattier, *Portrait du Grand Tamerlan*, Paris, 1658.

30   On peut d'ailleurs penser que l'orientaliste français a pu s'aider du texte de Golius.

31   Il s'agit du sous-titre de *L'histoire du Grand Tamerlan*.

32   Pierre Vattier, *Histoire mahométane ou les quarante-neuf chalifes du Macine* Paris, 1657. Il s'agit de la version française d'une histoire universelle écrite en arabe par al Makîn (1205-1273). Voir *DOLF*, p. 951.

33   Vattier, *L'histoire mahométane*, p. 19.

34   Vattier, *L'histoire mahométane*, p. 29.

semblé plus ample en la bouche et plus propre à représenter le personnage »[35]. Cette approche trop stylistique fut d'ailleurs critiquée, et l'on reprocha plus tard à Vattier « pour vouloir éviter des façons de parler trop éloignées du génie de la Langue Française [de s'être] trop écarté, surtout dans les endroits les plus difficiles, du vrai sens de l'Original »[36].

Si Vattier expliquait aussi clairement ces positions, c'est que l'acte de traduction, qu'il s'agisse de textes « orientaux » ou non, était alors au cœur d'un vif débat. Derrière la dimension esthétique se cachaient des enjeux plus importants qui appelaient au « génie de la langue ». En suivant Gilles Siouffy, on constate que l'expression « génie d'une langue » apparaît au XVIIᵉ siècle, dans le cadre d'une comparaison entre les langues vernaculaires européennes et le latin. Il s'agissait alors de distinguer des langues plus énergiques ou plus précises que d'autres, sans pour autant établir de hiérarchie entre elles. Ainsi, en 1635, Amable de Bourzeis écrivait que « chaque langue a son air et son génie particulier »[37]. Quelques décennies plus tard, un autre grammairien, Dominique Bouhours précisa que la particularité de la langue française était « d'exprimer les choses précisément comme elles sont » et de ne pas aimer « les exagérations, parce qu'elles altèrent la vérité »[38].

En 1675, soit après la mort de Vattier, Bernard Lamy continuait ce débat en soulignant le fait que le génie d'une langue dépasse le seul cadre du vocabulaire et renvoie également à celui de la tournure des phrases et donc au style. Par exemple, Lamy estimait que le génie de la langue française était la « netteté et la naïveté » et que cette langue différait en cela des « Orientaux qui n'ont d'estime que pour des expressions mystérieuses et qui donnent beaucoup à penser »[39]. Le discours en français devait se construire avec des phrases courtes, simples, sans user de métaphore, d'hyperbole ou d'ellipse[40]. En d'autres termes, rien ne semblait plus éloigné du français que l'arabe et le persan.

Outre les aspects techniques, la traduction de textes historiques orientaux posait d'autres difficultés, dans la mesure où nombreux étaient ceux qui pensaient que l'histoire orientale n'avait rien à offrir, et que les grands hommes qui

---

35   Pierre Vattier, *Histoire du grand Tamerlan*, Paris, 1658, préface.

36   Coll., « Ahmedis Arabsiadae Vitae et Rerum gestarum Timur... », *Bibliothèque des sciences et des beaux-arts*, tome 28, 1ʳᵉ partie, juillet-août-septembre 1767, pp. 237-335.

37   Gerda Hassler, « La description du génie de la langue dans les grammaires françaises et les grammaires d'autres langues », *Todas as Letras-Revista de Língua E Literatura* 14, n°1, 2012, p. 102.

38   Hassler, « La description du génie de la langue », p. 102.

39   Hassler, « La description du génie de la langue », p. 103.

40   Gilles Siouffi, *Le génie de la langue française. Etudes sur les structures imaginaires de la description linguistique à l'âge classique*, Paris, Honoré Champion, 2010, p. 48.

la composaient ne pouvaient égaler les Européens. Dans cette logique, puisque l'islam était inférieur à la chrétienté, que pouvait-on avoir à apprendre de ces conquérants qui ne furent que des barbares ? En d'autres termes, pourquoi s'intéresser à une histoire non chrétienne et non européenne ? La réponse de Vattier est assez simple et s'appuie précisément sur l'histoire européenne. Il rappelle que « personne ne fait scrupule de lire l'histoire des anciens empereurs romains, qui ont été ennemis jurés des chrétiens »[41] et qu'il peut donc en être de même pour l'histoire islamique. De plus, le traducteur souligne que certains empereurs romains ont été plus cruels envers les chrétiens que certains empereurs musulmans. Ce faisant, Vattier place sur le même plan la prestigieuse histoire ancienne et l'histoire orientale nouvellement connue. À la différence des humanistes qui n'accordait cette légitimité qu'à Tamerlan, Vattier considère que tous les souverains musulmans méritent d'être étudiés.

Le point de vue de Vattier marque donc une évolution par rapport à celui de Bergeron. Ce dernier considérait en effet que les auteurs arabes n'avaient d'intérêt que dans le cadre de leurs géographies et que leurs histoires étaient peu fiables. Vattier, qui connaissait la qualité des œuvres géographiques et à qui l'on demanda de traduire Abū l-Fidā'[42], étendit ce jugement à l'ensemble de la production littéraire arabe, marquant ainsi l'importance de ce domaine d'étude, tout autant que sa complexité.

À l'image de la question posée au sujet de Golius, on peut se demander ce qui motiva Vattier à entreprendre la traduction du texte d'Ibn ʿArabshāh. Il n'était plus ici question d'introduire ce texte en Europe puisqu'il existait une version latine. D'ailleurs, c'est peut-être l'existence de cette traduction et de l'édition imprimée par l'orientaliste hollandais qui explique le choix par Vattier. Le texte original était facilement accessible, et il pouvait s'appuyer sur le texte latin. D'ailleurs, si l'on regarde l'ensemble de ses traductions, on constate qu'une grande partie des œuvres historiques traduites par Vattier avait déjà fait l'objet de travaux préliminaires, voire de traductions, par Golius et Erpenius. Dans le cadre de l'émulation dans la publication des œuvres « orientales » qui avait alors lieu en Europe, on peut penser qu'il devenait urgent de publier ces travaux en français, afin de se positionner dans la lignée de ces grandes figures de l'orientalisme.

De ce point de vue, on peut penser que l'attrait que ce texte suscita chez Vattier ne résidait pas dans son contenu, mais dans son style. Vattier avait d'ailleurs conscience du défi et des enjeux que représentait une pareille traduction et

---

41   Vattier, *L'histoire mahométane*, p. 10.

42   Nicholas Dew, *Orientalism in Louis XIV's France*, p. 114. Sa mort en 1667 l'empêcha de mener à bien ce projet.

précisa dans la préface à l'*Histoire* qu'il a traduit « un ouvrage dont la difficulté avait jusqu'à présent rebuté tous ceux de qui on avait pu l'attendre »[43]. Implicitement, mais avec de très fortes allusions, le traducteur français se plaçait au-dessus de Golius, et le mérite devait donc se reporter sur son protecteur, Mazarin. C'est en effet à ce ministre que le texte est dédicacé et, à travers lui, à Louis XIV. Dans le jeu de recherche d'un patron capable de soutenir les hommes de lettres et de sciences, il était de bon ton d'écrire la vie d'un grand homme et de dédier son œuvre à un puissant personnage de la cour, en rappelant avec plus ou moins de finesse que ce personnage était encore plus puissant que le héros de l'ouvrage. Pourtant, le choix d'Ibn ʿArabshāh et de son portrait ouvertement hostile à Tamerlan paraît en opposition avec ces relations entre puissants et savants, et on peut se demander comment Vattier justifia ce choix.

Le Tamerlan d'Ibn ʿArabshāh n'est en effet pas un modèle de vertu et de finesse politique[44]. La vie de ce conquérant se réduit à des actes de brigandage et à des conquêtes violentes. D'ailleurs, elle tend plus à confirmer que les princes musulmans seraient indignes et que leurs empires ne reposeraient que sur la violence. En cela, ils correspondent à l'image de barbare que Vattier cherchait précisément à combattre. Dès lors, l'enjeu de cette traduction était de réussir à construire un portrait de Tamerlan digne d'être présenté à Mazarin, c'est-à-dire à transformer l'image de voleur qui était donnée dans le texte arabe en un portrait positif. En d'autres termes, il s'agit de comprendre comment Vattier arriva à la fois à justifier sa thèse selon laquelle les princes musulmans ne sont pas que des barbares tout en traduisant une source arabe de première importance qui démontrait précisément que Tamerlan était un conquérant sanguinaire[45].

Le dépassement de cette contradiction trouve sa réponse dans la méthode utilisée par Vattier qui consiste à donner plus d'importance aux idées qu'aux termes. Le fait de s'éloigner volontairement du « mot à mot » lui permit de prendre une réelle liberté avec le texte arabe et de gommer les aspects négatifs de l'œuvre originale. Si l'on compare le texte de Vattier avec le texte arabe imprimé par Golius, on constate que le vocabulaire dépréciatif a été supprimé[46]. Les titres arabes des différents chapitres, particulièrement virulents

---

43 Vattier, *Histoire*, préface. On ne sait cependant à qui Vattier fait ici allusion.
44 C'est d'ailleurs en réaction directe à la biographie « si injurieuse à la mémoire de ce grand Prince » que le sieur Sainctyon décida de réécrire le texte de du Bec. Voir Sainctyon, préface, p. 1.
45 Minuti, *Oriente barbarico*, p. 27.
46 Si une comparaison plus détaillée de ces deux textes serait nécessaire, la seule lecture des

envers le timouride, ont été traduits de façon neutre. Vattier ne transforma cependant pas complètement le texte, et il présenta à quelques reprises Tamerlan comme un « brigand »[47]. Quant à son origine, on peut lire que, pour certains auteurs, son père et lui étaient « de ceux qui menaient la charrue. [...] Les autres disent qu'ils étaient valets d'étable, gens de nulle considération. [...] d'autres disent que son père était un savetier fort pauvre » et que Tamerlan, fut contraint à voler un mouton. Le berger étant témoin du vol, il le blessa à la cuisse et à l'épaule. À la suite de cette blessure, qui le rendit infirme et qui renforça sa volonté à « mal-faire », Tamerlan s'entoura de « gens de même inclinaison [...], sans bien et sans religion »[48].

Vattier traduisit Ibn ʿArabshāh, mais il ne partageait pas ses idées. Dans la préface du *Portrait*, l'orientaliste indique qu'il

> ne faut point au nom de Tamerlan s'imaginer un brutal et ignorant barbare, comme font quelques-uns, mais un homme prudent, savant, éloquent, vaillant guerrier et sa politique dont la vie et les aventures sont admirables s'il y en a au monde[49].

Vattier retourna alors chacun des arguments négatifs en une preuve des qualités de Tamerlan. Le fait que Tamerlan aurait été d'origine pauvre ne doit pas être un motif de honte, mais une preuve de grandeur, car il a été capable de fonder un empire à partir de rien[50]. Il se trouvait en cela au-dessus d'Alexandre le Grand, qui fit moins de conquêtes alors qu'il était fils de roi[51]. Vattier apparaît donc dans une position ambiguë dans la mesure où il promeut un portrait positif de Tamerlan, tout en diffusant une source qui lui est ouvertement hostile.

La seconde traduction qui joua un rôle dans la connaissance de l'histoire des Tartares est réalisée par Gilbert Gaulmin (1585-1665)[52]. D'abord formé à l'arabe au Collège royal, peut-être avec Vattier, Gaulmin s'illustra par une large production littéraire. Grand collectionneur, il fit don à la bibliothèque royale des

---

titres de l'édition arabe de 1636 suffit à se faire une idée du champ lexical utilisé par Ibn ʿArabshāh. Je remercie Sophie Tyser et Carlos Berbil Ceballos pour leur aide précieuse sur ce point.

47 Vattier, *Histoire*, p. 4.
48 Vattier, *Histoire*, pp. 3-5. Il est intéressant de noter qu'il s'agit ici de la première explication détaillée de l'infirmité de Tamerlan.
49 Vattier, *Portrait de Tamerlan*, préface.
50 On retrouve ici le thème de la fortune maîtrisée présent chez les Poggio Bracciolini.
51 Minuti, *Oriente barbarico e storiografia settecentesca*, p. 27.
52 Parfois présent sous le nom de Gommin ou Gomin.

461 ouvrages en langue turque, persane ou arabe qu'il possédait à sa mort[53]. Du vivant de Gaulmin, son impressionnante collection semble avoir attiré les convoitises de la reine Christine de Suède qui l'acheta, probablement dans les années 1650[54]. Sans que les raisons en soient très claires, la bibliothèque de Gaulmin revint en France et intégra les fonds orientaux de la Bibliothèque du Roi. Parmi ces titres, on peut noter un exemplaire de Bar Hebræus, de Mīrkh-wānd, et une vie de Tamerlan qui pourrait correspondre au texte d'Ibn ʿArab-shāh[55].

Parmi la richesse de ses écrits et de ses commentaires[56], il faut faire mention de la traduction du *Lubb al-tawārīkh*, ou *Moelle des histoires*, dans laquelle Yaḥyā b. ʿAbd al-Laṭīf Qazwīnī[57] retrace l'histoire de l'Asie jusqu'en 1542[58]. Bien qu'attribuée au seul Gaulmin, cette traduction ne fut possible que par l'aide de Dāʾūd b. Saʿīd Iṣfahānī, traducteur persan à la cour de Louis XIII[59]. Ce texte fut connu en France sous le nom de *Lubbattavarikh* « que l'on prononce en France par corruption *Lebtaric* »[60] et sa traduction resta inachevée. Il ne connut qu'une diffusion posthume qui ne rendit pas honneur au travail de l'orientaliste. Melchisédech Thévenot, conservateur de la Bibliothèque royale, l'intégra sans grand soin aux récits de voyage en Perse de son neveu, Jean Thévenot, édités en 1672[61]. Par ce biais, la traduction circula assez largement, ce qui explique que le *Lubb al-tawārīkh* fut souvent employé par les orientalistes européens.

En dehors de ces écrits relatifs à l'histoire, le linguiste finlandais Pentti Aalto a attiré l'attention sur une « grammaire tartare » écrite par Gaulmin à partir

---

53   François Secret, livre une liste d'une partie de ces manuscrits à la fin de son article « Gilbert Gaulmin et l'histoire comparée des religions », Revue de l'histoire des religions, 177, 1970, pp. 35-63.
54   L'intérêt de Christine de Suède pour les affaires d'Orient semble important, mais dépasse le cadre de cette étude.
55   Secret, « Gilbert Gaulmin et l'histoire comparée des religions », pp. 35-63.
56   La dimension théologique occupe une large place et les débats qu'il entretient avec plusieurs de ses correspondants laissent entrevoir une vision personnelle de la religion, voir François Secret, « Gilbert Gaulmin et l'histoire comparée des religions », pp. 35-63. À côté, il faut faire mention de la traduction des fables indiennes de Pilpay.
57   *DOLF* (nouvelle éd.), p. 454. Qazwīnī est mort en 1555.
58   Mohamed Abdel-Halim, *Galland Antoine, sa vie et son œuvre*, A.G. Nizet, Paris, 1964, p. 230.
59   Ces deux hommes ont ainsi traduit un recueil persan de fables indiennes écrit par Pilpay et connu sous le titre de *Livre des Lumières ou la conduite des Roys* en 1644. Sur Iṣfahānī et l'influence de la culture persane en France, voir Vincent Hachard et Bernard Hourcade, http://www.iranicaonline.org/articles/france-xiia-iranian-studies-in-france-overview-, consulté le 19 janvier 2016.
60   Pétis de La Croix, *Histoire de Genghizcan*, p. 529.
61   *DOLF*, p. 454.

d'une grammaire mongole partiellement publiée par Thévenot[62]. La qualité des éléments fournis dans ce texte n'entre pas dans cette étude, mais il est intéressant de noter que, pour Gaulmin, la langue tartare renvoie à la langue mongole. Pourtant, comme le souligne Aalto, le traducteur et Thévenot à sa suite ne font pas la distinction entre le mongol et le mandchou, si bien qu'il indique que cette langue est parlée par les maîtres de la Chine. Par cette traduction, Gaulmin témoignait d'un intérêt pour l'Orient qui dépasse le seul cadre arabo-persan et fit preuve de curiosité pour ce qui était considéré comme la langue des Tartares. Cette langue, par sa proximité avec le Mandchou, soulignait que la dimension chinoise des études tartares était toujours d'actualité.

3 La dynastie Qing et la nouvelle actualité de l'histoire tartare

Une nouvelle fois, l'écriture de l'histoire des Tartares en Europe met en lumière certaines simultanéités. Alors que Golius travaillait à la traduction de la vie de Tamerlan, l'intérêt pour les Tartares allait connaître une nouvelle actualité, non pas en Asie centrale ou en Perse, mais en Chine. Les derniers récits sur cette région faisaient référence aux attaques des Tartares contre les Ming, et Pinto avait à ce titre annoncé la prise de Pékin par les Tartares. Dans les années 1630, ces raids se transformèrent en guerre et entraînèrent la chute de cette dynastie au profit des Qing[63]. Il ne s'agissait pas de Mongols, mais de Mandchous, appartenant à cet ensemble protéiforme que les Chinois appellent « barbares du Nord ». Pour différentes raisons, les Européens ne furent que mal informés des transformations géopolitiques qui secouaient le nord de la Chine, et il faut attendre le milieu des années 1650 pour que les premiers récits de cette guerre soient publiés. Le premier auteur qui relate cette rébellion des Qing est le jésuite Martino Martini (1614-1661)[64]. Le succès de son œuvre eut pour conséquence indirecte de complexifier l'idée que l'on se faisait des Tartares et que Bergeron avait contribué à clarifier, du moins pour un temps.

En 1654, Martini publia à Amsterdam deux ouvrages, à savoir un *Novus atlas sinensis*[65] et un court traité décrivant la progression des Mandchous intitulé *De*

---

62 Pentti Aalto, « L'esquisse de la grammaire mongole qu'on trouve chez Melchisédech Thévenot », *Central Asiatic Journal* 8, 3, 1963, pp. 151-162.

63 À cette époque, les Qing ne portent pas encore ce nom.

64 Sur la vie de Martino Martini, voir Giuseppe O. Longo, *Il gesuita che disegnò la Cina. La vita e le opere di Martino Martini*, Milan, Springer, 2010.

65 Martino Martini, *Novus atlas sinensis*, Amsterdam, 1655.

bello Tartarico[66] dans lesquels il brosse un tableau politique et géographique de la Chine, pays dans lequel il résida entre 1643 et 1661, à l'exception d'un séjour en Europe entre 1653 et 1658. Pour comprendre la nature et l'importance de ces œuvres, il est important de s'attarder sur les raisons qui ont conduit Martini à quitter la Chine durant ces quelques années. En 1651, il fut rappelé à Rome afin de s'exprimer au sujet de la « querelle des rites », à savoir une controverse sur les pratiques d'évangélisation qui dissimulent à peine les luttes d'influences entre les jésuites et les ordres mendiants. Martini arriva à Amsterdam en 1653, où il publia rapidement ses deux ouvrages sur la Chine, puis partit pour Rome, qu'il rejoint en 1655[67]. Comme le souligne Antonella Romano, ces deux textes participent d'un même ensemble[68], à savoir rendre compte des événements qui secouaient la Chine et démontrer la nécessité du maintien de la mission jésuite dans le pays. En effet, outre la querelle des rites, la présence jésuite est fragilisée par l'expansion mandchoue, qui remettait en question l'autorité des Ming. Si ces derniers avaient fini par accepter et intégrer les missionnaires à la cour impériale, rien n'indiquait que les Qing feraient de même[69]. Il faut avoir à l'esprit que, à l'époque à laquelle Martini rédigeait son texte, rien n'indiquait que les Qing remporteraient leur guerre contre les Ming et, en présentant les Tartares comme victorieux, Martini prit un pari sur une histoire qui n'était pas encore écrite.

Par le *De bello Tartarico*, qui fut largement traduit et diffusé en Europe, Martini annonçait donc la victoire des Mandchous avant même qu'elle ne fût effective. Il donna ainsi à l'histoire des Tartares une importance centrale puisque, désormais, ils furent connus comme les maîtres de la Chine, ce qui transforma en profondeur la vision que l'on en avait en Europe. On avait non seulement la preuve que les Tartares existaient en dehors du monde centrasiatique et musulman, mais en plus qu'ils étaient désormais à la tête d'un empire.

Outre sa propre expérience, Martini s'appuyait sur plusieurs sources qu'il ne mentionne pas toujours. Dans le cadre de l'atlas, les rares auteurs cités par Martini en dehors des auteurs jésuites sont Ramusio et Marco Polo. La présence du voyageur est, pour Romano, la preuve de la lenteur de l'actualisation des savoirs sur la Chine puisque Marco Polo reste une autorité près de trois siècles

---

66   Martino Martini, *De bello tartarico*, Amsterdam, 1654.
67   Romano, *Impressions de Chine*, p. 195. À l'image de Trigault quelques décennies auparavant, Martini défendit les intérêts des Jésuites de Chine non seulement à Rome, mais dans toute l'Europe.
68   Auquel s'ajoute un troisième texte sur l'histoire ancienne de la Chine dont le sujet n'appartient pas à cette étude.
69   Romano, *Impressions de Chine*, p. 206.

après la rédaction de son texte[70]. S'il est certain que le *Devisement du monde* est une source importante sur l'histoire et la géographie de la Chine, il semble cependant qu'il faille nuancer cette prépondérance en rappelant que le missionnaire mentionne également Hayton[71]. Cependant, le texte de Hayton tel qu'il circulait alors en Europe était intégré à de larges compilations comprenant par exemple le récit d'Odoric de Pordenone. On ne sait précisément à quelles sources Martini a eu accès, mais on peut penser que derrière cette référence à Hayton se cachent en réalité les différents textes relatifs aux Tartares, dont certains contenaient des informations sur la Chine. Ce relatif élargissement du corpus ne change cependant pas le fait qu'il s'agit toujours de sources du XIIIe et du début du XIVe siècles. À côté de ces auteurs déjà connus en Europe, Martini a certainement eu accès à des sources mongoles et chinoises[72] et ce certainement par le biais de la cour Ming.

Plus que les sources utilisées, c'est le rôle de Martini dans la construction d'un savoir européen sur les Tartares qu'il faut souligner. Voici comment débute le *De bello Tartarico*, dans sa version française.

> Les Tartares, dont j'entreprends d'écrire les guerres dans cette Histoire, sont des peuples situés au Septentrion de cette fameuse muraille qui a plus de quatre cents lieux de long et qui, s'étendant de l'Occident jusqu'à l'Orient, servait autrefois d'obstacle aux entreprises que cette Nation pouvait faire sur le Royaume de la Chine. Les Chinois, parce que dans leur langue ils ne se servent point de la lettre R, ont donné depuis longtemps le nom de Tata à cette Nation. Elle habite toute l'ancienne Tartarie, laquelle est divisée en deux parties, l'Occidentale qui est connue depuis longtemps, et l'Orientale dont les peuples d'Europe n'avaient jusqu'ici nulle connaissance[73].

Dès le début de son texte, Martini plaçait donc les attaques des Mandchous dans une histoire bien plus large et dont les origines remontent à plus de

---

70   Romano, *Impressions de Chine*, p. 236 : « Cette déclaration indique l'importance de la référence que constitue encore le second au milieu du XVIIe siècle dans la culture savante européenne : elle donne une idée de la lenteur des processus d'incorporation des savoirs dont l'accumulation et la mise en écriture se poursuit depuis le grand livre de Gonzales de Mendoza en 1585. Marco Polo reste le maître-étalon des savoirs sur la Chine, y compris dans l'une des entreprises éditoriales parmi les plus avancées de son temps ».

71   Orthographié Ayton dans la version française, p. 3.

72   Pour quelques éléments relatifs aux sources de Martini, voir Henri Bernard, « Les sources mongoles et chinoises de l'Atlas Martini (1655) », *Monumenta Serica*, XII, 1947, pp. 127-144.

73   Martini, *De bello tartarico*, Amsterdam, 1654, pp. 1-2.

« 4000 ans »[74]. Même s'il réserve pour un autre ouvrage ces premiers temps de l'histoire des relations entre la Chine et les Tartares[75], le jésuite rappela rapidement les conquêtes de Gengis Khan et des armées mongoles. Ce très court passage fut l'occasion pour Martini de corriger « quelques-uns [qui ont] faussement avancé » que Tamerlan aurait pu conquérir la Chine, dont Trigault[76]. Après cette correction, Martini expliqua que la défaite des Yuan face aux Ming est à chercher dans l'affaiblissement des Tartares qui succombèrent aux « délices de la paix »[77] et si l'on excepte la correction importante, mais non originale, sur Tamerlan, Martini n'apporta aucun élément nouveau sur l'histoire ancienne des Mongols, car tel n'était pas son objectif.

L'objectif de Martini était de rendre compte de l'actualité de la Chine et de montrer que les nouveaux événements, dont il ne connaissait pourtant pas l'issue, seraient favorables aux Européens et aux jésuites. Pour ce faire, il devait faire face à une difficulté de taille. Il s'agissait de positionner les Tartares au cœur d'un classement des peuples qui reposait sur le degré de civilisation. Ils étaient nécessairement inférieurs aux Chinois par les arts et les sciences, mais ils leur étaient supérieurs par les armes. Martini ne pouvait cependant les présenter comme trop sauvages, car ils deviendraient impossibles à convertir, ce qui mettrait fin à la mission chinoise. La méthode employée par Martini reposait sur une pratique courante consistant à présenter les Tartares comme d'anciens barbares qui se sont civilisés au contact de la Chine[78]. Dès lors, Martini établit une sorte de continuité entre les Ming et les Qing, laissant ainsi la place au maintien des jésuites. Cela permettait également au missionnaire d'établir une différence entre les Tartares centrasiatiques, ou occidentaux, que l'Europe considère comme de vrais barbares, et les Tartares de Chine, ou orientaux, qui eux mériteraient une attention particulière. Cette lecture de l'histoire permettait également de garder l'espoir que ces Tartares finiraient par perdre leurs qualités guerrières et pourraient ainsi être vaincus, comme le furent les Mongols.

Martini considérait que l'histoire des Tartares ne se limitait pas à la Chine, mais concernait également l'Europe. En effet, il faut souligner que le *De bello Tartarico* est dédicacé au roi de Pologne, car ce dernier a vaincu les Cosaques,

---

74   Martini, *De bello tartarico*, p. 2.

75   Martino Martini, *Sinicae historiae dicas prima*, Munich, 1658.

76   Notons que Martini indique que Tamerlan « vivait qu'environ l'an de Notre Seigneur 1406 ». Si cette date est inexacte, elle est cependant suffisamment précise pour situer le conquérant timouride.

77   Martini, *De bello tartarico*, p. 5.

78   Voir Martini, *Histoire de la guerre des Tartares*, p. 45. Cité dans Romano, p. 255.

qui étaient considérés comme les Tartares les plus belliqueux. Aussi les Mandchous, qui sont d'autres Tartares, devraient reconnaître la puissance de la
Pologne[79]. Ce faisant, le jésuite tentait d'inscrire une actualité chinoise dans
une contemporanéité européenne en utilisant les Tartares comme trait d'union
entre ces deux espaces. Ce rapprochement conduit à émettre une hypothèse
concernant l'objectif de Martini. En affirmant, une victoire anticipée des Tartares sur la Chine et en rappelant que la Pologne se battait elle aussi contre des
Tartares, il semble que Martini cherchait à rappeler le souvenir d'un empire
tartare, et plus précisément mongol, qui s'étendait de l'Europe à la Chine. La
raison de ce rappel historique pourrait être à chercher dans les espoirs alors
présents d'une conversion des Tartares au christianisme, dont Marco Polo,
mais surtout Hayton, se faisaient les porte-parole. Dès lors, le retour des Tartares en Chine pourrait être considéré comme une nouvelle possibilité offerte
à la Chrétienté de convertir dans un même mouvement le plus grand peuple
de l'Eurasie, et ce par l'intermédiaire des Jésuites.

La simultanéité des traductions des géographes arabes et de l'apport de Martini en matière de géographie eut des conséquences importantes sur la conception de l'espace asiatique, et plus particulièrement de la Tartarie. La conséquence la plus immédiate de cette simultanéité incarnée par la rencontre, aux
Pays-Bas, entre Martini qui revenait de Chine et Golius qui travaillait sur les
textes arabes. À la suite de deux entrevues[80], Golius rédigea un complément à
l'atlas de Martini sur le royaume du Cathay[81]. Dans ce mémoire, l'orientaliste
hollandais affirmait l'identité parfaite entre le Cathay et la Chine, résolvant
ainsi un point essentiel dans la perception de l'Asie. On ne peut cependant
considérer que les connaissances transmises par Martini furent intégrées sans
résistance en Europe.

Le cartographe de Louis XIII, Nicolas Sanson d'Abbeville (1600-1667)[82], témoignait du rejet de cette lecture de l'espace sino-tartare et de l'assimilation
du Cathay à la Chine. Pour lui, conformément aux savoirs anciens, le Cathay
était une région de la Tartarie distincte de la Chine. Parmi ses nombreuses
œuvres, il faut retenir ici un atlas intitulé *L'Asie en plusieurs cartes*[83], éditées

79   Romano, *Impression de Chine*, p. 203.
80   Jan Julius Lodewijk Duyvendak, « Early Chinse Studies in Holland », T'oung Pao, Second
     Series, 32, 5, 1936, p. 299.
81   Duyvendak, « Early Chinse Studies in Holland », p. 302.
82   Nelson-Martin Dawson, *L'Atelier Delisle, l'Amérique du Nord sur la table à dessin*, Québec,
     Septentrion, 2000.
83   Nicolas Sanson, *L'Asie en plusieurs cartes*, Paris, 1658. Notons que les pages sont numéro-
     tées une fois sur deux et parfois de façon imprécise.

en 1658 et qui « résument l'état des connaissances sur l'Asie au cours de la seconde moitié du XVIIᵉ siècle »[84]. L'Asie de Sanson se divisait entre le Nord et le Sud, le Sud étant occupé par la Turquie en Asie, l'Arabie, la Perse, l'Inde et la Chine alors que le Nord était occupé par la seule Tartarie. Malgré l'espace qu'elle couvrait, la description de la Tartarie ne représente que quatre pages[85], ce qui témoigne du peu de sources sur la question. La carte qui illustre ce propos est datée de 1652, soit avant l'arrivée en Europe de Martini.

La Tartarie de Sanson n'était pas un espace homogène et se trouvait divisée en cinq ensembles : la « Tartarie déserte », la « Vraie Tartarie » la « Tartarie ouzbek ou Zagathay [Tchagatay] », le « Turquestan » et le « Cathay »[86]. Ces trois dernières régions étaient, toujours selon Sanson, les « mieux civilisées et les mieux connues », alors que la « Tartarie déserte » et la « Vraie Tartarie » étaient « les plus septentrionales, barbares et inconnues »[87]. Conscient que ces termes n'étaient pas facilement identifiables par ses lecteurs, Sanson établit une correspondance entre les toponymes qu'il utilisa et les toponymes antiques. Ainsi

> La Tartarie déserte répond à l'ancienne *Scythia intra Imaum*[88] ; l'Usbeck, ou Zagathay aux anciennes *Bactriana et Sogdiana*, l'un et l'autre nom nouveau, ayant ce me semble encore quelque chose de l'ancien ; *Sogdiana* du Zagathay et *Bactriana* d'Usbeck. Le Turkestan répond à l'ancienne *Scythia extra Imaum*. Le Cathay à la *Serica Regio*. Quant à la vraie Tartarie elle a été inconnue aux Anciens ; ou bien elle tient les parties septentrionales de l'une et de l'autre Scythie[89].

Pour construire sa carte et son texte, Sanson s'appuya sur les géographes arabes, dont une liste est présente dans le chapitre sur la Chine. À défaut d'Abū l-Fidā',

---

84   *DOLF*, p. 864. On peut souligner que la carte présente dans cette édition de 1658 reprend une carte déjà publiée en 1654.

85   Sanson, *L'Asie en plusieurs cartes*, pp. 73-76. À titre de comparaison, la Perse occupe 8 pages, tout comme l'Arabie et l'Inde. La Chine quant à elle en occupe 15, dont 8 sont consacrées aux « considérations sur diverses cartes et relation de la Chine ».

86   Sanson, *L'Asie en plusieurs cartes*, p. 77.

87   Sanson, *L'Asie en plusieurs cartes*, pp. 77-78. Le fait que Sanson établisse un lien direct entre la connaissance par les Européens et le degré de civilisation permet de comprendre sa perception du monde. Selon lui, il ne peut y avoir de territoire civilisé ignoré des Européens. En cela, le cartographe se montre le parfait héritier d'une culture humaniste dont les savoirs sur la Tartarie sont basés sur un savoir classique.

88   La Scythie au-delà de l'Imaüs est, chez Ptolémée, la région la plus orientale de l'espace asiatique.

89   Sanson, *L'Asie en plusieurs cartes*, p. 78.

le géographe fit usage de Naṣir al-Dīn Ṭūsī et d'Ulugh Beg[90]. Outre ces sources, Sanson se référa à Samuel Purchas, le continuateur de Hakluyt. Il est surprenant qu'il ne soit pas fait mention de Bergeron, mais on sait que le cartographe utilisa le *Traité de navigation* dans son atlas de l'Afrique, et il est fort probable qu'il fît de même dans le cas de la Tartarie[91]. On peut également noter l'absence de Martini, que Sanson utilisa pourtant dans le cadre de la Chine, aux côtés d'autres jésuites.

Cette absence des missionnaires jésuites s'explique par une défiance du cartographe. Bien qu'il les utilisât, Sanson prenait ses distances avec les connaissances transmises par les jésuites car, selon lui, les géographes arabes « doivent connaître bien mieux l'Orient, que qui que ce soit »[92]. Cette opposition ne démontrait pas une simple défiance du cartographe envers les jésuites, mais bien une conception radicalement différente de la Chine et de ses frontières. Il rappela « qu'il y a raison de croire que le Cathay et que la Chine sont deux pays différents »[93], s'opposant ainsi à Golius, qui défendait précisément l'identité entre ces deux territoires.

Cet exemple illustre la résistance toujours présente face à l'intégration d'un nouveau savoir. Bien qu'il disposât de nouveaux éléments transmis par un personnage d'autorité qu'était Martini, Sanson préférait conserver ses grilles de lectures et maintenir une distinction entre le Cathay et la Chine. Alors que les savoirs sur le reste de l'Asie s'actualisaient par l'intermédiaire de nouvelles sources, la Tartarie restait à l'écart de ce renouvellement, à cause de son éloignement des axes de circulation. Cependant, on assista à un renforcement des savoirs sur cette région à partir des années 1650. L'intensification des échanges avec le monde perse et la Chine se traduisait par une volonté toujours plus grande de connaître l'histoire de ces régions du monde, ainsi que leurs langues. L'accumulation des manuscrits permettait la constitution de véritables réservoirs de savoirs au sein des bibliothèques. Afin d'exploiter ces ouvrages, l'apprentissage des langues orientales se renforçait dans les différentes grandes villes européennes, motivé par la volonté d'accroître le commerce, mais également par une dimension plus intellectuelle.

---

90   Sanson, *L'Asie en plusieurs cartes*, 2ᵉ p. 76.
91   Sanson, *L'Asie en plusieurs cartes*, p. 73 et suivantes. S'il fait référence aux jésuites comme Martini et aux cartes de Samuel Purchas, c'est uniquement dans le cadre de la cartographie de la Chine, et non de la Tartarie.
92   Dans Sanson, *L'Asie en plusieurs cartes*, p. 76v. Cité dans Romano, *Impression de Chine*, p. 241.
93   Sanson, L'Asie en plusieurs cartes, p. 76v.

FIGURE 9   Description de la Tartarie par Sanson
             SOURCE : BIBLIOTHÈQUE NATIONALE DE FRANCE

En cette fin du XVIIᵉ siècle, l'idée d'un empire tartare dans les esprits européens reposait plus sur une tradition que sur la base de nouveaux rapports.
L'annonce de la conquête de la Chine par les Tartares donnait de fait plus
d'actualité à leur connaissance, mais contribuait également à brouiller les axes
de lecture. Dès lors, s'il est possible que ce renouveau de l'histoire tartare ravi-
vât certains espoirs construits à l'époque médiévale, il est certain qu'il renforça
l'intérêt que l'on portait à cette nation, dont l'histoire contenait désormais une
dimension concrète et utile.

Les échanges entre Golius et Martini illustrent les deux tendances des études
sur les Tartares. La traduction des sources primaires permettait d'accéder à
des données qui n'avaient pas été déformées par le prisme d'un lectorat européen, comme cela avait été le cas pour Bergeron. Désormais, les connaissances
étaient plus complètes et plus précises, mais c'est dans cette précision que se
trouvaient les obstacles à l'harmonisation de ces deux types de savoirs. Pour
en comprendre les rouages, nous allons présenter les modalités de traduction
des sources persanes en France, puis nous tourner vers les sources venues de
Chine.

Les traductions érudites de sources persanes relatives aux Tartares

1 Les traducteurs de sources « orientales » relatives aux Tartares

Après la mort de Gaulmin en 1665 et celle de Vattier en 1667, le milieu orientaliste parisien de la fin du XVIIᵉ siècle se structure autour de deux grandes figures
que sont Barthélemy d'Herbelot de Molainville et François Pétis de La Croix.
Les principales étapes de la vie et de la carrière de d'Herbelot ont déjà été mises
en lumière[1] et permettent de brosser le portrait suivant. Né dans un milieu aisé
appartenant à la contre-réforme[2], d'Herbelot se tourna vers les langues dites
orientales et se rendit à Rome au milieu des années 1650[3]. « Son érudition et
sa piété »[4] lui ouvrirent les portes de la Bibliothèque Vaticane et lui assurèrent
le soutien du cardinal Grimaldi[5]. D'Herbelot semblait avoir manifesté le sou-
hait de partir vers l'Orient, mais son projet resta vain[6] et sa connaissance, aussi
grande fût-elle, resta livresque.

Après un séjour d'environ cinq ans à Rome, d'Herbelot revint en France et
fréquenta les milieux savants. Sous le patronage de Fouquet, il fit la connaissance de Vattier, avec qui il entretint une relation suivie[7], puis devint secrétaire
et interprète du roi pour les langues orientales[8]. Pour des raisons complexes,
d'Herbelot quitta une nouvelle fois la France pour l'Italie et s'installa à Flo-

---

1 Dew, *Orientalism*, chap. I; Henry Laurens, *Aux sources de l'orientalisme, la « Bibliothèque orientale » de Barthelemi d'Herbelot*, Paris, Maisonneuve et Larose, 1978; Alexander Bevilacqua, *The
   Republic of Arabic letters*, chap. 4. On peut cependant constater qu'aucun de ces deux savants
   n'a fait l'objet d'une biographie complète.
2 Dew, *Orientalism*, chap. I.
3 Dew, *Orientalism*, p. 44. Si Leyde représentait déjà un centre important de l'orientalisme
   savant, c'est à Rome que l'on pouvait rencontrer le plus de marchands, de chrétiens d'Orient
   et autres voyageurs à même d'enseigner les langues et les coutumes.
4 Laurens, *Aux sources de l'orientalisme*, p. 9.
5 C'est par l'intermédiaire de cet ecclésiastique que d'Herbelot rencontra, comme Gaulmin
   avant lui, la reine Christine de Suède. Dew, *Orientalism*, p. 45; Laurens, *Aux sources de
   l'orientalisme*, p. 10.
6 Il aurait dû partir avec le voyageur Jean Thévenot, mais resta finalement en Italie.
7 Dew, *Orientalism*, p. 46.
8 Laurens, *Aux sources de l'orientalisme*, p. 11.

rence en 1666[9]. Là, il devint le protégé du grand-duc de Toscane, Ferdinand II de Médicis. Afin de s'attacher les services de d'Herbelot, ce dernier lui fit don des plus importants ouvrages orientaux d'une bibliothèque alors en vente à Florence. Malgré ce geste, d'Herbelot quitta Florence pour Paris sur ordre de Colbert, et ce retour fut cette fois définitif[10].

Si d'Herbelot semble avoir repoussé son départ de Florence autant que possible, sa carrière parisienne ne fut pas aussi terne que le laisse entendre l'analyse de Nicholas Dew[11]. Tenant salon « chez lui tous les soirs après sept heures »[12], d'Herbelot était un personnage notable de la vie intellectuelle parisienne. Sa riche collection de plus de deux cents manuscrits[13] permit la circulation dans les milieux érudits parisiens de textes centraux dans la connaissance de l'Orient en général[14]. Enfin, en 1692, il devint professeur en langues orientales, et plus précisément de syriaque, au sein de l'actuel Collège de France, charge qu'il occupa jusqu'à sa mort en 1695, mais pour laquelle il semble n'avoir jamais enseigné.

Cette nomination est importante dans la mesure où elle révèle un aspect central de l'œuvre de d'Herbelot. En effet, cette chaire revêtait une dimension différente de celle d'arabe ou celle de persan qui fut créée plus tard. Le syriaque était considéré comme la langue la plus proche de la langue du Christ, et permettait ainsi un contact plus étroit avec le sens des Écritures[15]. Son enseignement reposait d'ailleurs presque exclusivement sur des textes religieux et témoignait ainsi de l'attachement de d'Herbelot au christianisme. Cette piété lui fut nécessaire lors de la rédaction de la seule de ses œuvres qui fut publiée, la *Bibliothèque orientale*. Par ce dictionnaire du monde islamique que nous présenterons par la suite, d'Herbelot pouvait attirer l'attention des censeurs pour qui il était toujours délicat de mettre en lumière les qualités et les richesses du monde oriental. La prudence et les appuis de d'Herbelot lui permirent d'éviter

---

9 Voir Dew, *Orientalism*, chap. 1 et Bevilacqua, *The Arabic Republic of letters*, chap. 1.

10 Laurens, *Aux sources de l'orientalisme*, p. 13. Ici non plus, les raisons qui ont conduit d'Herbelot à retourner à Paris ne sont pas claires, mais il est certain que le Grand-Duc ne le laissa partir, avec ses ouvrages, qu'à contre-cœur, uniquement « après avoir vu les instructions de Colbert », Dew, *Orientalism*, pp. 64-65.

11 Dew, *Orientalism*, pp. 76-80.

12 Cité dans Laurens, *Aux sources de l'orientalisme*, p. 15.

13 *DOLF*, p. 488.

14 Sylvette Larzul, indique que c'est certainement par la fréquentation de d'Herbelot que Jean de la Fontaine eut connaissance des fables de Bilpay, déjà traduites par Gaulmin. *DOLF*, p. 488. Voir aussi Dew, *Orientalism*, p. 79.

15 Il semble cependant que d'Herbelot n'enseigna jamais au sein de cette institution.

ce type de désagrément[16], et c'est en toute quiétude qu'il put travailler à la première œuvre à dimension encyclopédique sur le monde musulman publiée en Europe. Il est également important de souligner ici que d'Herbelot mourut avant d'achever son ouvrage et qu'il revint à Antoine Galland d'y apporter la touche finale.

Parfait contemporain de d'Herbelot, François Pétis de La Croix reste moins connu que d'Herbelot[17]. Tout d'abord, plusieurs passages de sa vie furent confondus avec celle de son fils et celle d'un autre orientaliste, le sieur de La Croix[18]. Outre cette confusion, l'œuvre de Pétis de La Croix attira bien moins l'attention que celle de d'Herbelot. Il est pourtant l'auteur de la première biographie de Gengis Khan écrite en Europe. C'est d'ailleurs ce texte qui raviva l'intérêt pour l'histoire de l'empereur mongol qui, depuis les rares mentions faites aux XIIIe et XIVe siècles, n'avait fait l'objet d'aucun travail spécifique. Si de nombreux portraits de Tamerlan circulaient et bien que sa première biographie française fut publiée en 1595, ce n'est que deux siècles plus tard que l'empereur mongol reçut la même attention.

On ne sait comment Pétis de La Croix a été formé aux langues orientales. Il ne semble pas avoir quitté l'Europe, et peut-être pas Paris. Il bénéficiait cependant d'un climat intellectuel favorable, et on peut penser qu'il suivit les enseignements du Collège royal. Occupant la charge de secrétaire interprète de Louis XIV pour les langues orientales pendant plus de cinquante ans, Pétis de La Croix père est l'auteur d'une œuvre plus diplomatique que savante. Comme pour d'Herbelot, la question du patronage est essentielle dans la carrière de Pétis de La Croix, et on sait qu'il fut un temps protégé par Colbert. C'est d'ailleurs ce ministre qui incita l'orientaliste à écrire la vie de Gengis Khan. Si l'on ne possède que très peu d'informations directes sur les rapports qu'entretenaient d'Herbelot et Pétis de La Croix, il est certain que les deux hommes se fréquentaient[19], et on sait que le premier ouvrit sa bibliothèque au second, notamment pour lui prêter un exemplaire du *Rawżat al-Ṣafā*. Il est intéressant de noter que Pétis de La Croix forma son propre fils pour qu'il embrassât la même carrière que lui, ce qui témoigne d'une

---

16   Laurens, *Aux sources de l'orientalisme*, p. 15.

17   Il n'y a ainsi pas de notice sur lui dans le *DOLF*.

18   Son fils s'appelait également François. Paul Sebag, « Sur deux orientalistes français du XVIIe siècle : F. Pétis de la Croix et le sieur de la Croix. », Revue de l'Occident musulman et de la Méditerranée, No 25, 1978, pp. 89-117.

19   Un passage du testament de Jean Thévenot laisse même entendre que les deux orientalistes auraient pu tenter d'abuser de la crédulité du voyageur. Sur ce point, voir Dew, p. 47 et Lane M. Heller, « Le testament olographe de Jean de Thévenot », *XVIIe siècle*, 167 (1990), 227-234.

perception de l'orientalisme comme carrière et comme moyen d'assurer à la fois un revenu et peut-être un statut social.

À la différence de d'Herbelot et de Pétis de La Croix père, la génération suivante d'orientalistes est mieux connue[20]. Les œuvres et les carrières de François Pétis de La Croix fils (1653-1713) et surtout d'Antoine Galland (1646-1715) ont fait l'objet de nombreux travaux[21], mais un portrait croisé de ces deux orientalistes reste à faire. Les quelques éléments mis ici en lumière permettent de comprendre certaines dynamiques qui structurent le réseau orientaliste parisien et la production de savoirs sur les Tartares.

Surtout connu du grand public pour être l'auteur des *Mille et une nuits*, Antoine Galland était avant tout un érudit, à la fois traducteur, historien, numismate et antiquisant[22]. Les prédispositions d'Antoine Galland pour les langues étrangères lui offrirent le soutien de plusieurs protecteurs. Il put ainsi apprendre l'hébreu, mais surtout l'arabe au sein du Collège royal en suivant les enseignements de Pierre Vattier[23]. Grâce à ces connaissances, Colbert l'intégra à l'ambassade du marquis de Nointel, qui quitta la France pour Istanbul en 1670[24], et c'est en Orient qu'il perfectionna ses connaissances. À cette époque, Pétis de La Croix, formé aux langues orientales par son père et élève des Jeunes de Langues, était lui aussi en Orient. Dans son journal[25], il indiqua que Col-

---

20 Cela s'explique principalement par les recherches minutieuses menées par Mohammed Abdel-Halim dans le cadre de sa biographie d'Antoine Galland et dans les travaux qui ont conduit à l'édition de son journal.

21 À travers plusieurs articles, Paul Sebag a considérablement éclairci la vie de Pétis de la Croix, en la démêlant de celle d'un homonyme, le Sieur de la Croix. Quant à Galland, il a fait l'objet de nombreuses études, mais sa biographie reste connue par les travaux de Mohammed Abdel-Halim.

22 Voir Pierre-Sylvain Filliozat, Michel Zink, éd. *Antoine Galland et l'Orient des savants: actes du colloque international organisé par l'Académie des Inscriptions et Belles-Lettres, la Société asiatique et l'INALCO: à l'Académie des Inscriptions et Belles-Lettres (Palais de l'institut) et à l'INALCO les 3 et 4 décembre 2015*. Paris: Académie des inscriptions et belles-lettres, 2017.

23 On ne sait si Galland apprit l'arabe sur la biographie de Tamerlan.

24 Cette ambassade aboutit à la signature des capitulations entre l'Empire ottoman et Louis XIV. Galland embarque à Toulon en août 1670, voir Mohamed Abdel-Halim, *Correspondance d'Antoine Galland*. Édition critique et commentée, Paris, 1964; Paul Sebag, «Sur deux orientalistes français du XVIIe siècle».

25 François Pétis de La Croix, *Relation de Dourry Efendy, ambassadeur de la Porte Othomane auprès du Roi de Perse: Traduite du Turk, et suivi de l'Extrait des Voyages de Pétis de la Croix, rédigé par lui-même*, Langlès, Louis-Mathieu (éd.), Paris, 1810. Bien que l'édition soit tardive, la mise en page du manuscrit indique qu'il a été rédigé dans le but d'être publié. Pour une présentation synthétique de la carrière de Pétis de La Croix, voir Christelle Bahier-Porte et Pierre Brunel, *Les Mille et un jours, Contes persans*, Paris, Champion Classiques,

bert l'envoya à Alep afin de collectionner des médailles et manuscrits dignes d'enrichir la bibliothèque du Roi. Il semble que les deux hommes se croisèrent pour la première fois dans cette ville. Toujours en quête de livres et afin de se perfectionner dans les langues et cultures de l'Orient, Pétis de La Croix fils séjourna ensuite à Bagdad et à Ispahan[26]. Lors de ce séjour, l'orientaliste chercha à apprendre la langue tartare mais, faute de professeur, il ne put atteindre son objectif[27].

De son côté, Galland continua son rôle d'interprète et accompagna l'ambassade de Nointel en Méditerranée orientale. Lors des différentes visites des cités grecques antiques, le goût de Galland pour l'érudition devient plus fort que celui pour le monde diplomatique, et il finit par quitter l'ambassade en 1675[28]. C'est alors Pétis de La Croix fils qui occupa le rôle de traducteur laissé vacant. Rentré à Paris, Galland tissa un réseau «d'amitiés érudites» en participant à plusieurs académies[29]. Il effectua deux autres voyages en Orient[30] et, lors du dernier séjour, Galland fut de nouveau chargé de collecter des manuscrits et des médailles, cette fois pour le compte de la Compagnie des Indes[31]. Au retour de cette mission, il fut nommé antiquaire du Roi, poste proche de la Bibliothèque. Hasard des rencontres ou signe de l'étroitesse du microcosme orientaliste, Galland fit la traversée en compagnie du nouvel ambassadeur du Roi, Gabriel-Joseph de la Vergne de Guilleragues, qui releva le marquis de Nointel à Istanbul, mais qui maintint Pétis de La Croix dans ses fonctions[32]. Ce dernier ne rentra à Paris qu'en 1681. Durant sa vie parisienne, Pétis de La Croix continua sa carrière diplomatique, principalement en traduisant les traités entre la France et la Tunisie. En 1692, la même année que d'Herbelot, il fut nommé titulaire de la chaire d'arabe au Collège royal et il ne quittera dès lors plus la France[33].

2011, pp. 28-50. Une grande partie des développements de l'auteur porte sur la question de la rédaction et de la paternité des *Milles et un jours*, qui n'entrent pas directement dans notre étude.

26 Sebag, «Sur deux orientalistes», p. 91.

27 François Pétis de La Croix (fils), *Extrait du journal…* L'auteur indique qu'il a appris cette langue avec l'aide de Akhond Mouça Haçan (p. 127). Ce point est à rapprocher de Postel lorsqu'il évoquait la langue «tartaresque» proche de la langue turque.

28 Abdel-Halim, *Antoine Galland*, p. 50.

29 Abdel-Halim, *Antoine Galland*, chap. III.

30 Le premier entre 1677 et 1678 et le second de 1679 à 1688.

31 Abdel-Halim, *Antoine Galland*, chap. III. Cette quête de manuscrit est à mettre en regard de celles, antérieures, de Golius, Gravius et des Vecchietti.

32 Sebag, «Sur deux orientalistes», pp. 91-92.

33 Sebag, «Sur deux orientalistes», p. 95.

Après son retour définitif à Paris, Galland retrouva Melchisédech Thévenot, qui était alors garde de la Bibliothèque du roi et qu'il avait rencontré au retour de son premier voyage[34]. En 1692, d'Herbelot remplaça Thévenot, ce qui marqua le début de la collaboration entre lui et Galland[35]. Cette collaboration se matérialisera par les apports que Galland fit à la *Bibliothèque orientale*. En 1701, Galland devint membre de la future Académie des Inscriptions et Belles Lettres et, en 1709, il devint titulaire, comme Pétis de La Croix fils, d'une chaire d'arabe au Collège royal. Les deux hommes «se penchaient ensemble sur les textes épineux et échangeaient leurs remarques sur les nouvelles publications concernant l'Orient»[36]. Au début du XVIIIe siècle, Galland et Pétis de La Croix étaient donc deux acteurs importants de l'orientalisme français.

Plus encore que celle de leurs carrières, c'est la proximité entre les œuvres de Galland et de Pétis de La Croix fils qui attire l'attention, au point que l'historien Abdel-Halim avait en son temps évoqué à demi-mot l'idée d'un plagiat du premier par le second. Outre l'édition de contes orientaux écrits par Pétis de La Croix dans l'un des volumes des *Mille et une nuits* de Galland[37], il est vrai que la mise en parallèle des œuvres historiques révèle ce que l'on peut pour le moins qualifier de communion d'intérêt.

> La liste des ouvrages de Pétis, impressionnante par le nombre des titres et des sujets imités de ceux de Galland, incite à mettre sa bonne foi en doute : il avait, lui aussi, traduit le *Dictionnaire bibliographique* de Hâjjî Khalîfa [Ḥājjī Khālifa] et les *Fables de Bilpaï* [Bilpay] ; et publié la vie de *Genghiz Khan* écrite par son père et celle de *Tamerlan* par lui-même. Coïncidence étrange, il mettait également en français, en 1701, les *Voyages de Sinbad*. Le manuscrit de sa version, préparé pour l'impression et préfacé, subsiste encore ; et l'histoire des *Mille et une nuits* serait aujourd'hui toute autre si Pétis avait réalisé son projet.
>
> En 1707, en réplique au recueil publié par Galland, il donnait l'*Histoire de la Sultane de Perse et des Vizirs* ; puis, à partir de 1710, les volumes des *Mille et un jours*, qui profitèrent largement de la fortune des *Mille et une nuits*[38].

---

34   Abdel-Halim, *Antoine Galland*, p. 81.
35   Il est cependant probable que d'Herbelot et Galland se connaissaient par le biais des salons et des académies.
36   Abdel-Halim, *Antoine Galland*, p. 119.
37   Tout laisse penser qu'il s'agit ici d'une responsabilité de l'imprimeur et non des auteurs.
38   Abdel-Halim, *Antoine Galland*, pp. 269-270.

TABLEAU 9 Liste des œuvres communes à Galland et Pétis de La Croix

Galland	Pétis de La Croix
Bibliothèque Orientale (1695)	Traduction de Ḥājjī Khālifa
Mille et une nuits (1704-1717)	Mille et un jours (1710-1712)
Traduction d'une vie de Gengis Khan selon Mīrkhwānd (avant 1700)	Édition de l'Histoire du Grand Genghizcan (1710)
Traduction du Lubb al-tawārīkh[a]	Traduction de Sharaf al-Dīn (1723)

a Galland travailla sur le même exemplaire que Gaulmin. Le texte fut édité en 1783 sous le titre *Lubb-it Tavarich seu, Medulla historiarum, Auctore ommia Jahhia, Abd-Ullatifi filio, Kazbiniensi, interpretibus et persico Gilberto Gaulmino et Antonio Gallando*, dans le *Magazin für die neuve historie und géographie*, pp. 1-180.

Les œuvres ici mentionnées concernent directement ou indirectement l'histoire des Tartares, et la production d'une telle quantité de traductions mérite que l'on s'attarde quelque peu sur le contexte de production de ces œuvres. Si l'on regarde à l'échelle européenne, aucune autre ville que Paris ne regroupait une telle production d'œuvres sur ce thème, si bien que l'on peut parler d'une spécificité française dans ce domaine. De plus, ces publications sont réellement concentrées dans le temps, puisque les textes furent produits entre les années 1680 et 1715, même si leurs publications furent parfois plus tardives. On constate donc une réelle convergence des efforts vers l'histoire des Tartares[39]. La question d'une émulation, voire d'une compétition, entre les auteurs ne saurait être écartée[40], mais d'autres éléments doivent être pris en compte, qui viennent s'ajouter aux éléments déjà présentés.

Le premier élément à souligner est la dimension courtisane de l'écriture de l'histoire. Déjà présente chez Vattier, elle se renforça sous Colbert, qui manifesta un intérêt particulier pour les biographies des grands conquérants.

39 Il faut cependant garder à l'esprit que ce thème n'est pas le seul à avoir été traité par ces auteurs, et il serait faux de réduire l'œuvre de Galland à sa seule traduction non publiée de Mīrkhwānd ou de limiter la *Bibliothèque orientale* à une histoire des Tartares. Il n'en reste pas moins vrai que ce thème fut central dans les travaux de ces différents érudits.

40 Une compétition entre Pétis de La Croix et Galland a certainement existé pour l'accès aux différentes charges, mais elle ne peut expliquer à elle seule la production de ces savants.

Par exemple, Pétis de La Croix prit soin de rappeler que « ce ministre, uniquement occupé de la gloire de son maître »[41] trouva dans la vie de Gengis
Khan un modèle digne d'être présenté à Louis XIV. Pourtant, le fondateur de
l'empire mongol était peu connu en Europe, et il était donc nécessaire de justifier ce choix. La comparaison entre cet empereur et le roi Soleil ne pouvait
donc être qu'indirecte, et passa par l'intermédiaire de références à l'Antiquité.
Dès les premières lignes de son ouvrage, Pétis de La Croix père indique que
Gengis Khan « a jeté les fondements d'une domination plus grande que celle
d'Alexandre et d'Auguste »[42]. Cette grandeur est d'autant plus remarquable
qu'elle dura plusieurs siècles, à la différence de l'empire macédonien, et que
Gengis Khan n'avait que « des forces peu considérables lorsqu'il a commencé
ses conquêtes »[43]. Pétis de La Croix renversait ainsi une hiérarchie établie qui
faisait d'Alexandre le plus grand conquérant de l'histoire de l'Asie[44].

À la différence de Gengis Khan, Tamerlan bénéficiait d'une grande notoriété
à la fin du XVIIe siècle. Malgré les portraits positifs d'un Tamerlan tyrannicide
et défenseur des chrétiens, Pétis de La Croix fils avança de nouveaux éléments
pour mettre en avant la figure de ce prince. Dans son épître, l'orientaliste soulignait que Tamerlan avait été un défenseur des arts, et qu'il protégeait les artistes
des massacres. « La considération qu'il avait pour les gens de lettres était si
forte qu'il réprima souvent à leur prière ses plus justes désirs de vengeance »[45].
Les conquêtes de Tamerlan étaient ainsi le moyen de « rassembler des hommes
habiles de toutes les contrées » qu'il réunissait en « Académie ». Faire de Tamerlan un protecteur des arts trouvait un écho particulier lorsque ce portrait était
adressé à Louis XIV par l'intermédiaire de l'abbé Bignon, garde de la bibliothèque du Roi et acteur important des réseaux érudits parisiens[46].

---

41   Pétis de La Croix (père), *Histoire du Grand Genghizcan*, note du libraire au lecteur, 2e page.
      Il faut cependant nuancer ce rôle attribué à Colbert, dans la mesure où l'on retrouve la
      même explication concernant la traduction de la vie de Tamerlan.
42   Pétis de La Croix (père), *Histoire du Grand Genghizcan*, p. 2.
43   Pétis de La Croix (père), *Histoire du Grand Genghizcan*, p. 2.
44   Personnage appartenant à la fois au monde européen et centrasiatique, Alexandre ser-
      vait de référence tant sur le plan militaire que sur le plan politique et moral. Voir par
      exemple John A. Boyle, « The Alexander Legend in Central Asia » *Folklore* 85, 1974, 217-
      228. Reprinted in *The Mongol World Empire 1206-1370*. London : Variorum Reprints, 1977 et
      Françoise Aubin, Roberte Hamayon, « Alexandre, César et Gengis-khan dans les steppes
      d'Asie centrale », *Les civilisations dans le regard de l'autre*, Paris, UNESCO, 2002, pp. 262-
      269. Sur l'évolution du portrait d'Alexandre en France au XVIIIe siècle, voir Pierre Briant,
      Alexandre des Lumières.
45   Pétis de La Croix François (fils), *Histoire de Timur-Bec, connu sous le nom du Grand Tamer-
      lan, empereur des Mogols et Tartares*, Paris, 4t, 1722, Épître, p. 2.
46   La famille Bignon occupa le poste de garde de la bibliothèque du roi sur plusieurs géné-

L'autre élément qui explique l'importance de ces traductions se trouve dans une autre dimension du contexte social et intellectuel de l'époque. Cet essor des études orientales doit en effet être mis en relation avec une nouvelle façon de concevoir et d'écrire l'histoire, dans laquelle s'inscrivent les bénédictins de l'abbaye de Saint-Maur[47]. Ces mauristes, dont la figure la plus connue est Jean Mabillon (1632-1707), défendaient le besoin d'une étude précise et critique des textes, méthode qui fut d'abord appliquée à la traduction des sources latines et grecques. L'objectif premier des mauristes avait été d'écrire l'histoire de l'ordre bénédictin, et s'élargit progressivement à l'histoire de l'Église et à celle du royaume de France. À la rencontre de ces deux domaines, l'histoire des Croisades mobilisait une grande partie de l'attention de ces religieux, et ils compilèrent plus de trente volumes sur ce sujet. Or, l'histoire des Tartares, qu'il s'agisse de Gengis Khan ou de Tamerlan, était inscrite par les Européens dans le cadre général de la lutte contre l'Islam et des projets d'alliance contre les « infidèles ». On peut dès lors se demander si les études orientales, telles qu'elles se développèrent alors en France, peuvent être considérées comme une manifestation de l'historiographie mauriste appliquée à un champ non européen. La réponse à cette question ne saurait être trouvée dans ce livre, mais il est certain que les deux groupes d'érudits, à savoir les mauristes et les orientalistes, étaient en étroite relation. Nicholas Dew a ainsi identifié plusieurs des acteurs appartenant à ces deux milieux, dont d'Herbelot et Galland[48].

Ces deux éléments que sont l'intérêt de la cour pour les « grands hommes » et le renouvellement des méthodes d'écriture de l'histoire sont les principaux moteurs de cette effervescence des traductions des œuvres relatives à l'histoire des empereurs tartares à cette époque.

2   Analyse de l'utilisation des sources dans les œuvres relatives aux Tartares

Chronologiquement, le premier texte de ce groupe que nous présentons est la *Bibliothèque orientale*. Comme le titre l'indique, il ne s'agit pas d'une œuvre exclusivement dédiée aux Tartares, mais d'un ouvrage bien plus large. Cette

---

rations, et Pétis de La Croix fait ici référence à Jérôme II Bignon (1662-1743). À la mort de son père Jérôme Ier en 1656, il hérite de la charge et, avec le soutien de Colbert, il continue l'œuvre familiale d'agrandissement de la Bibliothèque. Voir Jack Alden Clarke, « Librarians to the King, the Bignons, 1642-1784 », p. 294.

47   Nous remercions Francis Richard d'avoir attiré notre attention sur ce point.

48   Dew, *Orientalism*, pp. 78-79.

Bibliothèque se compose de plus de 8000 articles sur la linguistique, l'histoire, la religion ou la géographie[49] dans une tradition humaniste d'accumulation des savoirs où l'on peut déjà voir poindre une ambition encyclopédique[50]. Le texte contient également des notices biographiques sur chacun des auteurs orientaux qui ont été utilisés par d'Herbelot, soit près de deux cents[51]. Pour ce faire, d'Herbelot s'appuya sur les ouvrages à sa disposition à Florence et à Paris et sur une copie manuscrite d'un dictionnaire bibliographique rédigé en arabe par Ḥājjī Khālifa[52].

«Attendue depuis longtemps par les doctes érudits d'Europe auxquels d'Herbelot et ses amis ne manquaient pas de faire part du projet et des étapes de sa réalisation»[53], la *Bibliothèque orientale ou dictionnaire universel contenant généralement tout ce qui regarde la connaissance des peuples de l'Orient* a pour objectif de faire connaître un Orient essentiellement musulman[54]. Peut-être pour éviter tout risque de censure, ou peut-être parce qu'il le pensait réellement, Galland, auteur de la préface, prit soin de justifier cette démarche en expliquant qu'il est nécessaire de «connaître le fort et le faible d'un adversaire»[55] pour mieux le combattre. D'un ton généralement neutre, d'Herbelot ne s'exprimait personnellement que sur les questions religieuses, toujours en dénonçant ce qu'il considérait comme étant les erreurs de l'islam.

En ce qui concerne l'histoire, le corpus réuni se compose de nombreuses sources déjà en circulation. Comme l'indique Antoine Galland,

---

49   Laurens, *Aux sources de l'orientalisme*, p. 37.

50   Laurens, *Aux sources de l'orientalisme*, pp. 63-70.

51   Dew, *Orientalism*, p. 181. Cette abondance de sources est, comme le souligne justement Dew, la preuve que Paris était au cœur d'un dense réseau de circulation des savoirs au sein duquel d'Herbelot était partie prenante.

52   Il s'agit du *Kashf al-zunūn ʿan azāmī l-kutub wa-l-funūn* écrit par Katib Çelebi (1609-1657), également connu sous le nom de Ḥājjī Khalīfa. Nicholas Dew, «The order of Oriental Knowledge : the making of d'Herbelot *Bibliothèque orientale*», dans Christopher Prendergast (éd), *Debating world Literature*, Londres, Verso, 2004, p. 239. Ce dictionnaire circulait largement dans le monde musulman et au moins deux exemplaires étaient présents à Paris. Sur la rédaction de la Bibliothèque orientale, voir Dew, *Orientalism*, chap. 4 et surtout Alexander Bevilacqua, «How to organise the Orient : d'Herbelot and the Bibliothèque orientale», Journal of the Warburg and Courtauld Institutes, LXXIX, 2016, pp. 213-261. On peut noter que, à des degrés divers, Galland et Pétis de La Croix travaillèrent eux aussi à la traduction de ce texte.

53   Abdel-Halim, *Galland Antoine*, p. 87.

54   Malgré l'importance de ce texte et de son auteur, on ne peut que partager le point de vue d'Alexander Bevilacqua, *Republic of Arabic Letters*, p. 24, qui souligne que «malgré plusieurs attentions récentes, nous manquons toujours d'une compréhension globale de la *Bibliothèque orientale* et, en particulier, des décisions qui expliquent sa production».

55   D'Herbelot, *Discours pour servir de préface*, par Antoine Galland, p. 6.

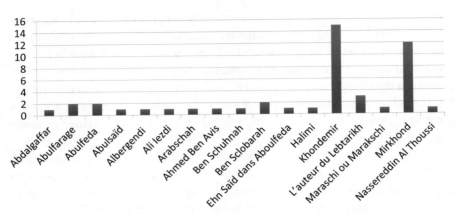

FIGURE 10   Nombre de mentions des principales sources utilisées par d'Herbelot dans les
             articles concernant l'histoire des Tartares
             Nous avons reproduit l'orthographe de l'auteur.

M. Dherbelot a tiré tous ces matériaux[56] de Mirkhond, de Khondemir, de
Ben Schahnah, qu'il appelle Ben Schuhnah ou Ben Schohnan, du Nighia-
ristan, du Tarikh Khozideh ou Tarik Montekheb, du Lobb tarik, ou Lebta-
rikh, comme il l'appelle aussi, d'Ebn Khalekan, de Devlet Schah ou Doulat
Schah et d'un grand nombre d'autres livres arabes, persiens, et turcs qui
ne sont pas imprimés, d'Aboulafarage, de l'histoire saracenique et d'Ebn
Batirik, qui le sont, que l'on trouvera tous cités[57].

Depuis les travaux de Laurens, on sait que les historiens persans représentent
une grande partie des ouvrages les plus utilisés par d'Herbelot. Ce constat se
confirme lorsque l'on se livre à une étude ciblée sur les Tartares. Parmi les
150 articles identifiés dans la *Bibliothèque orientale* relatifs à l'histoire de cette
nation, 17 sources ont pu être identifiées, qui se répartissent de la façon suivante[58].

Comme le représente le tableau ci-dessus, de nombreux auteurs étaient déjà
connus, comme Bar Hebræus, ʿAlī Yazdi, Ibn ʿArabshāh, Qazwīnī, et Naṣir al-
Dīn Ṭūsī. C'est cependant sans conteste le couple Khwāndmīr-Mīrkhwānd qui
représente la principale source d'information utilisée par d'Herbelot. Nous
reviendrons sur l'accès au texte de Mīrkhwānd, mais nous pouvons mention-

---

56   Ces « matériaux » concernent ici la partie historique de la *Bibliothèque*.
57   D'Herbelot, *Discours pour servir de préface*, par Antoine Galland, 9ᵉ page.
58   Il faut cependant souligner qu'une centaine de ces 150 articles ne contient aucune réfé-
      rence. Les formules générales et la brièveté de certains développements ne permettent
      pas d'identification.

ner que d'Herbelot débuta la traduction du texte de Khwāndmīr qu'il possédait par l'intermédiaire du Grand-Duc de Florence[59]. Cela s'explique par la nature du texte et par la présence des biographies à la fin des sections, propice à l'écriture d'un dictionnaire[60]. Le texte original était facile d'accès, d'autant que sa traduction ne semble pas avoir posé de difficulté aux orientalistes, si bien que Galland et Pétis de La Croix fils en firent également usage. En prenant en compte la filiation entre les deux auteurs persans, on constate que la très large majorité des références de d'Herbelot est issue d'un corpus qui, lorsqu'il s'agit des Tartares, appartient à la même dynamique historiographique.

Cette surreprésentation du couple Mīrkhwānd – Khwāndmīr pourrait être un problème si d'Herbelot avait pour objectif de faire œuvre d'historien, mais comme le souligne Henri Laurens, il n'en est rien. D'Herbelot était avant tout un traducteur et le large éventail des thèmes qui composent sa *Bibliothèque* le prouve. Il s'agit d'un point fondamental qui le distingue de Pétis de La Croix fils, et il suffit de comparer le travail de synthèse qu'est la biographie de Gengis Khan à la *Bibliothèque Orientale* pour se rendre compte de la différence de méthode entre les deux grands orientalistes de cette toute fin du XVIIe siècle.

Tout comme d'Herbelot, Pétis de La Croix père mobilisa un vaste corpus pour écrire la biographie de Gengis Khan. L'étendue de ce corpus s'explique par l'ampleur de la tâche à couvrir puisque, pour l'orientaliste,

> tous les Scythes devenus sujets de Temüjin les uns après les autres ont été appelés indifféremment Mogols et Tartares, et [...] le dernier nom ayant prévalu dans la suite, toute la Scythie enfin a été nommée Tartarie dans les pays occidentaux et méridionaux de l'Asie[61].

L'histoire des Tartares s'inscrivait dans la continuité de l'histoire ancienne, et la lecture des sources antiques, qu'elles soient grecques ou latines, permettait d'en retracer l'origine. Cependant, l'auteur ne semble pas les hiérarchiser et les considérait toutes comme étant recevables. Cette acceptation *a priori* ne l'empêcha pas de critiquer un auteur sur des faits ponctuels, lorsqu'il entrait en contradiction avec le reste des témoignages. La liste des auteurs utilisés, pré-

59 Voir les dernières feuilles du manuscrit italien 480 de la BNF. Il s'agit d'un catalogue dressé par d'Herbelot d'une partie des ouvrages qu'il consulta à Florence et qui contient la traduction d'une partie de la préface écrite par l'auteur persan.
60 Ce constat est d'ailleurs valable pour l'ensemble de l'œuvre. Laurens, *Aux sources de l'orientalisme*, p. 51.
61 Pétis de La Croix, *Histoire du Grand Genghizcan*, p. 79, note A.

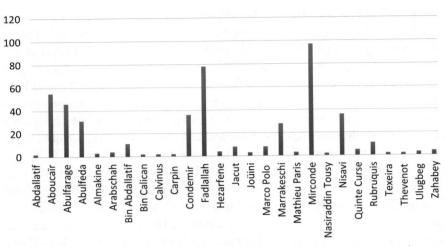

FIGURE 11   Occurrence des principales sources utilisées dans l'histoire du Grand Genghizcan

sente en fin de l'ouvrage, témoigne de la présence d'auteurs orientaux, mais aussi occidentaux et une étude des notes et références permet d'établir le graphique suivant[62].

La comparaison des sources de ces deux orientalistes permet de constater que sept auteurs, à savoir Abū l-Faraj Bar Hebræus, Abū l-Fidā', Ibn ʿArabshāh, Khwāndmīr, Marʿashī, Mīrkhwānd, et Naṣir al-Dīn Ṭūsī, sont communs aux deux œuvres. Cette similitude est logique dans la mesure où les deux auteurs avaient accès à la Bibliothèque royale et qu'ils travaillaient sur le même type de sources. Cependant, le corpus de Pétis de La Croix père se distingue par une plus grande hétérogénéité. En cherchant à faire la synthèse des savoirs accessibles sur Gengis Khan, Pétis de La Croix ne se limita pas aux sources orientales, et intégra des auteurs tels que Carpin, Rubrouck ou encore Hérodote et Thévenot le jeune.

---

62   Les références faites aux auteurs sont de trois natures différentes. Les plus rares sont des notes de bas de page, viennent par la suite les citations dans le corps du texte et enfin des notes de marge. Les auteurs sont peu présents dans les notes de bas de page, qui servent surtout à discuter sommairement d'un détail, apporter une précision sur une traduction ou sur la forme contemporaine de tel ou tel nom propre. Les références à un auteur dans le corps du texte sont tout à fait classiques, et peuvent précéder une citation de l'auteur lui-même ou une mise en garde quant à la véracité de son propos. Ces deux formes de références sont comprises dans le développement, prévues par Pétis de La Croix et ne se distinguent pas graphiquement du reste du texte. Tel n'est pas le cas des notes de marge, qui sont de loin les plus nombreuses. En effet, sur plus de 500 références relevées, 450 sont des notes de marge.

Malgré l'accès à un large corpus de sources primaires, Mīrkhwānd restait un auteur largement utilisé, et Pétis de La Croix père y eut accès de la façon suivante. Comme l'indique d'Herbelot, ce dernier avait « prêté le manuscrit de cet auteur qui est fort rare et qui [lui] est venu entre les mains par la libéralité du Grand-Duc de Toscane, à un de [ses] amis qui s'en est servi pour nous donner la vie de ce Prince dans toute son étendue ». Pétis de La Croix fils confirma ce témoignage et précisa que « le fragment dont [son père s'est] servi, qui est la cinquième partie de ce livre [lui] a été prêté par M. d'Herbelot »[63]. Il en a ensuite fait une copie et une traduction, car il n'avait pas toujours « eu en main cet original »[64].

Si le couple Mīrkhwānd-Khwāndmīr représente la majorité des références, il faut souligner une différence de taille entre les sources de d'Herbelot et celles de Pétis de La Croix père, à savoir que ce dernier utilisa des sources contemporaines de l'empire mongol. À côté de Plan Carpin et de Rubrouck, Pétis de La Croix fait référence aux textes de Bar-Hebræus, de Juvainī et surtout de Rashīd al-Dīn. Il faut ici rappeler qu'il était d'autant plus facile pour Pétis de La Croix d'utiliser ces sources qu'elles appartenaient à un même courant historiographique, ou plutôt que chaque source avait puisé dans la précédente de quoi construire son propre récit. Dès lors, il existait une réelle cohérence dans cet ensemble.

Le fait que d'Herbelot n'ait pas utilisé ces deux dernières sources alors qu'il y avait accès s'explique par le fait qu'il cherchait à faire une somme des savoirs, sans entrer dans des détails trop précis. Une histoire universelle telle qu'elle avait été écrite par Mīrkhwānd et prolongée par Khwāndmīr était donc suffisante à son projet. À l'inverse, Pétis de La Croix père fit un réel travail d'historien en confrontant des sources diverses.

À la différence des deux œuvres présentées ci-dessus, Pétis de La Croix fils ne fit pas œuvre de compilateur, mais de traducteur d'une source unique, en l'occurrence le *Ẓafarnāma*, ou *Livre des victoires*, écrit par Sharaf al-Dīn 'Alī Yazdī dans les années 1420. D'après l'introduction de la version française, écrite après la mort du traducteur, Pétis de La Croix aurait eu accès à ce texte lors de

---

63   Pétis de la Croix, *Histoire du grand Genghizcan*, p. 545.

64   Pétis de la Croix, *Histoire du grand Genghizcan*, p. 545. On ne sait si d'Herbelot possédait l'ensemble des volumes de Mīrkhwānd, mais on sait que « les deux premiers des sept volumes de Mirconde [étaient] à la Bibliothèque du Roy, n° 150 et 160 », et furent apportés plus tard par Paul Lucas au début du XVIIIᵉ siècle. Ce voyageur les rapporta probablement lors de l'un de ces trois premiers voyages. En effet, son quatrième séjour en Orient eut lieu en 1714, soit quatre ans après la publication de la vie de Gengis Khan. Pétis de la Croix père n'aurait donc pas pu le mentionner. Laurens, *Aux sources de l'orientalisme*, p. 53.

son séjour à Ispahan[65], le rapporta en France en 1680 et en commença la traduction. Si cette explication est tout à fait possible, d'autres éléments la mettent en question.

Dans les notices des auteurs contenues à la fin de la biographie de Gengis Khan[66], on peut lire que ce manuscrit portait la cote 1508. Francis Richard indique dans son catalogue des manuscrits persans que cette cote 1508, ancien fond 71, est un manuscrit qui avait appartenu à Gilbert Gaulmin et qu'il le possédait certainement dès avant 1650[67]. Il ne peut donc pas avoir été rapporté par Pétis de La Croix fils lors de son retour d'Orient en 1680. Il est envisageable que l'auteur de l'avertissement à la vie de Tamerlan se soit trompé, dans la mesure où il écrivit en 1717, soit deux ans après la mort de Pétis de La Croix. Il est possible de penser, mais sans preuve irréfutable, qu'il s'agirait d'une démarche volontaire dans le but de renforcer le caractère prestigieux de la traduction, puisque le thème du manuscrit trouvé par l'auteur est un topos de la littérature. À titre de comparaison, on peut également souligner que cette situation rappelle celle de la rédaction des *Mille et un jours*, où Pétis de La Croix indiquait avoir trouvé un manuscrit dont il n'existe aucune trace.

Quelles que soient les modalités d'acquisition de ce texte, un autre point mérite d'être étudié. Le *Ẓafarnāma* est constitué d'un prologue inscrivant Tamerlan dans un héritage gengiskhanide et une biographie proprement dite dans laquelle l'origine de l'empereur est à chercher dans une ascendance remontant au prophète 'Ali. Dans la mesure où l'on sait que le traducteur ne possédait que la biographie[68], c'est-à-dire celle où il est question de la légitimité spirituelle de Tamerlan, on peut s'interroger sur la façon dont il a pu traduire cette place centrale de l'islam dans la vie du conquérant. Une fois de plus, l'avertissement offre des informations de grande valeur. On peut lire que Pétis de La Croix fils n'a pas hésité à retrancher tous les éléments qui n'étaient pas conformes au goût du lecteur. Le traducteur

> a pris le parti de rendre sa version véritablement française, c'est-à-dire, de donner plutôt le sens et les pensées de son auteur, que ses termes et ses expressions, en retranchant tout ce qui n'est pas conforme au goût de notre Nation et trop éloigné du génie de notre langue[69].

---

65   Pétis de La Croix, *Histoire de Timur-Bec*, Avertissement, p. XIX.
66   Pétis de La Croix, *Histoire du grand Genghizcan*, p. 535.
67   Richard, *Catalogue des manuscrits persans*.
68   Pétis de La Croix, *Histoire de Timur-Bec*, Avertissement, p. XIII-XV.
69   Pétis de La Croix (fils), *Histoire de Timur-Bec*, I, p. XXII.

Nous retrouvons la question du génie de la langue que nous avions déjà évoquée au sujet de Vattier. Ici, il ne s'agit pas uniquement de question esthétique, mais également d'une position plus intellectuelle. Il est clairement fait mention que l'auteur n'a pas hésité à retirer tout ce qui pouvait heurter le lecteur, principalement en matière de religion. Dès lors, les références les plus appuyées à l'islam et à la piété de Tamerlan furent au mieux transformées, au pire supprimées[70]. Ce faisant, le traducteur a dénaturé l'œuvre de Sharaf al-Dīn ʿAlī Yazdī, dont le succès reposait précisément sur la richesse de son style et sur cette légitimité religieuse. Aussi, le portrait de Tamerlan qui circula en Occident à partir de cette source n'est pas tant celui de l'auteur persan que de son traducteur.

Il ne s'agit pas ici de critiquer la méthode employée par le traducteur. Les informations contenues dans l'avertissement témoignent d'une réelle et profonde réflexion lors de la rédaction du texte. Il s'agit, à partir de cet exemple, d'illustrer quelques-unes des contraintes dans la circulation des savoirs entre la Perse et la France qui sont autant de facteurs d'altération des savoirs. Naturellement, ces éléments présents chez Pétis de La Croix se retrouvent dans l'ensemble des textes qui ont connu une traduction.

Un autre élément vient compléter cette présentation du contexte de production de cette biographie de Tamerlan. En 1702, pendant que Pétis de La Croix fils travaillait à son propre texte, François Catrou (1659-1737)[71] publia une *Histoire générale de l'empire du Mogol*[72], qui connut un succès appréciable. Il s'agit une série de biographies des empereurs qui ont régné depuis Tamerlan jusqu'à Aurangzeb, mort en 1707, qui ancre Tamerlan non plus dans l'histoire de la Perse, mais dans celle de l'Inde moghole. Son histoire est basée sur les mémoires d'un voyageur vénitien, Niccolo Manucci (1638-1717)[73], qui mourut à Pondichéry. Parmi les autres sources qui ont complété le manuscrit de Manucci, notons la *Bibliothèque Orientale*, Vattier, Teixeira, Bernier et Taver-

---

70 Il serait nécessaire d'établir une comparaison précise du texte traduit et de son original persan.

71 À l'époque de la rédaction, Catrou, neveu du trésorier général de la Marine, s'était déjà illustré parmi les jésuites pour ses qualités intellectuelles. Après quelques années passées à la prédication, il se consacre à la fondation des *Mémoires de Trévoux* en 1701. Sa carrière littéraire oscille ensuite entre les écrits à caractère religieux et les écrits historiques. Ces différents écrits furent traduits en plusieurs langues européennes, faisant de Catrou un acteur important de la production littéraire de son époque.

72 François Catrou, *Histoire générale de l'empire du Mogol depuis sa fondation, sur les Mémoires portugais de M. Manouchi, Vénitien*, Paris, 1702, 380 p. Nous utiliserons ici l'édition de La Haye datée de 1708.

73 Sur la vie de Manuci, voir Françoise de Valence et Robert Sctrick (trad.), *Un Vénitien chez les Moghols/ Niccolo Manucci*, Paris, Phebus, 1995.

nier, pour ne citer que les ouvrages que nous avons déjà mentionnés[74]. Dans cette histoire de l'empire, la vie de Tamerlan ne représente que le premier chapitre, et Catrou reconnaissait que cet empereur « est presque aussi connu en France que nos héros d'Europe »[75]. À ce titre, il ne traita dans son histoire que des éléments en rapport avec l'Empire indien.

On ne sait si Catrou avait connaissance du travail que Pétis de La Croix était en train de réaliser, mais on peut penser que, à l'inverse, l'orientaliste connaissait ce texte qui avait déjà été réédité avant sa mort. Les deux œuvres sont différentes et témoignent à la fois de l'intérêt toujours présent que Tamerlan représentait et de la diversification des cadres dans lesquels il pouvait être étudié.

3 Différents problèmes liés à la publication des textes historiques sur les Tartares

La question du « goût de notre Nation » était présente chez Pétis de La Croix fils, mais il semble qu'elle fut plus déterminante chez Galland. L'auteur entreprit la traduction des chapitres consacrés à l'histoire des Tartares, mais cette traduction ne put être imprimée, précisément pour ces motifs esthétiques, privant le monde savant d'un accès bien plus facile à une œuvre centrale dans la connaissance des Tartares. L'étude de cet exemple nous permet de mieux comprendre les enjeux de la publication d'une telle traduction et également l'importance que revêtaient les études sur l'histoire de l'empire tartare.

À partir d'une copie réalisée par un chrétien d'Orient du manuscrit de d'Herbelot[76], Galland ne réalisa pas une, mais trois traductions, toutes conservées à la Bibliothèque Nationale de France[77]. Le recoupement de ces traductions avec la correspondance de Galland permet de mieux comprendre les étapes de son travail et les raisons de l'existence de ces trois exemplaires différents.

---

74 Catrou, *Histoire générale de l'empire du Mogol*, préface.

75 Catrou, *Histoire générale de l'empire du Mogol*, préface. Voir aussi Minuti, *Oriente barbarico*, p. 18.

76 Il s'agit du manuscrit Persan 104. Voir Francis Richard. *Catalogue des manuscrits persans*; Abdel-Halim, *Antoine Galland*, p. 142 ; Louis-Mathieu Langlès, *Notices des manuscrits de la Bibliothèque nationale et autres bibliothèques, publiés par l'Institut national de France*, V, Paris, An, VII, pp. 192 et suiv.

77 Il s'agit des manuscrits Fr. 6080, Fr. 6081, et du Fr. 6082-6083, qui forment un même ensemble.

À la fin de l'année 1688, Galland indiquait qu'il avait mis

> en notre langue ce que Mirkond a écrit de l'histoire de Ginghis Khan dans la générale qu'il a composée depuis la création jusqu'à son temps, en se conformant au génie et au style des mahométans[78].

Une fois cette première version terminée, Galland soumit son œuvre à la lecture de différents amis et hommes de lettres, qui lui conseillèrent d'abandonner le style persan. Il proposa donc une nouvelle version qui fut également l'objet de corrections, puis une troisième. Cette dernière traduction fut enfin validée, mais aucun des textes de Galland ne fut imprimé[79]. Le principal reproche était d'avoir produit un texte trop éloigné des attentes du public et de ne pas avoir respecté le «génie» de la langue française. Ce sont donc ces questions de style qui empêchèrent la publication du manuscrit de Galland. Ce point permet de mettre en lumière un nouvel acteur de la circulation des savoirs, en la personne du correcteur, ou relecteur, dont l'avis ne portait pas sur le contenu du texte, mais sur sa lisibilité et sur son degré de conformité avec les règles que la récente Académie française était alors en train d'édicter pour structurer la langue française. Cette dimension esthétique est essentielle dans le processus de traduction, et donc dans la circulation des savoirs orientaux. Elle peut, en dehors de tout critère scientifique, mettre à l'écart un texte jugé trop compliqué ou inintéressant pour le public, même s'il contient des informations capitales. Le problème qui se pose est que cette forme de sélection n'est pas effectuée par les savants eux-mêmes, mais par des acteurs extérieurs au monde des études orientales. Ce point souligne une fois de plus que la compréhension des études orientales, pour être saisie dans sa complexité, doit prendre en compte des acteurs qui semblent à première vue éloignés du monde savant.

Cette traduction de Mīrkhwānd par Galland nous permet cependant de mettre en lumière un point important quant à la diffusion des savoirs relatifs aux Tartares. Dans sa troisième version, Galland indiqua que le manuscrit dont il disposait était lacunaire et qu'il le complétait avec un autre texte. On peut lire que

---

78 Galland, *Correspondance*, lettre 149, p. 354.
79 À plusieurs reprises, l'orientaliste s'était plaint des lenteurs de son imprimeur, reproches généralement partagés par les milieux savants. Après la mort du savant, personne ne jugea utile d'achever ce travail, qui resta, et reste encore, manuscrit. La biographie de Pétis de La Croix avait été publiée et, malgré l'avis de Galland, qui pensait que les deux textes

ce qui suit est tiré d'une autre histoire que le même traducteur a achetée à Constantinople et qu'il a mise à la BR. Le nom de l'historien n'y est pas marqué, mais il est plus ancien que Mīrkhwānd. En effet, il fait connaître lui-même ici, dans un endroit, comme on le verra, qu'il vivait du temps d'Holagou...[80].

D'après les informations accessibles, ce manuscrit serait une copie de l'histoire de Gengis Khan écrite par Juvainī[81], à laquelle Pétis de La Croix faisait référence sous le nom de «Joüini»[82], mais dont il ne fait que très peu mention dans son texte. Il semble donc que cette traduction partielle de Galland soit la seule trace d'un réel usage de l'auteur persan. Dans son histoire, Juvainī accordait une grande place aux actions et aux paroles des souverains mongols, et principalement au fils et successeur de Gengis Khan, Ögödeï (1186-1241). Or, plusieurs de ces extraits se retrouvent dans le premier texte qui apporta une forme de célébrité à Galland, à savoir un recueil de paroles et bons mots que l'orientaliste compila au fil de ses lectures et qu'il publia en 1694[83]. L'existence d'une traduction, même partielle, explique que ce texte fut largement utilisé, tant par les contemporains de Galland que par ses successeurs.

La famille Pétis de La Croix rencontra également de nombreux obstacles, et les vies de Gengis Khan et de Tamerlan furent imprimées de façon posthume. Pétis de La Croix père acheva sa biographie de Gengis Khan avant sa mort en 1695. Ce texte contenait également les notices biographiques des sources utilisées, probablement rédigées à partir de la traduction du dictionnaire de Ḥājjī Khālifa[84] réalisée par le fils. La biographie n'ayant pas été imprimée du vivant du traducteur, c'est son fils qui y apporta les dernières corrections. L'ensemble fut publié en 1710. Les étapes de la publication de la biographie de Tamerlan sont assez similaires, dans la mesure où ce texte fut achevé avant la mort de Pétis de La Croix fils en 1715, mais imprimé en 1722 par les soins d'Alexandre-

---

étaient complémentaires, il semble que l'intérêt du public n'était pas assez grand pour justifier une seconde monographie sur ce thème. Ces traductions restèrent manuscrites et ne semblent pas avoir circulé, même sous cette forme.

80 Voir le manuscrit Fr. 6083 de la BNF, p. 55.

81 Il s'agirait du ms. Persan 69 de la BNF. Ce manuscrit a appartenu à Thévenot. Voir la notice de Richard dans le catalogue des manuscrits persans.

82 Pétis de La Croix, *Histoire de Genghizcan*, p. 543. On sait que Melchisédech Thévenot possédait un exemplaire dans sa bibliothèque. Voir *Catalogus codicum manuscriptorum Bibliothecae regiae*, Paris, 1739, I, p. 276, LXIX.

83 Antoine Galland, *Les paroles remarquables, les bons mots et les maximes des Orientaux, traduction de leurs ouvrages en Arabe, en Persan et en Turc, avec des Remarques*, Paris, 1694.

84 On peut lire à plusieurs reprises que différents manuscrits ont été «traduits par mon fils».

Louis Marie Pétis de La Croix (1698-1751), le petit-fils, lui aussi traducteur pour le roi et dernier représentant de cette lignée d'orientalistes[85].

Cette proximité, surtout visible à travers les vies de Gengis Khan et de Tamerlan, invite à considérer ces deux biographies comme appartenant à un même ensemble si ce n'est éditorial, au moins thématique. Elles témoignent une fois de plus de l'évidence de la filiation entre les empereurs tartares. Cette unité se retrouve d'ailleurs dans les titres mêmes des œuvres, puisque Gengis Khan est le «premier empereur des anciens Mogols et Tartares», et Tamerlan est un «empereur des Mogols et Tartares». S'il est possible de voir ici le choix de l'éditeur plus que de celui des auteurs, il ne fait pas de doute à la lecture de ces textes que ces deux empereurs sont les deux principales figures d'une dynastie ininterrompue. Cette volonté de souligner cette continuité historique se retrouve dans un ajout fait par Pétis de La Croix fils à la fin de l'ouvrage de son père et qui consiste en une présentation des empereurs qui ont régné entre Gengis Khan et Tamerlan, afin que le lecteur puisse comprendre le lien qui existait entre les deux empereurs, et donc entre les deux œuvres.

Que peut-on déduire de ces éléments relatifs aux difficultés de publication de ces traductions? Tout d'abord, une certaine lenteur du monde de l'édition, dont les auteurs ont eu l'occasion de se plaindre à plusieurs reprises. Les libraires ne peuvent cependant recevoir l'ensemble des griefs, et le rôle des relecteurs et des censeurs qui évaluaient la qualité du style et son respect du «génie» de la langue française doit également être pris en compte. Dès lors, on comprend l'importance de pouvoir s'appuyer sur un réseau pour assurer la publication d'œuvres intervenant après la mort de leurs auteurs. Dans le cas des Pétis de La Croix, la continuité familiale – on pourrait presque dire dynastique – joua un rôle central à la fois dans la diffusion des traductions, mais aussi dans la transmission de la charge d'interprète du roi pour les langues orientales[86]. Si cette dimension est tout à fait envisageable, il ne faudrait pas réduire ces traductions à de simples ambitions carriéristes, et il semble qu'une autre dimension, plus profonde, puisse être avancée.

En proposant sa traduction de la vie de Tamerlan comme la suite de celle de Gengis Khan, Pétis de La Croix reproduisait d'une certaine façon l'unité du texte de Sharaf al-Dīn ʿAlī Yazdī, dont le prologue mentionnait précisément la vie de Gengis Khan et de ses successeurs. Puisque l'on sait que cette com-

---

85   Dans un schéma quelque peu différent, c'est Antoine Galland qui acheva le travail de d'Herbelot, mais il semble plutôt qu'il faille voir ici le désintérêt de ce dernier pour cette traduction.

86   Il semble précisément que ce soit cette dimension qui manqua à Galland et qui explique que la postérité n'ait retenu de lui que ses œuvres littéraires, publiées de son vivant.

position était connue du traducteur, mais qu'il n'avait pas accès au prologue, on peut penser qu'il tenta de pallier ce manque avec les moyens dont il disposait à Paris. Dès lors, on peut émettre l'hypothèse que l'intérêt pour Gengis Khan aurait pu être suscité par cette volonté de reproduire l'économie du *Ẓafarnāma*, mais que, ne disposant pas d'une source unique pour écrire la vie de Gengis Khan, Pétis de La Croix père compila les sources alors disponibles pendant que son fils travaillait à la traduction de la vie de Tamerlan. Cette hypothèse expliquerait cet intérêt soudain pour la vie de l'empereur mongol qui n'avait alors fait l'objet d'aucune étude moderne en dehors de la rapide compilation de Bergeron en 1634 et qui ne portait pas spécifiquement sur Gengis Khan.

4   Le traitement des mythes d'origine chez d'Herbelot et Pétis de La Croix

Définir l'origine des Mongols avait posé de réelles difficultés aux auteurs latins médiévaux, mais depuis cette époque, la question n'avait pas connu de nouveau développement. L'intérêt pour Gengis Khan s'était estompé, et on avait accepté que les Tartares puissent venir des steppes lointaines par une série de migrations dont on perdait la trace. Bergeron avait bien tenté de résoudre cette difficulté, mais il n'apportait rien de plus qu'aux XIIIᵉ et XIVᵉ siècles. Il n'en fut pas de même avec Pétis de La Croix père qui, à travers son corpus oriental et plus particulièrement l'utilisation de Rashīd al-Dīn, disposait de nouveaux éléments. Pour l'orientaliste, l'origine de la lignée de Gengis Khan ne doit pas remonter avant le septième siècle, et au personnage mythique d'Alan Qo'a[87]. Sur ce point, Pétis de La Croix dispose d'informations bien plus complètes qu'il nous faut détailler. Cette princesse eut d'abord deux enfants naturels, les « Dürlükin » puis trois enfants engendrés par un rayon de lumière, les « Niru'un »[88]. Cette distinction s'appliquait à ces cinq fils et surtout à l'ensemble des peuples qui en sont issus. Il s'agit dès lors d'un moyen d'instaurer une hiérarchie entre eux et de légitimer les différentes prétentions de chacun. Sur ce point, Pétis de La Croix suivait le texte de Rashīd al-Dīn et indiquait que la « nation mogole » était divisée en deux branches principales, à savoir les « Dirlighin », ou enfants naturels, et les « Niron », ou enfants

---

87   Pétis de La Croix (père), *Histoire du Grand Genghizcan*, p. 7.
88   Rashīd al-Dīn, *Jami'u't-Tawarikh*, p. 83.

miraculeux[89]. Pour l'orientaliste, ce nom de « Niron » renvoyait au « mot corrompu de Nouranyoun qui signifie enfant de lumière »[90], et c'était naturellement l'histoire de ces peuples qu'il fallait écrire.

Pétis de La Croix, toujours fidèle à sa source, dressa la liste des peuples « Niron ». Il s'agit des « Yeka-Mongols », des « Soumongols », des « Merkat », des « Metrit », des « Tanjout » et des « Nironcayat »[91]. Les premiers noms de ces peuples étaient déjà présents dans les sources latines médiévales, mais celui de « Nironcayat » mérite d'être étudié, et Pétis de La Croix en donne l'étymologie. Il décomposa ce terme en « Niron », et « cayat », c'est-à-dire forgeron.

> L'origine de ce mot vient de certains peuples qui étaient à l'extrémité septentrionale du Mogolistan et que l'on nommait Cayat parce que leurs chefs avaient autrefois établi dans la montagne appelée Arkenékom [Ergene Qun] une fonderie de fer qui donna une grande réputation à ses branches Mogoles[92].

Ici, Pétis de La Croix père faisait référence à un mythe qui n'appartient pas à la tradition mongole, mais que l'on retrouve chez les Turcs. Résumé par Denis Sinor, ce mythe débute par une grande bataille dans laquelle les Turks furent défaits. Seul survivant de son peuple, un enfant mutilé fut recueilli par une louve qui le conduisit au cœur d'Ergene Qun, lieu difficile d'accès dont la nature n'est pas clairement définie. L'enfant y grandit et s'accoupla avec la louve pour donner naissance aux différents peuples turciques. La caverne devenant trop petite, ces peuples en sortirent après que l'un d'entre eux trouva du fer dans les parois rocheuses et le fit fondre, ce qui marqua le début des conquêtes turciques. Chaque année, cette sortie d'Ergene Qun était célébrée par des rituels tournant autour du feu et de la sidérurgie[93], fêtes également présentes chez Pétis de La Croix.

Si l'on reprend ce mythe tel qu'il est mentionné chez Pétis de La Croix, on constate donc que ce forgeron serait le fondateur des Niron Cayat, et que ses descendants occuperaient légitimement les plus hautes fonctions parmi les

---

89   Pétis de La Croix (père), *Histoire du Grand Genghizcan*, pp. 7 et 15.
90   Pétis de La Croix (père), *Histoire du Grand Genghizcan*, p. 14, note a.
91   Pétis de La Croix (père), *Histoire du Grand Genghizcan*, p. 7. « Les peuples de Merkit, Tanjout, Mercat, Soumogol, Nironcaïat, Yeka-Mogol et quelques autres encore étaient les Mogols Niron ».
92   Pétis de La Croix (père), *Histoire du Grand Genghizcan*, p. 8.
93   Denis Sinor, « The Legendary Origin of the Türks », réédité dans *Studies in Medieval Inner Asia*, Aldershote Ashgate Publishing, 1997, article II, pp. 223-257.

peuples tartares. Concernant les Dirlighin, Pétis de La Croix considérait, toujours à la suite de Rashīd al-Dīn, que ce nom regroupait des peuples comme les «Congorat, des Berlas, des Mercout, des Courlas et plusieurs autres»[94]. Or, c'est précisément de la nation Berlas que Tamerlan était issu, et donc pas des enfants miraculeux.

Ce mythe avait pour fonction de légitimer la branche gengiskhanide, et l'on comprend que, comme l'indique Denise Aigle, «la légende de l'origine de Gengis Khan [soit] un exemple particulièrement riche des transformations que les récits mythiques peuvent subir»[95]. Bien que Pétis de La Croix père diffusa ce mythe, il ne lui accorda que très peu d'importance et prit ouvertement ses distances. À l'image de ce que Bergeron avait écrit avant lui, l'orientaliste indique que

> comme presque tous les Empires et les Maisons illustres ont leurs fables et leurs faux miracles, les Mogols n'en ont pas manqué, ils ont mieux aimé corrompre la pureté de leur Histoire que de n'y mêler du merveilleux[96].

Peu avant lui, Catrou soulignait également que ce mythe relevait d'une «une fable si peu digne de créance»[97].

La position de d'Herbelot était plus nuancée sur ce point. D'un côté, il indiquait qu'il s'agit d'une «histoire merveilleuse, qui avait été apparemment inventée pour faire honneur à l'origine de ces grandes familles de Turcs, de Mogols et de Tartares»[98]. Il avait donc conscience du caractère artificiel de cette origine. Cependant, il indiquait également que l'on pourrait croire «que cette tradition des Mogols est une marque du Christianisme que ces nations du Septentrion ont autrefois professé et qu'ils ont beaucoup corrompu par la suite»[99]. En effet, d'Herbelot indiquait ici que, suivant Khwāndmīr, ce mythe pourrait être rapproché de celui de la grossesse de «Mirian mère d'Issa», c'est-à-dire de Marie, mère de Jésus. Ce dernier élément explique certainement pourquoi d'Herbelot ne critiqua pas ce mythe. En effet, il lui était impossible de

---

94   Pétis de La Croix (père), *Histoire du Grand Genghizcan*, p. 7. Il s'agit des Congöirat, Barlas, Merkit.

95   Aigle, *The Mongol Empire between Myth and Reality*, p. 121.

96   Pétis de La Croix (père), *Histoire du Grand Genghizcan*, p. 10. Il est intéressant de noter qu'il est une nouvelle fois fait usage du terme de fable pour décrire un discours qui ne peut être tenu pour possible.

97   Catrou, *Histoire générale de l'empire du Mogol*, p. 3.

98   Herbelot, *Bibliothèque orientale*, article Alankava ou Alancova, p. 84.

99   Herbelot, *Bibliothèque orientale*, p. 84.

réfuter une pareille naissance qui rappelait celle du Christ. Aussi, il préféra interpréter la croyance de ces nations dans ce mythe comme la trace d'un christianisme perdu.

Outre cette opposition quant à l'importance à accorder à ce mythe, les deux orientalistes diffusent, certainement sans en avoir conscience, deux écritures différentes de l'histoire d'Alan Qo'a. Pour Pétis de La Croix père, Alan Qo'a est à l'origine d'une histoire mongole qui ne saurait remonter avant le septième siècle. C'est elle qui établit la différence centrale entre les différentes nations en fonction de l'enfant dont elles descendent. Pour d'Herbelot, la distinction entre Niron [Niru'un] et les Derlighin [Dürlükin] s'expliquait autrement. Alors qu'il se battait contre les Turks, le peuple mongol subit une lourde défaite. Ils se réfugièrent à Ergene Qun et y auraient fondé deux types de nations. Les «Kiat» [Qiyât] auraient été fondés par Qiyān, et Nukūz serait à l'origine des «Dirlighuin»[100]. Ces deux peuples «rétablirent la nation et l'Empire des Mogols»[101], mais la primauté revint malgré tout au Qiyât. C'est de cette lignée qu'Alan Qo'a serait issue, et sa naissance aurait donc eu lieu après l'épisode d'Ergene Qun.

Deux différences doivent être notées entre l'interprétation donnée par Pétis de La Croix père et celle de d'Herbelot. La première est que, pour d'Herbelot, Alan Qo'a n'était pas à l'origine de la distinction entre les deux ensembles, car elle appartenait elle-même à l'ensemble le plus prestigieux. Dans cette interprétation, elle perdait donc de son importance en tant que personnage central du mythe d'origine. La seconde différence repose sur le fait que cet ensemble prestigieux n'était pas nommé Niron, en référence à la lumière, mais Qiyât, en référence au forgeron.

Le premier point est le plus important, car il permet, en suivant le raisonnement de d'Herbelot, de rattacher Tamerlan et son clan des Berlas à Alan Qo'a, mais aussi à la branche illustre des Mongols. Dès lors, sa légitimité et celle de l'ensemble des Timourides est assurée. On mesure donc ici l'importance de la réécriture proposée par Mīrkhwānd ou Khwāndmīr dans le cadre d'une historiographie timouride. La conséquence directe de ce point précis sur notre étude est de participer au manque de clarté dans la tentative de définition de l'origine des Mongols. Si les deux orientalistes n'avaient certainement pas conscience des enjeux d'une telle réécriture, ils pouvaient constater les écarts entre leurs deux versions.

---

100   Herbelot, *Bibliothèque orientale*, p. 317. Il faut ici noter un écart avec Rashīd al-Dīn qui indique que Qiyāt, qui correspond au Kiat de d'Herbelot, est le nom de l'un des survivants, et non celui du peuple qui en est issu. Le second survivant est Nukūz, qui peut correspondre au Teghous de l'orientaliste.

101   Herbelot, *Bibliothèque orientale*, p. 317.

Malgré les mythes sur lesquels elle reposait, et dont les auteurs se détachaient avec prudence, cette origine ne vint pas remettre en question les savoirs déjà en circulation. En effet, il ne s'agit que de détails certainement passés inaperçus dans une logique identique de continuité entre les deux dynasties. Les corrections introduites ne portaient d'ailleurs que sur des éléments secondaires aux yeux des lecteurs, car ils renvoyaient à des souverains inconnus et des époques largement ignorées du public, même le plus érudit. Ce que l'on peut retenir de ces éléments est que la traduction de sources persanes permit de venir contrebalancer l'influence grandissante que la biographie arabe d'Ibn 'Arabshāh exerçait. Dans la logique de hiérarchisation des sources, ces manuscrits persans étaient considérés comme plus fiables que les sources arabes, et étaient d'autant mieux reçus qu'ils s'intégraient plus facilement dans le schéma déjà existant.

La seconde moitié du XVIIe siècle se caractérise en France par un accès plus large aux sources persanes, ce qui s'explique par la mise en place et le développement des cadres permettant le développement des études orientales. Cette plus grande connaissance des sources se traduisit par un approfondissement des savoirs sur l'histoire des Tartares et par un renforcement de la filiation entre Gengis Khan et Tamerlan. L'idée d'empire tartare était désormais un fait pleinement intégré dans la perception de l'histoire centrasiatique. Cette acceptation s'explique par le fait que, dans la hiérarchisation des sources, les textes persans étaient considérés comme les plus fiables dans la mesure où ils avaient été produits au plus près des temps et des lieux décrits. Cette acceptation était d'autant plus facile que les savoirs véhiculés s'inscrivaient parfaitement dans la perception dominante de l'histoire des Tartares telle qu'elle était écrite en Europe occidentale. Cependant, cette correspondance n'est pas le signe d'un recoupement puisque, comme nous l'avons constaté, les savoirs acquis à la fin du XVIIe siècle reposaient en grande partie sur Mīrkhwānd, auteur déjà connu par Bergeron et Teixeira avant lui. En d'autres termes, si les canaux d'informations étaient nouveaux, les données qui y circulaient étaient déjà connues.

Si l'on se place du point de vue de la production historiographique française, on constate que les œuvres qui diffusaient l'idée d'un empire tartare étaient des œuvres de commandes ou des œuvres produites avec le soutien de la Couronne. Dans le cadre d'une écriture courtisane de l'histoire et du rapport complexe entre un patron et un savant, il était fréquent de chercher des parallèles entre le sujet traité et le destinataire de l'œuvre. Aussi, la puissance et la longévité de l'empire tartare servaient de reflet à la puissance et à la longévité du règne de Louis XIV, et les qualités de l'on reconnaissait à l'un ou l'autre de ces souverains orientaux étaient naturellement magnifiées en la personne du souverain français. Cette lecture politisée de l'histoire tartare pouvait cependant avoir des conséquences plus néfastes lorsque le portait de Tamerlan était utilisé non pas pour flatter, mais pour attaquer les hauts personnages du royaume.

CHAPITRE 7

Les jésuites et la traduction des sources chinoises et mandchoues

Dans les étapes d'une révolution scientifique, les traductions des sources persanes réalisées par les Pétis de La Croix, Galland et d'Herbelot représentent la confirmation des savoirs, ce moment de renforcement du paradigme. Presque à la même époque, on assiste à l'apparition d'anomalies, c'est-à-dire de données de plus en plus nombreuses venant fragiliser ce paradigme. Ces anomalies, qui portent principalement sur l'histoire de Tamerlan, viennent en effet remettre en question les deux fondements de l'idée d'empire tartare, à savoir l'unité du peuple tartare et la filiation entre les deux empereurs. Dans la continuité des travaux de Martini, c'est de Chine que ces anomalies arriveront dans le paysage intellectuel français, et principalement parisien.

À l'image de la façon dont nous avons structuré notre chapitre précédent, cette analyse de l'introduction des savoirs historiques relatifs aux Tartares à partir des sources produites en Chine nous conduira à nous interroger sur le contexte politique et culturel qui explique la circulation de ce nouveau type de sources. Dans cette perspective, nous serons conduits à aborder deux points importants et directement liés, à savoir la formation de la sinologie et le rôle joué dans cet essor par les missionnaires jésuites. Tout comme il n'a pas été question de brosser un tableau complet des études orientales à travers les œuvres de Pétis de La Croix ou de d'Herbelot, nous ne retiendrons ici que les éléments indispensables à la compréhension de notre étude.

Il est nécessaire de souligner un point important: les jésuites français en Chine ne représentaient qu'une partie de la totalité des jésuites en Chine, et ce pays n'était pas le seul territoire de mission de l'ordre religieux. Les jésuites étaient par exemple présents en Inde, en Asie du Sud-Est et sur le continent américain. De plus, les écrits sur les Tartares produits par cette minorité de jésuites français ne représentent qu'une partie de leurs travaux, dont les plus importants concernent la géographie, l'astronomie et les mathématiques. Cette mise en perspective invite donc à contextualiser les œuvres dans un cadre qui dépasse la seule histoire tartare, en gardant à l'esprit qu'aucun de ces auteurs n'a consacré l'ensemble de sa production écrite à la question des Tartares.

1   Les jésuites et l'historiographie Qing

Cette nouvelle phase d'expansion des savoirs français sur l'empire tartare est une conséquence directe des ambitions politiques que Louis XIV nourrissait en direction de la Chine, et s'inscrit donc dans la même dynamique que le développement des échanges vers la Perse. Aussi, lorsque les jésuites déjà présents à Pékin lancèrent un appel aux missionnaires pour venir renforcer la mission en Chine, Louis XIV y vit un moyen de consolider la présence française à la cour chinoise. Cependant, le roi n'était pas en mesure de décider de l'envoi de missionnaires, car cette prérogative était réservée au Pape ou au roi du Portugal. Dès lors, les jésuites qu'il envoya revêtaient moins le statut de missionnaires que celui de conseillers scientifiques, notamment sur les questions de mathématiques, d'astronomie et de cartographie. Les religieux devinrent dès lors un «instrument de manifestation du pouvoir de Louis XIV»[1] dans une démonstration de puissance destinée à l'Europe entière. Ce faisant, le roi donna à la France la possibilité d'avoir des ambassadeurs permanents auprès de la cour impériale qui, par les réseaux qu'ils seraient susceptibles de tisser, seraient plus à même de défendre les intérêts commerciaux face aux Hollandais puis aux Anglais.

Le succès de l'entreprise lancée par Louis XIV reposait sur les qualités intellectuelles de ces missionnaires. Aussi, leurs formations avant leur départ avaient été confiées à l'Académie royale, dont plusieurs missionnaires furent membres. C'est d'ailleurs depuis l'Académie qu'ils étaient orientés dans leurs recherches, par le biais de la correspondance, et par celui d'un questionnaire établi avant le premier départ dans le but de dresser la liste des aspects de la culture chinoise qui méritaient d'être éclaircis. Bien qu'aucun thème ne porte spécifiquement sur l'histoire des Tartares, le vingt-septième point de cette véritable «feuille de route»[2] s'intitule assez largement «De la Tartarie orientale et occidentale»[3], témoignant de l'intérêt que l'on manifestait pour cette question.

Après un départ en 1685, les cinq premiers jésuites arrivèrent en Chine en 1688. Parmi eux, Claude de Visdelou (1656-1737)[4] était en charge des questions

---

1   Isabelle Landry-Deron, *La preuve par la Chine ; la description de J.-B. du Halde, jésuite, 1735*, EHESS, Paris, 2002, p. 62.

2   Landry-Deron, *La preuve par la Chine*, p. 175.

3   Landry-Deron, *La preuve par la Chine*, p. 176.

4   Issu de la noblesse bretonne, Claude de Visdelou entre chez les jésuites à l'âge de seize ans. John W. Witek, «Claude Visdelou and the Chinese Paradox», coll. *Actes du VIe colloque international de sinologie*, 11-14 septembre 1989, Taipei-Paris-Hong Kong, Institut Ricci, pp. 371-385, 1995.

relatives à l'histoire et montra rapidement une très bonne maîtrise de la langue chinoise[5]. S'il semble avoir été apprécié à la cour impériale pour ses qualités intellectuelles, il n'en fut pas de même au sein de son ordre. Sur la délicate question de la querelle des rites, qui avait déjà conduit Martini à se rendre en Europe pour défendre la position des jésuites, Visdelou défendait la ligne prônée par le pape et s'opposait ainsi à la ligne directrice de son ordre. Cette position le contraignit à devoir quitter la Chine[6]. En 1709, il arriva à Pondichéry, comptoir français de la côte orientale des Indes, après avoir été nommé évêque de Claudipolis[7]. Vivant au couvent des Capucins et non avec les jésuites[8], Visdelou se consacra à l'étude du bouddhisme et à la rédaction des notes qu'il avait prises sur l'histoire de la Chine. En 1737, le supérieur des Capucins de Pondichéry dressa une liste des ouvrages « remis au pape après la mort de l'auteur »[9] et déposés aux archives vaticanes[10], qui permet de rendre compte du travail effectué par ce missionnaire[11]. Dans le cadre de ce chapitre, il ne sera question que des *Observations sur [...] la Bibliothèque orientale*, par lesquelles Visdelou compléta et corrigea les articles que d'Herbelot avait rédigés sur l'histoire des Tartares lorsque celle-ci concernait l'histoire de la Chine. Retracer la diffusion de ce texte est complexe et renvoie à des considérations trop éloignées de cette

---

5   John W. Witek, « Claude Visdelou and the Chinese Paradox », pp. 371-385. Selon le témoignage d'un autre missionnaire, le père Bouvet, sa grande connaissance de la langue mandchoue et des textes classiques lui valut d'expliquer les passages obscurs des textes chinois au fils même de l'empereur.

6   On peut également penser, en suivant John W. Witek, que cette mise à l'écart résulte d'une opposition de personne, et Visdelou semble avoir eu des difficultés à reconnaître Gerbillon comme successeur de Fontenay.

7   Visdelou n'a jamais réellement exercé cette charge, dans la mesure où Claudipolis est une ville de Turquie. Il s'agit d'une récompense de la part du cardinal de Tournon qui, en tant que patriarche d'Antioche, fait de Visdelou son protégé.

8   La rivalité entre les deux ordres présents à Pondichéry est palpable. Visdelou devint le champion de la lutte contre les jésuites afin de faire appliquer le décret pontifical. L'oraison funèbre, prononcée devant la communauté française de Pondichéry, est d'ailleurs une attaque ouverte contre les jésuites plus qu'un véritable éloge de la vie du défunt. Ce contexte vaudra à Abel-Rémusat de dire que Visdelou « était digne d'avoir un panégyriste plus judicieux que le P. Norbert », voir Jean-Pierre Abel-Rémusat, *Nouveaux mélanges asiatiques*, 2, Paris, 1829, p. 2548.

9   Moreri, X, p. 664.

10   Norbert de Bar-Le-Duc, *Mémoires historiques sur les missions des Indes orientales présentés au souverain pontife Benoit XIV*, tome II, parties II et III, Lucques, 1744, p. 144.

11   Oraison funèbre de Visdelou, p. 113. Dix-huit ouvrages sont ainsi répertoriés, et l'on apprend que c'est « par l'ordre du Cardinal de Tournon [que Visdelou a] écrit plusieurs ouvrages importants sur les mœurs, les lois, sur les cultes et les cérémonies des anciens Chinois ».

étude, mais il faut garder à l'esprit qu'il circula à Paris de façon manuscrite dès les années 1730, soit avant la mort de l'auteur[12].

La question de la méthode employée par Visdelou invite à s'interroger sur le lieu où l'auteur rédigea son texte. Visdelou a-t-il écrit ses corrections en Chine à partir des ouvrages accessibles dans les bibliothèques et quitté le pays avec ses brouillons, ou a-t-il écrit en Inde, à partir de livres qu'il avait avec lui ? Dans la première hypothèse, qui semble préférable, cela indique qu'un exemplaire de la *Bibliothèque orientale*, édité en 1697, était présent à Pékin avant 1709, date du départ de Visdelou. La correspondance d'un autre missionnaire indique que la *Bibliothèque orientale* était accessible à Pékin dans les années 1730[13], mais sans préciser quand ce texte arriva. Dans l'hypothèse où Visdelou rédigeât son travail en Inde, cela signifie qu'il existait un exemplaire du dictionnaire de d'Herbelot en Inde en plus de l'exemplaire de Pékin.

Le cas de Visdelou illustre le fait que la production des savoirs sur l'histoire de la Chine fut directement influencée par l'œuvre de d'Herbelot. On peut retenir ici que, au moment où Pétis de La Croix fils travaillait sur les biographies des empereurs tartares à partir des sources persanes, Claude de Visdelou proposait déjà une correction de la *Bibliothèque orientale* dont les éléments historiques reposaient précisément sur Mīrkhwānd. À travers lui, et sans avoir connaissance du fait que d'Herbelot relayait une seule et même tradition, le missionnaire jésuite attaqua l'ensemble de ceux qu'il nommait les « historiens Mahométans ».

La démarche de Visdelou fut loin d'être isolée, et d'autres missionnaires s'intéressèrent à l'histoire de la Chine et des Tartares. C'est par exemple le cas d'Antoine Gaubil (1689-1759), qui rédigea une biographie de Gengis Khan. Après avoir embarqué pour la Chine en 1721, il devint « peut-être de tous les missionnaires de la Chine, celui qui a pénétré le plus profondément dans la connaissance des antiquités de la Chine et qui a rendu, par ses nombreux et

---

12   Dew, *Orientalism*, chap. 4. App, *The birth of orientalism*, pp. 197 et suiv.

13   Il s'agit de la correspondance d'Antoine Gaubil, missionnaire jésuite. Dans un autre texte de Gaubil, on peut lire que l'œuvre de Visdelou avait été « envoyée en 1728 à la Propagande par M. Visdelou. Ce petit traité fait partie d'un volume *in-folio* manuscrit, qui renferme encore plusieurs autres Ouvrages du même auteur ; tels sont I° quelques observations sur la Bibliothèque Orientale de M. d'Herbelot, en cinq cahiers ; 2° la notice de l'Y-king ; 3° la Traduction du Monument Chinois, avec des notes ; 4° une Table Chronologique des Empereurs de la Chine. Feu M. de Desmalpeines, peu de temps avant sa mort, a fait présent de ce volume à la Bibliothèque du Roi, ainsi que de la traduction entière de l'Y-king, faite par un missionnaire ». Antoine Gaubil, *Chou-King [Shujing], un des livres sacrés des Chinois*, Paris, 1770, pp. 399-400. La traduction a été assurée par Gaubil, mais c'est de Guignes qui publia l'ouvrage.

importants travaux, les plus grands services à la littérature de l'Asie orientale »[14]. Rattaché aux académies de Londres et de Saint-Pétersbourg, c'est avec
celle de Paris que Gaubil avait le plus de contacts[15].

Les jésuites de Pékin produisirent donc plusieurs textes sur l'histoire tartare,
et il faut s'interroger sur la façon dont ces textes arrivèrent entre les mains d'un
lectorat parisien et européen. Cette circulation fut loin d'être directe. Le monde
de l'édition connaissait plusieurs crises en cette première moitié du XVIIIᵉ
siècle, comme l'illustrent les difficultés avec lesquelles les biographies des Pétis
de La Croix furent publiées, parfois plus de quinze ans après leur rédaction,
sans parler des traductions de Galland qui ne le furent jamais. En plus de ce
contexte, une réalité propre au milieu jésuite doit être prise en compte.

La structure centralisée de l'ordre jésuite obligeait les missionnaires à suivre
une sorte de voie hiérarchique pour faire publier leurs travaux, afin de s'assurer
que les écrits ne puissent servir de support aux adversaires de l'ordre. À travers les exemples de Ricci et de Martini, il a été possible de constater que
toute production jésuite s'inscrivait dans les débats politiques menés ou subis
par l'ordre missionnaire. C'est pour cette raison que les jésuites fonderont, en
1701, le *Journal (ou Mémoire) de Trévoux*, «gardien de l'orthodoxie en face du
protestantisme, du jansénisme ou de la 'philosophie'»[16]. L'année suivante, ce
sont les *Lettres édifiantes et curieuses* qui furent publiées dans le but de promouvoir l'action des jésuites dans le monde entier[17]. Conscient des lacunes[18]
des *Lettres édifiantes et curieuses*, Jean-Baptiste du Halde (1674-1743)[19] se mit à

14   Jean-Pierre Abel-Rémusat, *Nouveaux mélanges asiatiques ou Recueil de morceaux de critique et de mémoires relatifs aux religions, aux sciences, aux coutumes, à l'histoire et à la
géographie des nations orientales*, 2 vol., Paris, 1829, II, p. 274.

15   Son principal correspondant y est Nicolas Fréret, académicien qui devint d'ailleurs secrétaire perpétuel de l'AIBL entre 1742 et 1749.

16   Jean Erhard et Jacques Roger, «Deux périodiques français au XVIIIᵉ siècle: 'le Journal des
Savants' et 'les Mémoires de Trévoux'. Essai d'une étude quantitative», *Livre et société dans
la France du XVIIIᵉ siècle*, Paris-La Haye, Mouton & co, 1965, p. 34.

17   Landry-Deron, *La preuve par la Chine*, p. 50. Il s'agit du recueil des lettres que les missionnaires envoient à leurs supérieurs afin de rendre compte de l'avancement des différentes
missions. Préfigurant parfois le reportage, les auteurs y décrivent leurs voyages, leurs rencontres, donnant ainsi des éléments historiques, géographiques, techniques.

18   Cependant, le caractère irrégulier de ces deux publications ne permet pas au lecteur
de suivre sur un domaine particulier. En effet, les correspondances qu'entretenaient les
jésuites de la mission de Pékin permettaient de tenir les milieux académiques informés
des dernières découvertes permises par les observations et les traductions, mais ces lettres
n'avaient pas vocation à être publiées, et abordaient des points très spécifiques, qui ne
pouvaient servir à informer un public de non-spécialistes.

19   Supervisant les *Lettres édifiantes et curieuses* de 1709 jusqu'à sa mort en 1743, du Halde avait
déjà fait preuve de ses qualités intellectuelles en enseignant au collège Louis le Grand au

l'œuvre pour réaliser une *Description géographique, historique, chronologique, politique et physique de l'Empire de la Chine et de la Tartarie*, publiée en 1735[20]. Il s'agit d'une sorte de compilation des savoirs alors accessibles sur la Chine et le rôle de du Halde fut « d'assurer la coordination de l'ensemble, d'en soutenir la cohésion et d'offrir la présentation susceptible de séduire le public fidélisé par la lecture des *Lettres édifiantes et curieuses* »[21]. Dans ce texte, dont l'influence fut immense, du Halde laissa volontairement à l'écart les écrits de Visdelou, dont on sait pourtant qu'ils furent utilisés à la même époque. Faut-il voir dans ce choix une volonté de laisser à l'écart un missionnaire dont la ligne de pensée ne correspondait plus à celle de l'ordre ? Il est difficile de répondre à cette question.

L'arrivée des jésuites français en Chine correspond à un important renouvellement de l'historiographie Qing entamée dès l'avènement de cette dynastie. Pour en comprendre la portée et mesurer son impact sur les traductions jésuites, il est nécessaire de revenir sur les enjeux de la prise de pouvoir des Qing sur les Ming. Les souverains de la dynastie Qing n'étaient pas Han, mais Mandchous, l'un des peuples Jürchen qui composent ce vaste ensemble des « peuples du Nord ». Sous les Yuan et les Ming, les Jürchen se maintinrent sans jouer un rôle politique majeur jusqu'à ce que Nurhachi (1559-1626) réunisse les différentes factions sous son autorité, posant les bases de la dynastie des Jin postérieurs, qui porta par la suite le nom de Qing. Dès son origine, la dynastie Qing revendiquait un passé qui l'ancrait dans l'histoire de ces peuples du Nord, que les sources chinoises nomment « tartares », et établit un lien privilégié avec les Mongols.

Dans un premier temps, cette nouvelle coalition s'opposa sans succès à la Chine des Ming. C'est sous le règne de Huang Taiji (1692-1643), fils de Nurhachi, que les Jürchen commencèrent à remporter une série de victoires décisives[22]. En 1644, les Qing entrèrent dans Pékin, ce qui marque traditionnellement le début de cette dynastie[23]. Pour s'assurer la victoire, Huang Taiji avait su s'allier

---

début du XVIIIe siècle. Les œuvres littéraires qu'il rédigea durant cette période connurent un succès relatif, mais lui valurent d'attirer l'attention de ses supérieurs lorsqu'ils décidèrent la création d'un ouvrage sur la Chine.

20 Jean-Baptiste Du Halde, *Description géographique, historique, chronologique, politique et physique de l'Empire de la Chine et de la Tartarie chinoise*, Paris, 1735, 4 t.

21 Landry-Deron, *La preuve par la Chine*, p. 53.

22 Voir Peter C. Perdue, *China Marches West: The Qing Conquest of Central Eurasia*, Cambridge, Mass. London, Belknap, 2010, pp. 161 et suiv. C'est d'ailleurs dans ce contexte que la Chine signa le traité de Nerchinsk avec l'empire russe, dans lequel les jésuites jouèrent un rôle important.

23 Cependant, il est important de souligner que la dynastie Ming, bien que très affaiblie, sub-

à plusieurs khans mongols qui voyaient en lui un héritier de Gengis Khan[24]. Afin de consolider cette légitimité, Huang Taiji « se serait approprié le sceau de jade impérial de la dynastie Yuan »[25], qui était la marque des souverains depuis Qin Shihuang, premier empereur de Chine. La composante mongole était donc déjà présente, mais c'est surtout sous le règne de Kangxi (1661 à 1722) qu'elle devint un facteur important du pouvoir Qing.

À la fin du XVIIᵉ siècle, la dynastie Qing était désormais solidement attachée au pouvoir. L'empire dirigé par Kangxi était en pleine phase d'expansion, notamment vers le Nord[26]. Pour faciliter ces conquêtes et pour asseoir son autorité sur ces nouveaux territoires, Kangxi joua lui aussi pleinement la carte d'un rapprochement culturel avec les Mongols. La reconnaissance d'un lien entre Kangxi et Gengis Khan, matérialisé par le sceau de jade, avait son importance, mais ne constituait que l'un des aspects de cette politique. Un autre aspect de cette stratégie de légitimation du pouvoir était de souligner l'appartenance des Mandchous et des Mongols au même ensemble Jürchen. Kangxi alla bien plus loin que ses prédécesseurs et accorda une place bien plus importante aux Mongols. L'empereur descendait de Joci par sa grand-mère et, comme le rappelle Isabelle Charleux, cette dernière joua un rôle important dans l'éducation de l'empereur, puisque c'est elle qui l'éleva en lui transmettant les préceptes mongols[27]. « Enfin Kangxi ne s'est pas seulement proclamé empereur des Mongols ; il s'est aussi comporté comme un empereur mongol »[28]. Dès lors, il a su s'attirer la sympathie et le respect des différents chefs mongols, donnant ainsi naissance à une littérature soulignant les parallèles entre Kangxi et Gengis Khan.

Cette mise en avant de Gengis Khan marquait une différence avec l'historiographie chinoise telle qu'elle avait été écrite sous les Ming. Dans le *Yuanshi*, l'histoire officielle de la dynastie mongole, le personnage central était

sista et se replia dans le sud du pays. Ce sont ces éléments que Martini relata dans son histoire de la Chine. Sur les processus d'affirmation de la dynastie Qing, voir Pamela Kyle Crossley, *A Translucent Mirror: History and Identity in Qing Imperial Ideology*. Berkeley, Univ. of California Press, 1999.

24   Isabelle Charleux, « Kangxi /Engke Amuγulang, un empereur mongol ? Sur quelques légendes mongoles et chinoises », *Études mongoles et sibériennes, centrasiatiques et tibétaines* [En ligne], 42 | 2011, mis en ligne le 20 décembre 2011, consulté le 20 janvier 2016. URL : http://emscat.revues.org/1782, § 6.

25   Charleux « Kangxi /Engke Amuγulang, un empereur mongol ? », § 56.

26   C'est d'ailleurs cet agrandissement considérable de l'empire qui explique l'intérêt de l'empereur pour la cartographie, moyen de matérialiser l'étendue de son pouvoir. On comprend mieux que les jésuites, particulièrement formés dans ce domaine, reçurent un accueil favorable à la cour impériale.

27   Charleux, « Kangxi /Engke Amuγulang, un empereur mongol ? », § 5.

28   Charleux, « Kangxi /Engke Amuγulang, un empereur mongol ? », § 8.

Qubilai, et non son grand-père[29]. Ce contexte politique de renouvellement de l'historiographie se manifeste également par la traduction en mandchou des principaux textes chinois. Illustrant un très haut degré d'intertextualité, la construction d'une historiographie sous la dynastie Qing repose sur l'utilisation et la traduction de nombreuses sources chinoises[30].

2   Traduire l'histoire tartare sous les Qing

C'est dans ce contexte que les jésuites commencèrent à traduire les sources historiques relatives aux Tartares. En 1726, Gaubil envoya à Paris un abrégé sur ce qu'il appelle l'histoire « des Tartares issus de Gentchiscan, et qui ont régné à la Chine »[31]. Dans sa lettre contenant l'*Abrégé*, Gaubil annonçait également une « histoire complète » pour l'année suivante[32]. Il s'agit de l'*Histoire de Gentchiscan et de toute la dynastie mongoux* publiée en 1739[33]. Le principal texte utilisé par Gaubil appartient à la tradition des ouvrages produits à la suite du *Zizhi tongjian*. Rédigé en 1067 par Sima Guang, ce texte est une histoire de la Chine, dont la particularité est de décrire avec de nombreux détails les peuples du Nord[34]. Après plusieurs augmentations au fil des siècles, notamment sous les Ming, Kangxi demanda à ses historiens d'en faire une version mandchoue datée de 1691, connue sous le titre de *Han-i araha tunggiyan*

---

29   C'est d'ailleurs à ce titre que Gaubil lui avait consacré la plus grande partie de son ouvrage.

30   Des passages, voire des ouvrages entiers, peuvent ainsi être recopiés d'une époque à l'autre. Si Nicolas Standaert a dégagé une filiation claire pour les textes relatifs aux premiers empereurs, ce type de travail reste à faire pour l'époque ici étudiée. Nicolas Standaert, « Jesuit Accounts of Chinese History and Chronology and their Chinese Sources », East Asian Science, Technology, and Medicine, 35, pp. 11-87.

31   Il s'agit de l'*Abrégé chronologique des cinq premiers empereurs mogols* édité par Souciet, autre correspondant parisien de Gaubil. Étienne Souciet, *Observations mathématiques, astronomiques, géographiques, chronologiques et physiques tirées des anciens livres chinois ou faites nouvellement aux Indes et à la Chine par les pères de la Compagnie de Jésus*, Rollin, Paris, 1729. Pour le texte de Gaubil, voir pp. 185-203.

32   Antoine Gaubil, *Correspondance de Pékin, 1722-1759*, Droz, Genève, 1970, p. 83.

33   Antoine Gaubil, *Histoire de Gentchiscan et de toute la dinastie des Mongoux*, Briasson, Piget, Paris, 1739. Le texte était déjà approuvé en 1737 et l'avertissement de l'*Histoire de Gentchiscan* explique d'ailleurs que c'est parce que l'*Abrégé* avait été « bien reçu » que l'histoire put voir le jour dans sa totalité. Voir Gaubil, *Histoire de Gentchiscan*, avertissement, p. 1. Il s'agit ici des considérations du libraire et non de l'auteur.

34   Joseph P. Yap, *Wars with the Xiongnu, a translation from Zizhi Tongjian*, Londres, AuthorHouse, 2009, 704 p. et Wilkinson Endymion Porter, *Chinese history, a manual*, Harvard, Yenching Institute monograph series, 2000 (rééd), pp. 21 et suiv.

g'angmu bite[35]. Gaubil[36] travailla à partir de ce texte et, pour Standaert, il s'agit là de «l'exemple le plus clair de l'utilisation par les jésuites de la tradition officielle des Ming, telle qu'elle a été conservée par les Qing»[37].

Si Gaubil y puisa de nombreux éléments, c'est un autre jésuite qui entreprit la lourde traduction complète, tout en y apportant de nombreux ajouts[38]. Arrivé en Chine en 1703, le père Joseph Anne-Marie de Moyriac de Mailla (1669-1748) vécut à la cour à partir de 1732 et participa aux travaux de cartographie commandés par l'empereur Kangxi, mais fut surtout connu en France pour son *Histoire générale de la Chine*, publiée à titre posthume en 1777, en douze volumes. Ce retard dans la publication de ce texte s'explique par deux éléments. En écrivant l'histoire de la Chine à partir de ces sources, le jésuite faisait état d'une chronologie qui n'était pas compatible avec la Bible, car faisant état d'événements arrivés avant le Déluge, il décrivait un monde bien plus vieux qu'il n'aurait dû l'être selon les Écritures. Cette question, au cœur de la querelle de la chronologie, faisait l'objet d'un vif débat en Europe, si bien que les jésuites se montraient prudents sur la question. Le second point qui explique le retard dans la publication de l'œuvre de Moyriac de Mailla vient d'un conflit qui l'opposa à Gaubil.

On constate que les relations entre les deux missionnaires se dégradèrent au fur et à mesure que Mailla avançait dans sa rédaction. Mettant en doute à de nombreuses reprises les calculs de Moyriac de Mailla sur l'astronomie[39], Gaubil s'en prit de plus en plus violemment à ses écrits historiques. Aussi, Gaubil invita Mailla à «traduire fidèlement ce que dit l'histoire chinoise»[40] et mit en doute la qualité de la traduction et la pertinence du choix des sources[41]. Par la

---

35   Nicolas Standaert, «Jesuit accounts on Chinese history», East Asian Science, Technology and Medicine, 35 (2012), p. 75.

36   Gaubil, *Correspondance*, p. 264, note 3. Gaubil utilisa la traduction du père Parrenin.

37   Standaert, «Jesuit accounts on Chinese history», p. 118.

38   Standaert, «Jesuit accounts on Chinese history», p. 13.

39   Gaubil, *Correspondance*, p. 85, 98.

40   Gaubil, *Correspondance*, p. 125. Ici, Gaubil fait référence à un passage de l'histoire des cinq petites dynasties, mais cette défiance envers Moyriac de Mailla est valable pour l'ensemble de l'œuvre.

41   Un élément laisse cependant penser que l'opposition entre Gaubil et Moyriac de Mailla ne repose pas uniquement sur une conception différente de l'historiographie. On sait en effet que Rome ordonna à Mailla de quitter la Chine, parce qu'il refusait d'appliquer les décisions pontificales concernant les rites chinois. Il ne put rester en Chine que sur ordre de Louis XV, qui refusa de voir les missionnaires français quitter la cour impériale. La censure qui entoure les écrits de Mailla est peut-être une forme de protection des jésuites face à un auteur diffusant des idées qui auraient pu desservir l'ordre, comme ce fut le cas pour Visdelou. Landri-Deron, *La preuve par la Chine*, p. 64.

suite, Gaubil va même jusqu'à se « repentir d'avoir parlé même en général de quelques points de l'histoire des *Yuen* [Yuan] », c'est-à-dire la dynastie mongole, au père Mailla qui « est allé se morfondre à lire je ne sais combien d'autres livres pour faire une histoire des Yuen »[42]. Plus que les raisons profondes de cette défiance de Gaubil envers Moyriac de Mailla, c'est la simultanéité des œuvres qui doit être soulignée, puisque les deux missionnaires travaillaient en même temps sur une histoire des Mongols.

Un autre type d'œuvre important dans l'historiographie Qing fut largement utilisé par les missionnaires. Apparus sous les Ming, les gangjian[43] couvrent l'histoire de la Chine, des temps les plus anciens jusqu'à la mort de leurs auteurs, à mi-chemin entre une histoire strictement écrite comme une annale et un récit historique. Destinés à servir de support à l'administration ou à la préparation des concours, ils étaient ainsi rédigés dans un style clair, concis, qui permettait un accès rapide aux informations qu'ils contenaient[44]. La nature de ces textes en faisait des ouvrages de choix pour les missionnaires, qui y trouvaient une sorte de condensé de l'histoire chinoise relativement facile d'accès. Par exemple, on sait que Gaubil utilisa largement l'œuvre de Zhong Xong (1574-1624) intitulé *Zhing Xing's Dingqin Zhong Bojing dingzheng Zizhi gangjian zhengshi daquan*, que le missionnaire nommait *Tse-tchi-kang-kien-ta-tsueni*[45]. L'intérêt de cette œuvre est de couvrir une période allant jusqu'en 1368, c'est-à-dire la fin de la dynastie Yuan[46].

À côté de ces principaux textes, il existe de nombreuses sources qui circulaient du temps de la présence jésuite, et Visdelou fit mention d'un corpus assez large que l'on ne retrouve pas chez ses homologues[47]. Pour ce qui concerne les sources produites avant la formation de l'empire mongol, Visdelou utilisa surtout le texte de « Gheou-yam-sieou » [Ouyang Xiu], mort en 1072, qu'il présente comme le « premier historien de la Chine qui ait parlé [des Tar-

---

42 Gaubil, *Correspondance*, p. 207.

43 Nicolas Standaert, *The intercultural weaving of historical texts: Chinese and European stories about Emperor Ku and his concubines*. Leiden series in comparative historiography, Volume 9. Leiden: Boston: Brill, 2016, p. 17.

44 Standaert, *The intercultural weaving of historical texts*, p. 48.

45 Antoine Gaubil, *Traité de chronologie chinoise divisé en trois parties*, édité par M. Silvestre de Sacy, Treuttel et Würtz, Paris-Strasbourg, 1814, 291 p. Il s'agit ici de l'avertissement de l'auteur. On sait par l'avis de l'éditeur que le texte a été envoyé à Fréret en 1749.

46 Standaert, *The intercultural weaving of historical texts*, p. 142.

47 Notons d'ailleurs que Standaert fait référence à Visdelou, mais pas au *Supplément à la Bibliothèque orientale*, qui est pourtant le principal texte sur l'histoire de la Chine écrit par le jésuite. Voir Standaert, *The intercultural weaving of historical texts*, p. 125.

tares] »[48]. À la tête d'une équipe d'historiens, il reprit et compléta l'ouvrage intitulé *Jiu Wudaishi* (Ancienne histoire des Cinq Dynasties), qui date de la fin du xe siècle[49]. En cette fin de xie siècle, la Chine était en guerre contre l'empire des Kitan qui régnaient au Nord[50]. Selon Visdelou, l'*Ancienne histoire des Cinq Dynasties* « peut donc passer pour contemporain des [Tartares] »[51] dans le sens le plus large, mais pas de l'empire mongol. Malgré la confiance que lui accorde le jésuite, l'historien Pierre Marsone précise que « la lecture de ces textes met en évidence l'ignorance profonde des dynasties chinoises quant à ce qui se passait vraiment chez les Khitan »[52].

Pour écrire l'histoire de la période gengiskhanide, la principale source utilisée est le *Wenxian tongkao*[53], *Recherche approfondie sur les anciens monuments*, écrit par Ma Duanlin (1245-1325 environ), sous la dynastie Yuan. Cette œuvre, que l'on présentait au xixe siècle comme la base du savoir chinois accessible en Europe[54] se compose de deux ensembles. Un premier ouvrage, intitulé *Tongdian*, couvre la période allant du xxive siècle avant Jésus-Christ jusqu'au viiie siècle. Ma Duanlin compléta cette œuvre jusqu'en 1224. Bien que cette source ne puisse couvrir l'ensemble de l'empire mongol, c'est là que « Visdelou y a pris les notices sur les différents peuples de la Tartarie »[55], l'accès à ce texte ayant été facilité par les rééditions successives réalisées[56]. Visdelou fit également référence à l'historien de la dynastie Song nommé Zhao Gong, qui rédigea le *Mengda Beilu* couvrant la période allant de 1224 à 1246. Ce texte est « le premier écrit sur les conquêtes mongoles, toutes langues confondues »[57]. Il fut complété par deux autres historiens qui rédigèrent le *Heida shilue*, portant plus particulièrement sur les « Tartares noirs », texte dans lequel le portrait des Mongols est plus négatif. Le fait qu'une grande partie de ces textes fut traduite en mand-

---

48 Claude de Visdelou et Antoine Galland, *Supplément à la Bibliothèque orientale de Monsieur d'Herbelot*, Paris, 1780, p. 148.

49 Achim Mittag, « Chinese Official Historical Writting under the Ming and Qing » dans *The Oxford History of historical writting*, ii, 400-1400, p. 31.

50 C'est d'ailleurs une déformation du nom de Kitan qui explique que le nord de la Chine ait été désigné par Marco Polo sous le nom de Cathay.

51 Visdelou, *Supplément à la Bibliothèque orientale*, p. 148.

52 Pierre Marsone, *La steppe et l'empire, la formation de la dynastie Khitan (Liao), ive-xe siècle*, Les Belles Lettres, Paris, 2011, p. 19.

53 Abel-Rémusat, *Nouveaux mélanges asiatiques*, ii, p. 244.

54 Abel-Rémusat, *Nouveaux mélanges asiatiques*, ii, p. 173.

55 Abel-Rémusat, *Nouveaux mélanges asiatiques*, ii, p. 172.

56 Julius von Klaproth, *Notice de l'encyclopédie littéraire de Ma Touan Lin intitulée Wen Hian Thoung K'ao*, Paris, Imprimerie royale, 1832, p. 5.

57 Atwood, *Encyclopedia of Mongolia*, p. 154.

chou, une langue plus facilement accessible pour des Européens, en permit un accès plus facile, mais les missionnaires s'appuyaient également sur d'autres matériaux.

3 La rencontre de deux logiques historiographiques

À la fois acteur et témoin de la circulation des savoirs relatifs aux Tartares entre l'Europe, la Russie et la Chine, Gaubil était l'auteur d'une importante correspondance qui a été conservée et qui nous renseigne sur les sources qu'il utilisa ainsi que sur les textes dont il avait connaissance. On sait ainsi qu'il fit en 1726 une demande précise pour plusieurs ouvrages traitant de la question mongole. Il écrit :

> Les vies de Tamerlan et de Gentchiscan, les dynasties d'Abulfarage, l'ouvrage de Mirkond sur les Mogols, la géographie d'Edrissi ou autres, ce qu'a traduit M. Gravius[58] des ouvrages de Nassireddin nous seroient, comme vous voyés, nécessaires. Malgré la triste situation où nous sommes, on vous donnera aisément quelque chose de bon sur ces Tartares occidentaux si vous nous secourés et donnés de bonnes instructions[59].

La recherche d'une telle bibliographie, qui peut s'expliquer par la lecture de la *Bibliothèque orientale*, témoigne d'un réel intérêt pour trouver des traductions de sources orientales afin de les comparer aux textes chinois. On ne sait si les attentes de Gaubil ont été comblées, mais on sait que la bibliothèque des jésuites de Pékin renfermait les biographies de Gengis Khan et de Tamerlan des Pétis de La Croix[60].

C'est donc en connaissant les textes persans que les missionnaires jésuites proposèrent leurs propres traductions. Avec pour objectif de « redresser les Histoires Mahométanes dans ce qu'elles disent de faux touchant la Chine et la Tartarie »[61], Visdelou se montra l'auteur le plus critique face aux sources arabes et persanes. Les attaques de Visdelou contre la *Bibliothèque Orientale* portaient sur les articles historiques, c'est-à-dire ceux inspirés par Mīrkhwānd

---

58   Il s'agit de l'orientaliste John Greaves.

59   Gaubil, *Correspondance*, p. 125.

60   Gaubil, *Correspondance*, p. 335. Soulignons d'ailleurs que le jésuite considère ces deux textes comme étant de la main d'un seul et même auteur.

61   Claude de Visdelou et Antoine Galland, *Supplément à la Bibliothèque orientale de Monsieur d'Herbelot*, Paris, 1780, Avis de l'auteur, p. IV.

et Khwāndmīr. Visdelou critiquait donc principalement, sans en avoir conscience, cette partie de l'historiographie timouride qui reposait en partie sur la filiation entre Gengis Khan et Tamerlan. Ce processus historiographique était ignoré des auteurs chinois, pour qui Tamerlan était tout simplement absent des sources. Dès lors, Visdelou ne pouvait trouver aucune confirmation de ce point dans ces propres sources, et conclut donc à une erreur de la *Bibliothèque orientale*.

Dans le but de convaincre leurs lecteurs de la supériorité de leurs sources, et donc plus largement de la portée des traductions jésuites, les missionnaires passèrent au crible les critères nécessaires pour définir une source historique de qualité. Dans une fausse neutralité, Visdelou présentait les éléments qui, selon lui, faisaient défaut aux «historiens mahométans»[62] et résuma ainsi sa conception de l'écriture de l'histoire :

> Je ne me rends pas non plus caution pour l'Histoire Chinoise; permis à chacun de la censurer comme bon lui semblera. Ce que je puis assurer, c'est que tout ce que je dis en est fidèlement extrait. Je prie pourtant le lecteur de comparer Histoire à Histoire et de peser murement qui doit l'emporter en fait de témoignage, ou de la simplicité chinoise ou de l'enflure Mahométane; qu'il examine soigneusement à laquelle des deux Nations il s'en doit plutôt rapporter, ou à celle qui se fait un devoir essentiel de l'Histoire, qui l'écrit dans le temps où les faits se passent et qui voit la plupart de ces faits de ses propres yeux, ou bien à celle à qui ces trois qualités manquent[63].

Tout d'abord, comme l'indiquait Visdelou, l'écriture de l'histoire en Chine était une affaire collective, soumise à un tribunal. Ce contexte d'écriture serait, d'après le jésuite, une preuve de l'objectivité des historiens chinois qui ne seraient dès lors plus soumis à leurs opinions personnelles, à la différence des auteurs persans. Le second avantage des sources chinoises serait leur proximité dans l'espace avec les Tartares, terme désignant ici les «barbares du nord de la Chine». Cette notion de précision et d'exactitude des sources chinoises et mandchoues n'était pas qu'un argument scientifique et politique, elle était également un argument économique. Dans l'avertissement qui précède la biographie de Gengis Khan écrite par Gaubil, on peut lire que l'

---

62 Visdelou, *Supplément*, Avis de l'auteur, p. IV.
63 Visdelou, *Supplément*, Avis de l'auteur, p. IV.

on trouvera ici les faits, les événements, les époques, les lieux bien plus
exactement marqués que dans l'histoire de Gentchiscan publiée par
M. Petit [sic] de la Croix, d'après les Arabes [...]. L'histoire, disait-on,
n'est point chez les Chinois l'ouvrage du premier particulier qui veut
l'entreprendre, c'est une affaire d'État. Il y a un tribunal pour l'examiner,
comme il y en a pour la religion, les lois, la guerre et les négociations. Rien
ne s'y met qu'avec poids et avec mesure, et après de mures réflexions[64].

Écrite par le libraire et non par le jésuite, cette décrédibilisation de l'histoire
de Pétis de La Croix père témoignait surtout d'une méconnaissance de ce texte
car, outre les attaques infondées sur les sources utilisées, ces deux œuvres ne
renvoient en réalité pas aux mêmes empereurs gengiskhanides. De plus, si l'on
s'en tient à la seule vie de Gengis Khan, les cinq cents pages de Pétis de La Croix
sont bien plus riches et détaillées que les cinquante de Gaubil.

Le deuxième angle d'attaque des jésuites contre les sources arabes et persanes portait sur les « ornements »[65] qu'elles renfermeraient. Le texte de Gaubil
est présenté comme une histoire authentique, dépourvue de « ce qui ne fait que
chatouiller l'imagination »[66]. S'il s'agit là aussi d'un argument commercial, ce
point de vue était partagé, et Visdelou se montra même plus virulent contre
les auteurs orientaux qui « sont plutôt des faiseurs de romans que de véritables
historiens »[67]. On assiste à l'opposition de deux conceptions de l'écriture de
l'histoire. D'un côté, une histoire officielle présentée comme nécessairement
objective et authentique. De l'autre, une histoire issue d'un particulier, présentée comme subjective et peu fiable. Cette supposée impartialité fut considérée
par Visdelou comme le signe de la supériorité de l'historiographie chinoise, au
même titre que la proximité dans le temps et dans l'espace entre les sources et
les faits qu'elles décrivent.

Reposant sur des logiques différentes, les historiographies persanes et mandchoues diffusent des éléments incompatibles avec les connaissances déjà acquises en Europe sur l'« empire tartare ». L'exemple le plus évident est la question de la filiation de Tamerlan. Héritier plus ou moins direct de l'empire mongol dans les sources persanes, il est tout simplement absent des sources chinoises et mandchoues. Sur ce point, la critique de Visdelou était assez rapide,
étant donné que Tamerlan ne joua aucun rôle dans l'histoire de la Chine.
Puisque la chronologie des empereurs chinois était établie avec la plus grande

64 Gaubil, *Histoire de Gentchiscan*, Avertissement, pp. 1-2.
65 Gaubil, *Histoire de Gentchiscan*, Avertissement, p. 3.
66 Gaubil, *Histoire de Gentchiscan, Avertissement*, p. 3.
67 Visdelou, *Observation sur la Chine*, p. 5.

précision, Visdelou en conclut qu'il n'y a aucune place pour l'empereur timouride et que sa présence comme successeur de Gengis Khan n'est qu'une usurpation. Si le cas de Tamerlan était assez simple à déconstruire, qu'en est-il des
autres éléments constitutifs de l'histoire de l'empire tartare, dont le principal
était celui de la question de l'origine des Tartares?

Si Visdelou écarta le sujet de Tamerlan sous prétexte qu'il n'appartenait pas
à l'histoire chinoise, il fut beaucoup plus attentif à la question de l'origine des
Tartares et de leur distinction d'avec les Mongols. Le mythe d'origine tel qu'il
était écrit par Mīrkhwānd contenait une dimension religieuse qui ne pouvait
être acceptée par Visdelou. En effet, il est impensable qu'un jésuite puisse diffuser l'idée que l'ancêtre de Gengis Khan aurait pu être conçu par un rayon de
lumière, dans une référence à peine voilée à la vierge Marie. De plus, ce mythe
s'intégrait dans une généalogie descendant de Turk, qui rattachait de fait les
Mongols à l'histoire musulmane. Visdelou analysa ce mythe avec une certaine
pertinence et, selon lui,

> les Mahométans s'étant efforcés à l'envi de relever des Turks et les Moum-
> gols, dont ils avaient subi le joug, en leur imposant (en revanche) celui de
> leur religion, leur ont forgé des généalogies illustres, et des événements
> singuliers, pour couvrir de ces voiles la bassesse de leur origine, et la bar-
> barie de leurs mœurs; et de l'autre que les Turks et les Moumgols profitant
> de la flatterie des historiens, l'on fait servir à la politique et ont adopté des
> fables qui pouvaient contribuer à affermir leur domination sur les peuples
> toujours crédules[68].

À travers une analyse qui mérite d'être soulignée, Visdelou expliquait ce processus de réécriture de l'histoire comme une sorte d'accord tacite entre les
peuples turciques et mongols et les historiens « Mahométans ».

Face à ces « voiles », Visdelou proposa une autre réponse à cette question des
origines, qu'il présenta comme étant rationalisée et débarrassée des mythes.
C'est à ce titre qu'il fit débuter l'histoire des Mongols à Alan Qo'a, sans vouloir
remonter plus loin dans le temps, car les Mongols eux-mêmes ne disposaient
pas d'information fiable avant cette période[69]. Concernant ce mythe, Visdelou
apporta une modification de taille, à savoir qu'il n'y est plus question d'enfants
miraculeux, mais uniquement de trois fils naturels[70]. Il ne mentionna ces élé-

---

68   Visdelou, *Supplément*, p. 146.

69   Visdelou, *Supplément*, p. 149. À ce titre, il se rapproche de Pétis de La Croix, dont il semble
      qu'il n'ait pas eu connaissance.

70   Atwood, « Six Pre-Chinggisid Genealogies », p. 36. Il s'agit d'un schéma décrit comme 3 + 0.

TABLEAU 10 Liste des peuples
       Mo-ho/Mohe

Visdelou	Marsone
An-tche-kou	Anchegu
Fou-ne	Funie
Hao-tche	Haoshi
He-choui	Heishui
Pe-han	Baishan
Pe-thou	Boduo
Sou-mo	Sumo

ments que « pour montrer combien peu on doit compter » sur les auteurs qui diffusent une « histoire honteuse et impossible »[71] et pour comparer « la fable à la vérité »[72]. À la fin des corrections qu'il apporta à l'article consacré à Tatar Khan[73], Visdelou affirma avoir tranché cette question en faveur des sources chinoises et mandchoues. Il écrit, avec assurance :

> après une origine si bien marquée des Tatars, suivie pour ainsi dire à la piste, et qui ne passe pas neuf cents ans d'antiquité, que deviendra Tatar-khan, aussi bien que Mogol, son prétendu frère jumeau ? Que deviendra Ilingeh-khan et toute sa dynastie ? Je le laisse à décider au Lecteur[74].

C'est précisément cette piste qu'il faut remonter pour comprendre l'origine des Mongols telle qu'elle apparaît chez Visdelou. Le jésuite commença par expliquer la signification du mot « Tartare », qui correspond au chinois « Tha-tche », auquel s'ajouterait le son « eul », signifiant peuple. Ce son connut une évolution qui transforma le « L » en « R » pour donner le mot tatar, puis tartare[75]. Toujours selon Visdelou, les Tartares seraient originaires de Mandchourie, région anciennement occupée par les « Sou-chin », et furent par la suite appelés « Ve-kii » et se composait de sept « hordes »[76]. Entre le VIe et VIIe siècles

---

71 Visdelou, *Supplément*, p. 152.
72 Visdelou, *Supplément*, p. 152.
73 Visdelou, *Supplément*, pp. 147-148.
74 Visdelou, *Supplément*, p. 148.
75 Visdelou, *Supplément*, p. 147. Voir l'article d'Igor de Rachewiltz « The name of the Mongols », p. 202.
76 Pour l'histoire des Wuji, voir Pierre Marsone, *La steppe et l'empire*.

de l'ère chrétienne, ces sept nations se réunirent en une seule et prirent le nom de Mo-ho[77], connu de nos jours sous le nom de Mohe[78].

Parmi ces peuples, Visdelou s'attarda sur les « Sumo », qu'il écrit « Sou-mo ». Après une défaite contre la Chine, ce peuple migra vers les monts « Toum-meou » pour y fonder le royaume du Bohai. Ils y prospérèrent et firent alliance avec d'autres peuples Mo-ho, dont ceux du fleuve noir[79]. Ce royaume fut vaincu par les Kitan, et se divisa de nouveau. Les peuples du Sud furent soumis par les Kitan et nommés « Niou-tchin [Jürchen] privés ». Les peuples du Nord restèrent libres et furent nommés les « Niou-tchin [Jürchen] sauvages ». Au Xe siècle, ces Jürchen sauvages quittèrent la Mandchourie et s'installèrent sur les bords d'une rivière nommée Tatar, dont ils prirent le nom[80]. Ils se divisèrent ensuite en trois ensembles que sont les Blancs, qui seraient peut-être les sujets du Prêtre Jean[81], les Sauvages, « qui ne sont bons qu'à monter à cheval » et les Noirs, dont est issu Gengis Khan. Sans que la raison soit expliquée, les Tartares noirs prirent le nom de « mongol » et entrèrent en guerre contre les autres Tartares[82]. C'est pour cela que les « Moumgols » refusent le nom de Tartare, désignant leurs ennemis. Dans cette guerre des « Moumgols » contre les autres Tartares, la victoire la plus marquante est celle que Yesukai, père de Gengis Khan, remporta contre Temüjin, chef des Tartares blancs[83].

Plusieurs éléments sont ici familiers. La rivière « Tatar » donnant son nom au peuple est un thème que les auteurs occidentaux connaissent depuis le XIIIe siècle. De même, l'idée que les Mongols considèrent le nom de Tartare comme une insulte était déjà présente chez Plan Carpin, ce qui permet d'établir une certaine proximité entre ces sources, proximité encore plus évidente si l'on considère le cas des « Tartares aquatiques ».

---

77   Visdelou, *Supplément à la Bibliothèque orientale*, p. 99.

78   Pierre Marsone, *La steppe et l'empire*, p. 53. Les peuples nommés par Visdelou sont les « An-tche-kou », les « Fou-ne », les « Hao-tche », les « He-choui », les « Pe-han », les « Pe-thou » et les « Sou-mo ». Ceux nommés par Marsone sont les Anchegu, les Funie, les Haoshi, les Heishui, les Baishan, les Boduo et les Sumo.

79   Le fleuve noir correspond à l'Amur.

80   Visdelou, *Supplément à la Bibliothèque orientale*, p. 147 : « Les Tha-tche [c'est-à-dire les Tartares] descendent des Mo-ho (ce sont les Niou-tchim, ou comme on les nomme aujourd'hui des Man-tchou) dont il était un peuple ».

81   Visdelou, *Supplément à la Bibliothèque orientale*, p. 148. Les Tartares, ou plutôt Tatars Blancs, sont en effet identifiés aux Öng'üt, convertis au nestorianisme. Voir Christopher P. Atwood, *Encyclopedia of Mongolia and the Mongol Empire*, New York, Fact on file, 2004, p. 424. Voir aussi Christopher P. Atwood, « Historiography and transformation of ethnic identity in the Mongol Empire : the Öng'üt case », *Asian Ethnicity*, 15 :4, p. 515.

82   Visdelou, *Supplément à la Bibliothèque orientale*, p. 148.

83   Visdelou, *Supplément à la Bibliothèque orientale*, p. 148.

À la fin de l'article dans lequel il décrit les Tartares, Visdelou ajoute :

> À ces trois espèces [de Tartares blancs, noirs et sauvages], il faut en ajou-
> ter une quatrième qui est de Tartares aquatiques qui se répendant vers le
> Nord-Est, semblèrent vouloir retourner à leur ancien pays. Ils occupèrent,
> à ce que je crois, les bords du *Talai*, ou, comme prononcent les Moscovites
> *Dalai*. Ce terme, qui signifie *mer*, se donne par antonomase, à cause de
> sa grandeur, au lac nommé proprement *Kou-loun* [Kölun] par les *Moum-
> gols* et par les Chinois, *Kou-louan*. Il est au Nord de *Pe-kim* à environ deux
> cent cinquante lieues de distance ; il a plus de cent lieues de circuit et
> reçoit sept rivières dans son sein, d'où sort ensuite *l'Ergoné* ou comme les
> Moscovites l'appellent, *Argoun*, qui va décharger ses eaux dans le fleuve
> *A-mour* [...] et comme le voisinage du lac et des rivières rend [la région]
> marécageuse, on donna à ces Tartares, pour les distinguer, le nom des Tar-
> tares ou *Moumgols* aquatiques[84].

Le nom des « Mongols aquatiques » était connu des Européens depuis le XIIIe
siècle, sans que l'on ait plus d'informations sur leur origine. D'ailleurs, il est
tout à fait possible d'établir un parallèle entre ces Tartares blancs, sauvages,
noirs et aquatiques présents chez Visdelou et les Ieka Mongol, les Sumongol
ou Mongols aquatiques, les Merkat et les Metrit dont il a déjà été question
dans les œuvres de Plan Carpin, Rubrouck, puis Bergeron[85]. Cette proximité
invite à établir une comparaison, mais les éléments manquent pour être pleinement satisfaits du résultat. Par exemple, les Tartares aquatiques, vivant près
d'un fleuve, pourraient être rapprochés des Sumongol ou Mongols aquatiques.
Les Ieka Mongol et les Mongols noirs sont deux noms du peuple dont Gengis
Khan serait issu. En présentant les Tartares blancs comme les sujets potentiels
du Prêtre Jean, Visdelou sous-entend certainement qu'ils seraient chrétiens.
Dès lors, il devient possible de les rapprocher des Metrit, et les Merkats pourraient être les Tartares sauvages.

Il est intéressant de souligner le fait que le jésuite livre des informations largement compatibles avec celles déjà en circulation au XIIIe siècle. L'idée d'une
source commune, ou du moins d'un faisceau de sources appartenant à une

---

84 Visdelou, *Supplément à la Bibliothèque orientale*, p. 148. Les italiques sont ceux de Visdelou.
85 Rappelons le passage de Plan Carpin repris par Bergeron, Traité des Tartares, p. 342. Il
    « avait autrefois quatre sortes de peuples ; l'un dit Ieka Mongol, c'est-à-dire les grands
    Mongols. L'autre Sumongol, ou Mongols aquatiques, qui furent aussi appelés Tartares à
    cause d'un fleuve nommé Tartar qui passe par leur terre. Le troisième s'appelle Merkat et
    le dernier Metrit ».

TABLEAU 11   Hypothèse de comparaison entre les différentes nations tartares de Visdelou et de Bergeron

Visdelou	Bergeron	Motif du rapprochement
Tartares blancs	Metrit	Sujet du Prêtre Jean
Tartares noirs	Ieka Mongol	Nation d'où Gengis Khan est issu
Tartares sauvages	Merkats	Par élimination
Tartares aquatiques	Su-Mongol, ou Tartares aquatiques	Vivant à proximité d'un fleuve

même tradition, est dès lors envisageable. Dans la même idée, notons que Gaubil ne mentionne pas les Tartares aquatiques, mais fait mention d'un prince
« qui était maître du pays aux environs de la rivière Ergoné ». Le missionnaire
indiqua que ce prince « traita très bien un envoyé des Mongols » et qu'il fut
« dans la suite un des meilleurs alliés » du futur Gengis Khan[86].

On constate ici que les informations données par Visdelou sont compatibles avec les connaissances acquises à l'époque médiévale et redécouvertes
en France avec les traductions de Bergeron. Dès lors, il était difficile de réfuter en bloc les traductions faites par le missionnaire, puisqu'elles offraient un
ensemble cohérent que l'on pouvait facilement intégrer à l'histoire des Mongols telle qu'on la connaissait déjà. Cependant, accepter l'histoire de Visdelou,
c'était refuser le lien entre Gengis Khan et Tamerlan, et donc l'idée d'empire
tartare solidement défendue par Pétis de La Croix et d'Herbelot.

Pour ce qui est de la critique de l'histoire persane, il faut ici rappeler qu'il
s'agit avant tout d'une manifestation de l'esprit critique de Visdelou. Gaubil
resta quant à lui assez discret sur les attaques formulées contre les « historiens
mahométans ». Il refusa ainsi d'instaurer un climat d'opposition entre son
texte et ceux qu'il avait lus, dont la biographie écrite par Pétis de La Croix
père. Cette absence s'explique en partie par le fait que les deux œuvres sont en
réalité difficilement comparables[87]. Le principal sujet du missionnaire jésuite
n'est pas le fondateur de la dynastie, mais Qubilai, qui occupe près de deux
cents pages de l'ouvrage du jésuite, soit les deux tiers de son œuvre[88]. On peut

---

86   Gaubil, *Histoire de Gentchiscan*, p. 3. Il serait tentant de rapprocher le nom de la rivière
« Ergoné » avec Ergene Qun. Cependant, il faut se garder d'aller plus loin que cette simple
comparaison phonétique qui ne prouve rien.

87   À titre de comparaison, c'est presque autant que pour le règne d'Ögödeï.

88   Notons ici que la période de sept ans entre la mort d'Ögödeï et le règne de Möngke est
expédiée en cinq pages.

d'ailleurs émettre l'hypothèse que le titre d'*Histoire de Gentchiscan et de toute la dinastie des Mongoux*, est un choix du libraire dans la mesure où Gaubil mit surtout l'accent sur Qubilai, personnage alors très peu connu, et donc moins vendeur. Un autre point doit être mis en lumière. Nous avons souligné que Pétis de La Croix père s'appuyait en partie sur le *Jami'u't-Tawarikh* de Rashīd al-Dīn. Or, pour composer son texte, notamment pour ce qui est de l'origine des Mongols, l'auteur persan avait compté sur les informations venues de Chine par l'intermédiaire de l'émissaire de Qubilai. Aussi, les connaissances de Pétis de La croix provenaient, certes indirectement, de sources chinoises, et il y avait donc moins lieu de les critiquer de la part de Gaubil. Enfin, il faut garder à l'esprit que Gaubil, à la différence de Visdelou, n'a pas traité de la question de l'origine de Tamerlan et de son lien avec les Gengiskhanides. À ce titre, il n'a pas été confronté à l'idéologie timouride, qui s'appuyait en partie sur une réécriture de l'histoire mongole.

Cette mise en relation nécessaire des travaux parisiens reposant sur les sources persanes et des travaux jésuites produits en Chine permet de souligner une réelle continuité dans les travaux, et de conclure que, au moins pour les œuvres citées, la production jésuite est une réponse à la production des orientalistes parisiens. Si le cas est évident lorsqu'il s'agit de Visdelou, on peut se demander si Gaubil se serait intéressé à Gengis Khan sans la biographie de Pétis de La Croix.

Avant de conclure ce chapitre, il nous faut mentionner un dernier exemple soulignant les enjeux politiques que l'écriture d'une biographie d'un empereur tartare pouvait revêtir. En 1739, l'année de la publication de l'histoire mongole par Gaubil, un autre jésuite, Jean Baptiste Margat de Tilly (1689-1747)[89], fit publier une histoire de *Tamerlan, empereur des Mogols et conquérant de l'Asie* en deux volumes[90]. À la différence de ses prédécesseurs, Margat pensait que Tamerlan était « trop peu connu, malgré les écrivains de sa vie, soit auteur, soit traducteur »[91]. Il se proposa donc de retracer son histoire à partir de la *Bibliothèque orientale*, Teixeira, Bernier, Tavernier, auxquelles il ajoute la biographie de Sainctyon basée sur le pseudo-Alhacen, mais sans prêter foi à ce « tissu de

---

89   Il fréquenta le collège Louis le Grand à l'époque où Gaubil y enseignait, mais on ne sait si les deux hommes se fréquentèrent. http://data.bnf.fr/15793110/jean-baptiste_margat_de _tilly/, consulté le 15 janvier 2018. Margat de Tilly ne se rendit pas en Chine, mais dans l'espace caraïbe, si bien qu'il ne semble pas avoir de lien direct et évident avec l'espace asiatique, même dans son sens large.

90   Comme l'indique l'approbation du roi, le texte était déjà terminé en juillet 1738.

91   Jean Baptiste Margat de Tilly, *Histoire de Tamerlan, empereur des Mogols et Conquérant de l'Asie*, Paris, 1739, 2 vol., voir l'épître.

fables et même d'anachronismes »[92]. Concernant les sources orientales, Margat y eut accès par les traductions de Vattier et de Pétis de La Croix. L'analyse que l'auteur fait de ces deux sources indique qu'il a lu les auteurs qu'il cite, et il en souligne à juste titre les contradictions permanentes.

> Un Tamerlan de la façon d'Arabschah [Ibn ʿArabshāh] n'eut jamais joué un rôle si grand ni aussi constamment soutenu : mais il ne faut pas non plus que le Conquérant nous fasse perdre l'Homme de vue, ni qu'on veuille nous faire passer pour générosité et pour religion ce qui n'est que politique qu'artifice et désir insatiable de domination[93].

L'importance de ce portrait de Tamerlan ne réside pas dans les sources utilisées ou dans les connaissances qu'il délivre[94], mais dans l'utilisation politique de cette biographie. Dans sa correspondance, Voltaire écrit au sujet de cette œuvre que « ce Tamerlan est, dit-on, plein des plus horribles calomnies qu'on ait jamais vomies contre feu M. le duc d'Orléans, régent du régime »[95]. Ailleurs, on confirme que le texte a été censuré, car certains y voyaient « des traits et des personnages du règne de Louis XIV »[96]. De plus, un portrait jugé trop ressemblant au duc d'Orléans inséré à la page 90 du deuxième tome entraîna même sa suppression[97]. Bien que l'on retrouve dans ces deux témoignages les traces de la rumeur et des « dit-on » qui alimentent la vie épistolaire, il est certain que la publication de cette biographie de Tamerlan provoqua un réel émoi dans les milieux parisiens[98].

---

92   Margat de Tilly, *Histoire de Tamerlan*, p. XII.

93   Margat de Tilly, *Histoire de Tamerlan*, p. XI.

94   Comme l'indique Minuti, il s'agit avant tout d'une synthèse des savoirs en circulation. Voir Minuti, *Oriente barbarico*, p. 30-31.

95   Voltaire, *Correspondance*, II, Paris, Gallimard, 1977, 1850 p. Il s'agit d'une lettre à M. le marquis d'Argens, datée du 21 juin 1739.

96   *Dictionnaire des écrivains jésuites*, p. 513.

97   *Dictionnaire des écrivains jésuites*, p. 513. Il n'a malheureusement pas été possible de retrouver ce portrait.

98   Dans une lettre datée du 11 juin 1739, soit l'année de la publication de la biographie, un académicien écrit : « Vous avez su sans doute tout ce qui s'est passé à l'occasion de l'*Histoire de Tamerlan*, ou plutôt d'un mauvais roman qui n'a d'autre mérite que celui de fournir à la malignité du lecteur une occasion de faire des applications à ce qui s'est passé pendant la Régence. On me mande de Paris que le P. Margat jésuite et missionnaire de Martinique, qui en est l'auteur, a été rappelé en France par ses supérieurs, et renvoyé dans je ne sais quel collège de province pour y enseigner la cinquième, que le P. de la Neuville, procureur des Missions, a été exilé je ne sais où, et le P. Brumoy qui en avait reçu les épreuves, a été

Pour comprendre cette polémique, reprenons quelques éléments de la vie de Tamerlan tels qu'ils sont écrits par Margat de Tilly. Tamerlan était «fils de l'Emir Tragaï, un des principaux Seigneurs de l'Empire du Zagataï». Il «perdit son père [...] de bonne heure et demeura sous la tutelle de son oncle» Hussaïn[99]. À la mort du khan, Tamerlan aurait déclaré qu'il ne fallait choisir le successeur que parmi les Princes de la famille de Gengis Khan, à qui l'Empire appartenait par un droit incontestable[100]. Le successeur désigné fut un prince d'un caractère si faible qu'il était inapte à remplir cette si haute fonction. Le pouvoir fut partagé de fait entre Hussaïn et Tamerlan, et ce dernier «prit dès lors le commandement des troupes et de tout ce qui y avait du rapport»[101]. Margat de Tilly indiqua ensuite que Tamerlan se serait emparé de la totalité du pouvoir après avoir assassiné Hussaïn, assassinat justifié par le fait qu'Hussaïn aurait tué le khan[102]. Tamerlan se retrouva donc seul détenteur du pouvoir et se fit nommer khan[103].

Plusieurs éléments font écho au contexte politique français de la Régence qui suivit la mort de Louis XIV en 1715. Philippe d'Orléans[104] (1674-1723) était le neveu du roi Soleil, et commença par servir la Couronne lors des guerres contre l'Espagne[105]. À la mort du roi, Louis XV était alors enfant et ne pouvait diriger les affaires du royaume, ce qui donna l'occasion à Philippe d'Orléans de devenir le régent. L'accession à la régence est aujourd'hui interprétée de façon différente selon les historiens. Il s'agit soit d'une «prise de pouvoir» pour Jean-Christian Petitfils, soit d'un «coup d'État»[106] pour Philippe Erlanger. Dans les deux cas, on sait que Philippe d'Orléans manœuvra pour casser le testament du roi défunt. Les dernières volontés de Louis XIV étaient de donner la présidence du conseil de Régence à d'Orléans, mais d'attribuer la régence au duc du Maine[107], l'adversité entre les deux hommes devant éviter la monopolisation du pouvoir. Immédiatement après la mort de Louis XIV, Philippe retourna en

---

relégué à Arras». Voir Jean Bouhier, *Correspondance littéraire du président Bouhier*, Joseph de Seytres Caumont, Université de Saint-Étienne, 1979, lettre n° 113.

99   Margat de Tilly, *Histoire de Tamerlan*, p. 3.

100   Margat de Tilly, *Histoire de Tamerlan*, p. 49.

101   Margat de Tilly, *Histoire de Tamerlan*, p. 50.

102   Margat de Tilly, *Histoire de Tamerlan*, p. 50.

103   Margat de Tilly, *Histoire de Tamerlan*, pp. 75-76.

104   Philippe ne devint duc d'Orléans qu'à la mort de son père en 1701. Pour une biographie de Philippe d'Orléans, voir Jean-Christian Petitfils, *Le Régent*, Paris, Pluriel, 2013, 984 p. et Philippe Erlanger, *Le Régent*, Paris, Perrin, 2015.

105   D'Orléans s'illustra aux Pays-Bas durant la guerre de la Ligue d'Augsbourg et pendant la guerre de Succession d'Espagne.

106   Erlanger, *Le Régent*, pp. 161 et suiv.

107   Petitfils, *Le Régent*, pp. 315 et suiv. Le duc du Maine était un fils légitimé de Louis XIV.

sa faveur le Parlement de Paris en charge d'exécuter le testament et assura seul
la Régence. Il exerça ainsi la régence jusqu'à la majorité du roi en 1722, mais
conserva en réalité le pouvoir jusqu'à sa mort en 1723.

Établissons un parallèle entre la situation du royaume de France et celle
décrite par Margat de Tilly. La mort du roi, ou du khan, donna l'occasion à
deux ministres de s'opposer pour la prise du pouvoir. Tamerlan fit tuer Hussaïn
et Philippe d'Orléans manœuvra pour mettre le duc du Maine à l'écart. Pour
l'auteur, Tamerlan rompit l'équilibre des pouvoirs et usurpa le titre de khan.
De plus, l'empereur est présenté comme un être rusé, utilisant des stratagèmes
pour parvenir à ses fins[108] et qui « n'avait eu guère dans le fond d'autre religion
que son ambitieuse politique »[109]. Il est certain que ce portrait ne pouvait que
déplaire aux partisans du duc d'Orléans.

Cet exemple illustre qu'une lecture politique des biographies des grandes
figures historiques pouvait avoir de grandes répercussions sur la vie de leurs
auteurs, et explique pourquoi chacun des orientalistes que nous avons présentés prit soin de sélectionner les informations qu'il diffusa. Cela ne signifie
pas pour autant que l'ensemble du texte était soumis à cette forme de censure,
mais qu'il était nécessaire de garder à l'esprit l'ambiguïté que son texte pouvait contenir. Cependant, il faut rappeler que le texte de Margat de Tilly est
ce que nous avons classé dans les sources tertiaires, si bien que l'auteur pouvait prendre plus de distance avec les sources qu'il utilisait. De plus, les sources
secondaires faisaient souvent la démonstration d'une érudition qui les éloi-
gnait certainement du grand public, car elles demandaient une lecture plus
précise et plus suivie de l'ouvrage. Cette dimension érudite se retrouve dans le
cas de l'étude de l'origine des Mongols telle qu'elle apparaît dans les textes de
d'Herbelot et de Pétis de La Croix.

---

108   Margat de Tilly, *Histoire de Tamerlan*, p. xv.
109   Margat de Tilly, *Histoire de Tamerlan*, p. 159.

Conclusion à la Deuxième Partie

Ce second temps de notre étude, compris entre les années 1650 et 1740, correspond à la fois au renforcement de l'idée d'empire tartare et à l'apparition d'anomalies difficilement réfutables, car reposant non pas sur des textes épars, mais sur une réelle logique historiographique. Ces deux aspects s'expliquent par la diffusion de deux types de sources différentes, dont l'accès témoigne de la politique volontariste de l'ouverture vers le monde engagée par Louis XIV. En prenant en compte la dimension sociale de la production scientifique, il a été possible de mettre en lumière les différents contextes de production de ces sources secondaires. Il a également été possible d'établir des circuits de circulation des textes et des savoirs entre Paris, Pékin et Pondichéry. Qu'il s'agisse du groupe formé par d'Herbelot, Galland et les Pétis de La Croix ou des relations avec les missionnaires jésuites, ces deux exemples témoignent de hauts degrés d'interaction entre ces deux milieux qui méritent d'être étudiés dans un même ensemble. Sans chercher à nier leurs spécificités, nous avons montré à travers notre thème de recherche que ce pan de la sinologie naissante ne pouvait se comprendre sans la prise en compte du développement, à peine antérieur, des études persanes à Paris.

Cette période a donc eu un double effet sur le développement de l'idée d'empire tartare. D'un côté, les sources persanes désormais facilement accessibles permirent de renforcer cette idée de la filiation entre Gengis Khan et Tamerlan. De l'autre, l'absence de Tamerlan dans les sources produites en Chine jetait le doute sur ce point central. L'idée avait déjà été soulevée, notamment par Bergeron, mais la qualité de son expertise sur l'histoire chinoise était loin d'être comparable à celle des missionnaires jésuites. De plus, il ne s'agissait plus désormais de réfuter une source particulière, comme cela se faisait depuis des décennies dans le cas d'Ibn ʿArabshāh, mais bien de contredire une logique historiographie entière, qui non seulement attaquait le modèle en place, mais en proposait un de remplacement, notamment en répondant de façon présentée comme plus rigoureuse à la délicate question de l'origine et de l'identité des Tartares.

Enfin, le troisième élément à retenir porte sur l'explication de l'intérêt qui ne se démentira plus pour Gengis Khan. Pour la première fois, on assiste à une réelle recherche en Europe sur la vie de ce conquérant, plus de 450 ans après sa mort. Là aussi, les raisons de cet intérêt sont à chercher dans le caractère particulier de l'histoire courtisane, et de l'unité de projet qui existait entre les travaux de Pétis de La Croix père et ceux de son fils. Cependant, ces éléments n'expliquent pas à eux seuls la rédaction des deux biographies des deux

© KONINKLIJKE BRILL NV, LEIDEN, 2022 | DOI:10.1163/9789004499027_013

empereurs tartares, et c'est en étudiant les contextes de production des sources primaires que nous avons pu établir le parallèle qui existe entre l'œuvre des Pétis de La croix et celle de Sharaf al-dīn ʿAlī Yazdī, qui débuta sa vie de Tamerlan par une histoire des Gengiskhanides.

Dès les années 1730 et la circulation des textes de Visdelou, tous les éléments étaient présents pour permettre la remise en question de ce paradigme. Pourtant, il n'en fut rien et on assista même à la production de l'œuvre la plus emblématique de cette lecture de l'histoire à travers les travaux de Joseph de Guignes.

Le rôle de l'empire tartare dans l'histoire européenne et sa réfutation (seconde moitié du XVIIIe siècle)

∵

Introduction à la Troisième Partie

Avec la diffusion des sources chinoises, l'existence de l'empire tartare n'est plus une certitude. Au-delà de la seule question de savoir si Tamerlan était ou non un descendant ou un héritier de Gengis Khan, cette remise en question obligeait à s'interroger sur la façon dont on avait écrit l'histoire depuis le XVIe siècle. Comme on peut l'imaginer, une telle remise en question ne pouvait se faire sans rencontrer d'obstacle ou de résistance. Si l'on sait déjà que cette querelle intellectuelle s'est soldée par l'abandon de l'idée d'empire tartare, toutes les hypothèses étaient encore envisageables dans les années 1750.

D'ailleurs, cette troisième et dernière partie de notre ouvrage débute avec la production du véritable chef-d'œuvre de l'historiographie sur l'idée d'empire tartare, le plaidoyer pour l'importance du rôle joué par ces empereurs non seulement dans l'histoire de l'Asie, mais dans l'histoire universelle, à savoir l'*Histoire générale des Huns, des Turcs, des Mogols et des autres tartares occidentaux* par Joseph de Guignes, dont la publication débuta en 1756, mais dont les premières recherches datent des années 1740. En proposant une véritable synthèse de tout ce qui avait été écrit sur le sujet, de Guignes donne l'occasion de faire un état des lieux des savoirs, mais aussi des pratiques d'écriture de l'histoire alors en vigueur. Pourtant, si de Guignes éprouve le besoin de défendre cette place des Tartares dans l'histoire de façon aussi magistrale, en cinq volumes *in-quarto*, c'est qu'il sait ce thème sujet à débat. À la même époque, Voltaire considérait que ce peuple n'avait joué aucun rôle dans l'histoire, sans pour autant en nier l'existence. Il ne faut cependant pas penser que les Tartares aient pris suffisamment d'importance pour générer des débats de la sorte. Allant au-delà de la seule opposition entre Voltaire et de Guignes, ce sont deux conceptions radicalement antagonistes qui s'affrontent et dont il faudra comprendre les enjeux.

Cette querelle sur la place des Tartares dans l'histoire sera tranchée par l'apparition d'une troisième solution qui réfute non pas l'existence de l'empire tartare en tant qu'objet politique, mais celle des Tartares en tant que nation. Bien que ce sujet s'éloigne du cadre strictement politique de l'empire, il lui est directement lié pour deux raisons. La première est que l'idée d'empire tartare a renforcé l'idée de l'existence d'un peuple tartare. La seconde est que la réfutation de l'unité d'un peuple tartare participera de la réfutation de l'idée d'empire tartare. C'est donc le rapport entre ces deux notions d'empire et de peuple qui sera étudié ici, durant une période que l'on sait marquée en Europe par la réflexion autour de la définition d'une identité nationale.

Cette remise en question de l'idée d'empire tartare, qui conduira à son abandon, n'est pas le fruit de l'introduction de nouvelles sources. En effet, en ce milieu du XVIIIe siècle, le corpus de sources primaires est quasiment constitué dans sa totalité et ne sera pas transformé pour le reste de notre étude, ou très peu. Ce qui change, ce ne sont donc pas les informations en circulation, mais la façon de les interpréter. Ici, de nouveaux acteurs entrent en jeu, interrogeant les mêmes connaissances à la lumière de nouvelles problématiques. Le champ d'application de l'idée d'empire tartare s'élargit, et passa de l'histoire à l'anthropologie et la linguistique. C'est précisément ce changement d'échelle que nous étudions dans cette dernière partie, en cherchant à comprendre comment il a conduit à une remise en question de l'ensemble de la lecture de l'histoire de l'Asie centrale, et par là même, du rapport que l'Europe entretenait avec cette région.

Il sera donc nécessaire de débuter par la présentation détaillée de cette œuvre de Joseph de Guignes, dans le but de comprendre le paradoxe qu'elle représente en étant à la fois une tentative d'imposer l'idée d'empire tartare, mais également un constat d'échec de ce système de pensée. Dans un second temps, c'est l'appropriation de ce thème par les auteurs de sources tertiaires, englobés dans l'ensemble pratique, mais imprécis, de philosophes des Lumières qui retiendra notre attention dans la mesure où c'est par leurs écrits que les vraies limites de cette pensée deviendront visibles. Enfin, nous conclurons cette recherche en suivant les étapes de la déconstruction de l'idée même de tartare en tant que peuple.

L'empire tartare comme « partie de l'histoire universelle »

La circulation des sources chinoises et mandchoues eut des conséquences très importantes sur la perception des sciences et de l'histoire par les Européens, et l'écriture de l'histoire des Tartares n'échappa pas à cette influence. Comment harmoniser les deux origines possibles des Tartares, nation censée être à la fois mandchoue et turcique ? Jusque dans les années 1740, cette polarisation était maintenue par le fait qu'aucun auteur ne chercha à écrire une histoire des Tartares à partir de ces deux types de sources. Visdelou utilisa la *Bibliothèque orientale* dans le seul but d'en souligner les erreurs, et les références de Gaubil à l'œuvre de Pétis de La Croix sont limitées.

La situation évolua lorsque des auteurs parisiens formés à l'arabe et au persan eurent accès aux traductions jésuites et les utilisèrent pour écrire une histoire des Tartares. Cette transition se matérialisa par le développement d'une sinologie non jésuite centrée à Paris autour de quelques académiciens et permit l'étude de la langue, de la géographie, de la religion et de l'histoire de la Chine. Sans entrer dans le débat portant sur la qualité de ces savoirs évaluée d'après des critères actuels, le but ici est de comprendre les modalités de leur intégration.

L'*Histoire générale des Huns, des Turcs, des Mogols et des autres Tartares occidentaux* publiée à partir de 1756 illustre parfaitement cette volonté de synthèse. Formé à l'étude du chinois et des langues orientales, Joseph de Guignes (1721-1800) représente par son œuvre et par sa carrière l'exemple même d'un orientalisme qui ne se construit pas autour d'une approche régionale ou linguistique, mais autour d'un sujet. Outre le corpus réuni par l'auteur, ce thème témoigne également d'une transformation dans l'intérêt même de l'auteur, qui se porte désormais moins sur les empereurs que sur la nation tartare.

Pour mieux cerner les enjeux de cette œuvre, il faudra suivre ici une approche classique, mais nécessaire, autour de la carrière de l'auteur, des sources qu'il a utilisées et de sa définition de la nation tartare.

© KONINKLIJKE BRILL NV, LEIDEN, 2022 | DOI:10.1163/9789004499027_015

1   La double formation de Joseph de Guignes

La formation et l'œuvre de Joseph de Guignes illustrent au mieux cette volonté
de tirer profit de cette densité d'informations accessibles par la traduction des
textes persans, chinois et mandchous. Son œuvre maîtresse, intitulée

> *Histoire générale des Huns, des Turcs, des Mogols et des autres Tartares occi-*
> *dentaux avant et depuis Jésus-Christ jusqu'à présent ; précédée d'une intro-*
> *duction contenant des Tables chronol[ogiques] et historiques des Princes qui*
> *ont régné dans l'Asie. Ouvrage tiré des livres chinois et manuscrits orientaux*
> *de la Bibliothèque du Roi*[1],

fut publiée entre 1756 et 1758 et devint un modèle d'érudition sur l'histoire des
peuples tartares[2].

Né en 1721 et mort en 1800, Joseph de Guignes fait partie de ces grandes
figures de l'érudition oubliées de nos jours[3]. Savant de cabinet, il possédait,
comme d'Herbelot et Pétis de La Croix père, une connaissance livresque de
l'Orient et perfectionna sa maitrise des langues « orientales » au Collège royal,
institution au sein de laquelle il enseigna le syriaque entre 1757 et 1773. Biblio-
thécaire du roi, de Guignes avait un accès direct aux nombreux manuscrits
relatifs à l'Orient, dont le nombre ne cessait de croître durant cette période.
Membre des différents lieux de sociabilité scientifique qui structuraient le
réseau érudit aussi bien en France qu'à l'étranger[4], c'est au sein de l'Académie

---

1   Joseph de Guignes, *Histoire générale des Huns, des Turcs, des Mogols et des autres Tartares occi-*
     dentaux avant et depuis Jésus-Christ jusqu'à présent ; précédée d'une introduction contenant des
     Tables chronol. et historiques et Princes qui ont régné dans l'Asie. Ouvrage tiré des livres chinois
     et manuscrits orientaux de la Bibliothèque du Roi. Paris, 1756-1758, 5 vol. Dès 1751, de Guignes fait
     éditer le plan général de son ouvrage, sous le titre d'*Histoire générale des Huns et des peuples*
     qui en sont sortis ; où l'on voit l'origine des Turks, des Hongrois, des Mogols et des Tatars, etc.,
     leurs migrations, leurs conquêtes et leur établissement dans l'Asie, l'Europe, l'Afrique, avant et
     depuis Jésus-Christ jusqu'à présent.
2   Il faudra attendre la fin des années 1930 et l'*Empire des steppes* de René Grousset pour voir de
     nouveau une telle entreprise.
3   S'il n'existe pas de biographie de Joseph de Guignes, l'étude de Cécile Leung sur Étienne
     Fourmont est une aide indispensable pour la formation académique de Guignes. Voir pour
     cela Cécile Leung, *Étienne Fourmont (1683-1745). Oriental and Chinese languages in eighteenth-*
     century France, Leuven University Press, Leuven, 2002. La notice biographique que lui con-
     sacre Isabelle Landry-Deron dans DOLF, p. 468, est assez brève et porte sur la publication
     des traductions de textes chinois. On regrettera cependant qu'il ne soit pas fait mention de
     l'*Histoire générale des Huns*, qui est pourtant l'œuvre principale de Joseph de Guignes.
4   Outre ce milieu français, de Guignes était parfaitement intégré aux réseaux européens et

des Inscriptions et Belles Lettres qu'il présenta ses principaux travaux. Parmi eux, soulignons le *Mémoire historique sur l'origine des Huns et des Turks*, adressé à M. Tanevot, et publié en 1748[5]. Ce mémoire servit de point de départ à la rédaction de son *Histoire générale des Huns*. Le fait que de Guignes entreprit l'écriture d'une histoire générale, composée de plus de 2800 pages réparties en 5 volumes, marque une réelle rupture méthodologique avec ses prédécesseurs. Il ne s'agissait pas, comme Bergeron, de condenser les connaissances alors en circulation, mais bien de tenter d'en rendre compte dans leur exhaustivité et leur complexité. Si le choix du thème était nouveau à cette époque, la rédaction d'une histoire universelle s'inscrivait dans une tradition déjà solidement ancrée[6].

Au milieu du XVIIIe siècle, la méthode de l'histoire générale était largement pratiquée, et Hervé Inglebert estime que depuis le XVIe siècle, plus de deux mille « histoires générales » ont été écrites en français sur des sujets divers[7]. Parmi ces sujets, l'histoire des nations occupe une place particulière, qui s'explique par le fait que l'idée de nation qui se renforce au XVIIIe siècle conduit à une affirmation progressive de l'importance des peuples dans la construction de l'État, effaçant ainsi les histoires des « Hommes illustres »[8]. La remise en cause des figures héroïques s'accompagnait d'une remise en cause de la prédestination en tant que lien entre ces « grands Hommes » et Dieu.

Après 1720, l'histoire civile l'emporta sur l'histoire religieuse, tant dans les thématiques abordées que dans les explications proposées. Celles-ci visaient à expliciter, entre les humains et Dieu, un niveau intermédiaire d'intelligibilité de devenir, fondée sur une dimension naturelle (les climats, puis les races), ou humaine (culturelle, sociale ou économiques) et qui mêlait souvent les deux[9].

---

devint membre de la Royal Society en 1752. Comme Gaubil, il correspondait également avec des académiciens de Saint-Pétersbourg.

5 Joseph de Guignes, *Mémoire historique sur l'origine des Huns adressé à M. Tanevot*, 1748, p. 1.
6 Eusèbe de Césarée (265-339) donna à l'histoire une dimension téléologique, en inscrivant les faits dans une suite d'événements qui commence à la Création et qui se dirige vers le Salut. « Cette manière de penser le développement des événements donna naissance à une tradition historiographique dans laquelle chaque auteur présente son œuvre comme la suite d'un ensemble en cours de constitution, en conformité avec le dessein de la providence divine ». Denise Aigle, « L'œuvre historiographique de Barhebræus. Son apport à l'histoire de la période mongole », *Parole de l'Orient*, 2008, 33, p. 25.
7 Inglebert, *Le Monde, l'Histoire*, pp. 22-25.
8 Pour reprendre le titre de l'œuvre de Paolo Giovio et d'André Thevet.
9 Inglebert, *Le Monde, l'Histoire*. p. 676.

L'*Histoire générale* de Joseph de Guignes s'intègre parfaitement dans ce tournant. Il n'est plus question d'écrire l'histoire de Gengis Khan ou de Tamerlan en tant qu'hommes providentiels et prédestinés par Dieu, mais bien de comprendre comment un même peuple a pu, sous diverses formes, jouer un rôle aussi important dans l'histoire du monde.

La thèse de Joseph de Guignes repose sur l'idée qu'il existait deux types de Tartares, à savoir les orientaux et les occidentaux, et que ces derniers ont joué un rôle central dans l'histoire non seulement de l'Asie, mais aussi de l'Europe. Partant de ce principe, l'orientaliste proposait de retracer l'origine de ce peuple et d'en mesurer les impacts dans l'histoire européenne. Dès lors, son histoire générale

> est une partie de l'histoire universelle, qui doit d'autant plus mériter notre attention, que ces Turcs ont contribué à la destruction de l'Empire romain, ravagé la France, l'Italie, la Germanie, et tous les pays du nord de l'Europe, ruiné l'Empire des Khalifs, possédé la Terre-Sainte[10].

Un second texte de ce même auteur s'inscrit dans cette même logique d'histoire générale. Dans un *Mémoire dans lequel on prouve que les Chinois sont une colonie égyptienne*[11], l'auteur présentait les idéogrammes chinois comme une évolution des hiéroglyphes égyptiens. Sur cette base, il affirmait que la Chine était à l'origine une colonie égyptienne et écrivit que « les Chinois, en recevant les usages des Égyptiens, se sont aussi approprié leurs annales ; il suit qu'ils ont placé à la tête de leurs dynasties des princes qui régnaient en Égypte »[12]. Ce *Mémoire*, critiqué à juste titre par l'ensemble des sinologues européens, alimenta les attaques contre l'orientaliste et sa méconnaissance du chinois, et ce dernier reconnaîtra d'ailleurs son erreur à la fin de carrière.

La mention de ce mémoire n'a pas pour but de condamner l'œuvre de Joseph de Guignes, mais d'en comprendre la méthode. À partir d'un rapprochement plus ou moins fondé, l'auteur relia une série d'événements qui lui permirent de construire une histoire du monde qui s'inscrivait dans une dimension religieuse. En effet, le point commun de l'*Histoire générale des Huns* et du mémoire sur l'origine de la Chine est de décrire l'histoire des peuples dans un mouvement de migrations qui correspond à une vision biblique de l'histoire.

10   De Guignes, *Histoire générale des Huns*, p. VI.
11   De Guignes, *Mémoire dans lequel on prouve que les Chinois sont une colonie égyptienne*, Paris, 1768. Voir aussi *DOLF*, p. 468.
12   De Guignes, *Mémoire dans lequel on prouve que les Chinois sont une colonie égyptienne*, p. 76.

Pour atteindre cet objectif d'écrire une histoire générale, de Guignes s'appuie sur les «livres chinois et manuscrits orientaux de la Bibliothèque du Roi»[13], auxquels il a accès par sa double formation en langues orientales et en chinois reçue auprès des frères Étienne (1683-1745) et Michel (1690-1746) Fourmont[14]. Les relations entre de Guignes et les Fourmont dépassaient le simple cadre académique, au point que de Guignes devint l'un des héritiers testamentaires d'Étienne Fourmont[15]. À ce titre, il reçut une partie des ouvrages de la bibliothèque de son professeur[16].

Michel Fourmont, dit Fourmont le Jeune, était prêtre et fut envoyé en Orient, en Grèce et à Constantinople afin de collecter des manuscrits byzantins. Comme Galland, il participa à l'enrichissement de la Bibliothèque par l'acquisition de plus de trois cents manuscrits[17]. Il fut professeur de syriaque entre 1720 et 1746[18], poste occupé ensuite par de Guignes[19]. Si l'influence de Michel Fourmont s'exerça peut-être sur les questions religieuses, celle d'Étienne fut certainement plus décisive. À l'époque à laquelle Michel enseignait le syriaque, Étienne occupait la chaire d'arabe que Galland laissa vacante à sa mort[20]. Pendant au moins vingt ans, ses leçons ont reposé sur la biographie de Tamerlan écrite par Ibn 'Arabshāh et sur la traduction faite non par Vattier, mais par Golius[21].

---

13   De Guignes, voir titre de l'ouvrage.
14   Étienne Leung, *Fourmont (1683-1745)*, p. 228.
15   aux côtés de Miche-Ange Leroux Deshauterayes (1724-1795), orientaliste au sujet duquel nous reviendrons.
16   Leung, p. 64, fait état d'un catalogue de 3272 ouvrages.
17   Jack Alden Clarke, «Abbé Jean-Paul Bignon...» p. 231.
18   Voir la *Liste des professeurs depuis la fondation du Collège de France en 1530*, Paris, Affaires culturelles et Relations extérieures, 2011, accessible en ligne sur le site http://www.college -de-france.fr/site/chaires-et-professeurs/liste_des_professeurs.htm. Voir également la notice dans Jean-Pierre Goujet, *Mémoire sur le Collège de France*, Paris, 1758, t. 3, pp. 159-162.
19   Notons que cette chaire fut occupée entre 1746 et 1757 par Augustin-François Jault, dont les travaux semblent avoir surtout porté sur la médecine. Voir Goujet, *Mémoire sur le Collège de France*, t. 3, pp. 162-163.
20   Une autre chaire était occupée par Jean-Baptiste Defiennes. Voir Leung, *Étienne Fourmont*, pp. 79 et suiv.
21   Leung, *Étienne Fourmont*, pp. 79 et suiv. Le catalogue des livres de la bibliothèque de Fourmont, au numéro 60, indique qu'il possédait: «Le texte de l'Histoire de Timour ou Tamerlan, par Ahmed Bin Arabschah [Ibn 'Arabshāh], examiné, reformé et ponctué sur le Manuscrit de la Bibliothèque du Roy, avec les différentes Leçons et l'addition de plus de 100 pages à l'édition de Golius. Ce livre avec la ponctuation est un monument arabe de la première conséquence». Voir Anonyme, *Catalogue des ouvrages de Monsieur Fourmont*

Fourmont l'aîné compléta ce texte par d'autres sources, dont la géographie d'Abū l-Fidā'[22], et rédigea une biographie de Tamerlan, dont il avait « déjà composé trois livres sur les Auteurs Arabes lorsqu'[il] apprit que l'on prenait des mesures pour imprimer la Traduction du Persan Sheref Eddin [Sharaf al- Dīn ali Yazdī], par Mr. de La Croix »[23]. Cette édition de Pétis de La Croix ne découragea cependant pas Fourmont, qui estimait à juste titre qu'« il y a beaucoup de différence entre les Arabes et les Persans sur ce sujet »[24]. Comme pour Galland, cette biographie ne fut jamais éditée.

À côté de sa fonction de professeur d'arabe, Étienne Fourmont permit également à de Guignes d'acquérir une très bonne connaissance des fonds de la Bibliothèque royale. En 1718, Jean-Paul Bignon, membre de l'illustre famille de conservateurs de cette institution[25], lança un vaste programme de catalogage destiné à faciliter l'accès aux 80 000 imprimés et aux 16 000 manuscrits alors réunis[26]. Étienne Fourmont figure parmi les auteurs de ce catalogue qui fut publié à partir de 1739. Cet exercice, certainement fastidieux, lui donna accès à l'ensemble des fonds, et il est certain que ce catalogue a servi à de Guignes lors de la rédaction de l'*Histoire générale*. Le fait d'apprendre l'arabe en se basant sur le texte d'Ibn 'Arabshāh trouve nécessairement un écho particulier dans cette étude, mais l'influence d'Étienne Fourmont s'exerça surtout dans un autre domaine, celui de la sinologie.

Les jésuites occupaient de loin le premier rôle dans le développement de la sinologie, mais ils n'en étaient pas les seuls acteurs. Plusieurs savants avaient en effet cherché à étudier cette langue et cette culture sans pour autant appartenir à l'ordre missionnaire. Parmi eux, Étienne Fourmont et Nicolas Fréret (1688-1749)[27], tous deux membres de l'Académie des Inscriptions et Belles-Lettres, tinrent une grande place. Les deux savants avaient été initiés au chinois par Arcade Hoang (1679-1716), un Chinois vivant à Paris[28]. Le développement de

---

l'Aîné, professeur en Langue arabe au Collège Royal de France, Associé de l'Académie Royale des Inscriptions et Belles-Lettres, Interprète, et Sou-Bibliothècaire du Roy, Amsterdam, 1731, p. 25.

22   Leung, *Étienne Fourmont*, p. 79.

23   Anonyme, *Catalogue des ouvrages de Monsieur Fourmont*, p. 29.

24   Anonyme, *Catalogue des ouvrages de Monsieur Fourmont*, p. 29.

25   Il s'agit du fils de Jérôme II Bignon, à qui Pétis de la Croix fils dédia son œuvre.

26   Jack Alden Clarke, « Librarians to the King, the Bignons, 1642-1784 », p. 295.

27   Aussi important qu'il fût dans le réseau orientaliste, Fréret n'entre pas directement dans cette étude dans la mesure où son œuvre ne concerne pas l'histoire tartare.

28   Danielle Elisseeff, *Moi, Arcade : interprète chinois du Roi-Soleil*. Paris : Arthaud, 1985. Présenté comme un roman, ce livre permet de reconstruire le contexte dans lequel évolua ce Chinois. Il est intéressant de constater que les bases d'une sinologie non jésuite se développent à la période même où Galland et Pétis de La Croix fils traduisent les sources per-

cette sinologie non jésuite ne se fit pas sans heurt, et plusieurs scandales écla-
tèrent. Par exemple, Daniele Elisseff identifie une jalousie que le père Souciet,
correspondant officiel de Gaubil à Paris[29], nourrissait contre Fréret. Outre cela,
l'Académie des Inscriptions et Belles-Lettres dut trancher dans une querelle
qui opposait Fréret et Fourmont pour savoir à qui revenait la paternité de la
découverte des clefs d'écriture des idéogrammes chinois. Reconnu coupable de
plagiat, Fourmont dut présenter ses excuses à Fréret. Une autre affaire opposa
cette fois-ci Fourmont à Gaubil. Le jésuite remettait en cause les connaissances
en chinois de l'orientaliste parisien[30], l'accusant une nouvelle fois de plagiat.
Le comportement de Fourmont contenait certainement des parts d'ombre et
jeta le discrédit sur sa contribution à la sinologie[31], et les attaques dont il fut la
cible rejaillirent sur Joseph de Guignes. Malgré un contexte peu favorable, ce
dernier assumait l'héritage de Fourmont et indiqua, dans sa préface à l'*Histoire
générale*, s'être attaché « sous les yeux de M. Fourmont à l'étude des langues
orientales et particulièrement de la langue chinoise »[32].

Malgré les échanges que les missionnaires pouvaient entretenir avec les
orientalistes parisiens, l'envoi des traductions vers l'Europe s'effectuait théoriquement au sein de l'ordre jésuite[33]. Du Halde prenait son rôle très au sérieux,
et il entendait garder son statut de pivot entre les missionnaires de Pékin et le
reste du réseau savant. Cependant, la situation de l'ordre devint de plus en plus
problématique durant cette période. Outre les différentes querelles sur les rites
et la chronologie, les jésuites voyaient leur situation se détériorer à la suite du

---

sanes. Hoang fut chargé de classer les manuscrits que les missionnaires et les marchands
envoyaient depuis la Chine, et il est probable qu'il aida Fourmont dans la préparation du
catalogue. Ses conversations alimentèrent entre autres la pensée de Montesquieu.

29   Danièle Elisseff Poisle, *Nicolas Fréret (1688-1749). Réflexion d'un humaniste du XVIIIe siècle
sur la Chine*, Collège de France, Mémoire de l'Institut des Hautes Etudes Chinoises, XI,
1978, p. 40.

30   Voir par exemple Gaubil, *Correspondance de Pékin*, p. 769.

31   Voir le jugement que Henry Cordier porte sur le savant : « Élevé dans des séminaires où il
ne sut pas prendre les idées larges, type du pédant vaniteux, s'agitant dans un cadre trop
vaste qui fait ressortir les petits côtés d'une âme médiocre, courtisan du plus courtisan des
courtisans, le duc d'Antin ; nature envieuse, ayant recours à toutes les intrigues pour arriver au but de ses ambitions, capable de substituer son œuvre à celle d'autrui (F. Varo), et de
cacher ou d'amoindrir [sic] un travail gênant (*Noticia linguae sinicae*, de Prémare), rien de
noble : tel fut Fourmont », dans Henri Cordier, « Fragment d'une Histoire des Études chinoises au XVIIIe siècle », dans *Centenaire de l'Ecole des Langues Orientales Vivantes*, Paris,
Imp. Nat., 1895, p. 15. Sur ce point, voir également App, *The Birth of Orientalism*, pp. 191-197.

32   De Guignes, *Histoire générale des Huns*, préface, p. VIII.

33   Pourtant, malgré les tentatives de centralisation des savoirs, toutes les traductions jésuites
ne suivaient pas la voie officielle, et les exemples de Visdelou ou de Moyriac de Mailla le
prouvent.

durcissement des positions des successeurs de Kangxi, les empereurs Yongzheng (1678-1735) et surtout Qianlong (1711-1799), bien moins favorable à tolérer les missionnaires européens.

Parfaitement conscient de la nécessité d'obtenir la reconnaissance des jésuites en matière de sinologie, de Guignes envoya le plan de son *Histoire générale des Huns* à Gaubil[34]. Dès qu'il en eut connaissance, ce dernier n'eut de cesse d'émettre des conseils, des réserves, voire des critiques au sujet de cet ouvrage. Les attaques de Gaubil ne portaient pas tant sur la qualité du chinois que sur la pertinence des textes traduits, précisant qu'un tel travail ne pouvait pas être mené à partir des sources présentes à Paris[35]. Avec le temps, le jugement de Gaubil se durcit, surtout au sujet des conclusions «douteuses» de Guignes en matière de géographie[36]. Ce climat se transforma à partir des années 1750-1760. Les décès de du Halde (1743), Fourmont (1745) et Fréret (1749) laissaient le champ libre à une nouvelle génération d'orientalistes incarnée par de Guignes[37].

Mort en 1759, il semble que Gaubil n'ait pas eu l'occasion de lire l'ouvrage de Guignes, dont le dernier volume parut en 1758. Cependant, d'autres jésuites se chargèrent de porter un jugement sur ce travail. Après la publication de l'*Histoire générale des Huns*, un auteur anonyme du *Journal de Trévoux* passa l'ouvrage en revue[38]. On y soulignait les preuves «d'intelligence et quelques fois même d'intérêt lorsque ces faits se rapprochent des événements connus dans nos Histoires grecques, romaines et des Croisades»[39]. Derrière ce compliment se cache une attaque à peine voilée sur la maîtrise du corpus chinois par de Guignes. Cette critique fut complétée par une série de remises en cause plus

34   Gaubil, *Correspondance*, p. 704.

35   Gaubil, *Correspondance*, p. 728.

36   Gaubil, *Correspondance*, p. 830. Deux interprétations des jugements de Gaubil sont possibles. Il peut s'agir de préoccupations sincères d'un homme cherchant à faire progresser la science en évitant la diffusion de savoirs erronés. Il peut également s'agir de la volonté de décrédibiliser un travail qui entrerait en compétition avec le sien, puisque Gaubil était alors le principal traducteur français de textes historiques chinois. Au-delà de ces querelles de personnes, il est en effet possible d'interpréter les attaques contre Fourmont et de Guignes comme une stratégie de défense des jésuites afin de garder le monopole des études chinoises en France.

37   Ce dernier devint d'ailleurs le «relais de l'Académie pour les travaux des jésuites de la mission de Chine» après la proscription de l'ordre jésuite en France en 1763. *DOLF*, p. 468.

38   Anonyme, «*Histoire générale des Huns…*», *Journal de Trévoux ou Mémoires pour l'histoire des sciences et beaux-arts*, octobre 1757, 2ᵉ volume article CXIII, pp. 2640-2655. Cité par la suite sous son numéro, «Article CXIII», afin de bien le distinguer de l'ouvrage de Joseph de Guignes.

39   Anonyme, «Article CXIII», p. 2650.

ou moins directes des choix effectués par l'orientaliste en matière de sources. De même, cet auteur anonyme ne reconnaissait la validité de certains éléments de la théorie générale de Guignes que parce qu'ils étaient conformes à ce qu'en pensait Antoine Gaubil[40], laissant ainsi planer un soupçon de plagiat de la part de Guignes. Ce dernier répondit à ces attaques dans une lettre publiée dans le *Journal des Savants* et republiée à la fin du dernier volume de l'*Histoire générale*[41]. En guise de défense, il décida d'attaquer le *Journal de Trévoux* et ses auteurs sur leur ignorance des sources chinoises[42]. Une nouvelle réponse parue dans le *Journal de Trévoux* clôt cette polémique, sur un ton plus neutre et apaisant[43].

Si la polémique s'acheva sur ces échanges, les attaques contre l'*Histoire générale des Huns* et contre son auteur furent virulentes et expliquent en partie la réception de l'œuvre. Malgré ces polémiques, la méthode employée par de Guignes laissait la place à quelques critiques, surtout au moment où l'étude de l'histoire se faisait de plus en plus rigoureuse.

2   La tentative de synthèse historiographique

Pour réaliser une étude aussi ambitieuse, dont l'objectif était de définir le rôle que les peuples tartares occidentaux ont joué dans l'histoire, de Guignes mobilisa un ensemble de documents écrits bien plus vaste que ceux utilisés par ses prédécesseurs. Parmi ces œuvres, il est bien sûr fait mention des « manuscrits orientaux et les livres chinois » de la Bibliothèque du Roi, mais aussi des textes d'historiens de l'Empire romain, des sources relatives aux Croisades ou encore des récits de voyage des XVIIe et XVIIIe siècles. Cette hétérogénéité s'explique par le fait que l'objectif de l'*Histoire générale* n'est pas de retracer une his-

---

40   Anonyme, « Article CXIII », pp. 2654-2655.

41   Notons d'ailleurs une erreur dans le titre de cette lettre, car elle ne peut dater de 1747 comme cela est indiqué, mais bien de 1757. Voir de Guignes, *Histoire générale des Huns*, IV, p. 359.

42   Le seul jésuite qui semble trouver grâce à ses yeux reste Gaubil. Tout en rappelant le respect qu'il lui porte en tant que « le plus savant missionnaire que nous ayons », de Guignes rappelle qu'il a envoyé ses travaux au missionnaire dans le but d'obtenir son avis sur la question du lien entre les Xiongnu et les Huns. S'en suivit une longue réflexion sur la chronologie chinoise qui, selon de Guignes, n'est pas digne de foi pour les temps anciens.

43   Anonyme, « Réponses aux difficultés de M. Deguignes sur un article de ces Mémoires », *Mémoires pour l'histoire des sciences et beaux-arts*, janvier 1758, 2e tome, article XV, pp. 307-320.

toire de l'empire tartare en tant qu'objet politique, mais bien une histoire des Tartares en tant que peuple. Dès lors, de Guignes ne se limite pas aux textes relatifs à Gengis Khan ou Tamerlan, mais inclut de nombreuses sources qui n'appartiennent pas à l'histoire des Tartares telle qu'elle avait été écrite jusqu'à présent. En ce sens, sa démarche se rapprochait plus de celle de Bergeron que de d'Herbelot ou de Pétis de La Croix par exemple.

Face à une telle densité d'informations, une approche quantitative permet de mieux saisir les enjeux et les mécanismes qui structurent ce corpus. À partir des références présentes dans le texte ou en notes, il a été possible de construire le graphique suivant, qui représente les occurrences d'une source dans l'ensemble de l'*Histoire générale des Huns*[44].

Cette représentation permet de constater un réel déséquilibre dans le corpus provoqué par une surreprésentation de deux types de sources, à savoir le *Tongjian gangmu* et le «*Lie-tai-ki-su*»[45]. À côté de ces sources chinoises, les principaux auteurs «orientaux» sont arabes, dont le géographe Aboulfedha [Abū l-Fidā']46, l'historien égyptien Aboulmahassan [Abū'l-Mahāsin Taghribirdī][47] et, dans une moindre mesure, Bar Hebræus.

En regardant plus attentivement, on constate que ces textes circulaient largement en Europe et qu'ils ont tous fait l'objet de traductions. Il est donc très probable que de Guignes ait utilisé ces traductions, tout en faisant référence à l'original. Par exemple, le *Tongjian gangmu* était la base des travaux des missionnaires et le «*Lie-tai-ki-su*» avait été traduit par le jésuite Joseph-

---

44   Cette approche ne doit pas laisser penser que l'œuvre la plus citée est nécessairement la plus importante aux yeux de Guignes. Cependant, cela permet de se faire une certaine idée de l'utilisation générale du corpus.

45   De Guignes décrit comme «une nouvelle édition des Annales de la Chine en forme de Tables, imprimée dans ces derniers temps», de Guignes, *Histoire générale des Huns*, IV, p. 370. Abel-Rémusat indique qu'il s'agit d'un «excellent tableau chronologique» de cent volumes dans lequel on voit «la succession des empereurs, des princes, des grands vassaux, des souverains étrangers». Voir Abel-Rémusat, *Mélanges asiatiques*, II, 1826, p. 375.

46   *Encyclopédie de l'Islam*, I, p. 122. Rappelons que c'est en partie sur le texte de ce géographe qu'Etienne Fourmont enseignait l'arabe au Collège royal.

47   *Encyclopédie de l'Islam*, I, p. 143. Abū'l-Mahāsin Taghribirdī est l'auteur du *Manhal al-Safī*, «une suite de biographies des sultans et des émirs de 1248 à 1451» et d'une histoire de l'Égypte. Son père fut vice-roi de Syrie et gouverna Damas quelques années après la mise à sac de cette ville par Tamerlan. On peut penser qu'Abū'l-Mahāsin fut certainement marqué par les campagnes militaires de l'empereur timouride, ce qui pourrait expliquer le fait qu'il en construit un portrait négatif. Ce texte est détaillé par d'Herbelot dans la *Bibliothèque orientale*, pp. 497-498, sous l'entrée «Ioussouf ben Tagri Bardi», ce qui indique qu'il était à Paris avant 1697.

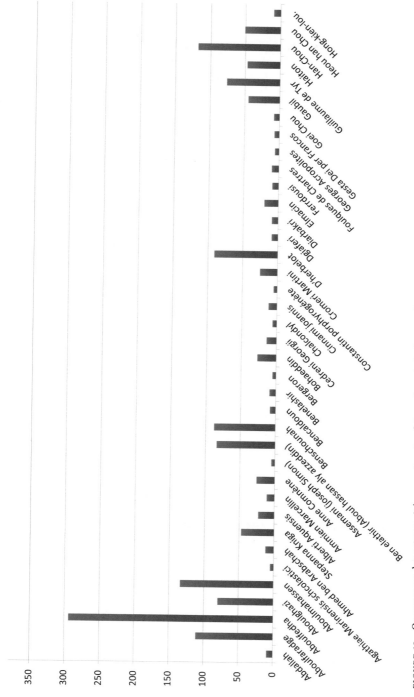

FIGURE 12   Occurrences des auteurs cités au moins cinq fois par Joseph de Guignes dans l'Histoire générale des Huns...

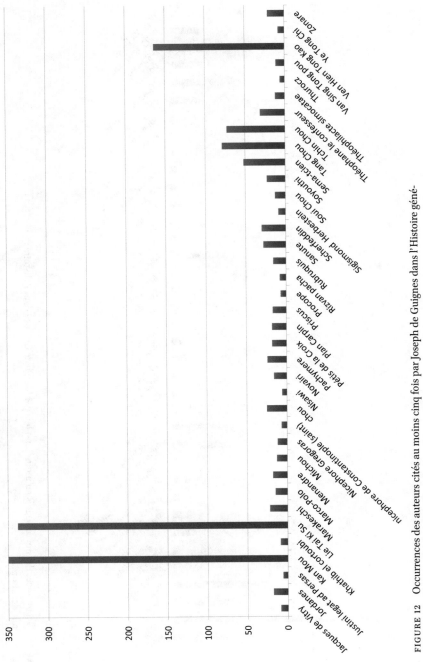

FIGURE 12   Occurrences des auteurs cités au moins cinq fois par Joseph de Guignes dans l'Histoire générale des Huns... (*suite*)

Marie Amiot (1718-1793)[48]. De même, le troisième texte le plus utilisé dans l'*Histoire générale des Huns* était le *Wenxian tongkao*[49], source principale de Visdelou, dont les manuscrits n'étaient pas encore édités, mais déjà en circulation. Un constat similaire peut être dressé pour les sources dites orientales. Abū l-Fidā' et Bar Hebræus étaient largement connus en Europe, et il est certain que la *Bibliothèque orientale* fut largement utilisée pour connaître les vies et les œuvres des nombreux auteurs.

Outre l'existence de traductions des principales sources utilisées par de Guignes, la constitution de ce corpus a été facilitée par l'utilisation de plusieurs compilations à partir desquelles l'auteur a pu avoir accès à ces textes. Par exemple, de Guignes indiquait qu'il connaissait les récits de Plan Carpin et de Rubrouck par l'intermédiaire de Bergeron. Pour ces textes, de Guignes n'a pas utilisé le texte de 1635, mais une seconde édition proposée en 1735 par Jean Neaulme[50] (1694-1780). Aux textes réunis par Bergeron, à savoir ceux de Rubrouck, Plan Carpin et Ascelin de Crémone, Neaulme ajouta ceux de Benjamin de Tudèle, de Marco Polo, de Hayton, de Jean de Mandeville et d'Ambroise Contarini[51].

De Guignes procéda de la même façon pour ce qui est des relations entre les Européens et les Tartares. Il fit ainsi un usage important des historiens des Croisades, dont une partie des œuvres avaient été réunies sous le titre *Gesta Dei per Francos*, par Jacques Bongars (1554-1612) en 1611. De même, il s'appuya sur le *Corpus Byzantinae Historiae*, également connu sous le titre de « Byzantine du Louvre » pour retracer l'histoire complexe des relations entre l'Empire byzantin et les Turcs. Enfin, les récits de voyage plus récents sont regroupés au sein du *Recueil des voyages au Nord*, collection de récits européens dans la lignée des compilations de Ramusio ou Hakluyt.

Si ce type d'approche quantitative ne répond pas à toutes les questions que l'on peut se poser face à un tel corpus, elle permet cependant de mettre en lumière plusieurs éléments. Dans ce corpus, les « manuscrits orientaux et les livres chinois » sont loin de représenter la majorité des sources utilisées par de Guignes. Si l'on classe les auteurs cités par langue de rédaction, on constate que

---

48 Il semble que l'on puisse identifier ce texte avec la *Table chronologique de tous les souverains qui ont régné en Chine, rangée par ordre de cycles, depuis la 61e année du règne de Hoang-ty jusqu'au règne présent*, présent dans le catalogue des livres et manuscrits d'Abel-Rémusat, numéro 1282, dans *Catalogue des livres, imprimés et manuscrits composant la bibliothèque de feu M.J.-P. Abel-Rémusat, Paris, 1833*.

49 Présent chez de Guignes sous la forme de « Ven hien tong kao ».

50 Editeur français, il réalisa la plus grande partie de sa carrière en Hollande.

51 Il s'agit d'un voyageur italien qui se rendit en Perse à la fin du XVe siècle.

les sources latines sont en effet majoritaires et les sources chinoises sont aussi nombreuses que les sources françaises. Cependant, il faut nuancer ces résultats en rappelant que l'influence exercée par une source sur un auteur ne se mesure pas nécessairement par le nombre de ses occurrences.

Malgré cette impression d'exhaustivité, une absence importante dans le corpus réuni par de Guignes ne saurait passer inaperçue. En effet, les manuscrits orientaux mentionnés sont tous des textes arabes, et de Guignes ne fait que très peu usage des auteurs persans. Sharaf al-dīn ʿAlī Yazdī, dans sa traduction par Pétis de La Croix fils, est certes présent, mais de façon très discrète. Des auteurs qui auraient pu paraître évidents pour l'écriture d'une histoire générale, comme Rashīd al-Dīn et Mīrkhwānd, sont absents, alors qu'il est impensable que de Guignes en ignorât l'existence[52]. Il s'agit donc d'une mise à l'écart volontaire de ces textes. D'ailleurs, lorsqu'il utilise le *Shâh-Nâme* de Ferdowsi, l'orientaliste précise avoir utilisé la version arabe de ce texte[53], et non une copie en langue originelle. Il serait possible de voir ici la trace d'une méconnaissance de la langue persane, mais cette hypothèse mérite d'être étayée par d'autres éléments. Admettons-le d'entrée, cette ignorance est envisageable, mais peu plausible. Si l'on peut penser que de Guignes fut peut-être moins habile en persan que dans d'autres langues, il disposait cependant de toutes les traductions nécessaires pour utiliser ces textes tout en mentionnant les originaux. Dès lors, il semble qu'une raison plus profonde puisse être avancée, et une note de bas de page laissée par de Guignes oriente cette recherche. Lorsqu'il est question de Gengis Khan, de Guignes indique qu'il juge la biographie écrite par Pétis de La Croix père comme « remplie de détails trop fabuleux » pour être crédible et que, à ce titre, il lui préfère la biographie de Gaubil[54].

L'accusation de « fable » portée à l'encontre des sources persanes renvoie au mythe d'Ergene Qun, mais surtout à celui d'Alan Qoʾa, au sujet duquel les auteurs chrétiens étaient majoritairement hostiles. En rejetant ces textes, de Guignes s'inscrivait donc dans la lignée de Visdelou, Pétis de La Croix et, dans une moindre mesure d'Herbelot. Ce faisant, l'auteur de l'*Histoire générale des Huns* se coupait d'œuvres qui représentaient pourtant un intérêt majeur dans l'écriture d'une histoire générale, à savoir le *Rawżat al-Ṣafā* et surtout le *Jamiʿuʾt-Tawarikh* de Rashīd al-Dīn. Une étude plus poussée serait nécessaire pour savoir si ces deux œuvres ont exercé une influence sur de Guignes, mais il

---

52   Par exemple, de Guignes mentionne celui qu'il nomme Mir-kond [Mīrkhwānd], vol. 1-2, p. 4, mais au détour d'une note de bas de page.
53   De Guignes, *Histoire générale des Huns*, vol. 4, p. 367.
54   De Guignes, *Histoire générale des Huns*, vol. III, chap. XVI, p. 2 note A.

serait logique que l'orientaliste français s'appuyât sur ces histoires universelles, auxquelles on peut également ajouter le *Lubb al-tawārīkh* traduit par Gaulmin et Galland.

Malgré cette mise à l'écart des sources persanes, le corpus mobilisé reste très riche, et nécessita une hiérarchisation de la part de l'auteur. Il puisa chez les historiens chinois l'utilité et non le plaisir, et considérait les auteurs arabes comme des orateurs d'assez bonne foi[55], tout en indiquant qu'ils étaient trop pompeux et qu'ils ne composaient selon lui que des éloges ou des satyres[56]. Outre ce jugement, qui rappelle celui de Visdelou, de Guignes indique que « le chinois est véridique lorsqu'il ne parle que de sa Nation, partial lorsqu'il s'agit des Étrangers, qu'il méprise trop et qu'il ne connaît pas assez »[57] et c'est à ce titre qu'il est nécessaire de se tourner vers les auteurs arabes[58]. L'idée selon laquelle il faut privilégier les historiens les plus proches dans le temps ou dans l'espace des faits qu'ils racontent était donc toujours présente[59].

Cependant, de Guignes n'applique pas ce choix de proximité lorsqu'il s'agit d'écrire l'histoire ancienne. En effet, selon l'orientaliste, « Moïse seul nous a rapporté en peu de mots la suite des générations qui ont précédé le Déluge »[60] et les historiens, qu'ils soient Chinois ou orientaux, ne sauraient être crédibles quant à ces origines aussi lointaines. Dès lors, le sens donné à l'*Histoire générale des Huns* était non seulement religieux, mais surtout conforme à la vision chrétienne. En effet, par cette courte phrase, le savant réaffirmait le statut de l'Ancien Testament, dont l'autorité avait été remise en cause lors de la querelle de la chronologie. Plus précisément, de Guignes considérait que les historiens chinois ne contredisaient pas les récits bibliques, et qu'il était possible de trouver une concordance entre ces différentes sources. Il semble donc proposer une voie médiane dans laquelle il considère la bible dans son historicité, mais tout en sachant que cet aspect ne sera pas remis en cause par d'autres sources[61].

De Guignes, *Histoire générale des Huns*, I, préface.
56   De Guignes, *Histoire générale des Huns*, I, p. xx.
57   De Guignes, *Histoire générale des Huns*, I, p. xx.
58   De Guignes, *Histoire générale des Huns*, I, p. ix. « Rempli de mon projet, j'ai examiné les historiens chinois. Avec eux, j'ai suivi les Turcs dans toutes leurs expéditions ; j'ai recherché leurs migrations vers les pays occidentaux. Là, étant devenus moins connus des Chinois, à cause de leur trop grand éloignement, j'ai eu recours aux historiens Arabes ». Sur ce point, voir également John. G.A. Pocock, *Barbarism and religion*. Cambridge, U.K. ; New York, Cambridge University Press, 1999, IV, pp. 112-114.
59   Notons que, dans cette logique, les historiens persans auraient eu une réelle place à occuper.
60   De Guignes, *Histoire générale des Huns*, I-2, p. 1. Et App, *The Birth of orientalism*, p. 205.
61   Cette idée semble déjà présente chez Fourmont. Voir App, *The Birth of orientalism*, p. 193.

Comme le souligne Despina Magkanari[62], de Guignes est marqué par les réflexions des mauristes sur les méthodes d'écriture de l'histoire. Comme une grande partie des érudits de son temps, de Guignes était proche de ces milieux, qu'il fréquentait par exemple par le biais de l'Académie des Inscriptions et Belles-Lettres. On peut dès lors se demander s'il n'est pas possible d'établir un lien entre le travail de Joseph de Guignes et l'écriture de l'histoire telle qu'elle est pratiquée par les mauristes. Plus précisément, l'*Histoire générale des Huns* peut-elle être considérée comme le pendant orientaliste des grandes compilations de sources historiques produites dans ce milieu intellectuel?

L'influence des bénédictins de Saint-Germain-des-Prés, qui s'exerçait déjà sur les travaux de d'Herbelot et de Galland, se matérialisa dans l'*Histoire générale des Huns*. La compilation des *Gesta Dei per Francos* avait débuté en pleine Réforme et avait pour but de rappeler le lien indéfectible entre la France et la défense de la religion chrétienne, et ce travail servit de base aux mauristes dans leur collecte des textes français sur la Croisade[63]. Cette démarche peut être rapprochée de celle qui explique la production de la «Byzantine du Louvre», compilation débutée en 1648 par le jésuite Philippe Labbé (1607-1667) qui avait pour objectif de souligner les liens entre les souverains byzantins et français. Elle fut complétée par plusieurs érudits, dont le mauriste Charles du Cange (1610-1688).

Si toutes les sources utilisées par de Guignes étaient déjà connues en Europe, le fait d'être intégrées à cette vaste compilation donna à certains textes un écho particulier. C'est par exemple le cas pour deux sources dont le point commun est d'apporter un nouvel éclairage sur l'histoire des Mongols en Russie et en Asie centrale. À ce titre, leurs circulations témoignent de l'intérêt grandissant que la France portait à la Russie et à son histoire. De Guignes entretenait une correspondance avec Joseph-Nicolas Delisle (1688-1768)[64], cartographe français membre de l'Académie des Sciences de Saint-Pétersbourg. Par son intermédiaire, il eut accès à la traduction d'une chronique russe composée au milieu du XVIe siècle intitulée *Stepennaia Kniga*[65]. Cependant, il faut souligner que l'orientaliste semble avoir une mauvaise connaissance de ce texte, ou que Delisle a traduit un texte incluant une continuation. En effet, de

---

62   Magkanari, Despina, «Sinological Origins of Turcology in 18th-century Europe», *European Journal of Turkish Studies* [*Online*], 24 | 2017, paragraphe 21, consulté le 23 mars 2018.

63   Ce travail resta manuscrit jusqu'au XIXe siècle, époque à laquelle il fut publié sous le titre de *Recueil des Historiens des Croisades*.

64   Cartographe et astronome, ce savant était membre de l'Académie des sciences et envoyait régulièrement des traductions et des mémoires en France.

65   Sur la façon dont de Guignes y eut accès, voir *Histoire générale des Huns*, I-1, p. 17.

Guignes indique que ces «annales russiennes» couvrent la période allant de 852 à 1630[66], alors que cette chronique s'arrête avant le règne d'Ivan IV, qui débute en 1547[67]. Malgré ce flottement dans la datation, cette source est centrale dans la mesure où, avec Miechowita, il s'agit de l'une des rares sources utilisées par l'orientaliste pour retracer l'histoire de la Russie sous domination mongole.

Le second texte est d'un plus grand intérêt pour cette étude, car il s'agit d'une histoire des Tartares écrite vers 1644[68] par le khan Abū l'Ghāzī (1603-1663/64), dont le pouvoir s'exerçait sur la région de Khiva dans l'actuel Ouzbékistan. Descendant légitime de Gengis Khan, Abū l'Ghāzī appartenait à la dynastie des Chaybanides qui régnait sur une population ouzbèke largement islamisée[69]. C'est dans ce contexte qu'Abū l'Ghāzī rédigea l'*Histoire généalogique des Turkmènes*, qui repose sur des sources persanes, dont Rashīd al-Dīn[70] et Sharaf al-dīn 'Alī Yazdī. Il rédigea ensuite l'*Histoire généalogique des Tatares*, qui, selon Berthold Spuler, repose sur des sources orales et les souvenirs des membres de la cour[71]. Il s'agit donc d'une nouvelle logique historiographique qui propose un nouveau découpage de l'empire tartare. L'empire mongol ne trouve plus sa continuation avec l'empire timouride, mais avec la dynastie chaybanide.

Tout laisse penser que le seul texte qui circula en Europe fut l'*Histoire généalogique des Tatars*, découvert pour l'Europe par Philip Johan von Strahlenberg (1676-1747), également connu sous le nom de Jean de Strahlenberg, qui en fit la traduction en allemand. En 1726, un traducteur anonyme en proposa une version française, imprimée à Leyde[72]. Le contenu de ce texte revêt un intérêt

---

66   De Guignes, *Histoire générale des Huns*, vol. v, p. 364.

67   Gail Lenhoff, «The construction of Russian history in Stepennaja kniga», *Revue des études slaves* 76, 1, 2005, pp. 31-50.

68   Cette œuvre fut prolongée sur la période allant de 1644 à 1655 par son successeur Abu'l-Moẓaffar Anūša Moḥammad Bahādor. Voir l'article de Bertold Spuler, «Abu'l-Gazi Bahador Khan», *Encyclopædia Iranica*, I/3, pp. 292-293, en ligne à l'adresse http://www.iranicao nline.org/articles/abul-gazi-bahador-khan-khan-of-kiva, consulté le 10 novembre 2017.

69   Au XVe siècle, Chayban réunit des populations turciques et mongoles au sein d'une fédération nommée «Ouzbek». Conscient que son ascendance gengiskhanide n'était pas suffisante pour asseoir son autorité sur des populations en partie non mongoles, Chayban fit de la défense de l'islam un acte fédérateur. Sur ces deux points, les Chaybanides entraient en concurrence ouverte avec les Timourides et les Safavides.

70   http://www.iranicaonline.org/articles/abul-gazi-bahador-khan-khan-of-kiva, consulté le 10 novembre 2017.

71   http://www.iranicaonline.org/articles/abul-gazi-bahador-khan-khan-of-kiva, consulté le 10 novembre 2017.

72   D***, *Histoire généalogique des Tatars traduite du manuscrit tartare d'Abulgasi Bayadur-*

particulier dans la mesure où son auteur bénéficiait d'une autorité indéniable. Toujours selon une logique de proximité, qui mieux qu'un authentique khan tartare pouvait écrire l'histoire de sa dynastie ? Ainsi, on peut lire que l'auteur traite « de la Maison de Zingis-Chan [Gengis Khan], de son origine et des Lieux où Elle s'est établie ; des royaumes et provinces qu'elle a conquis et de ce qu'elle est devenue finalement »[73].

On s'en doute, la question de l'appropriation de l'héritage gengiskhanide qui place cette historiographie chaybanide sur le même plan que l'historiographie timouride tient une place centrale dans ce texte. Dès lors, sa diffusion eut pour conséquence de renforcer la dimension turcique des Mongols aux yeux des Européens au détriment de la dimension mandchoue.

3   La distinction entre les Tartares occidentaux et les Tartares orientaux

Comme l'indique le titre de son ouvrage, l'idée maîtresse de Joseph de Guignes reposait sur la distinction entre les Tartares occidentaux et les Tartares orientaux. Les Huns, les Turcs et les Mongols appartiendraient au premier ensemble, alors que les Avares, les Khitan, les Jürchen et les Mandchous[74] appartiendraient au second. Cette division des Tartares n'est pas une invention de l'orientaliste et Martini, dans son récit de la chute de la dynastie Ming, écrivait déjà que la Tartarie « est divisée en deux parties, l'Occidentale qui est connue depuis longtemps, et l'Orientale dont les peuples de l'Europe n'avaient eu jusqu'ici nulle connaissance »[75]. Pierre Joseph d'Orléans (1641-1698), dans une *Histoire des deux conquérants tartares qui ont subjugué la Chine*, largement inspirée de Martini, indiquait en 1688 que

dans ces vastes espaces de terre qui portent le nom de Tartarie, il y a au Septentrion de la Chine un très grand pays divisé en deux Estats, qui par la

---

Chan et enrichi d'un grand nombre de remarques authentiques et très curieuses sur le véritable Estat présent de l'Asie septentrionale avec les Cartes Géographiques nécessaires, Leyde, 1726. Notons dès à présent que si le titre est bien l'*Histoire généalogique des Tatars*, l'éditeur dans ses notes utilise le terme « tartare », ce qui témoigne de la confusion entre ces deux termes. Aussi, puisque ces deux termes sont équivalents, il est préférable d'utiliser le terme de « tartare », afin de faciliter la lecture.

73   D***, *Histoire généalogique des Tatars*, pp. 3-4.
74   De Guignes, *Histoire générale des Huns*, I, livre IV, pp. 179 et suiv.
75   Martini, *Histoire de la guerre des Tartares*, p. 2.

situation où ils sont l'un à l'égard de l'autre ont été nommés l'un Tartarie
Orientale, l'autre Tartarie Occidentale. Le premier s'appelle autrement le
Royaume de Niuché [Jürchen], le second le Royaume de Tanyu [Tangut].
Entre ces deux peuples et ceux de la Chine, il y a eu de tout temps une
extrême émulation[76].

Cette division entre Orient et Occident s'établissait par rapport au méridien
de Pékin[77] et n'était pas réellement problématique lorsqu'il s'agissait de délimiter des territoires[78]. En revanche, il n'en était pas de même pour identifier
des peuples nomades dont l'origine était si mal connue. Malgré cette difficulté,
de Guignes proposa une explication pour remonter à l'origine de la distinction entre les Tartares occidentaux et les Tartares orientaux. Dans une lecture
biblique de l'histoire, l'auteur reprend l'idée selon laquelle un peuple aurait
migré vers l'Est depuis la plaine de « Senaar »[79]. En suivant des routes différentes, ce peuple se serait divisé en deux[80]. Ceux qui avaient suivi une route
plus au Sud purent développer l'agriculture et les arts et donnèrent naissance
aux Chinois[81]. À l'inverse, ceux ayant pris les routes plus au nord et plus mon-
tagneuses ne rencontrèrent aucune pâture, furent contraints au nomadisme et
devinrent les Tartares[82]. Les Tartares orientaux se distinguèrent des Occidentaux en colonisant une terre plus à l'Est. Il ne faut cependant pas confondre,
toujours selon de Guignes, cette origine avec la position actuelle des différents
peuples tartares, étant donné qu'un peuple vivant en Tartarie orientale pourrait parfaitement avoir une origine occidentale. La question décisive est donc
de savoir à partir de quand il devient possible d'attribuer cette origine orientale
ou occidentale aux Tartares dans la mesure où, à l'origine, les Tartares orientaux étaient des Tartares occidentaux.

76   Pierre Joseph d'Orleans, *Histoire des deux conquérants tartares qui ont subjugué la Chine*,
      Paris, 1688, pp. 2-3.
77   Voir Gorshenina, *L'invention de l'Asie centrale*, chap. v. Les questions d'ordre mathéma-
      tique et cartographique quant au calcul de ce méridien et aux débats qu'elles ont soulevés
      sont volontairement laissées de côté.
78   L'importance de ce méridien explique les nombreux débats qui eurent lieu au sujet des
      méthodes de calcul permettant de tracer ce repère géographique.
79   Ce nom renvoie très certainement à la plaine de Shinar, située en Mésopotamie. D'après
      la *Genèse*, 12 :2, c'est dans cette région que fut construite la tour de Babel.
80   App, *The Birth of Orientalism*, pp. 205-206.
81   L'idée selon laquelle les Chinois et les Tartares partageraient une même origine était déjà
      présente dans l'*Histoire naturelle, générale et particulière* de Buffon, publiée en 1749.
82   De Guignes, *Histoire générale des Huns*, I-2, pp. 2-3.

Si la différence entre les Tartares orientaux et les Tartares occidentaux repose sur une question de lieu de migration, les premiers ayant migré plus à l'est que les seconds, il est important de comprendre sur quels critères de Guignes se base pour identifier ces deux peuples différents. Posée en d'autres termes, cette question revient à savoir ce qui, en dehors du cadre géographique, distingue ces deux nations. Malgré l'intérêt de cette question, puisqu'elle conditionne la thèse de Guignes, force est de constater que l'auteur n'apporte aucun élément de réponse. S'il établit quelques critères pour définir « l'origine et le commencement d'une nation », à savoir l'apparition des lois, des arts, et de l'agriculture[83], de Guignes n'indiqua en rien pourquoi il considérait qu'il exista plus de différences entre les deux types de Tartares qu'entre différentes nations de Tartares occidentaux, par exemple.

Il est possible de penser que si de Guignes évita ce sujet, c'est précisément parce qu'il n'a pas de réponse solide et irréfutable à apporter. Il reconnaît d'ailleurs ne pas avoir « une idée bien exacte des différentes Nations qui ont habité dans la Tartarie Orientale »[84] et explique cette lacune à la fois par un manque de précision des auteurs chinois, mais aussi, et peut-être surtout, par un manque d'intérêt. En effet, malgré l'ambition d'écrire une « partie de l'histoire universelle », de Guignes s'inscrivait dans une historiographie européanocentrée, dans laquelle les Tartares occidentaux n'avaient d'intérêt que parce qu'ils influencèrent directement l'histoire de la Chrétienté. En écartant les Tartares orientaux, de Guignes laissa de côté non seulement les Avars et les Khitans, nations dont le rôle dans l'histoire restait secondaire aux yeux des Européens, mais évita surtout d'avoir à intégrer l'histoire des Mandchous. En effet, si de Guignes avait cherché à écrire une histoire des Tartares dans leur ensemble, et non des seuls Tartares occidentaux, il aurait dû inclure l'histoire des dynasties mandchoues, dont les Qing, déplaçant ainsi le centre de gravité de son œuvre.

La seconde difficulté à laquelle de Guignes dut faire face fut de définir l'origine des Mongols. Pour retracer l'histoire de cette nation, les sources ne manquaient pas, et le savant avait à sa disposition les traductions des sources chinoises et mandchoues qui présentent les Mongols comme des Jürchen, mais également les sources dans lesquelles les Mongols sont des peuples turciques. De Guignes était parfaitement averti du débat soulevé par Visdelou et de l'hypothèse du jésuite selon laquelle les Mongols descendraient des Moho[85]. Malgré cela, il passa cette hypothèse sous silence et considérait que les

---

83   De Guignes, *Histoire générale des Huns*, 1-2, p. 2.
84   De Guignes, *Histoire générale des Huns*, I-1, pp. 179 et suiv.
85   De Guignes, *Histoire générale des Huns*, I-2, pp. XLVI et suiv. Ce passage est d'ailleurs issu

Mongols «descendaient des anciens Turcs»[86] et affirmait à plusieurs reprises que les Mongols sont des Tartares occidentaux. Il appuyait sa démonstration sur l'autorité d'Abū l'Ghāzī, sans avoir conscience que ce dernier s'inscrivait sur ce point dans la tradition persane dont il dénonce les fables. Ici aussi, il faut voir un choix délibéré plutôt qu'une ignorance de la part de l'auteur. En effet, reconnaître l'origine «orientale» des Mongols revient à voir s'effondrer l'ensemble de sa théorie.

La faiblesse de l'argumentation de Joseph de Guignes au sujet de la distinction entre les Tartares orientaux et les Tartares occidentaux n'est pas la seule à fragiliser son œuvre. À plusieurs reprises, il affirmait la continuité qui aurait existé entre les Huns, les Turcs et les Mongols, qui sont les trois principaux peuples qui composent l'ensemble des Tartares occidentaux. Ainsi, les Huns «ont porté dans la suite le nom de Turcs»[87] et la «Nation mongole» appartiendrait à la «Nation turque»[88]. Pour justifier son point de vue, de Guignes devait remonter aux origines des Tartares et chercher ce qui, dans leurs histoires, permettrait d'établir une telle unité. Cependant, puisqu'il cherchait à présenter une histoire irréfutable, il ne pouvait s'appuyer sur les «fables» des origines de ces peuples, et chercha dans la chronologie les preuves de son raisonnement.

Le premier rapprochement portait sur la correspondance entre les Huns des sources européennes et les Xiongnu des sources chinoises. Cette idée était la base du *Mémoire sur l'origine des Huns et des Turks* de 1748 et reprenait l'hypothèse formulée par Visdelou[89]. De Guignes appuyait cette identité sur la comparaison des historiens de l'Empire romain, dont Ammien Marcelin, aux auteurs chinois. Dans ces textes, les similitudes des modes de vie suffisaient à l'orientaliste pour justifier ce rapprochement. Pourtant, comme le rappelle

---

de la même source que celle utilisée par Visdelou et il serait possible d'y voir une réécriture.

86 De Guignes, *Histoire générale des Huns*, 3, p. 2.
87 De Guignes, *Histoire générale des Huns, Histoire générale*, I, p. III.
88 De Guignes, *Histoire générale des Huns, Histoire générale*, I, pp. 209 et 214.
89 Sur ce point, et comme l'a souligné l'historien Urs App, à la suite d'Abel-Rémusat, de Guignes s'est ici largement appuyé sur les travaux de Visdelou, dont on sait que les manuscrits circulaient alors à Paris. Voir App Urs, *The Birth of Orientalism*, pp. 204-205 et Abel-Rémusat, *Nouveaux Mélanges asiatiques*, II, p. 245: «Le sujet des deux ouvrages est le même en beaucoup d'endroits; les mêmes écrivains ont été mis à contribution, et le travail du P. Visdelou est de beaucoup antérieur au premier essai que de Guignes publia sous le titre de *Lettre à M. Tannevot*. Ce n'est point ici une accusation de plagiat, dirigée contre le savant académicien: il a bien certainement compulsé les originaux; mais notre observation a pour objet de faire voir comment il a pu parvenir à les entendre et à en tirer lui-même des extraits beaucoup plus étendus».

Iaroslav Lebedynsky, « cette identification est toujours discutée aujourd'hui et les principaux spécialistes occidentaux de la question l'ont soit contredite (L. Hambis avec des arguments assez convaincants), soit prudemment ignorée »[90].

La seconde étape pour de Guignes est de démontrer la continuité entre les Huns/Xiongnu et les Turcs. Dans son *Mémoire*, il indiquait que les sources chinoises utilisaient deux termes pour désigner ce même peuple, à savoir « Hiongnou et Toukioue, c'est-à-dire Huns et Turks »[91]. L'*Histoire générale des Huns* contient naturellement plus de détails. Tout d'abord, de Guignes retraça l'origine des Turcs et proposa de la faire correspondre avec les sources chinoises. Pour ce faire, il reprit les mythes d'origine des Turcs en rappelant la généalogie adamique et l'épisode d'Ergene Qun. Même si de Guignes avait indiqué qu'il n'apportait aucun crédit à ces mythes, il en utilise ici le cadre historique. Cependant, il reconnaissait que l'absence de repère chronologique dans ces mythes pourrait être un obstacle à leur bonne compréhension, et se proposa de les ancrer dans le temps en s'appuyant sur les sources chinoises et mandchoues. Aussi, là où Visdelou se servait des sources qu'il avait traduites en Chine pour réfuter les « historiens mahométans », de Guignes se sert des mêmes éléments pour en démontrer la solidité. L'exercice conduit de Guignes à construire un raisonnement parfois poussif[92].

Le point de départ de ce raisonnement est la guerre qui opposa les descendants de Mogol-Khan et ceux de Tatar-Khan. Pour de Guignes,

> Les deux empires des Mogols et des Tartares dont parlent les historiens persans étaient, suivant toutes les apparences, les deux empires des Huns du Nord et des Huns du Midi, si connus dans l'histoire chinoise[93].

---

90   Lebedynsky, *Les Nomades*, pp. 150 et 151. S'il est certain que les Huns sont originaires d'Asie intérieure, plusieurs traits culturels spécifiques aux Xiongnu sont absents de la culture hunnique. Sans entrer dans les détails de cette question, notons qu'Étienne de la Vaissière affirme dans un article récent la continuité entre ces deux peuples. Voir « The Steppe World and the Rise of the Huns », dans Michael Maas (dir.), *The Cambridge Companion to the Age of Attila*, Cambridge, 2014, pp. 175-192.

91   De Guignes, *Mémoire historique*, pp. 5-6.

92   L'extrait suivant permet d'illustrer la méthode de Joseph de Guignes : « Les Turcs ont commencé à reparaitre l'an 545 de Jésus-Christ. Si l'on rétrograde de 450 ans, on remonte jusqu'à l'an 95 de Jésus-Christ. Or, suivant l'Histoire chinoise, la grande destruction des Huns septentrionaux, qui sont évidemment les anciens Mogols, arriva l'an 93 de Jésus-Christ », voir de Guignes, *Histoire générale des Huns*, I-2, p. 370.

93   De Guignes, *Histoire générale des Huns*, I-2, p. 368.

Un peu plus loin dans le texte, on peut lire que

> la grande destruction des Huns septentrionaux, qui sont évidemment les
> Anciens Mogols, arriva l'an 93 de Jésus-Christ. Ils se sauvèrent alors en
> différents endroits. Une grande partie passa les monts Altai, où est située
> l'Erkené-kom [Ergene Qun][94].

Ici, Nukūz et Qiyān, les descendants des Mogols ayant survécu, sont présentés
comme « deux chefs turcs » dont la postérité se multiplia[95]. Un descendant de
Nukūz trouva un passage dans la montagne pour en faire sortir sa nation et
remporta une grande victoire contre les descendants de Tatar-Khan, et cela
450 ans après avoir fui vers Ergene Qun. De Guignes rapproche ce passage
issu d'Abū l'Ghāzī[96] d'une source chinoise selon laquelle « les Turcs ont commencé à reparaître l'an 545 de Jésus-Christ »[97]. En soustrayant ces 450 années
de 545, de Guignes calcule que la défaite d'Il-Khan eut lieu en 95 de l'ère chrétienne, ce qui correspondrait à la « grande destruction des Huns septentrionaux » de 93, à condition, comme le fait de Guignes, de ne pas porter attention
aux deux années d'écart. Fort de ce raisonnement présenté comme logique,
l'orientaliste conclut que la « destruction des Huns septentrionaux et celle des
anciens Mogols ne sont qu'un même événement »[98].

Pourtant, malgré ses affirmations, de Guignes ne dépassa pas la tension déjà
présente chez les auteurs persans et chez Abū l'Ghāzī et qui portait sur le rattachement du mythe d'origine des Turcs à celui des Mongols. Bien que mal
étayée, l'*Histoire générale des Huns* contribua largement à renforcer l'idée que
les Mongols étaient des Tartares occidentaux et qu'ils appartenaient de fait à
l'ensemble turcique.

Qu'elle soit fondée ou non, cette nouvelle définition de la nation tartare permettait d'écrire tout un pan de l'histoire du monde. Pour de Guignes, le réel
moteur de l'histoire n'était plus l'empereur, mais le peuple. Ce faisant, l'auteur
se plaçait en rupture vis-à-vis de ses prédécesseurs, dont d'Herbelot et Pétis de
La Croix. Dans l'*Histoire générale des Huns*, la place du conquérant est secondaire face aux mouvements des peuples, et le souverain devient l'incarnation
de sa nation. Dès lors, on peut s'interroger sur le traitement que de Guignes

94   De Guignes, *Histoire générale des Huns*, I-2, p. 370.
95   De Guignes, *Histoire générale des Huns*, I-2, p. 369.
96   D***, *Histoire généalogique des Tatars*, p. 74.
97   D***, *Histoire généalogique des Tatars*, p. 77.
98   De Guignes, *Histoire générale des Huns*, I-2, p. 370.

réserva aux empereurs « tartares » et comment il intégra leurs biographies dans ce cadre plus large.

L'enjeu autour de la vie de Gengis Khan telle qu'elle est écrite par de Guignes est de démontrer que le souverain n'est pas un homme au-dessus de sa nation. Par exemple, l'auteur s'attache à souligner la simplicité du mode de vie de Gengis Khan. Après avoir donné quelques informations sur le père de Gengis Khan, de Guignes écrit :

> tel fut dans les commencements ce prince qui devint maître de presque toute l'Asie, simple chef de horde et un pâtre qui vivait presque comme nos Fermiers[99], dans ses campagnes, sinon qu'il avait droit de faire la guerre[100].

Ailleurs, il est précisé que les princes tartares « vivaient comme leurs sujets, du lait et de la chair de leurs bestiaux »[101]. S'il était un homme parmi les autres, Gengis Khan s'éleva au rang de souverain par son courage, et non par la providence. D'ailleurs, lorsque de Guignes évoquait le rôle de Teb Tengri, ce shaman qui favorisa l'élection de Gengis Khan, l'orientaliste présentait cela comme un « stratagème réussi »[102]. Tel qu'il apparaît dans cette description, Gengis Khan était donc un modèle de mesure et de bon gouvernement. S'il fit la guerre, ce ne fut jamais par volonté personnelle et, outre ses qualités martiales, il fut capable de conduire son peuple vers la civilisation en lui apportant les arts et les lois.

À l'inverse, Tamerlan était, chez de Guignes, le modèle du mauvais prince. À propos de l'une des nombreuses campagnes menées par le souverain timouride, de Guignes écrivait

> Tamerlan n'avait aucun motif raisonnable pour entreprendre cette guerre ; l'ambition de parvenir à la monarchie universelle était la seule règle de sa conduite et il prétendait qu'il ne devait y avoir qu'un seul roi sur la terre. Envahir des états avec lesquels il était en paix, en enlever toutes les richesses pour les transporter dans son pays, détrôner les princes, égorger et réduire à l'esclavage leurs sujets, faire le plus grand

---

99   Le terme de « Fermier » est ici à prendre dans son sens d'ancien régime, c'est-à-dire d'agent centralisateur de l'impôt.

100 De Guignes, *Histoire générale des Huns*, III, p. 11.

101 De Guignes, *Histoire générale des Huns*, III, p. 17.

102 De Guignes, *Histoire générale des Huns*, III, p. 22. Il n'est pas non plus question du chevalier blanc apparu en rêve et décrit par Hayton.

nombre de malheureux qu'il était possible : c'était en cela qu'il faisait consister la gloire d'un souverain[103].

Les guerres de Tamerlan étaient injustes dans la mesure où leur seul motif reposait sur une ambition démesurée. Pour satisfaire son hubris, il rompit la paix et fit preuve de cruauté. L'autre point négatif que de Guignes reprochait implicitement à Tamerlan est sa croyance aux « astrologues »[104] et aux derviches. Si l'on peut estimer que l'influence d'Ibn 'Arabshāh est ici notable, il serait intéressant de savoir si de Guignes a également été influencé par la biographie de Margat de Tilly, dont le scandale avait secoué les milieux parisiens, mais nous n'avons trouvé aucune trace de ce texte.

L'*Histoire générale des Huns* marque un tournant dans cette recherche. Par son corpus et sa méthode, cette œuvre est la digne héritière de l'orientalisme tel qu'il s'est construit jusqu'au milieu du XVIIIe siècle. L'ambition érudite et exhaustive témoigne de la richesse des fonds de la Bibliothèque royale et de l'essor de l'apprentissage des langues. S'inscrivant dans la lignée de Bergeron, il compile et organise l'ensemble des savoirs à sa disposition.

Le corpus, impressionnant par son ampleur, permet de mesurer l'étendue des recherches couvertes, mais aussi les choix qui structurent son œuvre. Notre étude permet de constater que toutes les sources utilisées étaient déjà connues et qu'elles circulaient sous forme de traduction. Dès lors, l'aspect novateur de Joseph de Guignes ne reposait pas sur l'introduction d'un nouveau savoir, mais sur une organisation nouvelle des savoirs déjà existants. À la différence de Visdelou qui utilisa les sources chinoises pour critiquer l'historiographie « mahométane », en l'occurrence Mīrkhwānd, de Guignes s'appuya sur les sources orientales pour valider, au prix de quelques distorsions, l'historiographie chinoise.

Cependant, le thème choisi témoignait d'une réelle rupture par rapport à ses prédécesseurs. Il ne s'agit plus d'écrire l'histoire des empereurs tartares, mais bien celle d'une nation qui, sous différents noms, joua un rôle majeur dans l'histoire de l'Europe. De ce point de vue, l'histoire telle qu'elle est écrite est un prolongement de l'idée d'empire tartare au-delà de la seule filiation entre Gengis Khan et Tamerlan, et s'étend jusqu'aux peuples de l'Antiquité. Ici, l'empereur n'est plus au cœur des actions et des décisions, mais il devient l'incarnation de l'esprit de son peuple. L'autre tournant concernant la vie de ces empereurs est que l'on assiste à un renouveau des portraits négatifs de

---

103   De Guignes, *Histoire générale des Huns*, IV, p. 13.
104   De Guignes, *Histoire générale des Huns*, IV, pp. 10, 11 et 13.

Tamerlan. Si Margat de Tilly avait marqué son époque, il n'était pas un orientaliste et n'agissait pas en tant que spécialiste de la question. En son temps, de Guignes était l'une des principales figures des études orientales en France, ce qui devait donner plus de poids à son jugement.

En plaçant les Tartares dans un cadre plus large que celui de la Tartarie, et en rendant les sources plus facilement accessibles, de Guignes ouvre la voie à une diversification de l'étude de l'histoire de cette nation. Il permet ainsi le décloisonnement de ce sujet hors du champ limité de l'orientalisme et en facilite l'appropriation par des non-spécialistes des langues. Si de Guignes joua un rôle central dans ce processus, le prochain chapitre permet de constater que ses racines sont à chercher chez d'autres savants.

L'empire tartare dans la pensée philosophique (milieu du XVIIIᵉ siècle)

1   Les limites du despotisme oriental chez Montesquieu

Sans surprise, Montesquieu (1689-1755) joua un rôle important dans l'évolution de la perception de l'idée d'empire tartare. Vivant durant la période d'effervescence des traductions des sources orientales, Montesquieu ne pouvait ignorer l'histoire des Tartares. Lecteur de Vattier, de Pétis de La Croix père, de la traduction d'Abū l'Ghāzī[1] et des différents voyageurs, y compris médiévaux, s'étant rendus en Tartarie, Montesquieu utilisa un large corpus de sources occidentales pour construire son raisonnement. Il ne fit cependant pas mention des textes traduits en Chine, et sa seule connaissance sur le sujet est la synthèse faite par du Halde.

Mort un an avant la publication de l'*Histoire générale des Huns*, Montesquieu n'a pas pu bénéficier des apports de ce texte. D'ailleurs, en étudiant les sources utilisées dans l'ensemble de l'œuvre de Montesquieu, on constate que de Guignes n'est mentionné qu'une seule fois, dans le brouillon des *Geographica*[2]. Cependant, il n'est pas interdit de penser qu'il avait lu le mémoire sur l'origine des Turks, qui date de 1746, et l'on peut même imaginer que les deux hommes discutèrent de ce sujet, lors de séances de l'Académie des Inscriptions et Belles-Lettres, dont ils étaient membres.

Montesquieu manifesta assez tôt son intérêt pour les Tartares. Dans les *Lettres persanes*, publiées en 1721, il écrivait que ce peuple a été

> le vrai dominateur de l'univers : tous les autres semblent être faits pour le servir : il est également le fondateur et le destructeur des empires : dans tous les temps, il a donné sur la terre des marques de sa puissance ; dans tous les âges, il a été le fléau des nations[3].

---

1   Comme le note justement Minuti, Montesquieu n'a pas pu utiliser cette source pour écrire les *Lettres persanes*. Minuti, *Oriente moderno*, p. 63.

2   Montesquieu, «Geographica», dans Catherine Volpilhac-Auger (dir.), *Œuvres complètes*, vol. 16, Oxford, 2007, 450 p. L'index est accessible sur le site http://montesquieu.ens-lyon.fr/spip.php?article864, consulté le 14 mars 2017.

3   Montesquieu, *Lettres Persanes*, lettre LXXXI. Cité dans Minuti, *Oriente barbarico*, p. 63.

Un peu plus loin, l'auteur compara les conquêtes de Gengis Khan à celles d'Alexandre, et ce en faveur du premier[4]. Le roman épistolaire n'était pas le lieu pour développer des réflexions politiques complexes et c'est dans *L'esprit des lois* (1748) que l'auteur détailla sa perception de l'empire tartare et de son rôle dans l'histoire du monde. Comme l'indique Rolando Minuti, l'« organisation économique et sociale de peuples pasteurs et nomades et en même temps leur histoire marquée par l'esprit de servitude et par le despotisme [...] en font le peuple le plus singulier de la terre ; l'expression révèle une difficulté incontestable pour la cohérence et l'ordre de l'architecture théorique de *L'Esprit des lois* »[5].

Pour mieux comprendre la difficulté que représente le classement des Tartares dans la pensée de Montesquieu, il est nécessaire de revenir sur quelques éléments de *L'Esprit des lois*. Grand théoricien du despotisme[6], Montesquieu considérait ce concept comme une dénaturation de la monarchie et de la république, qui sont les deux types de régimes politiques que l'on retrouverait dans le monde sous différentes formes. Tourné uniquement vers l'assouvissement de ses passions et de son plaisir, le despote s'appuierait sur la force et sur la peur pour maintenir son pouvoir. Parmi les conditions qui expliquent l'apparition de ce régime politique, la taille du territoire gouverné tient une place importante. Ainsi, « lorsque la conquête est immense, elle suppose le despotisme »[7], car

> il faut que la promptitude des résolutions supplée à la distance des lieux où elles sont envoyées, que la crainte empêche la négligence du Gouvernement et du Magistrat éloigné, que la Loi soit dans une seule tête, c'est-à-dire, changeante sans cesse, comme les accidents qui se multiplient toujours dans l'État à proportion de sa grandeur[8].

Cette « loi » n'existant que « dans une seule tête » inspire nécessairement la crainte aux populations soumises au despote, qui ne peuvent que vivre dans

4   Montesquieu, *Lettres Persanes*, lettre LXXXI : « Qu'est-ce que les conquêtes d'Alexandre, en comparaison de celles de Gengis Khan ? ».
5   Rolando Minuti, « Tartares », dans *Dictionnaire Montesquieu* [en ligne], sous la direction de Catherine Volpilhac-Auger, ENS de Lyon, septembre 2013.
6   Bertrand Binoche, « Despotisme », dans *Dictionnaire Montesquieu* [en ligne], sous la direction de Catherine Volpilhac-Auger, ENS de Lyon, septembre 2013. URL : http://dictionnaire-montesquieu.ens-lyon.fr/fr/article/1367168359/fr, consulté le 18 mars 2017.
7   Montesquieu, *De l'esprit des lois*, Livre X, chap. 16.
8   Montesquieu, « Réflexion sur la monarchie universelle », dans *Œuvres complètes*, II, Roger Callois (éd.), Paris, NRF, 1951, p. 23.

l'incertitude. En effet, «la nature du despotisme, c'est la monarchie sans la légalité : [...] un seul, sans loi et sans règle, entraîne tout par sa volonté et par ses caprices»[9]. En ce sens, le despotisme n'est pas un régime en soi, mais plutôt une dérive. Plus précisément, il s'agit d'une abstraction dont le but est en réalité de mettre en garde contre les dérives possibles de la monarchie absolue[10].

Toujours dans la logique de Montesquieu, le despotisme serait réservé aux nations sédentaires, car ces dernières n'auraient pas la possibilité de fuir le tyran. À l'inverse, les peuples nomades pourraient sans difficulté quitter un régime autoritaire pour partir vers d'autres pâturages. À juste titre, Minuti rappelle que

> l'«état politique» des peuples barbares – c'est-à-dire des peuples pasteurs, sur la base des catégories analytiques avancées dans le livre XVIII – est donc marqué d'une façon claire par une «grande liberté» (EL, XVIII, 4), et ne permet pas de formes stables et durables d'autorité exercée par un chef; autrement dit il interdit le despotisme[11].

Dès lors, l'idée même d'un empire tartare serait antinomique pour Montesquieu, dans la mesure où les peuples tartares ne sauraient vivre sous le commandement d'un seul chef durant de longues périodes. Pourtant, les Tartares «se trouvent dans l'esclavage politique». Ce paradoxe fait d'eux «le peuple le plus singulier de la terre»[12] et il faut comprendre l'origine de ce paradoxe.

La «difficulté incontestable» évoquée par Minuti repose sur le fait que les Tartares n'entraient pas dans l'une des catégories politiques décrites par Montesquieu. En tant que nomades, ils devraient incarner un «esprit d'indépendance» interdisant les «formes stables et durables d'autorité exercée par un chef». Pourtant, les Tartares étaient le peuple qui avait fondé le plus grand empire de l'histoire. Ils ont même été les plus proches à établir un empire universel, sorte d'idéal politique de Montesquieu dans lequel la paix permettrait le développement du commerce et de la civilisation. Les Tartares étaient d'autant plus singuliers qu'il existe, toujours suivant l'auteur, un exemple de peuple nomade qui insuffla la liberté, à savoir les Goths. Ces derniers, après

---

9   Binoche, «Despotisme», dans *Dictionnaire Montesquieu* [en ligne].
10   Binoche, «Despotisme», dans *Dictionnaire Montesquieu* [en ligne]. Voir aussi Minuti, p. 65. Il est important de rappeler que, pour Montesquieu, le despotisme n'a jamais été appliqué de façon complète, «il n'y en a jamais eu et il n'y en aura jamais», du moins en Europe.
11   Minuti, «Tartares», dans *Dictionnaire Montesquieu*, http://dictionnaire-montesquieu.ens -lyon.fr/en/article/1377668616/fr/, consulté le 18 mars 2017.
12   Montesquieu, *De l'esprit des lois*, XVIII, chap. 19.

avoir fait tomber l'Empire romain, instaurèrent en Europe « la monarchie et
la liberté », alors que « Les Tartares détruisant l'empire grec établirent dans les
pays conquis la servitude et le despotisme »[13].

La difficulté que Montesquieu éprouvait dans la définition du régime politique des Tartares s'explique par deux éléments. Le premier est qu'il lui était
difficile de comprendre les différentes évolutions politiques de l'empire tartare,
et surtout les modalités par lesquelles un peuple nomade parvint à construire
un empire sédentaire. La seconde vient du fait que l'idée même de « tartare »
n'est pas clairement délimitée. Montesquieu faisait tour à tour référence aux
Huns, aux Mongols et aux Mandchous. Il chercha à trouver un dénomina-
teur commun à tous les empires que l'on considérait comme tartares. Ce faisant, il prenait précisément à contrepied la thèse qu'il existerait des Tartares
occidentaux et des Tartares orientaux. On constate ainsi que la volonté de
créer un raisonnement à la fois global et précis connaît ses limites. Celles-ci
sont d'autant plus visibles que Montesquieu incarne ce que Blandine Kriegel
appelle « la défaite de l'érudition »[14]. Face à la somme de connaissances accumulées et mises en valeur dans les différentes entreprises d'éruditions, qui
faisaient « succomber » les philosophes et historiens sous les in-folio[15], Montesquieu opta pour un « usage très sélectif des récits de voyage, écartant ou
déformant ce qui ne lui convient pas »[16] et il en est de même pour l'ensemble
de son corpus.

Alors que les traductions de Pétis de La Croix, de d'Herbelot et de Galland avaient décrit un empire tartare plus complexe et surtout plus élaboré
qu'on ne le pensait alors, l'œuvre de Montesquieu eut pour conséquence de
le réduire à une simple entreprise de conquête menée par des nomades dont
le succès ne reposait que sur la force. Ce rejet de l'érudition s'accompagne
d'une prise de distance avec une écriture biblique. Les grandes conquêtes tartares n'étaient plus la manifestation d'une quelconque volonté divine, mais
s'expliquaient par des réalités géographiques et économiques. Pour cela, Montesquieu s'appuyait sur les descriptions géographiques de la Tartarie présentes
chez du Halde, par exemple. Cependant, il en était de la Tartarie comme des
Tartares, c'est-à-dire que les Européens étaient loin d'en avoir une vision claire
et précise.

---

13   Montesquieu, *De l'Esprit des Lois*, XVII, chap. 5.
14   Blandine Kriegel, *L'histoire à l'âge classique*, PUF, Paris, 1996 [1988], 4 vol., III, chap. 4.
15   Kriegel, *L'histoire à l'âge classique*, III, p. 294. Ici, l'auteur cite René Pomeau, dans sa pré-
     face à l'*Essai sur les mœurs*.
16   Bertrand Binoche, « Despotisme », dans *Dictionnaire Montesquieu* [en ligne].

La vision abstraite que l'on avait alors des Tartares n'offrait pas de réelle difficulté tant que l'on étudiait les empereurs de façon indépendante. En cherchant à intégrer cet empire au sein d'une réflexion plus vaste, Montesquieu devait faire face aux limites de cette accumulation non maîtrisée des savoirs. Il prit le parti de privilégier son système, car l'analyse des différents régimes politiques primait sur la précision de ses connaissances sur l'empire tartare. Si l'on garde en mémoire que le despotisme est une « figure d'épouvantail »[17] que Montesquieu agitait afin d'alerter les consciences sur les dérives possibles de la monarchie absolue, alors on comprend que sa description de l'empire tartare en tant qu'objet politique était, au même titre que le despotisme, elle aussi une abstraction. On comprend mieux comment l'empire tartare a pu être présenté comme despotique, dans la mesure où il s'agit de deux notions qui n'ont pas réellement de réalité concrète.

Bien que barbare et despotique, l'empire tartare a conduit au bouleversement des grandes nations. On peut dès lors y voir un écho avec l'œuvre de Joseph de Guignes qui, bien que publiée un an après la mort de Montesquieu, était déjà en préparation depuis les années 1740. Il existe donc une thématique commune entre les deux textes, et l'on peut penser qu'il s'agit de deux façons différentes d'évaluer le rôle attribué aux Tartares dans l'histoire. Ces deux auteurs se détachaient en cela de Voltaire qui, à la même époque, apportait une réponse différente à cette question.

Il est surprenant que Montesquieu, lecteur de Pétis de La Croix et de d'Herbelot, présentât l'empire tartare comme un empire despotique, c'est-à-dire sans autre loi que celles du souverain. En effet, nombreux sont les auteurs européens qui, depuis le XIIIe siècle, avaient souligné l'existence de lois de Gengis Khan, ou *yāsā*. En suivant la définition proposée par Denise Aigle, le *yāsā* se compose de l'ensemble des « règles qui permettent d'administrer l'État [mongol] »[18], dont les ordonnances militaires, les interdits religieux, ou le règlement des conflits particuliers[19]. Bien qu'elle soit centrale dans l'étude des aspects politiques de l'empire gengiskhanide, il est important de noter que le *yāsā* ne renvoie qu'à des textes écrits hors de la tradition mongole. C'est principalement dans le cadre des sources arabes et persanes que l'on en trouve mention, soit dans le but de démontrer la compatibilité de la loi mongole avec l'Islam,

---

17   Catherine Larrère, « Les typologies des gouvernements chez Montesquieu », p. 164.
18   Denise Aigle, « Le grand jasaq de Gengis-Khan, l'empire, la culture mongole et la shari'a »,
      Journal of the Economic and Social History of the Orient, Vol. 47, n°1, 2004, p. 47. Il s'agit
      d'un acte législatif qui se distingue du « yosu(n) » qui, dans l'*Histoire secrète des Mongols*,
      est l'expression de la tradition.
19   Aigle, « Le grand jasaq », p. 47.

ou au contraire, de montrer que les deux étaient incompatibles et que l'on ne pouvait être Mongol et musulman[20].

Lorsqu'il est utilisé par les auteurs que nous étudions, sous la forme de «grand yassaq» ou «loi de Gengis Khan», il s'agit donc d'une interprétation de la part des orientalistes de ce qu'ils traduisaient à partir des sources «orientales» dont ils disposaient. Autant dire que le constat dressé par Denise Aigle, pour qui la «vision des prescriptions du yāsā est [...] obscurcie par la distance qui sépare de l'époque de Gengis-khan la plupart des sources»[21] est ici amplifié. Il est donc utile de rappeler qu'il ne s'agit pas d'étudier le yāsā, mais bien son interprétation.

Avant le XVIIIᵉ siècle, les Européens n'ont qu'une idée très vague de ce qu'est le yāsā. En 1634, Bergeron indiquait que les Tartares étaient un peuple «barbare, sans loi, civilité, ni honnêteté, ne se mêlant que de bestiaux et de quelques misérables trafics. Mais ce Cingis [Gengis Khan] leur donna police, lois et discipline»[22]. Sans donner plus de détail sur ces lois, Bergeron renvoyait aux textes de Plan Carpin, Rubrouck, Marco Polo et Hayton. En tant qu'élément central dans l'organisation de l'empire mongol, Tamerlan se présenta comme son défenseur. Vattier, traducteur d'Ibn 'Arabshāh, présenta le yāsā de façon positive en expliquant que Tamerlan s'employa à

> exterminer les méchants, à réprimer l'audace des coupejarets, à faire étrangler les adultères et crucifier les larrons, si bien que toutes les affaires de l'état se trouvèrent mises en bon ordre par ses soins et sa prudence et le gouvernement parfaitement bien établi suivant la loi de Gengis Khan[23].

Suivre les «lois de Gengis Khan» permettait donc de mettre le gouvernement «en bon ordre» et, puisqu'il s'agissait des lois de l'empire, il était logique que, par effet de glissement, Tamerlan les suive.

Ce terme de «loi» fut également utilisé par d'Herbelot qui, dans un article de la *Bibliothèque orientale*, ne fait pas mention du yāsā, mais du «taourat Genghizhaniah»[24], c'est-à-dire de la «loi de Gengis Khan». L'auteur de la *Bibliothèque orientale* considérait que ces lois étaient proches des Dix Commande-

---

20 Les auteurs mamelouks instrumentalisèrent ce code de lois dans la guerre qu'ils menaient contre les Ilkhāns. Ces auteurs transforment le yāsā «en une sorte de législation mongole en mettant l'accent sur ce qui, aux yeux des musulmans, peut disqualifier les coutumes ainsi que la manière de gouverner des Mongols». Aigle, «Le grand jasaq», p. 42.

21 Aigle, «Le grand jasaq», p. 67.

22 Bergeron, *Traité des Tartares*, p. 24.

23 Vattier, *Portrait de Tamerlan*, p. 230.

24 D'Herbelot, *Bibliothèque orientale*, p. 382.

ments et présentait le *yāsā* comme une preuve de la chrétienté des Mongols[25]. À la suite de d'Herbelot, Catrou indiquait que Tamerlan suivait le yāsā, qui était une « Loi naturelle comprise en huit préceptes, qui revenaient à peu près à ceux du Décalogue »[26]. Les lois de Gengis Khan devenaient ainsi la « religion de Gingikan » que Tamerlan aurait suivie au lieu du Coran qu'il « méprisait »[27].

Si le *yāsā* était connu, même de façon imprécise, des auteurs occidentaux, la première mention détaillée des articles qui l'auraient composé revint à Pétis de La Croix, qui l'a « reconstitué à partir de fragments relevés dans différentes sources, souvent tardives »[28]. La liste, composée de vingt-deux lois, n'était pas complète et Pétis de La Croix s'en justifia :

> On publia plusieurs autres lois qui ne sont pas spécifiées dans les Auteurs que j'ai traduits. Je n'ignore pas qu'il se trouve dans le Levant un Recueil intitulé Yasa [*yāsā*] Genghizcani, mais personne ne l'a encore apporté en France, ainsi on ne peut sur ce point pleinement satisfaire la curiosité du Lecteur[29].

Compris dans le sens d'un système législatif complet et non comme une loi prise de manière isolée, le *yāsā* était présenté par les orientalistes comme une manifestation du pouvoir de Gengis Khan. Il permettait de distinguer l'empereur mongol des autres conquérants et devint le symbole de la transformation d'une conquête militaire en une structure politique impériale. En cela, renforcer l'importance de ce code de lois permettait de faire passer Gengis Khan du statut de conquérant à celui de législateur. Ce système fut d'autant plus méritoire qu'il avait été conçu au sein d'un peuple barbare et qu'il avait longtemps survécu à son créateur.

L'absence du *yāsā* chez Montesquieu est donc un choix qu'il faut tenter de comprendre. Admettre un code de lois dans l'empire revenait à en nier le caractère despotique et fragilisait l'ensemble de la pensée de Montesquieu. Cependant, cet oubli ne doit pas être considéré comme une lacune de l'auteur, mais comme un acte délibéré qui souligne le caractère protéiforme de l'objet que Montesquieu tente de définir. Passer sous silence l'existence du *yāsā*, c'est également nier la transition entre une conquête et un empire, entre un conquérant

---

25 Il est intéressant de noter que cette interprétation va à l'encontre des sources arabes et persanes sur le *yāsā*, qui évaluaient ces lois dans le cadre de l'islam.
26 Catrou, *Histoire générale de l'empire du Mogol*, p. 10.
27 Catrou, *Histoire générale de l'empire du Mogol*, p. 9 et Minuti, *Oriente barbarico*, p. 28.
28 Aigle, « Le grand jasaq », p. 44.
29 Pétis de La Croix (père), *Histoire du Grand Genghizcan*, pp. 109-110.

et un souverain. C'est ainsi maintenir la place de « barbare » que les Tartares
sont censés occuper dans la répartition des peuples du monde.

2   L'histoire de l'empire tartare chez Voltaire

Sur ce point, Montesquieu représentait un intermédiaire entre le point de vue
de Joseph de Guignes et celui de Voltaire. Dans un chapitre de l'*Essai sur les
mœurs* publié la même année que le premier volume de l'*Histoire générale des
Huns*, ce dernier affirmait que

> ce grand continent de la Tartarie, bien plus vaste que l'Europe, n'a jamais
> été habité que par des barbares. Leurs antiquités ne méritent guère mieux
> une histoire suivie que celle des loups et des tigres de leurs pays[30].

De Guignes ne pouvait que s'opposer à cette vision et indiqua d'ailleurs qu'il
était

> bien éloigné de penser, avec un Auteur du siècle, que les Turcs ne méritent
> guère plus que l'on recherche leur origine et leur histoire que les loups et
> les tigres de leurs pays[31].

Cette opposition entre de Guignes et Voltaire a déjà été soulignée par plusieurs
historiens[32] et John Greville Agard Pocock considère même que la pensée du
premier aurait été construite en opposition à celle de Voltaire[33]. Alors que de
Guignes présentait cette nation comme l'un des moteurs de l'histoire européenne, Voltaire considérait que les nations barbares n'avaient joué aucun rôle
dans l'histoire des nations civilisées. À l'image des Scythes, les Tartares auraient
été un frein dans la marche des civilisations vers le progrès. Dès lors, connaître
ou écrire l'histoire des Tartares n'aurait aucun intérêt. Non seulement une telle
entreprise serait inutile, mais elle serait impossible dans la mesure où, dans la

---

30   Voltaire, *Essai sur les mœurs et l'esprit des nations*, dans les œuvres complètes de Voltaire.
     [...] T. 23, Bruno Bernard et Nicolas Cronk, Oxford, Voltaire Foundation, 2011, chapitre LIII.
     Voir Minuti, *Oriente barbarico*, p. 95.
31   De Guignes, *Histoire générale des Huns*, I, p. VI. Voir Minuti, *Oriente barbarico*, chap. 2 et 3.
32   Minuti, *Oriente barbarico*, chap. 2 et 3.
33   John. G.À. Pocock, *Barbarism and religion*, II, p. 114 et Minuti, *Oriente barbarico*, chap. 3 et
     4.

logique de Voltaire, on « ne peut reconstruire le passé de l'humanité qu'à partir des traces laissées par des peuples déjà civilisés »[34].

Pourtant, Voltaire ne pouvait que reconnaître l'ampleur prodigieuse des conquêtes tartares, mais il rappela qu'elles n'étaient que l'expression d'une force brute[35]. Par exemple, dans son *Histoire de l'empire russe sous Pierre le Grand* (1759)[36], Voltaire réduisait leur apport à la guerre et aux massacres qu'ils avaient perpétrés. Si Voltaire leur reconnaissait quelques qualités, elles n'étaient apparues qu'à la suite d'une fréquentation prolongée de leurs ennemis, dont principalement les Chinois. « En somme, Voltaire, comme ses contemporains, a ignoré le rôle civilisateur que Scythes et Tartares ont joué comme agents transmetteurs entre l'Asie et l'Europe »[37]. Ce jugement s'explique par le fait que, comme le souligne Rolando Minuti, l'objectif de Voltaire n'est pas de connaître les Tartares, et « ce n'est certainement pas la nécessité de connaître en détail les personnages et les événements de l'histoire de l'Asie centrale qui est le moteur de l'attention voltairienne dans ces pages »[38]. Il s'agissait plutôt de chercher un catalogue d'exemples plus ou moins connus et plus ou moins adaptés à la défense de son argumentation générale.

Au sujet des lois de Gengis Khan, il faut noter que Voltaire aussi avait connaissance de l'existence du *yāsā*, et Denise Aigle indique qu'il puisa chez Pétis de La Croix plusieurs éléments qu'il résuma[39]. Cependant, il s'attacha à souligner que ces lois n'étaient que des lois orales, « promulguées de bouche, sans aucun signe représentatif qui en perpétuât la mémoire »[40]. Cette nuance, que Voltaire tenait certainement de Gaubil, permettait de minimiser l'impact de ces lois, et donc le caractère civilisé de l'empire tartare. Bien que le penseur reconnût l'existence du *yāsā*, il ne lui attribuait pas la même valeur qu'un système législatif digne d'un état civilisé.

Voltaire minimisa la dimension politique de l'empire tartare, mais réduisit également la période chronologique durant laquelle il se serait étendu. Dans

---

34   Michèle Duchet, *Anthropologie et histoire au siècle des Lumières*, Paris, Albin Michel, 1995, p. 296.

35   Shun-Ching Song, *Voltaire et la Chine*, Aix-en-Provence, 1989, p. 34.

36   Voltaire, *Histoire de l'empire de Russie sous Pierre le Grand*, Genève, 1759.

37   David Jean, « Les Scythes et les Tartares dans Voltaire et quelques-uns de ses contemporains », *Modern Language Notes*, Vol. 53, No. 1 (Jan., 1938), p. 9. Il faut ici compléter le jugement de l'auteur en indiquant que le rôle civilisateur des Tartares ne se résume pas à celui d'un simple trait d'union entre l'Asie et l'Europe, ce qui revient à l'ancrer dans une forme de passivité.

38   Minuti, « Aspetti della presenza di Tamerlano », p. 309.

39   Aigle, *The Mongol Empire*, pp. 142 et suiv.

40   Voltaire, *Essai sur les mœurs*, chap. 60.

un autre chapitre de l'*Essai sur les mœurs*, il écrit que «les Tartares partirent
de leurs déserts vers l'an 1212, et eurent conquis la moitié de l'hémisphère vers
l'an 1236; c'est là toute leur histoire»[41]. Outre le fait qu'il passa sous silence une
grande partie de l'histoire mongole et le règne de Tamerlan, Voltaire indiquait
qu'il ne considérait pas les Mandchous comme un peuple tartare. Ce faisant,
il pouvait à la fois souligner les aspects négatifs des Tartares et les vertus de la
Chine. Aux yeux de Voltaire, la Chine représentait en effet l'apogée de la civilisation et incarnait le modèle à suivre pour toute nation. Si l'on ajoute à cela
le fait qu'il considérait également la Russie comme une nation digne d'éloges,
on peut comprendre que sa perception des Tartares et de leurs invasions fut
négative.

Le second point sur lequel Voltaire s'opposa à de Guignes est celui de
l'origine des Tartares. Plus que ce seul point, cette question renvoie à deux
conceptions différentes de l'histoire. Jusqu'à la diffusion des sources chinoises,
l'origine des Tartares était toujours cherchée dans les migrations successives
des peuples depuis le Proche-Orient. Cette lecture de l'histoire s'explique par
la conviction chrétienne selon laquelle l'ensemble de la population humaine
devait descendre d'Adam et d'Ève, et donc d'un seul et même lieu. Cette thèse,
dite monogéniste, offrait l'avantage de poser un cadre explicatif dans lequel les
différentes nations étaient nécessairement liées entre elles. Le rôle du savant
était alors de reconstruire les étapes de ces migrations depuis un foyer de peuplement unique. C'est précisément cette tâche que de Guignes remplit en établissant une continuité historique depuis les plaines de «Senaar» jusqu'à la
Tartarie.

Voltaire ne partageait pas cette vision religieuse de l'histoire, et prônait une
vision dite polygéniste dans laquelle l'homme pouvait être apparu sur Terre à
différents endroits en différents moments[42]. Cette hypothèse, d'abord avancée
pour expliquer le peuplement de l'Amérique[43], avait ensuite été transposée à
d'autres espaces géographiques, dont les extrémités de la Tartarie et la Chine.
Pour Voltaire, cette théorie permettait de justifier l'ancienneté de la civilisation chinoise sans avoir à lui donner une origine égyptienne. Cela permettait

---

41   Voltaire, *Essai sur les mœurs*, chap. 60.

42   Duchet, *Anthropologie et histoire au siècle des Lumières*, p. 286. Cette vision n'est pas
      une invention de Voltaire. Sur ce point, voir Josef Reichholf, *L'émergence de l'homme.
      L'apparition de l'homme et ses rapports avec la nature*, Paris, Flammarion, 1991, pp. 15-26.
      Voir également Dominique Tombal, «Le polygénisme aux XVIIe et XVIIIe siècles: de la
      critique biblique à l'idéologie raciste» *Revue belge de philologie et d'histoire*, 71, 4, 1993,
      pp. 850-874.

43   Tombal, «Le polygénisme aux XVIIe et XVIIIe siècles», p. 856.

également d'expliquer pourquoi des nations auraient quitté des environnements propices et fertiles pour migrer vers des régions aussi inhospitalières
que la Tartarie. L'une des conséquences du polygénisme est de rendre inutile
un pan entier de la recherche érudite, à savoir l'histoire des migrations, bat-
tant en brèche l'ensemble de l'œuvre de Joseph de Guignes. À l'occasion de
ses recherches sur l'origine des premiers tsars de Russie, Voltaire ironisait sur
les supposées migrations de ces peuples.

> Ainsi la maison des anciens czars de Russie venait du roi de Hongrie Bela ;
> ce Bela, d'Attila ; Attila, de Turck [sic], père des Huns ; et Turck était fils
> de Japhet. Son frère Russ avait fondé le trône de Russie : un autre frère,
> nommé Camari, établit sa puissance vers le Volga [sic]. Tous ces fils de
> Japhet étaient, comme chacun sait, les petits-fils de Noé, inconnus à toute
> la terre, excepté à un petit peuple très longtemps inconnu lui-même. Les
> trois enfants de ce Noé allèrent vite s'établir à mille lieues les uns des
> autres, de peur de se donner des secours, et firent probablement avec leurs
> sœurs des millions d'habitants en très peu d'années[44].

Si le présent de ce peuple n'importait pas plus au philosophe que celui des
«tigres et des loups», il ne pouvait en aller autrement de leur passé, surtout
quand celui-ci reposait sur des «fables». Si Pétis de La Croix ou Visdelou pre-
naient déjà leurs distances lorsqu'ils rappelaient l'histoire d'Alan Qo'a, leurs
critiques ne portaient pas sur l'impossibilité d'une génération miraculeuse,
mais sur le fait que ce mythe entrait en concurrence avec l'histoire chrétienne
et qu'il avait été utilisé à tort dans le cadre de l'histoire tartare. Chez Voltaire,
c'est le statut même du mythe d'origine qui est remis en cause[45]. Il n'était plus
perçu comme une preuve historique, ou comme un objet à interpréter, mais
comme une preuve de crédulité du savant qui le véhiculait. Si cette question
se posait dans le cadre de l'histoire des Tartares, elle s'appliquait également
aux mythes présents dans l'histoire antique, et surtout dans l'histoire biblique,
et cette remise en question revêtait dès lors des enjeux intellectuels bien plus
importants. Dès lors, l'emploi de généalogies bibliques pour remonter aux origines des peuples[46] lui paraissait être un procédé qui ne prouvait rien, et qui
permettait d'attaquer la théorie de Joseph de Guignes.

---

44   Voltaire, *Histoire de la Russie sous Pierre le Grand*, Oxford, Voltaire Foundation, 1999, vol. 1,
     p. 395.
45   Myrtille Méricam-Bourdet, *Voltaire et l'écriture de l'histoire : un enjeu politique*, Oxford, Vol-
     taire Foundation, 2012, chap. 1.
46   Pocock, *Barbarism and Religion*. II, pp. 114-115.

À la lumière de la place que Voltaire accordait aux Tartares dans l'histoire, on peut penser que le traitement qu'il réserva aux empereurs tartares fut négatif. Dans une comparaison avec Alexandre le Grand, Voltaire indiqua que Tamerlan était

> fort inférieur au Macédonien, en ce qu'il naquit chez une nation bar-
> bare, et qu'il détruisit beaucoup de villes comme Gengis-Khan, sans en
> bâtir : au lieu qu'Alexandre, dans une vie très courte, et au milieu de
> ses conquêtes rapides, construisit Alexandrie et Scanderon, rétablit cette
> même Samarcande, qui fut depuis le siège de l'empire de Tamerlan, et
> bâtit des villes jusque dans les Indes, établit des colonies grecques au-
> delà de l'Oxus, envoya en Grèce les observations de Babylone, et changea
> la face du commerce de l'Asie, de l'Europe et de l'Afrique, dont Alexan-
> drie devint le magasin universel. Voilà, ce me semble, en quoi Alexandre
> l'emporte sur Tamerlan, sur Gengis, et sur tous les conquérants qu'on veut
> lui égaler[47].

Cette comparaison est d'autant plus dépréciative que Voltaire ne classait pas Alexandre au rang des « grands hommes », qui sont, pour Voltaire,

> tous ceux qui ont excellé dans l'utile ou dans l'agréable. Les saccageurs
> de provinces ne sont que des héros[48].

Chez Voltaire, Alexandre occupait une sorte d'entre-deux, ni homme de sciences ni simple conquérant. Le philosophe lui reconnaissait des vices per-sonnels, admettait qu'il avait « construit un monde nouveau », fondé des cités et favorisé le commerce[49]. Cette place des empereurs tartares vis-à-vis du conquérant macédonien était en rupture avec les classements des Pétis de La Croix, dans lesquels ces deux empereurs l'emportaient sur le modèle de réfé-rence que représentait Alexandre. Au XVIIIe siècle, ce dernier bénéficiait d'un portrait « globalement positif »[50]. Sans jamais nier les massacres qu'elles ont générés, les conquêtes du Macédonien étaient interprétées comme un moindre mal en comparaison du développement du commerce et de l'ouverture de l'Europe vers l'Asie qu'elles avaient permis. Pour Montesquieu, Alexandre était un stratège qui avait su prévoir et planifier son empire avant même les pre-

---

47 Voltaire, *Essai sur les mœurs*, vol. 24, chap. 88, pp. 373-374.
48 Voltaire, cité dans Briant, *Alexandre des Lumières*, p. 241.
49 Briant, *Alexandre des Lumières*, p. 241.
50 Briant, *Alexandre des Lumières*, Paris, Gallimard, 2012.

mières conquêtes[51]. Alexandre n'était pas « un héros chargeant à la tête de ses troupes, mais un roi qui pense, qui réfléchit, qui prépare, conforme au modèle monarchique du temps de Montesquieu »[52].

Voltaire minimisait la place d'Alexandre et, ce faisant, abaissait encore plus celles des empereurs tartares. Le statut de roi bâtisseur, modèle du souverain conquérant, n'est jamais reconnu à Gengis Khan ou Tamerlan, et Voltaire ajoute que

> ceux qui ont prétendu que les grands monuments de tous les arts, dans la Chine, sont de l'invention des Tartares, se sont étrangement trompés : comment ont-ils pu supposer que des barbares toujours errants, dont le chef, Gengis, ne savait ni lire ni écrire, fussent plus instruits que la nation la plus policée et la plus ancienne de la terre[53] ?

Il est intéressant de noter que, pour arriver à cette conclusion, Voltaire renversa plusieurs éléments alors en circulation. En effet, pour Catrou par exemple, la basse origine de Tamerlan était une preuve de ses grandes capacités dans la mesure où, à la différence d'Alexandre, il n'avait pas hérité d'un royaume. De plus, il existait de nombreux passages relatant l'embellissement par Tamerlan de sa capitale Samarcande. Il en est de même pour les apports des Mongols en Chine. Dans la pensée de Voltaire, présenter les qualités des Tartares reviendrait à minimiser celle de la Chine, démarche impensable pour lui. Cependant, le portrait de ces deux conquérants n'est pas aussi terne que l'on pourrait le penser.

Dans le chapitre 60 de l'*Essai sur les mœurs*, Voltaire construisit pourtant un portrait plus nuancé de Gengis Khan qui éloigne le Mongol du simple conquérant barbare[54]. Certes, « dans ses conquêtes il ne fit que détruire », mais « il paraît qu'il savait régner comme vaincre ; sa vie est un témoignage qu'il n'y a point de grand conquérant qui ne soit grand politique »[55]. Cependant, cette forme de réhabilitation était loin d'être complète et se fit toujours en demi-teinte. Par exemple, Gengis Khan compléta la législation existante, mais à travers un code oral et non écrit. Il protégea la tolérance religieuse, mais utilisa un « prophète » pour convaincre les princes de le suivre dans ses conquêtes. Il put transmettre le pouvoir à son fils sans générer de révolte, mais son empire était fondé sur la violence.

---

51   Briant, *Alexandre des Lumières*, p. 252.
52   Briant, *Alexandre des Lumières*, p. 254.
53   Voltaire, *Essai sur les mœurs*, chap. 60, « De l'Orient et de Gengis Khan ».
54   Rolando Minuti, « Aspetti della presenza di Tamerlano », pp. 310-311.
55   Voltaire, *Essai sur les mœurs*, chap. 60.

Si le portrait de Gengis Khan était indirectement construit en regard des souverains chinois, celui de Tamerlan est une opposition frontale aux Ottomans.
Dans un schéma déjà connu, Tamerlan fut contraint à la guerre par Bajazet Ier[56]
et, concernant la cage de fer, Voltaire estimait que ces mauvais traitements
seraient des inventions d'auteurs turques, car aucun texte arabe ou persan n'en
ferait mention. Bien que le timouride ne fût pas savant, il encouragea l'essor
des sciences, notamment chez son petit-fils Ulugh Beg. Comme Gengis Khan,
Tamerlan gardait ses distances vis-à-vis de la religion, à l'exception des astrologues qu'il consultait pour les décisions politiques.

Concernant la violence des conquêtes, Voltaire la considérait comme intrin-
sèque à la guerre, et n'en fait donc pas l'objet de condamnation. D'ailleurs,
il semble que la violence des Tartares soit souvent justifiée. Ainsi, l'incendie
de Boukhara par Gengis Khan est expliqué par le mauvais traitement réservé
aux ambassadeurs mongols. Sur ce point, la conduite d'Alexandre à Persépolis
est moins excusable que celle du Tartare, car rien ne peut expliquer le geste
du Macédonien. Ailleurs, Voltaire ne considérait d'ailleurs pas «que Tamerlan fût d'un naturel plus violent qu'Alexandre». Ce point peut certainement
s'expliquer par le fait que Voltaire condamnait la violence lorsqu'elle était exercée par un souverain européen, qui était donc censé être civilisé, mais la jugeait
normale chez un conquérant barbare. Enfin, il est intéressant de noter que Voltaire n'établissait pas de comparaison directe entre Gengis Khan et Tamerlan.
Cependant, il semble qu'une hiérarchie ait été instaurée entre le Mongol et le
Timouride, et ce en faveur du premier. Toujours dans la logique du philosophe,
Tamerlan n'avait pas été en contact avec la Chine et n'aurait donc pas pu se
civiliser.

Si, comme toujours lorsqu'il s'agit de Voltaire, il est difficile d'obtenir une
image claire de la perception des empereurs tartares par le philosophe, quelques lignes maîtresses sont identifiables. Les deux conquérants sont des barbares dont les conquêtes n'ont été qu'un frein à la civilisation. Ce point de
vue s'explique par le fait que Voltaire n'évalua pas l'empire tartare en soi, car
ce thème n'avait aucune importance à ses yeux, mais jugea l'empire tartare à
la lumière des conséquences de son expansion sur les civilisations voisines, et
principalement la Russie et la Chine. Admirateur de ces deux empires, Voltaire
ne pouvait qu'adopter le point de vue de ces historiographies lorsqu'il s'agissait
de décrire les Tartares. En cela, il s'opposait principalement à de Guignes. Si
l'on pouvait trouver quelques qualités à Gengis Khan, par sa fréquentation avec

---

56   Voltaire, *Essai sur les mœurs*, chap. 88.

la Chine, Tamerlan était l'exemple du conquérant qui allait contre le sens du progrès, donc de l'histoire.

3 L'idée d'empire tartare comme contre-exemple du despotisme oriental (seconde moitié du XVIIIe siècle)

Ce renversement du portrait de Tamerlan n'était cependant pas unanimement accepté, et l'on assista à sa réévaluation par des arguments nouveaux. À l'exception de Visdelou, trouvant refuge à Pondichéry, et de Catrou, écrivant une histoire de la dynastie moghole, il a peu été question de l'Inde dans cette étude[57]. Pour des raisons politiques, la France n'a de réel intérêt en Inde que dans la seconde moitié du XVIIIe siècle et, comme souvent, cet intérêt pour les aspects politiques et économiques s'accompagnait d'un intérêt sur le plan culturel et intellectuel. La culture moghole pouvait être considérée comme un prolongement de la culture persane, et il n'est certainement pas anodin que l'apprentissage du persan au sein de l'École des Jeunes de Langues débutât à cette période. À une époque où la querelle de la chronologie partageait le monde savant, l'histoire de l'Inde intéressait surtout pour son antiquité, et la connaissance de l'histoire de la dynastie moghole apportait de nouveaux éclairages sur l'histoire des empereurs tartares.

C'est dans ce contexte qu'Abraham-Hyacinthe Anquetil-Duperron (1731-1805) étudia l'histoire et les langues indiennes. D'abord formé à Paris, Anquetil-Duperron apprit le persan en Hollande chez les jansénistes[58] et suivit les enseignements de Leroux Deshauterayes[59]. Ce dernier lui montra des reproductions de textes indiens et, ne trouvant personne capable de lui enseigner la

---

57   Cela s'explique par le fait que, en comparaison des autres puissances européennes, la France s'installa tardivement en Inde. Il faut attendre le milieu des années 1660 pour voir la création d'une compagnie française des Indes orientales et la prise de Pondichéry, qui fut le principal comptoir, eut lieu une dizaine d'années plus tard. La présence de la France dans la région fut alors principalement commerciale et ce n'est qu'à partir des années 1740 que l'on assiste à une véritable volonté d'expansion territoriale. Ce changement de politique s'explique par la fragilisation de la dynastie moghole et par l'ambition de Joseph François Dupleix, alors gouverneur de la Compagnie des Indes. Cela se traduit par une expansion progressive de l'influence française même si, par manque de moyens, de volonté, et face à l'opposition constante de l'Angleterre, la présence française resta minime. En 1763, le traité de Paris, qui marqua la fin de la guerre de Sept ans, stipule la perte des territoires indiens.

58   Joseph Bon Dacier, *Notice historique sur la vie et les ouvrages de M. Anquetil-Duperron...*, Dubray, Paris, 1808, p. 2.

59   Voir App, p. 499 note 16.

langue de ces manuscrits ni aucun livre pour l'y aider, Anquetil décida de partir pour les Indes. Il s'enrôla pour cela en tant que soldat pour la Compagnie des Indes[60] dans les années 1745[61]. Après quinze ans dans ce pays, il revint à Paris avec de nombreux manuscrits et traduisit les textes fondamentaux du zoroastrisme. Dans le même temps, l'orientaliste porta son attention sur les débats soulevés par Montesquieu et sa théorie du despotisme oriental, et attaqua cette construction dans un texte publié en 1778 sous le titre de *Législation orientale*[62]. Au moment de cette publication, Anquetil-Duperron avait déjà une solide réputation dans le milieu des orientalistes. Pourtant, « si l'ouvrage de Montesquieu est devenu un classique, celui d'Anquetil n'eut qu'une seule édition, fut rarement cité et reste pratiquement ignoré »[63]. Dans cet ouvrage, Anquetil-Duperron affirmait que

> la définition que M. de Montesquieu donne du despotisme peut, à plusieurs égards, être juste, relativement à la manière dont tel Prince particulier use de l'autorité qui lui a été confiée : mais elle est absolument fausse, si on l'entend du gouvernement constitutif d'aucun État[64].

Les enjeux philosophiques de l'opposition entre les deux visions dépassent le cadre de cette étude, mais il est intéressant de noter qu'Anquetil réfutait le « système de despotisme »[65] précisément sur la base « qu'il y a dans l'Orient un Code de Lois écrites »[66]. L'orientaliste en dénombrait trois, à savoir le « code de Loi dans l'Indoustan »[67], le *yāsā*[68] et le Coran[69].

---

60 Voir *DOLF*, p. 22.
61 Ce faisant, Anquetil-Duperron réalisa également l'idéal du voyageur érudit qui, pour donner plus de poids à ses écrits, doit pouvoir témoigner d'une expérience directe du pays. Massimiliano Vaghi, « Entre le pittoresque et l'érudition. L'idée de l'Inde en France (1760-1830) ». *Annales historiques de la Révolution française*, n° 375, 1, mars 2014, p. 66, https://doi.org/10.4000/ahrf.13056, consulté le 19 juillet 2017.
62 Abraham-Hyacinthe Anquetil-Duperron, *Législation orientale*, Paris, 1778. Voir aussi Joseph Kaiser, « The Evil Empire ? The Debate on Turkish Despotism in Eighteenth-Century French Political Culture », *The Journal of Modern History*, Vol. 72, No. 1, Mars 2000, pp. 6-34.
63 *DOLF*, p. 23.
64 Anquetil-Duperron, *Législation orientale*, p. 2.
65 Anquetil-Duperron, *Législation orientale*, p. 2.
66 Anquetil-Duperron, *Législation orientale*, p. VI.
67 Anquetil-Duperron, *Législation orientale*, pp. 89-104.
68 Anquetil-Duperron, *Législation orientale*, pp. 104-110.
69 Anquetil-Duperron, *Législation orientale*, pp. 110-114.

Le Code de Loi auquel les Monarques de l'Indoustan sont soumis en qualité de Mahométants est l'*Alkoran*. Il y en a un plus ancien dans le nord de l'Inde, que ces Princes doivent regarder comme un Code de famille, celui qui porte depuis le 13ᵉ siècle le nom de *Jasa de Genghiskhan*[70].

Reprenant la traduction proposée par Pétis de La Croix, Anquetil présenta le *yāsā* comme la preuve irréfutable que le despotisme n'avait pas pu être appliqué dans l'empire mongol et, par la suite, dans l'empire des Grands Moghols[71]. L'orientaliste utilisa le terme de *yāsā* dans un cadre plus large que Pétis de La Croix. Pour Anquetil, toutes les règles et les lois de fonctionnement de l'empire mongol faisaient partie du *yāsā*, y compris le règlement des questions successorales. La façon dont Gengis Khan divisa son empire avant sa mort est d'ailleurs interprétée par Anquetil comme «une forme d'administration qui ne respire pas le Despotisme ombrageux et ignorant que nous présente M. de M*[ontesquieu]»[72].

La réfutation du despotisme par Anquetil lui donna l'occasion de rappeler la nécessité qu'il y avait de connaître les langues et les textes de l'Orient si l'on voulait s'y référer, critiquant ainsi la place des sources tertiaires. Allant à contresens de l'histoire philosophique qui reposait sur un accès indirect aux sources non européennes, Anquetil réaffirmait le besoin de se référer aux textes avant de construire des réflexions plus larges. La démarche d'Anquetil-Duperron, qui reposait sur une réaffirmation de l'importance de l'orientalisme en tant qu'érudition, fut confirmée par Louis-Mathieu Langlès (1763-1824).

D'abord militaire, Langlès[73] quitta cette carrière au profit de l'étude de l'arabe et du persan au Collège royal[74] «afin de pouvoir servir dans l'Inde comme officier ou comme diplomate»[75] mais, à la différence de son contemporain Anquetil-Duperron, Langlès resta en France toute sa carrière. Comme Ber-

---

70   Anquetil-Duperron, *Législation orientale*, pp. 104-105.
71   Anquetil-Duperron, *Législation orientale*, p. 107 : «ces lois (les Jasa) furent en vigueur dans l'Iran et le Touran pendant le règne de Gengiskhan et sous ses successeurs. Tamerlan même, qui naquit cent onze ans après ce Monarque, les fit encore observer dans tout son empire. Or on sait que les Mogols actuels descendent de Tamerlan».
72   Anquetil-Duperron, *Législation orientale*, p. 106.
73   Sur la carrière de traducteur de Langlès, voir Paul Saint-Pierre, «L'Inde traduite par Louis-Mathieu Langlès» TTR : traduction, terminologie, rédaction, 26,2, pp. 129-170.
74   *DOLF*, p. 850.
75   Xavier de Feller, *Biographie universelle ou dictionnaire historique des hommes qui se sont fait un nom par leur génie, leurs talents, leurs vertus, leurs erreurs ou leurs crimes*, Paris, Gaume frères, 1781, V, p. 128.

geron en son temps, l'orientaliste considérait que la volonté politique d'expansion devait s'appuyer sur le développement du commerce. À ce titre, il traduisit et réédita un grand nombre d'ouvrages sur l'Asie, comme les récits de Chardin ou de voyageurs anglais. Parmi ces nombreuses traductions, celle qui retient notre attention était considérée à l'époque comme le testament politique que Tamerlan aurait rédigé à Samarcande avant de se lancer à la conquête de la Chine. Avant de présenter le contenu de ce texte, il est nécessaire d'en retracer l'histoire, dans la mesure où elle résume plusieurs éléments centraux des mécanismes de construction des connaissances sur Tamerlan en cette seconde moitié du XVIIIe siècle.

En 1637 ou 1638, le savant Abū Ṭāleb al Husseynī présenta un texte persan connu sous deux titres, à savoir le *Malfūẓāt-e Tīmūrī* ou le *Wāqeʿāt-e Tīmūrī*[76]. Ce texte était accompagné d'un second, intitulé «*Tūzok* ou *Tūzokāt*», c'est-à-dire les «institutions». La particularité de cet ensemble repose sur le fait qu'Abū Ṭāleb al Husseynī affirma qu'il s'agissait de la traduction persane d'un original perdu qui aurait été écrit en langue tchagatay par Tamerlan lui-même. Dès lors, ce texte ne serait rien de moins que l'autobiographie et le testament politique de l'empereur timouride. Bien que ce texte soit dénué de toute authenticité de nos jours, ses traductions circulèrent en Europe avec autorité. En 1783, deux Anglais, Davy et White[77], en proposèrent la première traduction, sous le titre des *Institutes political and military written originally in Mogul language by the great Timur improperly called Tamerlan*. Peu après, Langlès en rédigea une version française, dans laquelle il reconnaît s'être appuyé sur la version anglaise. Pourtant, les *Instituts politiques et militaires de Tamerlan, proprement appelé Timour* ne sont pas qu'une simple traduction de la version de Davy et White, et l'orientaliste français y apporta de nombreuses transformations, dont de nouvelles notes et une biographie de Tamerlan, tirées principalement de Sharaf al-dīn ʿAlī Yazdī, d'Ibn ʿArabshāh, de Mīrkhwānd[78], de Barthélémy d'Herbelot et de Joseph de Guignes[79]. Par rapport au texte anglais, Langlès inversa les deux parties qui composent les *Instituts*, à savoir le tes-

---

76 http://www.iranicaonline.org/articles/abo-taleb-hosaym-arizi, consulté le 19 septembre 2019. Il s'agit du major Davy, officier des forces du Bengale et de Joseph White, orientaliste d'Oxford.

77 Il s'agit de l'orientaliste Joseph White (1745-1814) et du major William Davy (mort en 1784), premier gouverneur général du Bengale.

78 Louis-Mathieu Langlès, *Instituts politiques et militaires de Tamerlan, proprement appelé Timour*, Paris, 1787, p. 9.

79 Langlès, *Instituts politiques et militaires de Tamerlan*, p. 11.

tament politique et l'autobiographie. Enfin, l'édition française contient une
«table historique» et une «table géographique» qui constituent la troisième
partie de l'ouvrage.

Sur le plan des idées politiques, Langlès fut directement influencé par Voltaire et cita à plusieurs reprises l'*Essai sur les mœurs*[80]. L'empereur tartare était
décrit de façon négative, car, «depuis Gengis Khan, la conquête de l'univers
est l'unique objet des princes asiatiques»[81]. Les actions de Tamerlan n'auraient
donc été motivées que par cette ambition et, pour y parvenir, l'empereur aurait
instrumentalisé la religion musulmane. Langlès estimait que chaque campagne menée par le «conquérant tartare» était une guerre sainte destinée à
vaincre les infidèles et à purifier Tamerlan et son armée des péchés qu'ils ont
commis[82]. Dans un style qui rappelle celui de Voltaire, Langlès conclut ainsi sa
biographie:

> Timour savait, en bon politique, se servir des préjugés de ses soldats; il
> leur disait n'avoir pour but que la propagation de la foi et l'extirpation
> des hérétiques; et ces pieux imbéciles, croyant partager les travaux apos-
> toliques de leur maître, ne faisaient que satisfaire son ambition démesu-
> rée[83].

Le portrait de Tamerlan chez Langlès est pourtant plus complexe, dans la
mesure où, hors de la question religieuse, Tamerlan se montrait un bon souverain, qui préférait travailler au bien de son peuple plutôt que l'amusement
et qui

> savait que le principal devoir d'un Monarque est de protéger le Peuple
> contre les usurpations et la tyrannie des hommes puissants et riches, tou-
> jours disposés à l'écraser[84].

Cette réévaluation du portrait de Tamerlan passait également par une réfutation de la dimension despotique que Montesquieu attribuait aux empereurs

---

80   Kate Marsh, *India in the French imagination, Peripheral voices, 1754-1815*, Londres, Pickering
     and Chatto, 2009.
81   Langlès, *Instituts politiques et militaires de Tamerlan*, p. 117.
82   Cette vision est particulièrement présente au sujet de la campagne de Chine, que Langlès
     justifie en reproduisant un discours qu'il tire de Sharaf al-Dīn. Les Chinois y sont pré-
     sentés comme des idolâtres dont il faut raser les temples pour y construire des mosquées.
     Langlès, *Instituts politiques et militaires de Tamerlan*, p. 105.
83   Langlès, *Instituts politiques et militaires de Tamerlan*, p. 119.
84   Langlès, *Instituts politiques et militaires de Tamerlan*, p. 69.

tartares en mettant en avant l'existence d'un code de lois, élément antinomique d'un pouvoir arbitraire.

L'influence de Voltaire se retrouve également dans le jugement que Langlès
portait sur la barbarie supposée des Tartares. Dans un relativisme typique de
l'esprit des Lumières, Langlès mit en regard les tours de crânes qui auraient
ponctué les victoires de Tamerlan avec les massacres dont les armées européennes s'étaient également rendues coupables[85]. Il ne s'agissait pas de passer sous silence les cruautés qui ont accompagné leurs conquêtes, mais de
rappeler que même les nations dites civilisées se sont livrées à de telles atro-
cités.

Pourtant, si Langlès partageait cette mise en perspective de la violence des
conquêtes tartares, il ne partageait pas le point de vue du philosophe lorsqu'il
était question de la barbarie supposée de cette nation. Dans un autre ouvrage, à
savoir une *Notice de l'histoire de Djenguyz-Khân contenue dans le Manuscrit Persan N°104 in -4° de la Bibliothèque nationale*[86], publiée en l'an VII de la Révolution, c'est-à-dire entre 1798-1799, Langlès s'intéresse désormais à Gengis Khan
et à son code de lois tel qu'on peut le trouver dans une copie du texte de Mīrkhwānd.

Il ne s'agit pas ici de retracer une vie de l'empereur, mais de revenir sur un
élément précis, le code de lois, en se basant non plus sur des réflexions glo-
bales, mais sur le texte lui-même. Si Montesquieu en fit un mauvais usage,
l'orientaliste estimait également que Pétis de La Croix n'avait pas su exploiter comme il se devait ce passage, et il se proposa de dresser une liste de 34
des articles qui auraient formé ce code de lois. Pour accompagner sa traduction, l'orientaliste rédigea une version imprimée du texte de Mīrkhwānd. Ce
texte est donc à mettre en parallèle avec les *Instituts politiques et militaires* que
Langlès avait traduits et qu'il pensait être de la main de Tamerlan. Indirectement, il s'agit une nouvelle fois de démontrer que l'idée de despotisme oriental
n'est qu'une fiction et que l'empire tartare, tant dans sa composante mongole
que timouride, était régi par un système législatif. Ce faisant, on assistait à une
réévaluation du degré de civilisation de l'empire tartare qui avait été mis à mal
par Voltaire.

À la différence de la supposée autobiographie de Tamerlan, ce texte de Mīrkhwānd était déjà bien connu en France. Ce manuscrit est en effet la copie
réalisée à partir d'un exemplaire qui appartenait à d'Herbelot et que Galland

---

85   Langlès, *Instituts politiques et militaires de Tamerlan*, p. 74.
86   Langlès, *Notices des manuscrits de la Bibliothèque nationale et autres bibliothèques, publiés
      par l'Institut national de France*, V, Paris, An, VII, pp. 192-229.

TABLEAU 12 Comparaison des traductions de Langlès et de Galland

Traduction par Langlès[a]	Traduction par Galland[b]
Au commencement de l'année du léopard, à l'époque où le monarque de l'orient [le soleil] entrant sous les magnifiques pavillons du printemps, dresse la tente de la nouvelle année sur la cime de la grandeur, Gengis Khan fit une proclamation aux jeunes gens et aux vieillards : il leur ordonna de préparer un quriltai ; c'est ainsi que les Moghols nomment leurs grandes assemblées générales. Il voulut que ses fils, que les généraux, les grands, les noyans de haut rang y vinssent de toutes les parties de ses domaines ; il ordonna aussi que l'on plantât un étendard blanc [à queue de cheval], haut de neuf pieds : enfin ce monarque, affable envers ses amis, indulgent pour ses ennemis, au milieu des transports d'une allégresse générale, ayant à sa droite un glaive vengeur, le sceau de la puissance à sa gauche, la couronne de l'univers sur la tête, s'assit sur le trône de l'empire ; le griffon de sa magnificence et l'aigle de sa puissance couvrirent de leurs ailes protectrices tous ceux qui étaient auprès de lui. Alors, tous les grands et les nobles de l'empire se mirent à faire des vœux pour lui et le combler d'éloges.	Au commencement de l'année du Léopard, dans la saison du printemps, Gengis Khan ordonna un quriltai, c'est ainsi que les Mogols appellent la diète générale de tous les états, et commanda que ses fils, tous les seigneurs ou gouverneurs et les noyans qui le reconnurent pour souverain à y venir et s'y rendre de quelque endroit où ils puissent être. Le jour de l'assemblée étant venu, après avoir fait planter un drapeau blanc de neuf pieds de long, il monta s'asseoir sur son trône la couronne sur la tête, ayant un sabre posé près de lui à sa droite et un sceau à sa gauche, et reçut dans cet état l'hommage de tous les grands de son empire qui lui souhaitaient une longue vie et toutes sortes de prospérités.

a Langlès, *Notice des manuscrits*, pp. 101-102. Pour faciliter la lecture, l'orthographe a été modernisée.
b Il s'agit de la première traduction de Galland, avant qu'elle ne soit corrigée par les relecteurs.

avait traduit sans le publier. L'accès à ce texte était donc aisé, et si Langlès ne fait pas mention de la traduction de Galland, il est tout à fait probable qu'il en avait connaissance. Cependant, la comparaison des deux textes permet de relever de réelles différences.

Langlès s'éloigne des recommandations qui avaient été faites à Galland pour promouvoir le « génie » de la langue française et témoigne d'une réelle évolution dans la perception des études orientales. La recherche du style n'est plus la priorité de l'orientaliste et la précision l'emporte désormais sur l'élégance.

Cette réévaluation du portrait de Tamerlan ne concerne pas uniquement les sources persanes, et se retrouve également dans le cadre de l'historiographie russe. Il a été rappelé que, pour Voltaire, son rôle était négatif dans la mesure où il se limitait à une série de guerres qui avait retardé la marche des civilisations vers le progrès. Pourtant, la perception de Tamerlan était loin d'être aussi tranchée. Sur ce point, le philosophe s'opposait ouvertement à un autre Français ayant écrit une histoire de la Russie, à savoir Pierre-Charles Levesque (1736-

1812)[87]. Ce dernier vécut à Saint-Pétersbourg entre 1773 et 1780[88] et rédigea une *Histoire de Russie*[89] suivie d'une *Histoire des différents peuples sous domination des Russes*[90], parfois présentée comme n'étant « rien de moins que la première esquisse de géographie humaine, d'ethnographie et d'histoire religieuse des populations allogènes de l'Empire »[91].

Collectant ses informations à une période d'effervescence de l'historiographie russe, Levesque avait accès à un nombre important d'ouvrages, comme en témoigne la liste de ses sources[92]. Au sujet de la *Stepennaia Kniga*, déjà utilisée par de Guignes, Levesque reprochait à ces auteurs de s'être « quelquefois trop légèrement écartés du texte des anciens auteurs des chroniques pour le remplacer par de fausses et ridicules traditions et ont trop souvent gâté leur ouvrage par des récits de prodiges qui pouvaient plaire aux moines de leurs temps »[93]. Cette défiance envers les sources religieuses est fréquente chez Levesque et le conduit à préférer Abū l'Ghāzī à Rubrouck et Plan Carpin[94], car il aimait « mieux suivre le récit d'Abulgasi [Abū l'Ghāzī] prince et historien Tatar et descendant de Tchinguis [Gengis Khan] que des relations de moines européens »[95]. Notons également que Levesque ne connaissait pas les langues orientales. Il n'avait donc accès aux textes persans et arabes que par le biais de leurs traductions, principalement celles de d'Herbelot[96] et de Joseph de

---

87   Les éléments biographiques sont principalement tirés de André Mazon, *Pierre-Charles Levesque, humaniste, historien et moraliste*, Paris, Imprimerie Nationale, 1963. Voir aussi, Anne Mezin et Vladislav Rjeoutski (dir.), *Les Français en Russie au siècle des Lumières*, Paris, 2011, 2 tomes., t. 2, pp. 537-538. Notons d'ailleurs que l'opposition entre les deux hommes ne porte pas que sur ce thème. Levesque dut se défendre d'avoir plagié Voltaire. Levesque, *Histoire de Russie*, I, pp. XV-XVI.

88   Vladimir Somov, « Pierre-Charles Levesque, protégé de Diderot et historien de la Russie », *Cahiers du monde russe* [En ligne], 43/2-3 | 2002, pp. 275-294, mis en ligne le 16 janvier 2007, Consulté le 11 octobre 2012. URL : https://journals.openedition.org/monderusse/8493, p. 276. Ami de Diderot, ce dernier lui obtint le poste de professeur de logique et d'histoire à l'académie des Cadets de Saint-Pétersbourg.

89   Pierre-Charles Levesque, *Histoire de Russie*, Yverdon, 1783, 3 vol.

90   Pierre-Charles Levesque, *Histoire des différents peuples soumis à la domination de la Russie*, Paris, 1783, 2 vol.

91   Mazon, « Pierre-Charles Levesque, humaniste, historien et moraliste », p. 39. Ces travaux, et d'autres, lui ouvrirent les portes de l'AIBL et du Collège de France en tant que professeur d'histoire et de morale entre 1791 et 1812.

92   Voir la liste dressée par Levesque dans la préface de son *Histoire de Russie*.

93   Levesque, *Histoire de Russie*, I, p. XIX.

94   Levesque *Histoire des différents peuples*, pp. 25 et 35.

95   Levesque, *Histoire de Russie*, II, p. 61.

96   Levesque, *Histoire de Russie*, I, p. 3.

Guignes[97]. Pour Levesque, l'histoire mongole est l'une des étapes des invasions de la Russie par les peuples turciques, et l'avancée de Gengis Khan est présentée comme « le prélude des désastres qu'éprouvera bientôt la Russie »[98]. Sans surprise pour un auteur écrivant à partir de sources russes, les Mongols étaient « féroces », avaient massacré des populations désarmées qui venaient se soumettre, et pillèrent « toutes les villes »[99]. L'originalité de Levesque ne se situe donc pas dans sa lecture de l'histoire mongole, mais bien dans l'interprétation qu'il proposa du règne de Tamerlan.

Sur cette question, Levesque tenait une position assez claire. Il décrit Tamerlan comme étant « l'un des plus terribles conquérants qui aient désolé la terre », mais il doit être regardé comme « le principal auteur »[100] de la restauration de la Russie, car il aurait « porté le coup mortel à la horde du Kaptchak »[101]. La Russie aurait donc tiré bénéfice de l'intervention de Tamerlan, et même si la campagne contre Toqtamich fit craindre une invasion, « contre toute espérance, Timour [Tamerlan] retourna sur ses pas, apparemment par la raison qu'il faut bien qu'un conquérant s'arrête quelque part »[102]. Ici, l'adversaire central de Tamerlan n'est plus Bajazet, mais Toqtamich. Pourtant, le rôle attribué à Tamerlan est assez similaire. Le timouride fut contraint de faire la guerre pour châtier l'orgueil[103] de son adversaire, et il remporta des victoires décisives qui firent de lui le sauveur de l'Empire byzantin ou des principautés russes. Cette description positive du rôle de Tamerlan explique peut-être un second point plus intéressant. Tamerlan est présenté comme un « fier Mogol »[104] alors que Toqtamich était un Tatare. Cette attribution d'identité est assez paradoxale étant donné que Toqtamich était un gengiskhanide, donc d'origine mongole, alors Tamerlan était un Berlas, turcique, et donc plus proche des Tatares que des Mongols. Cette inversion s'explique peut-être par le fait que Levesque parvenait de cette façon à établir une claire distinction entre les deux souverains. Cependant, il serait imprudent de pousser plus loin cette piste, dans la mesure

---

97   Levesque, *Histoire de Russie*, II, p. 23, note 1.

98   Levesque, *Histoire de Russie*, II, p. 22.

99   Levesque, *Histoire de Russie*, II, p. 34 : « Qu'on juge le désastre de la Russie par le malheur de la principauté de Kiev, qui seule perdit soixante mille de ses sujets ».

100   Levesque, *Histoire de Russie*, II, p. 202.

101   Levesque, *Histoire de Russie*, II, p. 205.

102   Levesque, *Histoire de Russie*, II, p. 204. D'ailleurs, Levesque, p. 205, corrige Pétis de La Croix, qui indiquait que Tamerlan aurait pris Moscou. Voir Pétis de La Croix, *Histoire de Timur Bec*, II, p. 363.

103   Dans ce passage, le terme est présent deux fois chez Levesque, toujours attribué à Toqtamich.

104   Levesque, *Histoire de Russie*, II, p. 204.

où attribuer une identité mongole à Toqtamich, qui ne vécut que dans la horde d'or bien loin des populations et de la culture mongoles, paraît délicat.

La question du traitement réservé à la «loi de Gengis Khan» résume les ambiguïtés de la question de l'idée d'empire tartare telle qu'elle a été traitée en cette seconde moitié du XVIIᵉ siècle. L'enjeu n'est pas de savoir si Gengis Khan et Tamerlan auraient suivi une même loi, les auteurs semblant s'accorder sur ce point, mais de savoir si cette loi est la preuve de l'existence d'un empire. Si l'on reconnaît, comme Anquetil ou Langlès, qu'une loi existe bel et bien, alors on peut en déduire une structure politique. Si on réfute, comme Voltaire, l'existence même du yāsā, alors l'idée d'empire tartare se trouve encore plus fragilisée.

La multiplication des études issues des sources tertiaires a conduit à un nouveau détachement des figures de Gengis Khan et de Tamerlan de leurs cadres historiques pour devenir à nouveau les supports de réflexions plus larges. D'une certaine façon, nous retrouvons ainsi l'instrumentalisation qui fut faite de l'histoire de ces conquérants par des auteurs politiques du XVIᵉ siècle tels que Postel et Bodin. Il ne s'agit pas de penser que cette dimension avait complètement disparu, et l'exemple de Margat de Tilly nous l'a rappelé, mais elle s'était atténuée pendant la période de traduction des sources primaires.

L'idée d'empire tartare résista mal au changement d'échelle imposé par l'entrée en scène des «philosophes des Lumières», incarnés ici par Montesquieu et Voltaire. Avec le recul de l'intérêt pour l'histoire des «grands hommes», ce n'était pas tant la question de la filiation entre Gengis Khan et Tamerlan qui offrait une difficulté que la logique historique dans laquelle on pouvait inscrire cet empire protéiforme. Reposant en réalité sur plusieurs dynamiques, l'empire tartare n'avait aucune cohérence interne à l'échelle de l'histoire du monde. Outre cette dimension politique, la question même de l'identité des peuples tartares commençait à devenir un point sensible dans la mesure où les modèles de représentation du peuplement du monde issus de la tradition biblique étaient désormais remis en question par le développement des thèses polygénistes. S'il n'était plus nécessaire que l'ensemble de la population humaine soit issue d'une même souche, alors rien ne forçait les différents peuples présentés comme tartares à avoir une identité commune. Dès lors, la thèse développée par de Guignes s'effondrait. Cependant, cette question de la distinction entre les Tartares occidentaux et les Tartares orientaux ne sera réellement traitée qu'à la fin du XVIIIᵉ siècle.

CHAPITRE 10

La déconstruction de l'idée de Tartare par le biais de nouveaux savoirs

Au milieu du XVIIIᵉ siècle, Louis de Jaucourt (1704-1780) résuma les savoirs alors en circulation sur les Tartares. Comptant parmi les principaux rédacteurs de l'*Encyclopédie*, il rédigea l'article « Tartare » du *Dictionnaire raisonné des sciences, des arts et des métiers* qui fut publié en 1765[1]. Faisant tour à tour référence à Montesquieu, Voltaire et de Guignes, Jaucourt présenta d'abord les Tartares contemporains, « peuples qui habitent presque tout le nord de l'Asie ». Ces Tartares seraient divisés en trois nations, que sont les Tartares « ainsi nommés », les Kalmouks et les « Moungales ». Sans l'écrire clairement, de Jaucourt reprenait la division entre les Tartares orientaux, ici les Kalmouks et les « Moungales », et les Tartares occidentaux, à savoir les anciens Turcs. Cependant, l'auteur de l'article n'expliqua pas sur quoi reposait cette distinction et ne faisait que reproduire les limites du système que nous venons de présenter.

Une fois cette liste terminée, Jaucourt livra quelques éléments sur l'origine des Tartares qu'il tirait de l'*Histoire générale des Huns*, ouvrage qui « mérite d'orner toutes les bibliothèques », en expliquant comment le nom de « Turc », qui était commun à tous ces peuples, fut remplacé par celui de Tartares.

> Quand Gengis-Khan eut envahi l'Asie méridionale, & qu'on eut conçu que ce prince des Mogoules était en même temps le souverain des Tartares, on choisit de donner à tous les peuples de ces quartiers le nom de Tartares qu'on connaissait, par préférence à celui de Mogoules dont on n'avait jamais entendu parler[2].

La nation tartare, regroupant Attila, Gengis Khan, Tamerlan et les Ottomans, aurait conquis presque toute la Terre[3]. L'influence de Montesquieu se fait sen-

---

1 Denis Diderot et Jean le Rond d'Alembert, *Encyclopédie ou Dictionnaire raisonné des sciences, des arts et des métiers*, Paris, 1765, tome XVII, pp. 919-926; cité plus loin dans Jaucourt, « Tartare ».

2 Jaucourt, « Tartare », pp. 923-924.

3 Jaucourt, « Tartare », p. 925.

© KONINKLIJKE BRILL NV, LEIDEN, 2022 | DOI:10.1163/9789004499027_017

tir lorsqu'il est question du régime politique des Tartares, «qui devraient être libres, et cependant ils se trouvent tous dans l'esclavage politique»[4].

Cet article souligne un élément intéressant, qui est la distinction chronologique entre les Tartares qui lui sont contemporains et les Tartares qui appartiennent au passé. Si ces derniers peuvent être connus par le biais de l'histoire, les premiers peuvent être étudiés par les sources appartenant à l'anthropologie naissante. Les descriptions et les localisations des nombreuses hordes reprenaient les lieux communs sur la laideur, la qualité de soldat et le nomadisme et soulignaient la diffusion des thèses à dimension anthropologiques. Rapidement, les recherches sur la composition de la « race tartare » viendront se mêler à la question de l'idée d'empire tartare en en reprenant les modalités.

Avec une terminologie et une méthodologie nouvelle, cette question de la « race tartare » mettait une nouvelle fois la lumière sur la place des Tartares au sein de l'Eurasie et sur les relations qu'ils entretenaient avec les Turcs d'un côté, et les Mandchous de l'autre[5]. Comme nous le constaterons, c'est en effet entre ces deux polarités qu'oscillera la question de l'identité tartare. En cela, nous retrouvons la division déjà soulignée entre les Tartares orientaux et les Tartares occidentaux, mais cette distinction ne pouvait plus tenir à une époque où la science s'organisait autour d'une taxinomie qui se voulait la plus claire possible. Parce qu'elle représentait depuis plusieurs siècles un flou conceptuel, l'idée même de « tartare » était remise en question.

En cette fin du XVIIIe siècle, les approches linguistiques et anthropologiques étaient encore balbutiantes. Les auteurs reconnaissaient souvent que leurs classifications étaient arbitraires. Sans entrer dans les détails des nombreuses classifications des peuples dits tartares, il s'agit pour nous de comprendre les logiques générales qui induisent ce type de réflexions, et de comprendre en quoi elles s'inscrivent dans la continuité des savoirs que nous avons présentés dans cette étude et en quoi elles constituent une attaque contre cette idée d'empire tartare.

---

4 Jaucourt, «Tartare», p. 924.
5 Posée en ces termes, la question de la place des Tartares en tant que race et plus tard en tant que langue rappelle les débats des linguistes autour de la question des langues turco-mongoles.

1   **La distinction entre Tartares et Turcs sur le plan racial et linguistique**

La notion de race « qualifie d'abord une entité généalogique, une lignée dotée de qualités collectives héréditaires »[6]. C'est d'ailleurs dans ce sens que ce terme était défini à la fin du XVe siècle, à savoir « l'ensemble des parents issus d'une souche commune »[7], sans nécessairement que cette famille soit noble. Ainsi, Guillaume Postel écrivait en 1560 que Tamerlan était de « petite race »[8], c'est-à-dire d'origine modeste. Plus tard, Bergeron considérait que ce même Tamerlan était issu de la « race » de Gengis Khan[9]. De même, d'Herbelot présentait les Ilkhāns comme les « empereurs des Mogols de la race de Gengis Khan »[10] et Pétis de La Croix fils affirmait que, « depuis la mort de l'empereur Abou Saïd [en 1335], il n'y avait eu sur le trône de l'Empire de Perse aucun prince absolu de la race de Genghiz Can »[11]. La « race » est ici synonyme de « dynastie » et, à ce titre, ce terme ne renvoie pas aux populations « tartares », mais uniquement à leurs souverains.

L'application à un ensemble humain de l'idée de « race » découle d'une définition biologique du terme. La « transmission par la naissance »[12] s'appliquait désormais non plus à une lignée, mais à un groupe dans son ensemble. C'est en ce sens que François Bernier, voyageur français qui séjourna en Inde dans les années 1660, théorisa une division de l'espèce humaine en quatre ensembles[13].

---

6   Claude-Olivier Doron, *L'homme altéré : races et dégénérescence (XVIIe-XIXe siècles)*. Cey-zérieu, Champ Vallon, 2016.

7   Lucien Bely, (dir.), *Dictionnaire de l'Ancien régime*, p. 1045.

8   Guillaume Postel, *La tierce partie des orientales histoires, ou est exposée la condition, puissance et revenu de l'empire Turquesque : avec toutes les provinces et pays généralement depuis 950 ans en ça par tous Ismaélites conquis*, Poitiers, 1560, p. 82.

9   Voir le développement consacré à Pierre Bergeron.

10   D'Herbelot, *Bibliothèque orientale*, p. 489.

11   Pétis de La Croix (fils), *Histoire de Timur Bec*, I, p. 5.

12   Nicolas Bancel, Thomas David, et Dominic Thomas (dir.), *L'invention de la race : des représentations scientifiques aux exhibitions populaires*. Collection « Recherches ». Paris, Éditions La Découverte, 2014.

13   François Bernier, « Nouvelle division de la Terre, par les différentes espèces ou races d'hommes qui l'habitent, envoyée par un fameux voyageur à M. L'abbé de la ***** à peu près en ces termes », *Journal des savants* du 24 avril 1684, pp. 133-140. Sur ce point, voir Siep Stuurman, « François Bernier and the Invention of Racial Classification. », *History Workshop Journal*, no. 50, 2000, pp. 1-21. Cette lecture, si elle n'est pas incompatible avec la thèse monogéniste, témoigne d'une lecture plus matérialiste que biblique de l'histoire.

Bernier présenta d'abord les Européens[14], les Africains, les Asiatiques puis les Lapons[15]. Les Asiatiques occupaient :

> une partie du royaume d'Arakan et de Siam, de l'île de Sumatra et de Bornéo, les Philippines, le Japon, le royaume de Pegu, le Tonkin, la Cochinchine, la Chine, la Tartarie qui est entre la Chine, le Gange et la Moscovie, l'Usbek, le Turkestan, le Zaquetay, une petite partie de la Moscovie, les petits Tartares et les Turkomans qui habitent le long de l'Euphrate vers Alep[16].

Si l'on regarde cette vaste zone géographique de plus près, on constate qu'elle se composait de deux ensembles. Le premier regroupait des territoires que l'on pensait alors soumis aux Tartares, comme la Grande Tartarie, la Chine et l'Asie centrale. Le second ensemble était composé du Japon et d'une partie de l'Asie du Sud-Est. Bien que couvrant des territoires extrêmement hétérogènes, les hommes qui composaient cette race étaient identifiables par des critères physiques que Bernier décrivait ainsi :

> Les habitants de tous ces pays-là sont véritablement blancs, mais ils ont de larges épaules, le visage plat, le nez écaché, de petits yeux de porc, longs et enfoncés et trois poils de barbe[17].

Il s'agit de la part de Bernier d'observations qui se basaient sur sa propre expérience, et surtout sur les récits d'autres voyageurs qu'il avait certainement consultés, mais non de recherches approfondies[18]. On ne sait exactement sur quelle base Bernier établit sa définition de la race qui englobe les Tartares et les Mongols, mais il est probable que l'échantillon soit loin d'être représentatif. Sans qu'il en soit réellement le texte fondateur, l'article de Bernier contient les

---

14 Auxquels sont rattachés les Américains.

15 Ces noms ne sont pas employés par Bernier, qui se contente de numéroter les races qu'il présente, sans qu'il faille y voir une marque de hiérarchisation.

16 Bernier, « Nouvelle division de la Terre », pp. 135-136. Ces frontières correspondent à celles d'une grande Tartarie, à laquelle Bernier ajoute l'Asie du Sud-Est et l'Extrême-Orient.

17 Bernier, « Nouvelle division de la Terre », pp. 136. Cette description par Bernier s'inscrit dans la lignée des récits de voyage européens qui, depuis le XVIe siècle, présentent les Asiatiques comme des « blancs ». Voir Michael Keevak, *Becoming yellow : a short history of racial thinking*. Princeton, Princeton University Press, 2011, pp. 27 et suiv.

18 Par exemple, Bernier reconnaissait n'avoir rencontré que deux Lapons, mais les portraits qu'il avait pu voir et les descriptions qu'on lui avait faites lui permettaient de les classer dans une race. Bernier, « Nouvelle division de la Terre », p. 136.

éléments qui annoncent l'histoire naturelle qui se développa au XVIIIe siècle[19]. Il faut cependant souligner que les éléments physiques, s'ils sont le premier critère du classement de Bernier, ne sont pas encore associés à des traits moraux ou intellectuels. «Ce n'est cependant qu'au dix-huitième siècle que le concept de race commença à définir de larges groupes humains partageant un habitat géographique commun et des traits physiques et mentaux communs»[20].

Comme cela a déjà été souligné par de nombreuses études, c'est durant la seconde moitié du XVIIIe siècle que la définition de la race évolua pour prendre sa dimension biologique. Pendant que de Guignes publiait son *Histoire générale des Huns*, le comte de Buffon (1707-1788) divisait l'espèce humaine en six races[21] à savoir la race polaire ou laponne, la race tartare, la race asiatique australe, la race européenne, la race nègre et la race australienne. Ces races seraient «contingentes et réversibles, par opposition à l'espèce, définie par la capacité à créer une progéniture féconde»[22]. Il n'existe ainsi qu'une seule espèce humaine divisée en un nombre important de variétés, ou «races», elles-mêmes divisées en sous-catégories[23]. Par exemple, la race tartare est divisée en différents groupes plus ou moins «dégénérés», terme qui renvoie à un éloignement vis-à-vis d'un modèle type. Si les critères de distinction étaient physiques, ils sont surtout révélateurs de différences morales, et le naturaliste établit d'ailleurs une relation entre les deux. La laideur ou la beauté d'une race ou d'une variété témoignerait donc de son degré de civilisation. Par exemple,

> les Japonais et les Chinois sont donc une seule et même race d'hommes qui se sont très anciennement civilisés et qui diffèrent des Tartares plus par les mœurs que par la figure; la bonté du terrain et la douceur du climat, le voisinage de la mer ont pu contribuer à rendre ces peuples policés, tandis que les Tartares éloignés de la mer et du commerce des autres nations et séparés des autres peuples du côté du Midi par de hautes montagnes, sont demeurés errants dans leurs vastes déserts sous un ciel dont

---

19   Stuurman, «François Bernier», p. 2.

20   Rotern Kowner, Walter Demel, *Race and Racism in Modern East Asia (vol. 1): Western and Eastern Constructions*, Leiden, Boston, Brill, 2013, p. 1.

21   Pour Buffon, une espèce se distingue d'une autre par le critère d'interfécondité. Aussi, les races humaines, appartenant toutes à la même espèce peuvent se reproduire entre elles. Dominique Tombal, «Le polygénisme aux XVIIe et XVIIIe siècles», pp. 859-860.

22   Jean-Frédéric Schaub et Silvia Sebastiani, «Savoir de l'autre? L'émergence de la question de race», dans Van Damme (dir.), *Histoire des sciences et des savoirs*, tome 1, Paris, Éditions du Seuil, 2015, p. 295.

23   Duchet, *Anthropologie et histoire au siècle des Lumières*, p. 272.

la rigueur, surtout du côté du Nord, ne peut être supportée que par des hommes durs et grossiers[24].

Toujours selon Buffon, les Tartares tels qu'ils auraient existé au milieu du XVIIIe siècle étaient divisés en quatre nations, que sont les Ostiaques, les Kalmouks, les Yakouts et les Toungouses[25]. Parmi eux, les Kalmouks formeraient la race la plus laide, et donc la plus sauvage, ce que Buffon expliquait par un double éloignement. À la différence des « Tartares Mongoux qui ont conquis la Chine »[26] et des Tartares frontaliers des Russes, les Kalmouks vivraient éloignés de nations civilisées avec lesquelles ils auraient pu se mélanger et également éloignés de la mer[27]. Il s'agit ici de l'une des idées maîtresses présentes chez Voltaire selon laquelle les nations barbares se civiliseraient au contact des nations plus avancées.

Dans les années 1780, Johann Friedrich Blumenbach (1752-1840) établit une nouvelle classification des races humaines, qui reposait non plus sur six, mais sur cinq ensembles. Dans la troisième édition de son principal ouvrage, intitulé *De Generis humani varietate nativa*[28] (1795), il refusa la distinction stricte des races par couleurs et ajouta à cet élément des considérations physiques comme la forme du crâne[29]. Les cinq races retenues étaient la race caucasienne, mongole, éthiopienne, américaine et malaise[30], et il n'existait donc pas de race tartare dans cette construction. Blumenbach s'en justifia en expliquant que le terme de « Tartare » était trop souvent utilisé de façon abusive pour désigner les Mongols et la faute en reviendrait, selon lui, aux « anciens auteurs » qui ne faisaient pas de différence entre les deux.

Blumenbach estimait donc qu'il était préférable de nommer cette « race » mongole plutôt que tartare. « Nommée d'après les Mongols du XIIIe siècle, la [race] mongole porte avec elle l'idée d'une race nomade, puissante, barbare et

---

24   George-Louis Leclerc de Buffon, *Histoire naturelle générale et particulière*, Paris, 1749, vol. III, p. 390.

25   Kowner et Demel, *Race and Racism*, p. 62.

26   Buffon, *Histoire naturelle*, p. 380. Il s'agit probablement des Mandchous, mais le terme de Mongoux est utilisé, par Gaubil par exemple, pour désigner les Mongols qui, eux aussi, ont conquis la Chine.

27   Buffon, *Histoire naturelle* III, p. 390 : « les Tartares éloignés de la mer et du commerce des autres nations et séparés des autres peuples du côté du midi par de hautes montagnes, sont demeurés errants dans leurs vastes déserts sous un ciel dont la rigueur, surtout du côté du nord, ne peut être supporté que par des hommes durs et grossiers ».

28   Johann Friedrich Blumenbach, *De Generis humani varietate nativa*, Göttingen, 1795, 3e éd.

29   Keevak, *Becoming Yellow*, p. 59.

30   Blumenbach, *De Generis humani varietate nativa*, pp. XXIII-XXIV.

envahissante»[31]. Blumenbach se distinguait de Buffon en considérant que les Chinois représentaient une sous-catégorie[32] de la race mongole, alors que le naturaliste français les présentait comme appartenant à une race différente[33]. Si la «race tartare» n'existait pas dans le classement de Blumenbach, cela ne signifie pas que les Tartares n'existaient pas pour le naturaliste Ces derniers étaient rattachés non pas aux peuples asiatiques, mais à la race caucasienne, tout comme les peuples turciques et les Européens[34]. Chez Blumenbach, les Tartares étaient donc européens, alors que les Mongols étaient asiatiques.

Directement liée à cette question de la race, la question de la langue tartare devenait l'objet de recherches. Au milieu du XVIIIe siècle, «on ne parle plus de la nation ni de l'histoire des peuples sans mettre en évidence ce qui assure leur identité dans le temps, ce qui garantit la permanence de la transmission des valeurs ancestrales : la langue»[35]. Si nombreuses études portent sur la question indo-européenne et sur la naissance de ce terme[36], il n'en est pas de même pour la question de la langue tartare, sujet qui ne resta pourtant pas en marge de ce type de raisonnement. Dans le cas de la langue comme dans celui de la race, les savants européens bénéficiaient de nouveaux savoirs produits dans le cadre particulier de l'expansion de la Russie vers ses territoires orientaux.

L'exploration scientifique de la Russie durant le XVIIIe siècle permit de combler des lacunes dans l'identification de la «race tartare». Par une série de victoires contre les différents khanats mongols, la Russie avait étendu sa domination vers l'Orient. Durant le XVIIe siècle, le territoire russe s'était progressivement étendu jusqu'aux frontières de la Chine, ce qui avait conduit ces deux puissances à signer le traité de Nerchinsk en 1689[37]. Une fois le cadre poli-

---

31 Keevak, *Becoming Yellow*, p. 77. Traduction libre de l'auteur.

32 Keevak, *Becoming Yellow*, p. 65.

33 Blumenbach, *De Generis humani varietate nativa*, 1804, p. 301.

34 Notons que ce découpage se retrouve également chez Emmanuel Kant, qui considère que les peuples turciques et les Tartares appartiennent à la race blanche, alors que les Mongols relèvent quant à eux de la race «hunnique». Voir Kowner et, Demel, *Race and Racism*, p. 61.

35 Maurice Olender, *Les langues du Paradis*, Paris, Point Seuil, 2002, p. 22.

36 Bernard Sergent, *Les Indo-Européens, Histoire, langues, mythes*, Paris, Payot, 2005 [1995], p. 22.

37 Sans entrer dans les détails de ce traité, les Russes obtinrent des conditions avantageuses pour le commerce et l'exploitation des ressources naturelles. En contrepartie, ils devaient rester neutres dans le conflit qui opposait les Qing au khanat Zungar, fondé par les Mongols Oirats dans les années 1670. Pour les raisons idéologiques et politiques déjà présentées, les Qing avaient à cœur de maintenir un lien étroit avec les différentes populations mongoles, si bien qu'elles firent partie de l'aire d'influence de la Chine et non de la Russie. Sur la signature du traité de Nerchinsk, voir Perdue, *China marches west*, pp. 161 et suiv.

tique délimité, du moins sur le papier, la Russie lança plusieurs campagnes scientifiques et militaires dans le but de connaître et maîtriser ses nouveaux territoires et d'en exploiter les richesses[38]. Pour mener à bien ces différentes missions, la cour impériale fit appel à de nombreux savants étrangers, principalement suédois et allemands. C'est dans ce contexte que Strahlenberg avait fait la découverte de l'*Histoire généalogique des Tatars* d'Abū l'Ghāzī, dont il a déjà été question. En parallèle à cette traduction, il rédigea un ouvrage connu en 1757 sous le titre français de *Description historique de l'empire russien*[39] dans lequel il apportait une attention particulière aux peuples récemment intégrés à l'empire russe.

La démarche de Strahlenberg est marquée par la thèse monogéniste[40], laquelle était renforcée par le contenu de l'*Histoire généalogique des Tatars*. À côté de cette source, l'auteur faisait usage d'un corpus désormais familier, à savoir Plan Carpin, Rubrouck, Marco Polo, Pétis de La Croix. Le chapitre XIV du second volume de la *Description* est consacré aux « divers peuples compris sous le nom général des Tatars et dont une partie est dépendante de la Russie ; avec quelques remarques sur les Antiquités qui se voient en Sibérie »[41]. L'auteur considérait qu'il était faux de penser qu'une seule nation occuperait toute la Tartarie, et souligna que « les langues de ces peuples, auxquels on a donné le nom général de Tatars, les doivent faire distinguer en six classes de nations toutes différentes »[42]. Parmi ces six classes, celle des Tatars est distincte de celle des Turcs. Cette dernière englobe les Mongols et les Kalmouks. Enfin, les Mandchous et les Toungouses constituent un troisième ensemble.

---

38   Voir Han F. Vermeulen, *Before Boas: The Genesis of Ethnography and Ethnology in the German Enlightenment*, Critical Studies in the History of Anthropology, Lincoln London : University of Nebraska Press, 2015 et, pour une période plus récente, les travaux de Michel Espagne, dont *L'ambre et le fossile. Transferts germano-russes dans les sciences humaines XIXᵉ-XXᵉ siècle*, Paris, Colin, 2014.

39   Jean Strahlenberg, *Description historique de l'empire russien*, Amsterdam, 1757, 2 vol. Le titre allemand est *Das Nord- und Östliche Theil von Europa und Asia, in so weit solches das gantze Russische Reich mit Sibirien und der grossen Tatarey in sich begriffet*, Stockholm, 1730. On peut également noter l'existence d'une traduction anglaise datée de 1738.

40   Vermeulen, *Before Boas*, pp. 108 et suiv.

41   Strahlenberg, *Description historique de l'empire russien*, II, p. 148.

42   Strahlenberg, *Description historique de l'empire russien*, II, pp. 148-149. Cette classification eut un poids important pour la suite des études linguistiques, car Strahlenberg a été considéré comme un précurseur des études altaïques. Pourtant, les premiers travaux mettant réellement en lumière la théorie altaïque sont ceux du Suédois Matthias Alexander Castren (1813-1853). Strahlenberg reconnaît que ces langues ont de nombreux points communs, mais il n'émet aucune hypothèse de regroupement comparable à l'hypothèse altaïque.

Il ne faut pas considérer le jugement de Strahlenberg comme définitif, et le suédois a conscience du caractère artificiel du terme tartare. Cependant, il en maintient l'usage, certainement par habitude, témoignant ainsi de la difficulté de corriger des savoirs solidement ancrés[43].

Ce refus de l'utilisation du terme tartare fut repris par Gerhard Friedrich Müller (1705-1783) puis par Johann Eberhard Fischer (1679-1771)[44]. Ce dernier rédigea une histoire de la Sibérie qui fut publiée en 1768[45]. À la différence de Strahlenberg, Müller et Fischer refusaient l'emploi du terme « tartare » pour désigner sous un même ensemble les populations turciques, mongoles et mandchoues. Müller considérait que « les Tatars qui ont écrit l'histoire de leur peuple », à savoir Abū l'Ghāzī, se trompaient puisque les langues de ces peuples sont différentes. Dès lors, il ne peut y avoir de famille de langue tartare, comme le prétendait Strahlenberg. Les Tartares existaient bien, mais il s'agit d'un peuple précis qui parlait une langue turcique, et ce terme ne devrait donc pas servir à désigner des Mongols.

Quelques années après, Pierre-Charles Levesque confirma cette distinction entre les Mongols et les Tartares. Toujours dans le cadre de l'histoire des peuples russes, Levesque divisait les peuples de la Tartarie en six races, elles-mêmes divisées en nations, dont les noms renvoient au territoire qu'elles occupaient. Concernant les Tartares, Levesque expliquait que

Ce nom même de Tatars que nous donnons à un peuple immense et à plusieurs peuples différents, n'appartenait réellement qu'à une nation, qui, souvent vaincue par les Chinois, fut entièrement subjuguée par les Mogouls, ou Moungals, que nous appelons Mogols. Ceux-ci étaient de

---

43 Strahlenberg, *Description historique de l'empire russien*, II, p. 193 : « Je ne prétends pas dire que ces dénominations soient mauvaises par elles-mêmes, pourvu qu'on ne les prenne pas pour les noms propres des peuples dont on veut parler. Car ce ne sont après tout que des noms appellatifs, par lesquels on désignait en général des Nations fort éloignées, dont on ne savait pas les noms particuliers. On observe encore ce même usage parmi les habitants de la Haute Asie, qui, lorsqu'il s'agit de nous autres Européens, ne font aucune distinction entre les peuples, ne connaissant ni Français, ni Espagnols, ni Allemands, ni Italiens, ni Anglais ; et les comprenant tous ensemble sous la dénomination générale de Frang ou Frank qui, à ce qu'on prétend, tire son origine des Croisades ».

44 Ce dernier reçut de la part de Müller une série d'instructions destinées à guider ses recherches ethnographiques en Sibérie, et les deux hommes se fréquentèrent longtemps au sein de l'académie de Saint-Pétersbourg. J.L. Black, *G.-F. Müller and the Imperial Russian Academy*, McGill University Press, Québec, 1986, p. 100. Vermeulen, *Before Boas*, pp. 145-146.

45 Traduction française par Stollenwerk en 1801.

race Turque, aussi bien que ces peuples répandus dans l'Asie et dans l'Europe, que nous appelons Tatars[46].

Levesque refusait cependant l'usage de ce terme global, et estimait que «si l'on veut absolument les rassembler toutes sous un nom générique, elles préfèrent celui de Turcs, Troukhmenes [sic] ou Tourouks». En dehors de cette race tartare, Levesque distinguait la race mandchoue et la race mongole. La confusion entre «Mongol» et «Tartare» est expliquée par l'auteur par une «fatalité singulière» dont la faute reviendrait aux auteurs arabes et persans relayés par les auteurs européens[47]. Même si «le sang des deux races a été souvent confondu»[48], dans des «races mêlées de Tatars et de Mongols»[49], il s'agit bien, toujours selon Levesque, de «deux peuples différents, qui ne se ressemblaient ni par les traits ni par le langage»[50] et qui ne se seraient réunis que sous le règne de Gengis Khan. Ici, on retrouve l'influence du naturaliste Peter Simon Pallas (1741-1811), qui avait déjà souligné que les seuls points communs entre les Mongols et les Tartares résidaient dans le fait qu'ils étaient nomades et que leurs langues connaissaient quelques «lointaines relations»[51]. La principale distinction que Levesque semblait faire entre les Tartares et les Mongols reposait sur la langue. Sur ce point, l'auteur était catégorique en affirmant que

C'est bien improprement que les Européens ont ajouté au nom des Mongols celui de Tartares [sic], comme si ces deux peuples ne formaient que deux tribus différentes d'une même nation. Si l'on trouve quelques ressemblances dans leurs usages, elles sont la suite de la vie pastorale qui leur fut commune; et si leurs langues offrent quelques conformités, c'est dans quelques expressions que deux peuples souvent mêlés ensemble, gou-

---

46 Levesque, *Histoire de Russie*, II, p. 22-23. Ailleurs, p. 203 note 1, l'auteur indique que «le nom des Tatars a été changé en Europe par l'addition d'une lettre et les Chinois l'ont altéré par la suppression d'un «r» qu'ils ne peuvent prononcer. Les Européens les ont toujours appelés Tartares et les Chinois les nomment Tata».

47 Levesque, *Histoire des différents peuples*, II, p. 204: «Par une fatalité singulière, pendant que ce nom a fait tant de fortune en Europe, les Persans, les Arabes ne le connaissent même pas; ils rapportent aux Mongols, sujets naturels de Tchinguis-Khan, tout ce que nous attribuons aux Tatars qui furent les compagnons de ses victoires».

48 Levesque, *Histoire des différents peuples*, II, 206.

49 Levesque, *Histoire des différents peuples*, II, table des matières.

50 Levesque, *Histoire des différents peuples*, II, p. 206.

51 Kowner et Demel, *Race and Racism*, p. 72. Levesque reconnaissait la qualité des travaux du naturaliste et le considérait comme celui «qui a, plus qu'aucun autre savant, fait une étude particulière de ces peuples». Levesque, *Histoire des différents peuples*, II, p. 3.

vernés par les mêmes princes et combattant sous les mêmes enseignes ont dû emprunter l'un de l'autre⁵².

Formulé en des termes actuels, on peut voir dans cet extrait une formulation de la thèse de l'emprunt qui, dans le cadre de l'étude des langues altaïques, justifie la proximité entre les langues de cette famille par des raisons historiques, en opposition avec la thèse génétique.

Présentées comme strictement factuelles, les classifications linguistiques qui se développaient alors conduisirent à une interrogation et à une remise en question de l'existence des Tartares en tant qu'entité unique. Sans y faire référence, mais en ayant certainement ces lectures en tête, on constate que les naturalistes et les linguistes arrivaient aux mêmes conclusions que Plan Carpin et Rubrouck avaient formulées au XIIIᵉ siècle sur le fait que le terme de Tartare ne pouvait désigner l'ensemble des populations de l'empire mongol. On constate également que la question des rapports entre les Tartares orientaux et les Tartares occidentaux est au cœur de ces classifications, avec une hésitation constante lorsqu'il s'agit de situer les Mongols dans ce système.

2 La diffusion des outils de l'écriture de l'histoire chinoise

Si le traitement de l'idée de tartare d'un point de vue linguistique doit énormément aux travaux des naturalistes allemands au service de la Russie, il ne faut pas perdre de vue que, dans le même temps, les connaissances sur la langue mandchoue se faisaient de plus en plus précises grâce à l'apport constant de nouveaux savoirs venus de Chine. Ces sources rendues accessibles par les savants européens permettaient à la fois de mieux connaître la langue mandchoue et de l'inscrire dans les grands tableaux des familles de langues que l'on constituait alors, et d'écrire une histoire mongole détachée de l'influence de l'historiographie persane et timouride.

Le développement des études chinoises de la seconde moitié du XVIIIᵉ siècle se déroula dans un contexte politique et culturel assez différent de celui présenté jusqu'à maintenant. Le règne de Qianlong (1735-1799), petit-fils de Kangxi, fut marqué entre autres par une prise de distance vis-à-vis des puissances européennes. En France, la proscription de l'ordre jésuite en 1763, qui anticipait de dix ans son interdiction par Rome, avait conduit à repenser les axes de circulation des savoirs. C'est dans ce contexte que de Guignes était

---

52 Levesque, *Histoire des différents peuples*, II, pp. 5-6.

devenu le relais de la sinologie en France mais, comme le souligne Isabelle Landry Deron, le « transfert des compétences linguistiques entre religieux et laïcs fut difficile »[53]. La connaissance du chinois par les savants parisiens était nécessairement plus limitée que celle des missionnaires résidant depuis des décennies en Chine, mais il semble que la principale différence ne repose pas tant sur une question de connaissance que de méthode.

Les héritiers de la sinologie jésuites appartenaient tous au milieu érudit qui s'était construit autour de la traduction des sources orientales. Aux côtés de Joseph de Guignes, une place doit être faite à Michel-Ange-André Leroux Deshauterayes (1724-1795)[54]. Neveu d'Etienne Fourmont, il reçut une formation similaire à celle de Joseph de Guignes[55]. Professeur d'arabe au Collège royal de 1752 à 1784[56], il était également un grand connaisseur des fonds de la Bibliothèque royale, et c'est à ce titre qu'il avait montré à Anquetil le texte sanskrit qui précipita le départ du jeune savant[57]. Deshauterayes se montrait réfractaire à l'esprit de système, et critiqua ouvertement la supposée origine égyptienne des Chinois dans un mémoire daté de 1759[58]. Dans cette réponse, Deshauterayes indiqua qu'il s'opposait à un « système aussi particulier »[59], ce qui pourrait laisser croire une nouvelle fois à une opposition entre l'esprit d'érudition et l'esprit de système. En effet, tout dans ses écrits laisse penser que Deshauterayes était un partisan de l'érudition.

Deshauterayes contribua à donner plus de visibilité à la valeur historique des sources chinoises et mandchoues. Dans le cadre de l'histoire tartare, cela eut pour conséquences de contrebalancer l'influence des sources persanes et d'établir un jalon entre la sinologie jésuite et celle qui sera pratiquée au XIXe siècle. Cette volonté de rendre plus accessibles les textes historiques était partagée par de nombreux savants, et c'est dans cette logique que l'on peut interpréter les grandes entreprises éditoriales dont le but était de diffuser les manuscrits accumulés jusqu'alors. Par exemple, de Guignes publia le *Chou-King* [Shujing]

---

[53]   C'est à ce titre qu'Isabelle Landry-Deron évoque la difficulté d'un « transfert des compétences linguistiques entre religieux et laïcs », Isabelle Landry-Deron, « Le "Dictionnaire chinois, français et latin" de 1813 ». *T'oung Pao* 101, n° 4/5, 2015, 407-440, p. 408.

[54]   Que l'on retrouve également orthographié Le Roux des Hauterayes.

[55]   App, *The Birth of Orientalism*, p. 203.

[56]   Il publie d'ailleurs une grammaire de cette langue, accessible sous la cote Arabe 4227 de la BNF.

[57]   Voir App, p. 499 note 16.

[58]   Michel-Ange André Leroux Deshauterayes, *Doutes sur la dissertation de M. de Guignes, qui a pour titre : Mémoire dans lequel on prouve que les Chinois sont une colonie Egyptienne*, Paris, 1759.

[59]   Leroux Deshauterayes, *Doutes sur la dissertation*, p. 11.

de Gaubil en 1770 et l'*Art militaire des Chinois* écrit en 1772 par le père Joseph-Marie Amiot (1718-1793)[60]. C'est dans la même logique que Deshauterayes et Jean-Baptiste Grosier (1743-1823)[61] publièrent à partir de 1777 l'imposante histoire de la Chine du père Mailla[62], déjà connue par du Halde et dont une partie avait été éditée par Jouve d'Embrun. Ce faisant, ils donnaient une nouvelle visibilité à l'histoire des Mongols sous la dynastie Yuan, mais également à l'histoire plus ancienne des Tartares. Avec quelques décennies de décalage, on assiste à la même effervescence de traductions et de publications que celle qui avait conduit au renouvellement des études persanes à la fin du XVIIᵉ siècle.

Les liens entre la sinologie et l'érudition sont d'ailleurs visibles dans les méthodes mêmes de production des savoirs. En son temps, Visdelou s'était servi du modèle de la *Bibliothèque orientale* pour exposer de nombreux points de l'histoire de la Chine. Il fallut attendre 1780 pour en voir une version imprimée par les soins de Nicolas van Daalen et de Jean Neaulme dans le cadre d'une réédition de la *Bibliothèque orientale*. Dès lors, les réflexions de Visdelou sur l'historiographie islamique et la place qu'elle accordait aux Tartares devenaient accessibles au plus grand nombre[63]. À la même époque, Deshauterayes travaillait à un projet assez proche, qui témoignait une nouvelle fois de l'importance du modèle laissé par d'Herbelot. Il se proposait de collecter et de classer l'ensemble des savoirs alors en circulation sur la Chine à travers un

Supplément à la Bibliothèque orientale de M. d'Herbelot, dans lequel on trouve bien des choses remarquables, surtout concernant les peuples de la Haute-Asie, dont M. d'Herbelot n'a point parlé[64].

Inachevé et resté sous forme manuscrite, ce texte ne contient pas d'introduction ni de préface permettant de clarifier le projet de l'auteur[65]. Il témoigne

---

60   Sur la vie du missionnaire, voir *DOLF*, pp. 14-15.
61   Ancien jésuite, Grosier fit carrière comme critique littéraire et historien de la Chine. Après la Révolution, il devint conservateur de la bibliothèque de l'Arsenal.
62   Joseph Anne-Marie Moyriac de Mailla, *Histoire générale de la Chine, ou annales de cet empire ; traduites du Tong-Kien-Kang-Mou*, Paris, 1777-1779. Il s'agit d'une traduction du *Tongjian gangmu*.
63   Sur cette édition, voir Bevilacqua, « How to organise the Orient », pp. 245 et suiv.; App, *The Birth of Orientalism*, pp. 203 et suiv et Magkanari, « Sinological Origins of Turcology in 18th-century Europe », European Journal of Turkish Studies [Online], 24 | 2017.
64   Mss Fr. 25689 de la Bibliothèque National de France. Le titre complet est *Bibliothèque orientale, ou dictionnaire chronologique, historique, géographique des peuples de la haute Asie, des Chinois, des Indiens, des Tartares et des Japonais pour servir de Supplément à la Bibliothèque Orientale de d'Herbelot*.
65   La dernière entrée est « Gehangir », à savoir l'empereur moghol Jahangir. Il est possible

cependant de la permanence de cette forme de savoir, et atteste que cette expression de l'orientalisme d'érudition de la fin du XVIIᵉ siècle était toujours d'actualité un siècle plus tard. Sur un plan plus spécifique à l'histoire tartare, l'absence de définition de ce que Deshauterayes entendait par « tartare » oblige à la prudence. On peut penser qu'il faisait référence aux Mandchous, mais rien ne permet de savoir où il plaçait les Mongols dans son propre classement.

Ces suppléments témoignent de la plus grande circulation des traductions jésuites et agissaient comme un contrepoids à l'historiographie persane. De Guignes, dans son *Histoire générale des Huns*, utilisait les traductions des textes chinois et mandchous dans le but de venir confirmer les sources persanes et arabes. Désormais, l'opposition qui existait entre ces deux logiques historiographiques était flagrante et accessible à un plus grand nombre de lecteurs, rendant possible une nouvelle perception de l'histoire des Tartares, dans laquelle ce peuple n'appartenait plus à l'histoire islamique, mais à l'histoire chinoise. Ce glissement était surtout visible dans le cadre des études linguistiques.

Cette meilleure connaissance de l'histoire de la Chine et des origines des Tartares passait également par une meilleure connaissance du chinois. Conscient que cette langue était difficile à apprendre hors de Chine, Langlès développa l'apprentissage du mandchou comme moyen d'accéder à la littérature chinoise dans la mesure où « les meilleurs, disons même tous les bons livres chinois, ont été traduits dans cette langue »[66]. Outre cet aspect scientifique, l'apprentissage du chinois à la fin du XVIIIᵉ et au début du XIXᵉ siècles faisait l'objet d'une rivalité entre les nations européennes[67]. À ce titre, Langlès fut l'un des principaux fondateurs de l'École des langues orientales vivantes[68], dont le but était de rattraper le retard que la France aurait accumulé face aux autres puissances européennes. En 1790, il justifia son projet en écrivant à l'assemblée constituante que,

Tandis que nous daignons prendre à peine quelques notions de latin et de grec, les Danois, les Suédois, les Allemands, les Hollandais, les Ita-

---

que ce soit pendant la préparation de l'édition de l'*Histoire générale de la Chine* que l'orientaliste eut l'idée de réaliser son propre supplément à d'Herbelot.

66 Langlès, *Alphabet mandchou*, p. 3. Langlès reproduit ici une lettre d'Amiot.

67 Isabelle Landry-Deron, « Les outils d'apprentissage du chinois disponibles en France au moment de l'ouverture de la chaire de chinois (1814) et les efforts d'Abel-Rémusat pour les améliorer », dans le cadre du colloque « Jean-Pierre Abel-Rémusat et ses successeurs. Deux cents ans de sinologie française en France et en Chine », tenu du 11 au 13 juin 2014 au Collège de France.

68 Il s'agit de l'ancêtre de l'actuel INALCO.

liens, les Espagnols même et les Anglais surtout, étudient avec une ardeur incroyable les langues anciennes et modernes de l'Asie[69].

Sur le plan intellectuel, le but était de fournir une meilleure formation aux élèves souhaitant apprendre les langues. Sur le plan politique, il s'agissait de rompre avec la monarchie. Le contexte révolutionnaire poussait alors à un renouvellement des structures royales, comme l'École de Jeunes de Langues ou le Collège royal. Langlès jugeait ces deux institutions inadaptées aux langues vivantes, et estimait que les enseignements y étaient trop livresques pour être pleinement utiles[70]. L'école fut officiellement créée en 1795[71], et Langlès y fut le premier professeur de persan. Son enseignement reposait sur sa traduction des *Instituts politiques* de Tamerlan.

En parallèle de ce texte, il travaillait également à la publication d'un *Alphabet tartare-mantchou*[72], inspiré par le travail d'Amiot. Ce que nous pouvons retenir de cet ouvrage est que Langlès adoptait pleinement le vocabulaire des missionnaires jésuites, en décrivant le mandchou comme une langue tartare, terme qui était alors surtout utilisé en référence aux langues turciques. En vingt ans, Langlès présenta trois éditions revues et augmentées de l'*Alphabet tartare-mantchou*, ce qui témoigne à la fois de la vivacité de ses recherches et de l'intérêt du lectorat pour ce domaine. Dans la troisième édition, datée de 1807, Langlès changea le titre au profit d'un *Alphabet Mantchou*[73], faisant disparaître toute référence aux Tartares. Cette édition contient un « précis chronologique sur les Mantchoux » qui reprenait, en une quarantaine de pages, les principaux éléments sur l'origine de ce peuple tirés principalement de Visdelou, de Mailla,

---

69 Louis Mathieu Langlès, *De l'importance des langues orientales pour l'extension du commerce, les progrès des lettres et des sciences*, Paris, Champigny, 1790, p. 8.

70 Pierre Labrousse, (dir.), *Langues'O, 1795-1995, deux siècles d'histoire de l'Ecole des langues orientales*, Paris, Hervas, 1995, p. 23. Langlès, lui-même ancien élève du Collège royal, alla jusqu'à déclarer que le Collège royal était un « établissement d'ostentation plus propre à flatter la vanité d'un roi qu'à remplir les vues des hommes studieux ».

71 L'école ne fut officiellement créée qu'en 1795, avec l'Ecole polytechnique, l'Ecole Normale Supérieure et le Conservatoire des Arts et Métiers, dans le but de fournir des élites formées par des écoles républicaines. Ces cinq années entre le projet de création de l'Ecole et sa fondation permirent à Langlès d'adoucir sa position sur le Collège royal et de l'intégrer à son programme de formation. Les élèves recevraient d'abord une formation au sein de l'école et se perfectionneraient au Collège dans les langues classiques.

72 Louis-Mathieu Langlès, *Alphabet mandchou*, Paris, 1787.

73 La première édition date de 1787 et se compose de 29 pages, la seconde est insérée dans le premier tome du dictionnaire mandchou-français daté de 1789. La troisième édition se compose de plus de 200 pages et contient différents traités sur l'histoire et l'origine des Mandchous.

mais aussi de Strahlenberg, Pallas, de Guignes, du Halde ou encore Fischer. Rappelant la distinction qui existe entre les Tartares occidentaux et les Tartares orientaux[74], Langlès retraça l'histoire des peuples Jürchen jusqu'à la prise de pouvoir par les Qing. Dans cette chronologie, l'orientaliste indiquait que la dynastie Jin avait été renversée par Gengis Khan, qui sortait «du sein d'une horde barbare qui leur était soumise»[75], sans préciser s'il considérait les Mongols comme appartenant aux Tartares orientaux ou aux Tartares occidentaux.

Les connaissances linguistiques, naturalistes, anthropologiques et géographiques avaient conduit à une profonde transformation dans la perception de l'empire tartare dans la seconde moitié du XVIIIe siècle. L'idée même de «tartare» en tant que terme générique pouvant définir l'ensemble des peuples originaires de Haute Asie avait été battue en brèche par la mise en lumière de la grande hétérogénéité de ces populations. Cette nouvelle perspective avait conduit à une interrogation sur les liens entre ces supposées Tartares et les nations turques d'Asie centrale en remettant en question l'unité entre ces deux ensembles. Cette négation de l'existence des Tartares ne pouvait être acceptée sans la construction d'un nouveau modèle permettant d'expliquer l'histoire de cette région et c'est dans ce contexte que l'on assiste à la mise en place d'une écriture de l'histoire mongole.

3   L'idée d'empire tartare entre érudition et «esprit de système»

Au fil de cette étude, nous avons constaté que l'idée d'empire tartare était un concept utile lorsqu'il s'agissait d'étudier la partie centrasiatique de l'empire mongol et son prolongement dans l'empire timouride. Dans ce cadre précis, l'idée d'une filiation entre Gengis Khan et Tamerlan avait une certaine pertinence et correspondait à la dynamique historiographique mise en place par les principaux historiens persans alors connus en Europe. Cependant, cette construction intellectuelle montrait ses limites lorsqu'elle était confrontée à d'autres logiques historiographiques, comme celle développée dans l'historiographie mandchoue.

Prises individuellement, ces deux logiques gardaient leurs cohérences internes, mais la difficulté se présentait lorsque l'on tentait d'établir un système de pensée englobant ces deux réalités. Ce changement d'échelle mettait en lumière de nombreuses failles et révélait le manque de connaissances et

---

74   Langlès, *Alphabet mantchou*, pp. 11-12.
75   Langlès, *Alphabet mantchou*, p. 33.

de compréhension de l'histoire des Tartares par les Européens. Dès lors, il, s'agissait soit de rechercher à approfondir ces connaissances, soit d'accepter que l'idée même de tartare était un outil inadapté pour rendre compte de l'ensemble des savoirs désormais à disposition. S'il a fallu plusieurs siècles pour se rendre compte de l'inefficacité de l'idée de Tartare comme outil historiographique, l'idée de langue tartare et celle de race tartare furent quant à elles plus rapidement critiquées. Dans les deux cas, cette remise en question témoigne d'une évolution des savoirs, mais surtout des méthodes de production de ces savoirs, et peut se résumer en une opposition entre un esprit d'érudition et un esprit de système.

L'Histoire générale des Huns est le parfait exemple de l'incarnation de l'esprit de système appliqué à l'histoire des Tartares. Dans la même logique, l'idée de despotisme oriental développée par Montesquieu relève de la même dynamique, puisqu'il s'agit de donner une cohérence à une mosaïque de données, quitte à les ajuster à une vision préexistante. À l'inverse, les sources secondaires que nous avons présentées relèvent, dans leur grande majorité, d'un esprit d'érudition, c'est-à-dire de la volonté d'accumuler un savoir sur un fait précis. La seconde moitié du XVIIIe siècle, marquée par la «défaite de l'érudition», semble en effet avoir érigé l'esprit de système comme moyen d'ordonnancement des savoirs et donc du monde. Cet engouement et ses dérives provoquèrent une réaction inverse dans le monde des études orientales qui fut en quelque sorte théorisée par un collègue de Langlès, Antoine Isaac Silvestre de Sacy (1758-1838).

Centre de gravité de l'orientalisme européen, Silvestre de Sacy est sans conteste l'orientaliste le plus influent de son temps, et son rôle dans le développement de ce champ d'études ne saurait être surestimé. Issu d'une famille janséniste[76], Sacy fut fortement marqué par son éducation religieuse, en partie acquise chez les mauristes[77]. Il considérait les langues orientales comme un moyen de mieux connaître les textes bibliques[78], et c'est donc naturellement qu'il se tourna vers l'Orient antique plutôt que moderne et vers la connaissance de l'arabe littéraire plutôt que vers le persan par exemple. Cet attrait pour le monde arabe et antique explique son désintérêt pour les Tartares. Aussi, en dehors d'un *Mémoire sur une correspondance inédite de Tamerlan avec*

---

76   Michel Espagne, Nora Lafi et Pascale Rabault-Feuerhahn (dir.), *Silvestre de Sacy: le projet européen d'une science orientaliste*, Paris: Éditions du Cerf, 2014.

77   Richard, *Le livre persan*, p. 10.

78   Nicolas Lyon-Caen, «Silvestre de Sacy, savant janséniste?», dans Espagne, Lafi et Rabault-Feuerhahn (dir.), *Silvestre de Sacy: le projet européen d'une science orientaliste*, pp. 98-99.

Charles VI[79] qui s'explique par la découverte dans les archives de la lettre que Tamerlan aurait adressée au roi de France, Silvestre de Sacy n'a pas fait d'étude spécifique sur ce sujet. D'un point de vue plus général, « son rayonnement est surtout lié à son action de pédagogue et à la constitution d'un réseau européen »[80].

Dans un discours prononcé en 1811, Sacy mettait en garde face aux risques de « s'égarer en suivant des illusions et des fantômes créés par l'esprit de système »[81]. Pour s'en protéger, l'orientaliste soulignait l'importance de l'apprentissage des langues et du développement des supports tels que les grammaires et les dictionnaires. À l'occasion du premier anniversaire de la Société Asiatique[82], Sacy précisa son propos :

> Il est trop tôt de vouloir soumettre à la discussion le petit nombre de faits isolés dont nous sommes en possession, et ce qui importe surtout, ce qui doit être l'objet principal et presque unique de nos efforts, c'est de multiplier les moyens d'instructions pour les langues, de recueillir les livres et les monuments de tout genre, enfin d'amasser presque indistinctement des matériaux dont nos neveux, plus heureux que nous, recueilleront un fruit plus satisfaisant pour l'intelligence. Je sais qu'il est des esprits supérieurs qui, avec les moindres débris d'un édifice antique, en reconstruisent tout l'ordonnance [...]. Et ceux-là n'ont pas besoin d'être excités et encouragés à parcourir une carrière où les entraîne irrésistiblement l'enthousiasme céleste qui les inspire. Ce que je veux dire c'est que, provoquer aujourd'hui des travaux de ce genre, relativement à l'Asie, et donner cette direction à nos efforts, ce serait intervertir l'ordre naturel des choses, et vouloir jouir de la récolte dans la saison où il ne s'agit encore que de semer[83].

---

79 Antoine Isaac Silvestre De Sacy, « Mémoire sur une correspondance inédite de Tamerlan avec Charles VI », dans *Mémoires de l'Institut royal de France, académie des Inscriptions et Belles Lettres*, 1822, VI, pp. 470-522. Il s'agit d'une étude de la lettre de Jean de Sulṭāniyyah.

80 Michel Espagne, « Silvestre de Sacy et les orientalistes allemands », *Revue germanique internationale* 7, 2008, p. 80.

81 Antoine Isaac Silvestre de Sacy, « Discours général prononcé lors de la séance générale de la Société asiatique le 21 avril 1823 », dans *Discours, opinions et rapports sur divers sujets de législation, d'instruction publique et de littérature*, Paris, 1823, p. 24.

82 Silvestre de Sacy contribua à sa fondation.

83 Silvestre de Sacy « Discours général prononcé lors de la séance générale de la Société asiatique », pp. 482-483.

Cet extrait méritait d'être reproduit, car il contient la méthode prônée par Sacy et qui guida les travaux orientalistes durant le XIXe siècle. Il n'est plus question de produire des synthèses réunissant l'ensemble des peuples d'Asie et leur histoire, mais de les étudier dans le détail selon les sources disponibles. Sans se livrer à des attaques personnelles, Sacy s'opposait à la vision systémique de l'orientalisme qui consistait à appuyer des idées préconçues sur un nombre limité de sources. Il marquait donc une rupture avec cette forme de savoir, et son ambition d'une histoire globalisante. Sans jamais le citer, on peut penser que Sacy réfutait ainsi l'œuvre de Joseph de Guignes, dont le système reposait sur une utilisation orientée des sources dans le but de légitimer une conception religieuse de l'histoire. Les deux hommes, qui travaillèrent ensemble à la gestion des fonds orientaux de la Bibliothèque royale[84], ne partageaient pas la même vision de l'écriture de l'histoire de l'Asie, et cette méfiance de Silvestre de Sacy vis-à-vis des « esprits supérieurs » fut transmise à l'ensemble de ses disciples.

En dehors du seul cadre tartare, Sacy s'adressait également aux partisans des théories indo-germaniques puis indo-européennes qui se développaient alors comme explication des similitudes linguistiques entre la langue grecque, latine, persane et sanskrite. Ces similitudes donnèrent naissance à l'idée d'une langue commune et, par glissement à un peuple commun primitif dont il fallait trouver les traces. Avec prudence, Silvestre de Sacy ne refusait pas l'idée d'un système explicatif global, mais il estimait que les savoirs n'étaient pas encore assez solides pour se livrer à ce type d'exercice. Il était donc d'abord nécessaire de « multiplier les moyens d'instructions pour les langues », et en cela, Sacy rejoignait le programme énoncé par Louis Mathieu Langlès.

Si Sacy se montrait aussi catégorique dans son rejet de « l'esprit de système », c'est précisément parce que cette démarche intellectuelle avait conduit à l'élaboration d'un raisonnement difficilement soutenable. Les deux exemples qui suivent témoignent de la volonté permanente d'inscrire les Tartares dans l'histoire du monde, et également de la difficulté avec laquelle les nouvelles connaissances étaient intégrées.

Les conséquences de ces recherches sur la race tartare ne se limitaient pas au seul cadre naturaliste, et trouvèrent également des répercussions dans le domaine historiographique. En effet, si certains naturalistes estimaient que la race tartare existait, alors elle devait avoir une histoire, et il devait être possible de la retracer, au moins partiellement. À l'image de la méthode employée par

---

84 Sylvette Larzul, « Silvestre de Sacy et la constitution d'un corpus de Belles-Lettres arabes », dans Espagne, Lafi et Rabault-Feuerhahn, (dir.), *Silvestre de Sacy : le projet européen d'une science orientaliste*, p. 150.

de Guignes, l'identification d'une race englobant les Turcs, les Tartares et les Mongols permettait non seulement d'inscrire les grandes invasions dans un même mouvement, mais aussi de poser un cadre à la recherche du «peuple primitif», c'est-à-dire la plus ancienne trace possible d'une société humaine.

C'est par exemple ce que fit Jean-Sylvain Bailly (1736-1793)[85] lorsqu'il rédigea une série de *Lettres sur l'Atlantide de Platon et sur l'ancienne histoire de l'Asie*[86] adressées à Voltaire dans lesquelles il questionnait l'origine et l'identité de ce «peuple primitif». Mêlant textes antiques, traductions orientalistes et découvertes linguistiques et ethnographiques, Bailly développa l'idée selon laquelle l'Atlantide, telle qu'elle était décrite principalement par Platon, ne devait pas être considérée comme un mythe, mais comme la trace d'une civilisation ancienne dont les Grecs et les Égyptiens descendraient[87] et dont l'origine serait à chercher en Perse[88].

Pour Bailly, l'origine de ce peuple serait à chercher dans une opposition entre les peuples vivant sur de hauts plateaux du nord de la Tartarie et ceux du Sud[89]. Dans ce cadre, les «dévastations de Gingiskan [Gengis Khan] et de Tamerlan ne sont que des répétitions et de nouveaux exemples»[90] d'une histoire qui remonte à l'Antiquité. À partir d'Abū'l Ghazī, Bailly retraça l'origine de ces peuples du Nord, et s'appuya sur le mythe d'Ergene Qun pour trouver la trace d'un peuple antérieur aux Tartares. Dans la lecture qu'en fit Bailly, ce mythe serait une référence à la découverte de la métallurgie, si bien que le peuple qui entra dans Ergene Qun ne possédait pas cette technique, et devait donc être très ancien. C'est sur ce point que Bailly articula son raisonnement avec les éléments fournis par les ethnographes qui ont étudié les peuples russes. S'appuyant sur la découverte par Pallas d'une mine creusée à partir d'objets en métal dans une région occupée par le peuple tchoude, qui faisait alors partie

---

85   Sur la vie de Bailly, voir Edwin Burrows Smith, «Jean-Sylvain Bailly: Astronomer, Mystic, Revolutionary 1736-1793», dans *Transactions of the American Philosophical Society*, Vol. 44, nº 4, 1954, pp. 427-538. Membre de l'Académie des Sciences et de l'Académie française, il fut également un personnage important de la Révolution française, avant d'être décapité pendant la Terreur.

86   Jean-Sylvain Bailly, *Lettres sur l'Atlantide de Platon et sur l'ancienne histoire de l'Asie*, Londres et Paris, 1779. La mort de Voltaire empêcha le philosophe de répondre à ces propositions, mais les lettres furent publiées et diffusées dans le monde savant.

87   Smith, «Jean-Sylvain Bailly», pp. 471-473.

88   Bailly, *Lettres sur l'Atlantide*, p. 88 et suiv. Les populations américaines n'étaient pas, selon Bailly, équipées d'une flotte assez solide pour traverser l'océan Atlantique. De plus, Bailly estime que les déserts entourant l'Égypte sont des frontières naturelles infranchissables, si bien que la seule origine possible est asiatique.

89   Bailly, *Lettres sur l'Atlantide*, pp. 226-227.

90   Bailly, *Lettres sur l'Atlantide*, p. 229.

de l'ensemble des peuples dits tartares, Bailly affirma contre Voltaire que non seulement la Tartarie avait une histoire, mais qu'elle

> est un pays plus intéressant qu'on ne pense, c'est le berceau de tous les peuples, c'est le théâtre où les grandes et antiques scènes se sont passées[91].

Dans son raisonnement, Bailly poussait encore plus loin le rôle attribué aux Tartares dans l'histoire du monde. Il ne s'agit plus, comme chez de Guignes, d'en faire l'un des moteurs de la marche vers le progrès, mais bien d'en faire le peuple primitif. L'intérêt de l'argumentation de Bailly réside plus dans l'illustration d'une méthode qui repose sur des approximations et des rapprochements que dans ses résultats, mais il exerça une influence notable, entre autres sur Jean Potocki (1761-1815).

Par sa méthode et par ses résultats, Potocki marque plus que Bailly les limites de l'esprit de système. Partant du principe que les «immenses recherches de l'immortel de Guignes»[92] ne pouvaient être dépassées, Potocki chercha à compléter l'*Histoire générale des Huns* à partir de «l'érudition grecque et latine»[93] et des études ethnographiques menées dans le cadre de l'expansion de l'empire russe. Dès lors, il ancra l'histoire des peuples tartare dans le cadre des langues turciques, et forgea un terme promis à un long avenir, à savoir celui de turco-tartare[94]. Par sa construction même, ce terme s'opposait aux Tartares mandchous de Langlès, et reprenait la distinction entre les Tartares occidentaux et les Tartares orientaux. Ce schéma est compréhensible dans la mesure où Potocki s'inscrivait directement dans la lignée de Joseph de Guignes, mais il faut souligner que, pas plus que l'orientaliste, Potocki n'expliqua sur quoi cette distinction reposait. D'ailleurs, pour tenter de comprendre le raisonnement du savant et les critiques qui lui furent adressées, il est utile de tenter de résumer sa pensée souvent complexe et peu rigoureuse.

La démarche de Jean Potocki (1761-1815)[95] est assez similaire à celle de Bailly. Dans son *Histoire primitive des peuples de la Russie avec une exposition complète de toutes les notions, locales, nationales et traditionnelles, nécessaire*

---

91 Bailly, *Lettres sur l'Atlantide*, p. 273.
92 Potocki, *Histoire primitive*, p. 94.
93 Potocki, *Histoire primitive*, p. 94.
94 Potocki, *Histoire primitive*, pp. 25-26.
95 Pour les éléments biographiques de Potocki, voir François Rosset et Dominique Triaire, *Jean Potocki*, Paris, Flammarion, 2004.

à l'intelligence du quatrième livre d'Hérodote[96], l'auteur chercha à « examiner
sur les lieux mêmes les récits d'Hérodote et d'autres auteurs anciens relatifs
à la Scythie et à ses habitants »[97] afin d'établir une correspondance entre les
peuples anciens et ceux qu'il a été amené à rencontrer lors de ses différents
séjours dans la région de la Caspienne. Le postulat de Potocki reposait sur
l'idée que les changements au sein d'une nation ne pouvaient s'expliquer que
par une marche irrépressible et irréversible vers le progrès. Ainsi, un peuple
barbare n'a pas pu être civilisé dans le passé, et demeure dans une sorte
d'inertie jusqu'à ce qu'il rencontre des éléments civilisateurs[98]. Toujours selon
Potocki, l'ethnographie des peuples barbares contemporains permettrait de
connaître leurs états passés et la connaissance des histoires antiques permettrait de retracer l'origine des peuples actuels. Pour ce faire, l'auteur procéda
« du connu à l'inconnu [...], de ce qui est à ce qui a été »[99] et chercha à établir des « analogies »[100] entre les sources antiques et ses expériences sur le
terrain. Ce point de départ conduit Potocki à chercher « sous quel nom chaque
peuple a été connu dans chaque siècle »[101]. Potocki considérait que les peuples
scythiques trouvaient leurs continuités dans les peuples tartares, et il affirma
que

> les Scythes d'Hérodote, les Scythes vainqueurs de Darius étaient bien des
> Tartares, ce qui d'ailleurs se prouvait assez par la forme aplatie de leur
> visage, leur coutume de traire des juments, de mettre leurs maisons dans
> des chariots, etc.[102]

Pourtant, force est de constater que les arguments utilisés par Potocki sont fragiles et discutables. N'hésitant pas à construire des étymologies sur de simples
ressemblances sonores, Potocki se perd parfois dans « une chaîne d'inférences
fallacieuses comme toutes les étymologies infondées ou reposant sur de

---

96   Jean Potocki, *Histoire primitive des peuples de la Russie, avec une exposition complète de
      toutes les notions, locales, nationales et traditionnelles, nécessaire à l'intelligence du qua-
      trième livre d'Hérodote*, Saint-Pétersbourg, 1802.

97   Jean Potocki, *Voyage dans les steps d'Astrakhan et du Caucase. Histoire primitive des peuples
      qui ont habité ces contrées*, p. VII.

98   Rosset et Triaire, *De Varsovie à Saragosse*, p. 126. Pour reprendre la formule de Rosset et
      Triaire, « ils sont ce qu'ils étaient, passé et présent se confondent ». À l'inverse, « La civili-
      sation permet aux seconds de changer, d'échapper à l'identique, d'entrer dans l'histoire ».

99   Potocki, *Histoire primitive*, p. 13.

100   Potocki, *Histoire primitive*, p. 23.

101   Potocki, *Histoire primitive*, p. 23.

102   Potocki, *Histoire primitive*, p. 182.

simples assonances »[103]. L'extrait ici reproduit dans lequel l'auteur affirmait de façon catégorique avoir résolu la question de l'origine des « Scythes Tartares ou Turcs » permet d'illustrer la méthode de Potocki.

> Dans mon septième chapitre, je m'occupe de l'histoire des Scythes Tartares ou Turcs, qui ne m'offrent plus de difficulté depuis que je l'ai débarrassée des immixtions de l'histoire des Scythes Méotes et je fais voir dans quel ordre les peuplades Tartares sont entrées dans la Russie Européenne. Les plus anciens sont les Hippomolgues[104] d'Homère, qui ensuite ont été particulièrement désignés sous le nom de Nomades et Hamaxobites. Eux-mêmes s'appelaient Kangly, à cause du bruit que faisaient leurs chariots et à cause de ce même bruit les Grecs les ont nommés Patzinaces, du verbe Patasso (je fais du bruit) dont les Russes ont fait Peczenegi et les Polonais Pieczyngi.
>
> Ils existent encore sous le nom de Kangly et composent avec les Cumanas la nation des Nogaye[105].

Plus que les éléments précis, il faut retenir ici la méthode de Potocki, qui reposait sur une série de rapprochements arbitraires et qui justifie le rappel à l'ordre lancé par Sacy quelques années après la publication de ce texte. Il faut également noter que Potocki arriva au terme de ses recherches aux mêmes résultats que Postel, qui indiquait déjà en 1560 que les Turcs et les Tartares parlaient une même langue, ou plutôt des langues issues d'une même origine. Cependant, malgré ses affirmations, Potocki ne résolvait pas la question de l'origine des Tartares dans l'ensemble, puisqu'il ne prenait en compte que les Tartares occidentaux.

On le constate, la question tartare se heurtait toujours à la même difficulté, qui était de savoir où positionner les Mongols entre l'ensemble turcique et l'ensemble mandchou. Cette question, formulée à demi-mot depuis plusieurs siècles, était devenue palpable lors de la division entre les Tartares orientaux et les Tartares occidentaux. Cependant, le refus d'appréhender ces

---

103   Sydney H. Aufere, « Jean Potocki au pays d' "Etymologie" », dans François Rosset et Dominique Triaire, *Jean Potocki ou le dédale des Lumières*, PUM, 2010, p. 61. Si ce jugement concerne les études que Potocki consacra à l'Égypte ancienne, il est tout à fait valable lorsqu'il s'agit des Tartares.

104   Le terme « hippomolgue », présent chez Hérodote, désigne ceux qui boivent du lait de jument. Ils se distinguent ainsi des autres nomades galactophages, qui boivent du lait d'autres animaux.

105   Potocki, *Histoire primitive*, pp. 25-26.

deux ensembles dans une même étude avait conduit à renforcer deux positions inconciliables. Face à Potocki, le linguiste allemand Julius von Klaproth (1783-1835) était l'un des plus fervents partisans de l'idée d'une appartenance des Mongols à l'ensemble mandchou.

La carrière de Klaproth commença sous la protection de Jean Potocki, et ce dernier lui ouvrit les portes de l'académie de Saint-Pétersbourg[106] et l'intégra en 1805 à une mission diplomatique russe qui devait se rendre à Pékin, mais qui ne dépassa pas la Mongolie. D'un tempérament querelleur[107], Klaproth se montrait très virulent contre ceux qui élaboraient des réflexions trop générales à partir de rapprochements infondés. Si les attaques ciblaient principalement le géographe Conrad Malte-Brun[108], on peut également penser qu'elles visaient à demi-mot Potocki. Ces attaques étaient d'autant plus paradoxales que Klaproth n'était pas étranger à l'esprit de système, dans la mesure où l'orientaliste était un fervent défenseur d'une origine indo-germanique des langues européennes[109]. Il estimait en effet que les langues de ces deux nations étaient assez proches pour appartenir à la même famille[110].

Dans le cas des Tartares, Klaproth estimait que les langues parlées par ces deux peuples appartenaient à un même ensemble qu'il fallait distinguer de celui des Turcs. Quant à la synonymie entre le terme de «tartare» et celui de «Mongol», elle serait à chercher dans l'origine même de ce peuple. Reprenant les sources chinoises et les travaux de Visdelou, Gaubil et de Guignes, Klaproth décrivait les Mongols comme les descendants des Tartares noirs, c'est-à-dire l'une des hordes qui composaient la fédération des Mo-ho aux côtés des Blancs, des Sumo et des Aquatiques[111]. Le terme «Tatar» est

---

106   *DOLF*, p. 541.

107   Henri Cordier, «Un orientaliste allemand: Jules Klaproth», *Comptes-rendus des séances de l'Académie des Inscriptions et Belles-Lettres*, 61e année, n° 4, 1917. pp. 297-308.

108   Jean Potocki, *Voyage dans les steps d'Astrakhan et du Caucase*. Histoire primitive des peuples qui ont habité ces contrées, von Klaproth (éd.), Paris, 1829. 2 vol, I, p. 126.

109   Sergent, *Les indo-européens*, p. 30. C'est d'ailleurs lui qui popularisa ce terme en l'utilisant dans *Asia polyglotta*.

110   Notons d'ailleurs que Klaproth émit plusieurs hypothèses pour défendre une supposée proximité entre les langues indo-germaniques et le mandchou. Selon lui, on retrouve de «grandes quantités de racines indo-germaniques [...] dans les idiomes turcs et mongols, et encore plus dans ceux des Toungouses, et particulièrement dans le mandchou». On constate dès lors la position ambiguë de Klaproth quant à la question de «l'esprit de système». Voir Klaproth, *Tableau historique de l'Asie*, p. 162. Il serait donc possible que les attaques de Sacy soient également dirigées contre lui.

111   Julius von Klaproth, *Tableau historique de l'Asie*, 1826, pp. 85 et suiv.

le nom générique des peuples d'origine mongole, et qu'on ne l'a étendu que par abus aux tribus turques qui avaient été soumises pendant quelque temps aux Mongols[112].

Sur cette question linguistique, Klaproth se distinguait d'Abel-Rémusat (1788-1832)[113], auteur de nombreux traités sur les Tartares, dont les *Recherches sur les langues tartares* daté de 1820. Véritable traité contre l'esprit de système, Rémusat s'adressait ici aux «partisans du peuple primitif», dont Bailly et Pallas[114] qui, sur de «vaines hypothèses»[115] écrivaient l'histoire d'un peuple à partir de quelques rapprochements hasardeux. Rémusat franchit un cap décisif dans notre étude en déconstruisant de façon claire le terme de tartare, non pas dans son acception turcique ou mandchoue, mais comme étant l'une de ces

expressions collectives employées pour désigner à la fois un grand nombre de nations différentes [qui] tirent ordinairement leur origine de ce qu'on ignore leurs véritables noms, et de ce qu'on a des notions imparfaites sur ce qui les distingue les unes des autres[116].

---

112 Potocki, *Voyages dans les steps d'Astrakan*, I, p. 125.
113 Sur la vie d'Abel-Rémusat, voir la courte biographie proposée par Ernest-Augustin Clerc de Landresse intitulée *Notice sur la vie et les travaux d'Abel-Rémusat*, lue à la séance générale annuelle de la Société asiatique, le 28 avril 1834 et publiée au Journal asiatique, XIV (2e série), 1834, pp. 205-231 et 296-316. En 2014, le Collège de France célébrait les deux cents ans de la fondation de la chaire de chinois, et organisa à cette occasion un colloque en l'honneur de Jean-Pierre Abel-Rémusat (1788-1833) qui en fut le premier titulaire. Les nombreuses interventions qui ont rythmé ce colloque ont permis de construire un portrait de cette figure maîtresse de l'orientalisme de la Restauration et de souligner l'importance de ces travaux pour la formation d'une sinologie moderne. La nature même de ce colloque et de la carrière de Rémusat a conduit à mettre l'accent sur les travaux en lien avec la connaissance de la Chine, de sa langue et de sa culture, mais il ne faut pas oublier que Rémusat joua également un grand rôle dans la connaissance des langues dites «tartares» et de l'histoire de l'empire mongol. C'est à ce titre qu'il occupe une place importante dans cette étude.
114 Abel-Rémusat, *Recherches sur les langues tartares*, p. VIII. Ailleurs, p. 151, Abel-Rémusat invite à lire les travaux de Pallas avec «critique et discernement». Si l'orientaliste n'hésite pas à contredire les recherches de savants décédés, il se refuse à critiquer ouvertement ceux qui, chez ses contemporains, diffusent les mêmes idées. Abel-Rémusat a donc «mis les noms de Bailly et Pallas à la place d'autres noms», et ce afin d'éviter toute polémique qui dénaturerait le but de son ouvrage» p. IX. Il serait dès lors possible d'y voir une référence aux travaux de Klaproth.
115 Abel-Rémusat, *Recherches sur les langues tartares*, p. XIX.
116 Abel-Rémusat, *Recherches sur les langues tartares*, p. 3.

Si le terme « tartare » était le nom de quelque chose, c'était uniquement celui d'une erreur ou, au mieux, d'une approximation. Dès lors, les langues tartares ne pouvaient exister, pas plus que les peuples tartares ou l'empire tartare. Pourtant, Rémusat reconnaissait l'utilité de ce terme qui, bien que « corrompu »[117], devait malgré tout être maintenu, car il était solidement ancré dans les esprits.

Rémusat n'était cependant pas contre l'existence des familles de langues, que les progrès de la linguistique confirmaient chaque jour. Cependant, il considérait que les langues mongole et mandchoue appartenaient à deux familles différentes. Avec les langues turques et le tibétain, elles composaient l'ensemble des langues « tartares »[118]. Bien que cette idée fut déjà présente à la Renaissance, Abel-Rémusat refusait de s'appuyer sur les écrits d'André Thevet, auteur qu'il considérait comme un « compilateur ignorant, qui, en parlant de tout dans ses recueils indigestes, a tout brouillé et tout confondu »[119] et lui préférait les travaux plus récents de Leroux-Deshauterayes et surtout de Langlès. Le pas que Rémusat refusait de franchir était celui de définir l'origine de ces similitudes et de chercher une éventuelle langue commune. Il en était d'ailleurs de même pour la question de l'origine des Mongols, au sujet de laquelle l'orientaliste était catégorique. Il n'existait selon lui aucune information capable de résoudre les problèmes posés par le caractère contradictoire des rares informations disponibles. L'idée de l'existence d'un peuple tartare qui aurait étendu son pouvoir de la Chine à l'Ukraine était donc réfutée, ce qui n'empêchait pas de défendre l'idée d'un empire mongol, historiquement incontestable.

Du point de vue de l'histoire des savoirs, il est intéressant de noter que les débats qui eurent lieu sur la question tartare ont conduit les savants à récuser ce concept, même s'il perdura jusqu'au début du XXe siècle sous une forme ou sous une autre. D'ailleurs, l'emploi du terme « turco-mongol », que la première mention dans un corpus francophone situerait en 1830[120], ne recoupe-t-il pas l'expression « Tartare occidental », qui témoignait d'une réelle difficulté dans l'utilisation de l'idée de tartare ? N'en est-il pas de même pour le concept central que René Grousset développa dans les années 1930, à savoir celui d'un

---

117   Abel-Rémusat, *Recherches sur les langues tartares*, p. 4.
118   Jean-Pierre Abel-Rémusat, *Recherches sur les langues tartares : ou Mémoires sur différents points de la grammaire et de la littérature des Mandchous, des Mongols, des Ouigours et des Tibétains*, Paris, 1820, I, p. 22. Les Tibétains occupent une place particulière dans le classement d'Abel-Rémusat qui reconnaît que cette « branche des peuples Tartares diffère encore plus des trois autres que celles-ci ne diffèrent entre elles ».
119   Abel-Rémusat, *Recherches sur les langues tartares*, p. 54.
120   On le retrouve dans l'œuvre du géographe Conrad Malte-Brun.

empire des steppes qui de Attila à Tamerlan expliquerait dans un même mouvement l'ensemble des conquêtes réalisées par les peuples nomades principalement originaires du quart nord-est de l'Eurasie[121]? Pourtant, et comme le résume Vincent Fourniau, «l'Asie centrale est en fait divisée depuis toujours en plusieurs espaces historiques propres et il n'existe pas a priori de continuité historique entre ces expansions, qui purent se produire à dix siècles d'intervalle et prendre naissance dans des régions distantes les unes des autres de centaines, voire de milliers de kilomètres»[122]. Un lien entre l'*Histoire générale des Huns* et *L'empire des steppes* semble donc facile à établir, mais cette facilité n'est pas nécessairement le signe d'une réalité.

Enfin, il est intéressant de noter que ces réflexions d'ordre linguistique et historique menées sur les Tartares recoupent les mêmes débats que ceux qui donnèrent naissance à l'idée d'Indo-européens. Pousser plus loin cette comparaison obligerait à ouvrir notre recherche vers des domaines spécifiques qui nous éloigneraient de l'idée d'empire tartare et de la période chronologique que nous avons délimitée, mais il est certain qu'une étude comparative de ces deux ensembles porterait des résultats intéressants. Il en est de même, et ce sera notre dernière excursion hors du domaine de cette étude, pour la question de l'origine historiographique de la théorie des langues altaïques, qui tenta précisément d'apporter une réponse à cette question de la proximité entre les langues turciques, mongoles et mandchoues.

---

121   René Grousset, *L'empire des steppes. Attila, Gengis Khan, Tamerlan*, Lausanne, Payot, 1939.
122   Fourniau, «Quelques aspects du thème timouride», p. 285.

Conclusion à la Troisième Partie

Durant la seconde moitié du XVIIIᵉ siècle, l'idée d'empire tartare fut donc remise en question à la fois par l'acquisition de nouveaux savoirs, mais également par l'application de nouvelles méthodes. Non seulement la filiation entre Gengis Khan et Tamerlan était définitivement abandonnée sous l'influence de la traduction des sources chinoises, mais l'idée même d'un peuple tartare devenait obsolète, à la lumière des connaissances linguistiques et anthropologiques acquises sur les peuples de ce quart nord-est de l'Eurasie. Les anomalies étaient désormais trop fortes et trop nombreuses pour pouvoir être simplement mises à l'écart, et provoquèrent non seulement l'effondrement de l'idée d'empire tartare, mais surtout celui de l'idée même de « tartare ». Naturellement, cet abandon ne fut pas effectif immédiatement, et de nombreuses sources tertiaires véhiculèrent ce système de représentation du monde.

Sur le plan de l'épistémologie, on constate que la remise en question de cette idée n'est en réalité pas le fruit de la seule accumulation d'anomalies, mais aussi d'un changement de paradigme dans l'écriture de l'histoire et dans la perception du monde par les Européens. En effet, il n'était pas évident que Visdelou « remportât » la bataille de la *Bibliothèque orientale*, en imposant ses idées sur l'origine des Mongols et sa définition des Tartares. Les sources chinoises auraient pu être simplement rejetées, comme cela avait été le cas pour la question bien plus grave de la chronologie. Aussi, ce changement, qui constitue l'étape finale de la révolution scientifique que nous étudions, s'articule autour de trois transformations propres à la production des savoirs en Europe.

La première porte sur le monogénisme et la place que l'on accordait aux explications bibliques dans le peuplement de la Terre. En remettant en question l'idée que l'ensemble de la population serait issu d'une même origine, les historiens et les philosophes se détachaient d'une histoire des migrations et de la difficulté à établir des liens entre des civilisations éloignées et étrangères. Le second point était celui de la place que l'on accordait aux peuples barbares dans l'histoire du monde. Le progrès des sociétés humaines était-il dû aux seules nations civilisées ? De la réponse à cette question dépendait l'intérêt d'écrire l'histoire des barbares. Le dernier point était celui de la place à accorder aux « grands hommes » dans l'histoire de ces nations et de mesurer à quels points ils incarnaient l'esprit de leurs peuples. En donnant plus d'importance aux mouvements collectifs, l'histoire devenait moins sujette aux colères et aux actions d'un seul conquérant, et permettait de définir des dynamiques plus profondes.

Ces trois évolutions dans l'écriture de l'histoire s'inscrivent dans un cadre plus général d'une réflexion méthodologique qui oppose un esprit d'érudition à un esprit de système. Sans chercher à définir si l'une ou l'autre de ces méthodes est plus fautive ou plus propice à approcher d'une supposée vérité, l'esprit d'érudition et l'esprit de système doivent être perçus comme complémentaires dans la mesure où il s'agit d'un même regard porté à deux échelles différentes. En tant que première étape nécessaire à la connaissance des Tartares, l'érudition était nécessaire pour traduire et intégrer les sources primaires, mais cette accumulation de savoirs aurait été inutile sans tentative de synthèse systémique. C'est d'ailleurs lors de ce changement d'échelle que les fragilités d'un savoir érudit relatif aux Tartares ont été mises à jour, rendant impossible un regard systémique.

Conclusion

L'empire tartare n'est pas une réalité politique, mais l'idée de son existence a structuré la perception de l'Asie centrale en France entre le XVIe et le XVIIIe siècle. Dans une approche épistémologique, cette idée doit être prise comme un fait et mérite donc d'être appréhendée pour ce qu'elle est, à savoir un objet historiographique apparu dans un temps et dans un lieu précis. Sa fonction était de répondre aux interrogations et aux besoins des différents acteurs qui ont participé à sa construction. Dès lors, la question au cœur de ce livre a été de savoir pourquoi et comment l'empire tartare avait existé dans les textes que nous avons étudiés. En cela, le cadre théorique d'une révolution scientifique fourni par Thomas Kuhn a permis d'identifier les étapes de sa construction et de sa déconstruction.

Dans les années 1630, lorsqu'elle fut formulée clairement pour la première fois dans un texte français, l'idée d'empire tartare avait pour fonction de souligner la continuité historique qui aurait existé entre le règne de Gengis Khan et celui de Tamerlan. Il a donc fallu comprendre comment une logique construite en Perse dans le but de légitimer le pouvoir des successeurs de Tamerlan par une partie des historiographes timourides, dont Mīrkhwānd, s'est imposée en Europe comme modèle explicatif de ce point central de l'histoire de l'Orient. En effet, rien ne rendait cette filiation évidente aux yeux des Européens qui, à cette époque, disposaient d'autres interprétations sur l'ascendance de ce souverain, soutenues notamment par le texte d'Ibn ʿArabshāh, pour qui Tamerlan était un voleur de bétail qui avait pris le pouvoir par la force.

Dans le *Traité des Tartares* (1634), Bergeron a donc fait un choix entre deux interprétations possibles. Ce choix de promouvoir la continuité historique s'explique par le fait qu'il considérait l'empire tartare comme une réalité politique avec laquelle la France se devait d'établir des relations commerciales pour rattraper un retard contracté en la matière vis-à-vis des autres puissances européennes. Dès lors, il ne s'agissait plus, à l'inverse de ses prédécesseurs, de présenter un portrait moral de Tamerlan construit en dehors de toute réalité historique, mais bien de souligner la stabilité et la puissance de cet allié potentiel. Pour cela, Bergeron mobilisa les sources latines médiévales relatives à l'empire mongol qui avaient été mises à l'écart pendant la Renaissance et que de nouvelles compilations rendaient facilement accessibles. Bergeron traduisit d'ailleurs le récit de Guillaume de Rubrouck dans le but de souligner que le royaume de France avait déjà établi des relations diplomatiques avec un empereur tartare. Le manque de précision de ces textes quant à la fin de l'empire mongol et le peu d'éléments dont on disposait alors sur le début du règne de Tamerlan offraient suffisamment d'espace pour faire correspondre ces deux moments à condition de passer sous silence les quelques distances prises avec l'histoire factuelle. Aussi, lorsque Bergeron eut accès à la traduction espagnole du texte écrit par Mīrkhwānd, il y trouva une source d'autorité qui venait confirmer sa propre lecture de l'histoire. Il ne s'agissait pas de légitimer le règne de Tamerlan, mais de mettre en avant la stabilité d'un empire avec lequel la France aurait eu des relations privilégiées. Sans en avoir pleinement conscience et sans en partager les enjeux idéologiques, Bergeron offrit à l'historiographie timouride un écho particulièrement fort en France. On constate ainsi que la filiation entre Gengis Khan et Tamerlan émanait de deux logiques différentes, mais compatibles.

D'un point de vue épistémologique, l'étude de la sélection des informations faites par Bergeron a permis de souligner que l'idée empire tartare est bien une construction contingente dont les racines sont à chercher dans le projet personnel de l'auteur et dans le corpus auquel il avait accès. En cela, le *Traité des Tartares* témoigne d'une rupture dans l'organisation des savoirs en procédant à une sélection et non plus à une accumulation. Cette sélection passa nécessairement par une exclusion des informations jugées inutiles ou contradictoires sur l'origine de Tamerlan et sur son rôle dans l'histoire.

Cette ouverture vers la Tartarie souhaitée par Bergeron s'inscrivait dans un climat européen de découverte de l'Orient dans son sens large. En France, cette dynamique s'est matérialisée par des décisions politiques prises dans la seconde moitié du XVIIe siècle et qui dotent le royaume des infrastructures nécessaires à l'appréhension de ces nouveaux espaces. Ces choix politiques se sont notamment traduits par un développement dans la connaissance des langues orientales et par un plus grand accès aux sources produites en Perse et en Chine.

Dans le cadre des sources persanes, on assiste alors à une effervescence de traductions des ouvrages historiques dans lesquels Tamerlan et Gengis Khan tiennent une place centrale. Parce qu'il constitua un corpus reposant principalement sur des sources timourides, d'Herbelot accorda une attention particulière à l'histoire de l'empire tartare dans sa *Bibliothèque orientale* et Antoine Galland proposa une traduction de la vie de Gengis Khan qui resta manuscrite. Surtout, les Pétis de La Croix père et fils réunirent les vies de ces deux empereurs qui, bien que publiées avec presque trente ans d'écart, forment un diptyque dont l'élaboration reposait sur plusieurs niveaux. La continuité dynastique entre les deux souverains trouvait un écho particulier dans la mesure où elle soulignait la continuité entre Louis XIV et Louis XV, mais également entre Pétis de La Croix père et son fils.

En effet, la dimension courtisane de la production scientifique en général, et historiographique en particulier, établissait un lien étroit entre le pouvoir politique et les savants. La pratique du patronage assurait la promotion sociale des premiers et la protection des seconds. Cette réalité est parfaitement visible dans le développement des études orientales au tournant du XVIIe siècle étant donné que ce champ de recherche se structura en un réseau étroit au sein duquel circulent les manuscrits et les idées, mais aussi les rivalités. Les rapports entre d'Herbelot, Galland et les Pétis de La Croix représentent certainement l'exemple le plus éloquent de la dimension sociale des sciences qui seule peut expliquer les évolutions soulignées par Kuhn. C'est par exemple au titre d'une émulation, voire d'une compétition entre Galland et Pétis de La Croix fils que l'on assiste à une multiplication des recherches sur les vies des empereurs tartares.

Cependant, il ne faut pas réduire cet intérêt à une simple démarche personnelle et carriériste, dans la mesure où la connaissance de l'histoire de l'empire tartare était alors l'un des aspects du renouvellement des méthodes d'écriture de l'histoire. Avec l'essor des pratiques promues par les Mauristes, on avait désormais conscience de la nécessité d'une relation étroite aux sources. En tant que spécialistes des langues fréquentant ce milieu intellectuel, les orientalistes devenaient les intermédiaires nécessaires à une écriture de l'histoire de France qui, pour être la plus complète possible, devait également s'écrire dans sa dimension orientale.

Cette prise en compte des interactions sociales nous a conduits à mesurer le degré de proximité entre deux environnements qui semblaient éloignés sur le plan géographique et idéologique, à savoir les orientalistes parisiens et les jésuites français présents en Chine. La correspondance d'Antoine Gaubil permit non seulement d'identifier les auteurs avec qui le missionnaire était en relation, mais surtout de connaître les traductions européennes de sources orientales présentes à Pékin. Il a donc été possible de constater que ces traductions exercèrent une réelle influence sur la perception de l'histoire des Tartares et conditionnèrent en grande partie la production écrite de ces missionnaires. Les recherches menées par Visdelou sont en effet une réponse directe aux textes produits par les « historiens mahométans » et ne peuvent être comprises sans avoir connaissance de la *Bibliothèque orientale* écrite par d'Herbelot. De même, Gaubil fit un usage important de la biographie de Gengis Khan écrite par Pétis de La Croix.

Cette proximité ne doit cependant pas faire perdre de vue les spécificités des contextes de production dans lesquels ces auteurs s'inscrivaient. L'histoire telle qu'elle était écrite par les jésuites répondait à des critères particuliers liés aux débats idéologiques dans lesquels les missionnaires étaient engagées. Ne portant ni sur des temps anciens ni sur les modalités de conversion au christianisme, les écrits sur les Tartares semblaient à l'abri des tempêtes soulevées par les querelles des rites ou de la chronologie, mais posaient malgré tout plusieurs difficultés au milieu savant. Il fallait expliquer pourquoi Tamerlan n'apparaissait pas dans l'histoire de la Chine, et ce au moment même où sa filiation avec Gengis Khan ne semblait plus faire de doute. Surtout, il fallait expliquer l'origine et l'identité de ce peuple tartare qui régnait depuis l'avènement de la dynastie Qing et dont les éléments dont on disposait alors ne s'accordaient que mal avec ceux dont on disposait déjà. Alors que la légitimité timouride reposait en partie sur une continuité dynastique, celle des Qing s'appuyait sur l'idée que les Mandchous et les Mongols appartenaient à un même ensemble. Les sources persanes avaient réécrit l'origine de Gengis Khan et de Tamerlan. Les sources produites en Chine avaient quant à elles réécrit l'origine des Tartares. Ces enjeux historiographiques étaient alors ignorés des auteurs français, si bien qu'il leur était impossible de comprendre l'antagonisme qui se faisait alors jour entre ces deux types de sources.

Pris individuellement, ces deux ensembles étaient recevables, mais la difficulté résidait dans la nécessité de dépasser cette opposition afin d'écrire une histoire cohérente des Tartares. Une nouvelle fois, il s'agissait de faire un choix, dont les enjeux dépassaient largement la seule question tartare. C'est précisément l'étude de ce choix qui structure la troisième partie de ce livre. Le morcellement, puis l'abandon, de l'idée d'empire tartare témoigne de l'échec des tentatives de conciliation des savoirs. Il s'incarne dans la distinction faite entre les « Tartares orientaux » et les « Tartares occidentaux » qui, si elle était déjà présente, devint un élément structurant de la perception française de l'histoire tartare dans la seconde moitié du XVIIIe siècle.

La distinction entre ces deux ensembles tartares ne s'imposa qu'après que les tentatives d'écrire une histoire globale de cette nation échouèrent. À cette époque, l'attention que l'on portait aux « grands hommes » s'effaçait progressivement au profit d'une recherche des caractères supposés immuables de la nation dont on cherchait les origines et les dynamiques. Le problème qui se posait avec la nation tartare était que cette identité ne reposait sur aucune unité et englobait des ensembles distincts. C'est précisément cette hétérogénéité de l'identité tartare qui se matérialisa chez Montesquieu sous la forme d'une singularité. Si les Tartares étaient uniques dans l'histoire de la Terre et s'ils n'entraient dans aucune des catégories définies par le philosophe, c'est précisément parce que ce terme « tartare » englobait sous une même étiquette des ensembles politiques et culturels très différents. Chez Voltaire, ce manque de clarté dans la définition de l'identité et du rôle de cette nation se doubla d'un désintérêt affiché pour l'histoire d'un peuple barbare dont le seul apport aurait été la destruction et le ralentissement de la marche des grandes nations vers le progrès. Le choix fait par Voltaire de diffuser une vision négative des Tartares s'explique en effet par son admiration pour la Chine dont il connaissait l'histoire par le biais des traductions faites par les jésuites. Dès lors, les Tartares ne servaient que de faire-valoir à la fonction civilisatrice des grandes nations, au premier rang desquelles se trouvait la Chine.

Ce point de vue venait en opposition complète avec la thèse défendue à la même époque par Joseph de Guignes pour qui l'histoire des Tartares était un élément central dans la compréhension de l'histoire du monde. Les renverse-ments géopolitiques générés par les invasions hunniques, turciques, mongoles et timourides étaient, pour l'auteur, les manifestations d'un même mouvement dont les « Tartares occidentaux » étaient à l'origine et qui avaient construit l'histoire de l'Europe. L'intérêt de l'*Histoire générale des Huns* (1756-1758) rési-dait dans le rôle donné à cette nation, mais reposait sur une difficulté de taille. À aucun moment, l'auteur n'expliqua clairement sur quoi reposait cette dis-tinction entre les « Tartares occidentaux » et les « Tartares orientaux », si bien que l'ensemble de sa théorie s'en trouvait fragilisait. Cette absence de défini-tion témoignait de l'incapacité à donner au terme « tartare » dans son ensemble une définition claire.

Dans la construction d'un discours scientifique, ces trois auteurs illustrent un changement d'échelle dans l'étude de l'empire tartare. Il ne s'agit plus de comprendre une histoire régionale, mais d'inscrire cette entité politique au sein d'une histoire générale, eurasiatique, voire mondiale. L'empire tartare n'était plus étudié de façon isolée à travers les vies de ses principaux empe-reurs, mais devait désormais s'intégrer avec ce que l'on savait de l'histoire chinoise, russe, indienne, ottomane et des autres nations avec lesquelles ces Tartares avaient interagi. Ce changement d'échelle mit à l'épreuve la solidité de l'existence des Tartares, idée que l'on savait fragile depuis le XIIIᵉ siècle, mais dont on n'avait pas encore éprouvé les limites.

Outre ce changement d'échelle, c'est un élargissement du champ des savoirs qui vint remettre en question l'existence des Tartares. Cet intérêt pour la nation se couplait d'un intérêt pour l'ethnographie et plus tard pour la linguistique. La découverte des populations orientales de la Russie par les savants euro-péens avait conduit à étudier les peuples dits tartares directement, et non plus à travers des sources primaires. Rapidement, les idées conçues en Europe ne purent résister à l'épreuve du terrain et au constat de la grande diversité de cet ensemble. Si la distinction était globalement acceptée entre les peuples tur-ciques et les peuples mandchous, reprenant la distinction entre les Tartares occidentaux et les Tartares orientaux, la question de la place des Mongols au sein de ces deux ensembles restait problématique. D'une certaine façon, cette alternance préfigurait déjà les débats qui ont structuré la linguistique du XIXᵉ siècle et de la moitié du siècle suivant. L'échec du système que représentaient les Tartares fut matérialisé par Abel-Rémusat qui réfuta l'usage même de ce terme sur le plan scientifique, tout en lui reconnaissant une certaine utilité dans la vulgarisation des savoirs. L'idée de « tartare » pouvait avoir une utilité pour désigner de façon imprécise des peuples partageant une certaine proximité culturelle et linguistique, mais ne pouvait en aucun cas être appliquée strictement à aucun de ces peuples.

Ainsi, Abel-Rémusat marquait la fin de l'idée de tartare comme outil scientifique, ce qui n'empêcha pas le maintien de son usage jusqu'au début du XXᵉ siècle dans les sources tertiaires. Ce qui, au XVIIᵉ siècle, était le moyen d'ordonner des savoirs épars et de permettre une lecture partielle du monde devenait au début du XIXᵉ siècle le signe de l'impossibilité de rendre compte dans leurs complexités des savoirs nouvellement acquis. La révolution scientifique était achevée et le cycle qui prenait fin fut considéré comme un échec dans la marche des sciences vers le progrès. Dans une approche positiviste, il devenait inutile de garder cet échec en mémoire. Le renouvellement de l'apprentissage des langues orientales et les pratiques plus rigoureuses dans le traitement des sources conduisit à la valorisation des sources primaires, mais à la mise à l'écart des sources secondaires qui, pendant plusieurs siècles, avaient structuré la perception de l'histoire de l'Asie centrale et, plus largement, d'une partie de l'histoire mondiale.

Au moins deux prolongements à cette étude sont possibles et souhaitables. Le premier est d'ordre chronologique et invite à chercher les traces de l'idée de tartare aux siècles suivants. Comme piste de réflexion, nous pouvons signaler que les débats sur les langues altaïques semblent s'inscrire directement dans le prolongement des réflexions sur l'identité tartare. L'alternance de la place des langues mongoles au sein des ensembles turciques et toungouses semble trouver un écho troublant dans l'oscillation du classement des Mongols comme « Tartares orientaux » et « Tartares occidentaux ». De même, il faut souligner que le terme de « turco-mongol » qui vient progressivement remplacer celui de « tartare » apparaît dans le même contexte et à la même époque que celui d' « indo-européen » et il serait intéressant de comprendre les relations que ces deux ensembles entretenaient dans la littérature scientifique.

Le second prolongement est d'ordre géographique et invite à appliquer les résultats obtenus à un corpus européen. Il s'agirait ainsi de chercher à délimiter une évolution de l'idée d'empire tartare à travers les études de Teixeira, Golius, Pococke et d'autres figures des études orientales. À cette échelle, il serait possible de mieux comprendre la circulation des manuscrits et des savoirs et il s'agirait de mesurer si la chronologie que nous avons dégagée, et qui répond souvent à des problématiques spécifiquement françaises, peut s'appliquer à d'autres contextes culturels et politiques. Nous avons conscience que, pour être menée à bien, une telle synthèse nécessite d'abord la multiplication des études particulières qui s'inscriraient dans le développement de la recherche sur les études orientales. Dans ces deux cas, il est prudent de garder à l'esprit la formule de Silvestre de Sacy indiquant qu'il serait nuisible de vouloir «jouir de la récolte dans la saison où il ne s'agit encore que de semer». La question qui se pose ici, comme dans toute démarche scientifique, est de trouver l'équilibre entre l'esprit d'érudition et l'esprit de système.

Si l'idée d'empire tartare a été déconstruite et invalidée par la littérature secondaire, ce livre met en lumière une tradition épistémologique qui invite tout historien travaillant à partir de sources orientales à s'interroger sur les modalités et la contingence de sa propre recherche ainsi que sur l'héritage dans lequel elle s'inscrit.

Bibliographie

Sources non éditées du département des manuscrits, Bibliothèque nationale de France, Paris.

Italien 480 : Catalogo dei codd. orientali d'una biblioteca di Firenze, redatto dal d'Herbelot. (È pubblicato, sotto il nome del Magliabechi, nelle Amoenitates litterariae). [Provient de la bibl. d'A. Galland].

Fr. 2810 : Marco Polo, Livre des merveilles ; Odoric de Pordenone, Itinerarium de mirabilibus orientalium Tartarorum, traduit en français par Jean le Long ; Guillaume de Boldensele, Liber de quibusdam ultramarinis partibus et praecipue de Terra sancta, traduit en français par Jean Le Long et Lettres adressées au pape et réponse de Benoît xii, traduit en français par Jean Le Long ; De l'estat et du gouvernement du grant Kaan de Cathay, empereur des Tartares, traduit en français par Jean Le Long ; Jean de Mandeville, Voyages ; Hayton, Fleur des estoires de la terre d'Orient ; Riccoldo da Monte di Croce, Liber peregrinationis, traduit en français par Jean Le Long.

Fr. 6080 : « Abrégé de l'histoire de Ginghiz-Khan [et de ses successeurs, jusqu'à Houlakou-Khan], par Mirkhond [Mir Khwand] ; Traduction Du Persan, Par A[ntoine] Galland ».

Fr. 6081 : « Traduction de Mirkhond [Mir Khwand], historien persan ; première partie, contenant l'histoire de Ginghiz-Khan et de ses successeurs ; par A[ntoine] Galland ».

Fr. 6082 : i « Histoire de Ginghiz-Khan ».

Fr. 6083 : ii « Histoire des successeurs de Ginghiz-Khan ».

Fr. 25689 : « Supplément à la Bibliothèque orientale de M. d'Herbelot, dans lequel on trouve bien des choses remarquables, surtout concernant les peuples de la Haute-Asie, dont M. d'Herbelot n'a point parlé, » par Leroux Deshauterayes.

Sources imprimées

Abel-Rémusat, Jean-Pierre, *Nouveaux mélanges asiatiques ou Recueil de morceaux de critique et de mémoires relatifs aux religions, aux sciences, aux coutumes, à l'histoire et à la géographie des nations orientales*, 2 vol., Paris, 1829.

Abel-Rémusat, Jean-Pierre, *Recherches sur les langues tartares, ou Mémoires sur différents points de la grammaire et de la littérature des Mandchous, des Mongols, des Ouigours et des Tibétains, Paris*, Tome Ier., 1820.

Anonyme, « Histoire générale des Huns… » dans Journal de Trévoux ou Mémoires pour l'histoire des sciences et beaux-arts, Octobre 1757, 2ᵉ volume article CXIII, pp. 2640-2655.

Anonyme, « Réponses aux difficultés de M. Deguignes sur un article de ces Mémoires », *Mémoires pour l'histoire des sciences et beaux-arts*, Janvier 1758, 2ᵉ tome, article XV, pp. 307-320.

Anonyme, *Catalogue des ouvrages de Monsieur Fourmont l'Aîné, professeur en Langue arabe au Collège Royal de France, Associé de l'Académie Royale des Inscriptions et Belles-Lettres, Interprète, et Sou-Bibliothécaire du Roy*, Amsterdam, 1731.

Anonyme, *La France-Turquie, c'est-à-dire conseils et moyens tenus par les ennemis de la couronne de France pour réduire le royaume en tel estat que la tyrannie turquesque*, Orléans, 1575.

Anonyme, *Nouveau supplément au grand dictionnaire historique, généalogique et géographique de M. Louis Moreri*, 1749.

Anquetil-Duperron, Abraham-Hyacinthe, *Législation orientale*, Paris, 1778.

Ata Malik al-Juvainī, *Genghis Khan: the history of the world conqueror*, (trad. John Andrew Boyle), Manchester, Manchester Univ. Press, 1997, [1958].

Avity, Pierre d', *Les estats, empires et principautés du monde...*, Paris, 1613.

Bailly, Jean-Sylvain, *Lettres sur l'Atlantide de Platon et sur l'ancienne histoire de l'Asie*, Londres et Paris, 1779.

Bar-Le-Duc, Norbert de, *Mémoires historiques sur les missions des Indes orientales présentés au souverain pontife Benoit XIV*, tome II, parties II et III, Lucques, 1744.

Beauvais, Vincent, *Speculum Historiale*, Douai, 1624.

Belleforest, François de, *La cosmographie universelle*, Paris, 1575.

Bergeron, Pierre, *Relation des voyages en Tartarie*, Paris, 1634.

Bergeron, Pierre, *Traité des Tartares*, Paris, 1634.

Bernier, François, « Nouvelle division de la Terre, par les différentes espèces ou races d'hommes qui l'habitent, envoyée par un fameux voyageur à M. L'abbée de la *****
à peu près en ces termes », *Journal des savants* du 24 avril 1684, pp. 133-140.

Blumenbach, Johann Friedrich, *De Generis humani varietate nativa*, Göttingen, 1795, (3ᵉ éd), 384p.

Bodin, Jean, *Les six livres de la République*, Paris, Jacques du Pois, 1593.

Bouhier, Jean, *Correspondance littéraire du président Bouhier*, Seytres, Caumont Joseph (éd.), Université de Saint-Étienne, 1979.

Buffon, George-Louis Leclerc de, *Histoire naturelle générale et particulière*, Paris, 1749, vol. III.

Catrou, François, *Histoire générale de l'empire du Mogol depuis sa fondation, sur les Mémoires portugais de M. Manouchi*, Vénitien, Paris, 1702.

Coll. *Catalogus codicum manuscriptorum Bibliothecae regiae*, Paris, 1739.

Coll., « Ahmedis Arabsiadae Vitae et Rerum gestarum Timur... », *Bibliothèque des sciences et des beaux-arts*, tome 28, 1ʳᵉ partie, juillet-août-septembre 1767, pp. 237-335.

D***, *Histoire généalogique des Tatars traduite du manuscrit tartare d'Abulgasi Baya-dur-Chan et enrichie d'un grand nombre de remarques authentiques et très curieuses sur le véritable Estat présent de l'Asie septentrionale avec les Cartes Géographiques nécessaires*, Leyde, 1726.

Diderot, Denis et Alembert Jean le Rond d', *Encyclopédie ou Dictionnaire raisonné des sciences, des arts et des métiers*, Paris, 1765, tome XVII, pp. 919-926.

Du Bec, Jean, *Discours de l'antagonie du chien et du lièvre*, Jullien Ernest (éd.), 1593, rééd. 1880.

Du Bec, Jean. *Histoire du grand empereur Tamerlanes...* Rouen, 1595.

Du Halde, Jean-Baptiste, *Description géographique, historique, chronologique, politique et physique de l'Empire de la Chine et de la Tartarie chinoise*, Paris, 1735, 4t.

Duret, Claude, *Thrésor des langues de cest univers*, Cologny, 1613.

Feller, Xavier de, *Biographie universelle ou dictionnaire historique des hommes qui se sont fait un nom par leur génie, leurs talents, leurs vertus, leurs erreurs ou leurs crimes*, Paris, Gaume frères, 1781.

Galland, Antoine, *Les paroles remarquables, les bons mots et les maximes des Orientaux, traduction de leurs ouvrages en Arabe, en Persan et en Turc, avec des Remarques*, Paris, 1694.

Gaubil, Antoine, *Correspondance de Pékin, 1722-1759, Renée Simon (éd.)*, Genève, Droz, 1970.

Gaubil, Antoine, *Histoire de Gentchiscan et de toute la dinastie des Mongoux*, Briasson, Piget, Paris, 1739.

Gaubil, Antoine, *Traité de chronologie chinoise divisé en trois parties*, édité par M. Silvestre de Sacy, Treuttel et Würtz, Paris-Strasbourg, 1814.

Gessner, Conrad. *Mithridates (1555)*. Édité par Bernard Colombat et Manfred Peters. Travaux d'humanisme et Renaissance, n° 452. Genève: Droz, 2009.

Giovio, Paolo, *commentario delle cose de' turchi*, Rome, Antonio Blado, 1532.

Giovio, Paolo, *Elogi degli uomini illustri*, Minonzio, Franco, (dir.), Einaudi, Turin, 2006.

Goujet, Claude-Pierre, *Mémoire sur le Collège de France*, Paris, 1758, t. 3.

Guignes, Joseph de, *Histoire générale des Huns et des peuples qui en sont sortis; où l'on voit l'origine des Turks, des Hongrois, des Mogols et des Tatars, etc., leurs migrations, leurs conquêtes et leur établissement dans l'Asie, l'Europe, l'Afrique, avant et depuis Jésus-Christ jusqu'à présent*, Paris, 1751.

Guignes, Joseph de, *Histoire générale des Huns, des Turcs, des Mogols et des autres Tartares occidentaux avant et depuis Jésus-Christ jusqu'à présent; précédée d'une introduction contenant des Tables chronol. et historiques et Princes qui ont régné dans l'Asie. Ouvrage tiré des livres chinois et manuscrits orientaux de la Bibliothèque du Roi*, Paris, 1756-1758, 5 vol.

Guignes, Joseph de, *Mémoire dans lequel on prouve que les Chinois sont une colonie égyptienne*, Paris, 1768.

Guignes, Joseph de, *Mémoire historique sur l'origine des Huns adressé à M. Tanevot*, 1748.

Guillaume de Rubrouck, *Voyage dans l'empire mongol, 1253-1255*, Claire et Renée Kappler (trad. et éd.), Paris, Payot, 2019.

Hakluyt, Richard. The *Principall Navigations, Voiages, and Discoveries of the English Nation...* Londres, 1589.

Hayton, *La Fleur des histoires de la terre d'Orient*, Deluz, Christiane (trad.), dans *Croisades et Pèlerinages, récits, chroniques et voyages en terre sainte, XIIe-XVIe siècle*, Paris, Robert Laffont, 1997, pp. 804-878

Klaproth, Julius von, *Notice de l'encyclopédie littéraire de Ma Touan Lin intitulée Wen Hian Thoung K'ao*, Paris, Imprimerie royale, 1832.

Klaproth, Julius von, *Tableau historique de l'Asie*, Paris, 1826, 2 vol.

Kosta-Thefaine, Jean-François, *La vie et la cour de Tamerlan, récit de son ambassadeur auprès de Charles VI en 1403*, Paris, Cartouches, 2012.

Langlès, Louis Mathieu, *De l'importance des langues orientales pour l'extension du commerce, les progrès des lettres et des sciences*, Paris, Champigny, 1790.

Langlès, Louis-Mathieu, *Alphabet mandchou*, Paris, 1787.

Langlès, Louis-Mathieu, *Instituts politiques et militaires de Tamerlan, proprement appelé Timour*, Paris, 1787.

Langlès, Louis-Mathieu, *Notices des manuscrits de la Bibliothèque nationale et autres bibliothèques*, publiés par l'Institut national de France, V, Paris, An, VII.

Le Roy, Louis, *Douze livres de la vicissitude ou variété des choses de l'univers*, Paris, 1576.

Leroux Deshauterayes, Michel-Ange André, *Doutes sur la dissertation de M. de Guignes, qui a pour titre : Mémoire dans lequel on prouve que les Chinois sont une colonie Egyptienne*, Paris, 1759.

Levesque, Pierre-Charles, *Histoire de Russie*, Yverdon, 1783, 3 vol.

Levesque, Pierre-Charles, *Histoire des différents peuples soumis à la domination de la Russie*, Paris, 1783, 2 vol.

Marco Polo, *the Description of the World*, par A.C. Moule et Paul Pelliot, Londres, George Routledge, 1938.

Marco Polo, *Le devisement du monde*, Menard Philippe (dir.), Droz, Genève, 6 vol. 2001-2008.

Margat de Tilly, Jean Baptiste, *Histoire de Tamerlan, empereur des Mogols et Conquérant de l'Asie*, Paris, Jacques Guérin, 1739.

Martini, Martino, *De bello tartarico*, Amsterdam, 1654.

Martini, Martino, *Sinicae historiae dicas prima*, Munich, 1658.

Mendes Pinto, Ferñao, *The travels of Mendes Pinto*, Catz, Rebecca D. (éd.), The University Chicago Press, 1984.

Mendoza, González de, *Histoire du grand royaume de la Chine*, Rouen, 1614.

Messie Pierre, *Les divers leçons de Pierre Messie gentilhomme de Seuile contenant variables et mémorables histoires, mises en français par Claude Gruget parisien*, Lyon, à l'Ecu de Milan, 1563.

Miechowita, Maciej, *Tractatus de duabus Sarmatiis Asiana et Europiana et de contentis in eis*, Cracovie, 1517.

Monte Croce, Riccold de, *Pérégrination en Terre Sainte et au Proche Orient*, René Kappler (trad.), Paris, 1997.

Montesquieu, « Geographica », dans Volpilhac-Auger Catherine, (dir.), *Œuvres complètes*, vol. 16, Oxford, 2007.

Montesquieu, *Lettres Persanes*, Garnier Flammarion, Paris, 2011.

Montesquieu, *Œuvres complètes*, Callois Roger (éd.), Gallimard, Paris, 1951.

Moyriac de Mailla, Joseph Anne-Marie, *Histoire générale de la Chine, ou annales de cet empire ; traduites du Tong-Kien-Kang-Mou*, Paris, 1777-1779.

Münster, Thomas, *Cosmographia universalis*, 1550.

Odoric de Pordenone, *Le voyage en Asie d'Odoric de Pordenone traduit par Jean Le Long, OSB. Iteneraire de la peregrinacion et du voyaige (1351)*, Alvise Andreose et Philippe Ménard (éd.), Genève, Droz, 2010.

Orleans, Pierre Joseph d', *Histoire des deux conquérants tartares qui ont subjugué la Chine*, Paris, 1688.

Pétis de La Croix, François (fils), *Histoire de Timur Bec, connu sous le nom du Grand Tamerlan, empereur des Mogols et Tartares*, Paris, 4t, 1722.

Pétis de La Croix, François (fils), *Relation de Dourry Efendy, ambassadeur de la Porte Othomane auprès du Roi de Perse : Traduite du Turk, et suivi de l'Extrait des Voyages de Pétis de la Croix, rédigé par lui-même*, Langlès, Louis-Mathieu (éd.), Paris, 1810.

Pétis de La Croix, François (père), *Histoire du Grand Genghizcan, premier empereur des anciens Mogols et Tartares*, Paris, Veuve Jombert, 1710.

Postel, Guillaume, *Histoire et considération de l'origine, loy et coustume des Tartares, Persiens Arabes et Turcs et tous autres Ismaélites ou Muhamédiques, dits par nous Mahométains ou Sarrazins*, Poitiers, 1560.

Postel, Guillaume, *La République des Turcs*, Poitiers, 1560.

Postel, Guillaume, *La tierce partie des orientales histoires, ou est exposée la condition, puissance et revenu de l'empire Turquesque : avec toutes les provinces et pays généralement depuis 950 ans en ça par tous Ismaélites conquis*, Poitiers, 1560.

Potocki, Jean, *Histoire primitive des peuples de la Russie, avec une exposition complète de toutes les notions, locales, nationales et traditionnelles, nécessaire à l'intelligence du quatrième livre d'Hérodote*, Saint-Pétersbourg, 1802.

Potocki, Jean, *Voyage dans les steps d'Astrakhan et du Caucase. Histoire primitive des peuples qui ont habité ces contrées*, Klaproth, Julius von, (éd.), Paris, 1829.

Purchas, Samuel, *Relations of the World and the Religions observed in all Ages*, Londres, Williams Stansby, 1614.

Racine, Jean, *Bajazet*, dans *Théâtre complet, II*, Paris, Flammarion, 1965, pp. 5-678.

Rashīd al-Dīn, *Jāmiʿ al-tavārīkh*, Thackston, Wheeler M. (ed. tr.), *Classical Writings of the Medieval Islamic World. Persian Histories of the Mongol Dynasties*, Londres ; I.B. Tauris, 2012, vol. 3.

Ricci, Matteo, et Trigault, Nicolas, *China in the 16th century, the journals of Matthew Ricci (1583-1610)*, Gallagher, Louis J. (trad.), New York, Random House, 1953.

Saint-Quentin, Simon de, *Histoire des tartares*, Jean Richard Paris (éd.), 1965.

Sanson, Nicolas, *L'Asie en plusieurs cartes*, Paris, 1658.

Schiltberger, Johannes, *Captif des Tatares*, Rollet, Jacques (trad.), Anacharis, Toulouse, 2008.

Silvestre De Sacy, Antoine Isaac, « Mémoire sur une correspondance inédite de Tamerlan avec Charles VI », dans *Mémoires de l'Institut royal de France, académie des Inscriptions et Belles Lettres*, 1822, VI, pp. 470-522.

Silvestre de Sacy, Antoine Isaac, *Discours, opinions et rapports sur divers sujets de législation, d'instruction publique et de littérature*, Paris, 1823.

Souciet, Étienne, *Observations mathématiques, astronomiques, géographiques, chronologiques et physiques tirées des anciens livres chinois ou faites nouvellement aux Indes et à la Chine par les pères de la Compagnie de Jésus*, Rollin, Paris, 1729.

Spandouginos, Theodōros, *On the Origin of the Ottoman Emperors.*, McNicol, Donald (trad.), New York, Cambridge University Press, 1997.

Strahlenberg, Jean, *Description historique de l'empire russien*, Amsterdam, 1757, 2 vol.

Teissier, Antoine, *Abrégé de la vie de divers princes illustres*, Amsterdam, 1710.

Teixeira, Pedro de, *Relaciones de Pedro Teixeira d'el origen, descendencia y succession de los Reyes de Persia, y de Harmuz, y de un viage hecho por el mismo autor dende la India Oriental hasta Italia por tierra*, Anvers, 1610.

Thevenot, Melchisédech, *Relations de divers voyages curieux qui n'ont point été publiées ou qui ont été traduites d'Hacluyt, de Purchas et d'autres voyageurs anglais, hollandais, portugals, allemands, espagnols...* Paris, 1663.

Thevet, André, *La cosmographie universelle*, Paris, 1575.

Thevet, André, *Les vrais pourtraits et vies des hommes illustres, grecques, latins et payens, recueilliz de leurs tableaux, livres, médalles antiques et modernes*, 3 volumes, Paris, 1584.

Vattier, Pierre, *Histoire mahométane ou les quarante-neuf chalifes du Machine*, Paris, 1657.

Vattier, Pierre, *Histoire du grand Tamerlan*, Paris, 1658.

Vattier, Pierre, *Portrait du Grand Tamerlan*, Paris, 1658.

Vigenère, Blaise de, *Laonici Chalcocondylae Atheniensis historium libri decem historiarum de origine ac rebus gestis Turcorum*, Paris, 1677.

Visdelou, Claude de et Galland, Antoine, *Supplément à la Bibliothèque orientale de Monsieur d'Herbelot*, Paris, 1780.

Vojeu De Brunem, *Histoire de la conquête de la Chine par les Tartares Mancheoux*, chez les frères Duplain, Lyon, 1754, 2 vol.

Voltaire, *Correspondance*, II, Paris, Gallimard, 1977.

Voltaire, *Essai sur les mœurs et l'esprit des nations*, Les œuvres complètes de Voltaire. [...] t. 23-24, Bernard, Bruno et Cronk, Nicolas, Oxford, Voltaire Foundation, 2011.

Voltaire, *Histoire de la Russie sous Pierre le Grand*, Oxford, Voltaire Foundation, 1999, 2 vol.

Études

Aalto, Pentti, « L'esquisse de la grammaire mongole qu'on trouve chez Melchisédech Thévenot », *Central Asiatic Journal* 8, 3, 1963, 151-162.

Abdel-Halim, Mohamed, *Antoine Galland, sa vie et son œuvre*, Paris, A.G. Nizet, 1964.

Abdel-Halim, Mohamed, *Correspondance d'Antoine Galland*. Édition critique et commentée, Paris, 1964.

Aigle, Denise, « L'histoire sous forme graphique en arabe, persan et turc ottoman. Origine et fonction », *Bulletin d'études orientales*, vol. 58-59, 2008, p. 10-49.

Aigle, Denise, *Le Fārs sous la domination mongole : politique et fiscalité, XIIIe-XIVe s*, Paris, Association pour l'avancement des études iraniennes, 2005, ppp. 56-57.

Aigle, Denise, *The Mongol empire between myth and reality*, Leiden-Boston, Brill, 2014.

Aigle, Denise, « L'intégration des Mongols dans le rêve eschatologique médiéval », dans Aigle, Denise, Charleux, Isabelle, Goossaert, Vincent et Hamayon Roberte, (éd.), *Miscellanea Asiatica. Mélanges en l'honneur de Françoise Aubin*. Saint-Augustin, Institut Monumenta Serica, 2010, pp. 683-717.

Aigle, Denise, « Les transformations d'un mythe d'origine : L'exemple de Gengis Khân et de Tamerlan », *Revue des mondes musulmans et de la Méditerranée*, 89-90, pp. 151-168.

Aigle, Denise, « Le grand jasaq de Gengis-Khan, l'empire, la culture mongole et la shari'a », *Journal of the Economic and Social History of the Orient*, Vol. 47, 1, 2004, pp. 31-79

Allsen, Thomas T., « Biography of a Cultural Broker. Bolad Ch'eng-Hsiang in China and Iran », in *The Court of the Il-Khans, 1290-1340*, Julian Raby & Teresa Fitzherbert (éd.), Oxford, 1996, pp. 7-22.

Allsen, Thomas T., *Commodity and exchange in the Mongol empire*, Cambridge, 1997.

Amitai, Reuven et Biran, Michal (éd.), *Mongols, Turks, and others : Eurasian nomads and the sedentary world*, Leyde, Boston, Brill, 2005.

Anderson, Andrew, *Alexander's Gate, Gog, and Magog and the Enclosed Nations*, Cambridge University Press, Cambridge Ma, 1999.

Anonyme, « Ari Nohem », *Archives israélites de France*, I, 1840, pp. 565-572.

Anonyme, *Liste des professeurs depuis la fondation du Collège de France en 1530*, Paris, *Affaires culturelles et Relations extérieures*, 2011, 35p.

App, Urs. *Birth of Orientalism*. Pennsylvania : Univ Of Pennsylvania Press, 2015.

Atwood Christopher P., « Historiography and transformation of ethnic identity in the Mongol Empire : the Öng'üt case », *Asian Ethnicity*, 15,4, 2014, pp. 514-534.

Atwood, Christopher P., *Encyclopedia of Mongolia and the Mongol Empire*, New York, Fact on file, 2004.

Atwood, Christopher, « Six Pre-Chinggisid Genealogies In The Mongol Empire », dans *Archivum Eurasiae Medii Aevi*, ed. Th.T. Allsen, P.B. Golden, R.K. Kovalev et A.P. Martinez, 19 (2012), Harrassowitz Verlag, Wiesbaden, pp. 5-58.

Aubin, Françoise, Hamayon, Roberte, « Alexandre, César et Gengis-khan dans les steppes d'Asie centrale. » *Les civilisations dans le regard de l'autre*, Paris, UNESCO, 2002, 73-106, pp. 262-269.

Aufere, Sydney H., « Jean Potocki au pays d' "Etymologie" », François Rosset et Dominique Triaire, *Jean Potocki ou le dédale des Lumières*, PUM, pp. 45-82, 2010.

Backer, Louis, *L'extrême Orient au moyen âge : d'après les manuscrits d'un flamand de Belgique*, Paris, 1877.

Bachelard, Gaston, *La formation de l'esprit scientifique*, Paris, Vrin, 1993 [1938].

Bacqué-Grammont, Jean-Louis, De Polignac François et Bohas Georges, « Monstres et murailles, Alexandre et bicornu, mythes et bon sens », *Revue des mondes musulmans et de la Méditerranée* [En ligne], 89-90, 2000.

Bahier-Porte, Christelle et Brunel, Pierre, *Les Mille et un jours, Contes persans*, Paris, Champion Classiques, 2011.

Balabanlilar, Lisa, « Lords of the Auspicious Conjouction : Turco-Mongol Imperial Identity on the Subcontinent », Journal of World History, Volume 18, numéro 1, Mars 2007, pp. 1-39.

Bancel, Nicolas, David, Thomas, et Thomas, Dominic (dir.), *L'invention de la race : des représentations scientifiques aux exhibitions populaires*. Collection « Recherches ». Paris, Éditions La Découverte, 2014.

Basch, Sophie, Chuvin, Pierre, Espagne, Michel, Leclant, Jean (éd.), *L'orientalisme, les orientalistes et l'empire ottoman de la fin du XVIII* à *la fin du XX siècle*, Actes du colloque international, 12 et 13 février 2010, Paris, Académie des Inscriptions et Belles-Lettres, 2011.

Bely, Lucien (dir.), *Dictionnaire de l'Ancien régime*, Paris, PUF, 1045.

Bergin, Joseph, *The Making of the French* Episcopate, 1589-1661, Yale University Press, New Haven, Londres, 1996.

Bernard, Henri, « Les sources mongoles et chinoises de l'Atlas Martini (1655) », *Monumenta Serica*, XII, 1947, pp. 127-144.

Bernardini, Michele, « Tamerlano, i genovesi e il favoloso Axalla », dans Bernardini et alii, *Europa e Islam tra i secoli XIV e XVI. Europe and Islam between 14th and 16th centuries*, Napoli, 2002, 2 tomes, I, pp. 391-426.

Bernardini, Michele, *Mémoire et propagande à l'époque timouride*. Studia Iranica Cahier 37. Paris, Assoc. pour l'Avancement des Études Iraniennes, 2008.

Bernardini, Michele, « Jacques du Fay, un français à la cour de Tamerlan », dans *De Samarcande à Istanbul : étapes orientales. Hommages à Pierre Chuvin*, ed. Véronique Schiltz, Paris, CNRS éditions, 2015, pp. 155-160.

Bernardini, Michele, « Tīmūr and the 'Frankish' powers », dans Norman Housely (éd.), *The crusade in the Fifteenth Century. Converging and competing cultures*, Londres, New York, Routledge, 2017, pp. 109-119.

Besse, Jean-Marc, *Les grandeurs de la Terre : aspects du savoir géographique à la Renaissance*, Lyon, ENS, 2003.

Bevilacqua, Alexander, « How to organise the Orient : d'Herbelot and the Bibliothèque orientale », Journal of the Warburg and Courtauld Institutes, LXXIX, 2016, pp. 213-261.

Bevilacqua, Alexander, *The Republic of Arabic letters : Islam and the European enlightenment*. Cambridge, Cambridge University Press, 2018.

Binbaş, İlker Evrim, « The histories of Sharaf al-dīn ʿAlī Yazdī : a formal analysis », *Acta Orientalia Academiae Scientiarum Hung.*, 65 (4), 391-417 (2012), pp. 391-417.

Binbaş, İlker Evrim, *Intellectual networks in Timurid Iran : Sharaf al-Dīn ʿAlī Yazdī and the Islamicate republic of letters*. Cambridge, Cambridge University Press, 2016.

Black, J. Laurence, *G-F Müller and the Imperial Russian Academy*, McGill University Press, Québec, 1986.

Boyle, John Andrew, « Juvaynī and Rashīd al-Dīn as Sources on the History of the Mongols », in *Historians of the Middle East*, Lewis Bernard et Holt Peter Malcom (éd.), Londres, 1962, p. 133-137. Réimpr. in *The Mongol World Empire 1206-1370*, Londres, Variorum Reprints, 1977.

Boyle, John Andrew, "The death of the Last Abbasid Caliph : a contemporary Muslim Account" (rééd.), *The Mongol world empire, 1206-1370*. Variorum reprint, London, 1977, pp. 145-161.

Boyle, John Andrew, « The Alexander Legend in Central Asia », *Folklore* 85 (1974) : 217-228. Réimprimé dans *The Mongol World Empire 1206-1370*. Londres : Variorum Reprints, 1977.

Briant, Pierre, *Alexandre des Lumières : fragments d'histoire européenne*, Paris, Gallimard, 2012.

Brook, Timothy, *The troubled empire : China in the Yuan and Ming dynasties*, Cambridge, Mass : Belknap Press of Harvard University Press, 2010.

Calmard, Jean, « The French in the Safavid Persia, a preliminary study », dans Floor Willem et Herzig Edmund (éd.), *Iran and the World in the Safavid Age*, Londres, I.B. Tauris, 2015 (rééd), pp. 309-326.

Cervantes, Xavier et Le Thiec, Guy, « Sur les théâtres de l'histoire : Tamerlan et Bajazet en France et en Angleterre (1529-1724) », dans *Rêver d'Orient, connaître l'Orient,*

Gadoin Isabelle et Palmier-Chatelain Marie-Elise (dir.), Paris, ENS Editions, 2008, pp. 149-176.

Cevoli, Daria, *Esthétiques de l'Amour, Sibérie extrême-orientale*, Paris, Flammarion, 2015.

Chabás, José et Goldstein, Bernard R., *Astronomy in the Iberian Peninsula: Abraham Zacut and the Transition from manuscript to Print*, Philadelphie, American Philosophical Society, 2000.

Charleux, Isabelle, «Kangxi /Engke Amuɣulang, un empereur mongol? Sur quelques légendes mongoles et chinoises», *Études mongoles et sibériennes, centrasiatiques et tibétaines* [En ligne], 42 | 2011.

Clarke, Jack Alden, «Librarians to the King, the Bignons, 1642-1784», The Library Quarterly, Vol. 36, No. 4 (Oct., 1966), pp. 293-298.

Clarke, Jack Alden, «Abbe Jean-Paul Bignon Moderator of the Academies and Royal Librarian», *French Historical Studies*, 2, 1973, pp. 213-235.

Clerc de Landresse, Ernest-Augustin, «Notice sur la vie et les travaux d'Abel-Rémusat, lue à la séance générale annuelle de la Société asiatique», Journal asiatique, XIV (2ᵉ série), 1834, pp. 205-231 et 296-316.

Colombat, Bernard. «L'accès aux langues pérégrines dans le Mithridate de Conrad Gessner (1555)». *Histoire Épistémologie Langage* 30, nᵒ 2 (2008), 71-92.

Cordier, Henri, «Un orientaliste allemand: Jules Klaproth», *Comptes-rendus des séances de l'Académie des Inscriptions et Belles-Lettres*, 61, 4, 1917. pp. 297-308.

Cordier, Henri, «Fragment d'une Histoire des Études chinoises au XVIIIᵉ siècle», dans *Centenaire de l'École des Langues Orientales Vivantes*, Paris, Imprimerie Nationale, 1895.

Cremer, Albert, «La genèse du droit des gens moderne et la conscience européenne: Francisco de Vitoria et Jean Bodin» dans Coll., *La conscience européenne au XVᵉ et au XVIᵉ* siècle, Actes du colloque international organisé à l'École Normale supérieure de Jeunes Filles, Paris, E.N.S.F.J., Paris, 1982.

Crossley, Pamela Kyle. *A Translucent Mirror: History and Identity in Qing Imperial Ideology*, Berkeley, Univ. of California Press, 1999.

Cruysse, Dirk van der. *Chardin le Persan*. Paris, Fayard, 1998.

D'Avezac, Marie Armand, *Relation des Mongols ou Tartares par le frère Jean du Plan Carpin*, Paris, Librairie géographique Arthus-Bertrand, 1838.

Dacier, Joseph Bon, *Notice historique sur la vie et les ouvrages de M. Anquetil-Duperron…*, Paris, Dubray, 1808.

David, Jean, «Les Scythes et les Tartares dans Voltaire et quelques-uns de ses contemporains», *Modern Language Notes*, 53, 1, 1938, pp. 1-10.

Dawson, Nelson-Martin, *L'Atelier Delisle, l'Amérique du Nord sur la table à dessin*, Québec, Septentrion, 2000.

De Bruijn, Johannes Thomas Peter, «Iranian Studies in the Netherlands», *Iranian Studies*, 20, 2/4, Iranian Studies in Europe and Japan, 1987, pp. 161-177.

De Valence, Françoise et Sctrick, Robert (trad.), *Un Vénitien chez les Moghols/ Niccolo Manucci*, Paris, Phebus, 1995.

Delisle, Jean, « L'histoire de la traduction : son Importance en traductologie », *Forum*, vol. I, n°2, Octobre 2003, pp. 1-16.

Deluz, Christiane, *Le livre de Jehan de Mandeville, une « géographie » au XIVᵉ s.* Louvain-la Neuve, Institut d'études médiévales, 1988.

Dew, Nicholas, « The order of Oriental Knowledge : the making of d'Herbelot *Bibliothèque orientale* », dans Prendergast, Christopher (éd), *Debating world Literature*, Londres, Verso, 2004, pp. 233-252.

Dew, Nicholas, *Orientalism in Louis XIV's France*. Oxford historical monographs. Oxford ; New York, Oxford University Press, 2009.

Doron, Claude-Olivier, *L'homme altéré : races et dégénérescence (XVIIᵉ-XIXᵉ siècles)*. La chose publique. Ceyzérieu : Champ Vallon, 2016.

van Donzel, Emeri et Schmidt, Andrea, *Gog and Magog in the Early Syriac and Islamic sources : Sallam's Quest for Alexander's Wall*, Leiden, Boston, Brill, 2010.

Duchet, Michèle, *Anthropologie et histoire au siècle des Lumières*, Paris, Albin Michel, 1995.

Dupebe, Jean, « Poursuites contre Postel en 1553 », p. 29-39, dans Coll, *Guillaume Postel, 1581-1981*, Actes du colloque international d'Avranches, 9 septembre 1981, Paris, Edition de la maisnie, 1985.

Duyvendak, Jan Julius Lodewijk, « Early Chinese Studies in Holland », T'oung Pao, Second Series, 32, 5, 1936, pp. 293-344.

Elisseeff, Danielle, *Moi, Arcade : interprète chinois du Roi-Soleil*, Paris : Arthaud, 1985.

Elisseff Poisle, Danièle, *Nicolas Fréret (1688-1749). Réflexion d'un humaniste du XVIIIᵉ siècle sur la Chine*, Collège de France, Mémoire de l'Institut des Hautes Etudes Chinoises, XI, 1978.

Houtsma, M.Th., (éd.) *E.J. Brill's first encyclopaedia of Islam, 1913-1936*. Leiden ; New York, E.J. Brill, 1993.

Erhard, Jean et Roger, Jacques, « Deux périodiques français au XVIIIᵉ siècle : 'le Journal des Savants' et 'les Mémoires de Trévoux'. Essai d'une étude quantitative », *Livre et société dans la France du XVIIIᵉ siècle*, Paris-La Haye, Mouton & CO, 1965, pp. 33-59.

Erlanger, Philippe, *Le Régent*, Paris, Perrin, 2015.

Espagne, Michel, « Silvestre de Sacy et les orientalistes allemands », *Revue germanique internationale* 7, 2008, pp. 79-91.

Espagne, Michel, *L'ambre et le fossile. Transferts germano-russes dans les sciences humaines XIXᵉ-XXᵉ siècle*, Paris, Colin, 2014.

Espagne, Michel, Lafi, Nora et Rabault-Feuerhahn, Pascale, éd. *Silvestre de Sacy : le projet européen d'une science orientaliste*. Paris : Les Éditions du Cerf, 2014.

Filliozat, Pierre-Sylvain, Zink, Michel (éd), *Antoine Galland et l'Orient des savants* : actes du colloque international organisé par l'Académie des Inscriptions et Belles-Lettres,

la Société asiatique et l'INALCO: à l'Académie des Inscriptions et Belles-Lettres
(Palais de l'institut) et à l'INALCO les 3 et 4 décembre 2015, Paris, Académie des
inscriptions et belles-lettres, 2017.

Fischel, Walter Joseph, «A New Latin Source on Tamerlane's Conquest of Damascus
(1400/1401): (B. de Mignanelli's "Vita Tamerlani" 1416)», *Oriens*, Vol. 9, No. 2 (Dec. 31,
1956), pp. 201-232.

Fischel, Walter Joseph, *Ibn Khaldun and Tamerlane: their historic meeting in Damascus,
1401 A.d, (803A.H.). A study based on Arabic manuscripts of Ibn Khaldun's Autobio-
graphy, with a translation into English, and a commentary*, Berkeley et Los Angeles,
University of California Press, 1952.

Fourniau, Vincent, «Quelques aspects du thème timouride dans la culture française du
XVIe au XIXe siècle», Oriente Moderno, XV (LXXVI), 2-1996, pp. 283-304., ici pp. 286-
292.

Fuente del Pilar, José Javier, «Pedro Teixeira y su viaje por Mesopotamia», *Arbor*,
CLXXX, 711-712 (mars-avril 2005), pp. 627-643.

Gadrat, Christine, «De statu, conditione ac regimine Magnis Canis. L'original latin du
Livre de l'estat du grant caan et la question de l'auteur», Bibliothèque de l'École
des chartes, t. 165, 2007, pp. 355-371.

George, Pierre et Verger, Fernand, *Dictionnaire de la géographie*, Paris, PUF, 2009.

Gomez-Aranda, Mariano, «Science and Jewish Identity in the Works of Abraham
Zacut» dans *Late Medieval Jewish Identities: Iberia and Beyond*. Edited by Carmen
Caballero-Navas and Esperanza Alfonso, Hampshire, England: Palgrave Macmillan
2010, pages. 157-170.

Gómez-Aranda, Mariano, *Ibn Ezra, Mainónides, Zacuto, serafad científica: la visión judía
de la ciencia en la edad media*, Tres cantos, Nivola, 2003.

Gorshenina, Svetlana, *L'invention de l'Asie centrale: histoire du concept de la Tartarie à
l'Eurasie*, Genève: Librairie Droz, 2014.

Grousset, René, *L'empire des steppes. Attila, Gengis Khan, Tamerlan*, Lausanne, Payot,
1939.

Grynaeus, Simon, *Novus Orbis regionum ac insulam veteribus incognitarum*, Paris, 1532

Guzman, Gregory G., «The Encyclopedist Vincent of Beauvais and his Mongol Extracts
from John of Plano Carpini and Simon of Saint-Quentin», *Speculum*, 49:2, 1974,
p. 287-307.

Halperin, Charles J., *Russian and Mongols. Slavs and the Steppe in Medieval and Early
Modern Russia*, Spinei, Victor et Bilavscho, George (éd.), Editura Academiei Române,
Bucarest, 2007.

Hartog, François, *Le miroir d'Hérodote*, Gallimard, Paris, 2001, [1980].

Hassler, Gerda, «La description du génie de la langue dans les grammaires françaises
et les grammaires d'autres langues», *Todas as Letras-Revista de Língua E Literatura*
14, 1, 2012.

Helfers, James P., « The Explorer or the Pilgrim ? Modern Critical Opinion and the Editorial Methods of Richard Hakluyt and Samuel Purchas », Studies in Philology, Vol. 94,
No. 2 (Spring, 1997), pp. 160-186.

Heller, Lane M., « Le testament olographe de Jean de Thévenot », XVIIᵉ siècle, 167 (1990),
227-234.

Helmy, Mahmoud, Nelly, Tra Siena, L'Oriente e la Curia. Beltramo di Leonardo Mignanelli e le sue opere, Rome, Istituto Storico Italiano per il Medio Evo, 2013.

Heyberger, Bernard, dans Orientalisme, science et controverse: Abraham Ecchellensis
(1605-1664), Turnhout, Brepols, 2010.

Holtz, Grégoire, « Nicolas Bergeron (†1584/1588) et la construction de la culture gallicane », Revue de l'histoire des religions, n° 3 (1 juillet 2009), pp. 429-443.

Holtz, Grégoire. L'ombre de l'auteur: Pierre Bergeron et l'écriture du voyage à la fin de la
Renaissance, Genève, Droz, 2011.

Inglebert, Hervé, Le monde, l'histoire: essai sur les histoires universelles, Paris, PUF,
2014.

Jackson, Peter, The Mongols and West 1221-1440, Taylor and Francis, New York 2005,

Kaiser, Joseph, « The Evil Empire ? The Debate on Turkish Despotism in Eighteenth-
Century French Political Culture », The Journal of Modern History, Vol. 72, 1, 2000,
pp. 6-34.

Kalmar, Ivan Davidson, Early Orientalism: imagined Islam and the notion of sublime
power, Londres; New York: Routledge, Taylor and Francis, 2012.

Keevak, Michael, Becoming yellow: a short history of racial thinking. Princeton, Princeton University Press, 2011.

Klima, László, « Les voyageurs européens chez les peuples finno-ougriens au Moyen
Âge et au début de l'âge moderne ». Études finno-ougriennes, n° 48 (21 juillet
2017).

Knobler, Adam, « The rise of Timur and Western Diplomatic Response, 1390-1405 »,
Journal of the Royal Asiatic Society, troisième série, Vol. 5, No. 3 (Nov., 1995), pp. 341-
349,

Kowner, Rotern, Demel, Walter, Race and Racism in Modern East Asia (vol. I): Western
and Eastern Constructions, Leyde, Boston, Brill, 2013.

Kriegel, Blandine, L'histoire à l'âge classique, PUF, Paris, 1996 [1988], 4 vol.

Kuhn, Thomas S., Les structures des révolutions scientifiques, Paris, Champ Flammarion,
2008.

Labrousse, Pierre (dir.), Langues'O, 1795-1995, deux siècles d'histoire de l'École des
langues orientales, Paris, Hervas, 1995.

Lach, Donald F, Asia in the Making of Europe, Chicago et Londres, The University of
Chicago, The Century of Discovery, 1971.

Landry-Deron, Isabelle, « Les outils d'apprentissage du chinois disponibles en France
au moment de l'ouverture de la chaire de chinois (1814) et les efforts d'Abel-Rémusat

pour les améliorer» tenu dans le cadre du colloque «Jean-Pierre Abel-Rémusat et ses successeurs. Deux cents ans de sinologie française en France et en Chine», tenu du 11 au 13 juin 2014 au Collège de France.

Landry-Deron, Isabelle, *La preuve par la Chine ; la description de J.-B. du Halde, jésuite, 1735*, EHESS, Paris, 2002.

Larzul, Sylvette, « La réception arabe des Mille et une nuits (XVIIIᵉ-XXᵉ s.). Entre déconsidération et reconnaissance », dans Pouillon, François, Jean Claude Vatin, Guy Barthélemy, Mercedes Volait, François Zabbal, éd. *Après l'orientalisme : l'Orient créé par l'Orient*. Paris, Karthala, 2011.

Larzul, Sylvette, «Silvestre de Sacy et la constitution d'un corpus de Belles-Lettres arabes», dans Espagne Michel, Lafi Nora et Rabault-Feuerhahn Pascale, (dir.), *Silvestre de Sacy : le projet européen d'une science orientaliste*, Paris : Éditions du Cerf, 2014

Laurens, Henry, « l'orientalisme, un parcours français », dans Courbage, Youssef, Manfred Kropp, *Penser l'Orient : traditions et actualité des orientalismes français et allemand*: [actes de la 2ᵉ journée franco-allemande du 22 janvier 2004 organisée à Beyrouth par l'Institut français du Proche-Orient et l'Orient Institut, 2008, pp. 103-128.

Laurens, Henry, *Aux sources de l'orientalisme, la « Bibliothèque orientale de Barthelemi d'Herbelot»*, Paris, Maisonneuve et Larose, 1978.

Le Thiec, Guy, «L'entrée des Grands Turcs dans le Museo de Paolo Giovio», dans *Mélanges de l'École française de Rome. Italie et Méditerranée*, t. 104, n°2. 1992. pp. 781-830.

Lebedynsky, Iaroslav, *Les nomades : les peuples nomades de la steppe, des origines aux invasions mongoles : IXᵉ siècle av. J.-C.-XIIIᵉ siècle apr. J.-C.*, Arles : Errance, 2017.

Lebedynsky, Iaroslav, *Scythes, Sarmates et Slaves : l'influence des anciens nomades iranophones sur les Slaves*. Présence ukrainienne. Série «Sciences humaines », Paris, l'Harmattan, 2009.

Lenhoff, Gail, «The construction of Russian history in Stepennaja kniga». *Revue des études slaves* 76, 1, 2005, 31-50.

Lestringant, Franck, «Guillaume Postel et l'obsession turque», dans Coll, *Guillaume Postel, 1581-1981*, Actes du colloque international d'Avranches, 5-9 septembre 1981, Paris, Edition de la maisnie, 1985, pp. 265-298.

Lestringant, Frank, «Cosmogonie et *mirabilia* à la Renaissance : l'exemple de Guillaume Postel» dans Lestringant Frank, *Ecrire le monde à la Renaissance, quinze études sur Rabelais, Postel, Bodin et la littérature géographique*, Caen, Paradigme, 1993.

Lestringant, Franck, *L'Histoire d'André Thevet, de deux voyages par luy faits dans les Indes Australes et Occidentales* (circa 1588), dans le cadre du colloque international «Voyageurs et images du Brésil», MSH-Paris, le 10 décembre 2003.

Lestringant, Frank, *André Thevet, cosmographe des derniers Valois*, Genève, Droz, 1991.

Leung, Cécile, *Étienne Fourmont (1683-1745). Oriental and Chinese languages in eighteenth-century France*, Leuven University Press, Leuven, 2002.

Longo, Giuseppe O., *Il gesuita che disegnò la Cina. La vita e le opere di Martino Martini*, Milan, Springer, 2010.

Loop, Jan, Hamilton, Alastair et Burnett, Charles (éd.), *The teaching and learning of Arabic in early modern Europe*, Leiden, Boston, Brill, 2017.

Lyon-Caen, Nicolas, « Silvestre de Sacy, savant janséniste ? », dans M. Espagne Michel, Lafi Nora et Rabault-Feuerhahn Pascale, (dir.), *Silvestre de Sacy : le projet européen d'une science orientaliste*, Paris, Éditions du Cerf, 2014.

Magkanari, Despina, « Sinological Origins of Turcology in 18th-century Europe », European Journal of Turkish Studies [en ligne], 24 | 2017.

Maillard, Christine, *L'Inde vue d'Europe*, Paris, Albin Michel, 2008.

Marsh, Kate, *India in the French imagination, Peripheral voices, 1754-1815*, Londres, Pickering and Chatto, 2009.

Mazon, André, *Pierre-Charles Levesque, humaniste, historien et moraliste*, Paris, Imprimerie Nationale, 1963,

McCabe, Ina Baghdiantz, *Orientalism, in early modern France. Eurasian Trade, Exoticism, and the Ancien Régime*, New York, Berg, 2008.

McChesney, Robert D., « A note on the life and work of Ibn 'Arabshāh », dans Pfeiffer, Judith, et Quinn, Sholeh, A. (éd). *History and Historiography of Post-Mongol Central Asia and the Middle East : Studies in Honor of John E. Woods*. Wiesbaden : Harrassowitz, 2006, pp. 205-249.

McLean, Matthew, *The cosmographia of Sebastian Münster : describing the world in the Reformation*, Aldershot, Ashgate Publishing, 2007.

Meaux Lorraine de, *La Russie et la tentation de l'Orient*, Paris, Fayard, 2010.

Melville, Charles (éd.), *Persian Historiography*, Tauris, Londres, New-York, 2012.

Melville, Charles, « *The Chinese Uighur Animal Calender in Persian Historiography of the Mongol Period* », Iran, XXXII, 1994, pp. 83-98.

Meyer, Jean, Tarrade Jean, Rey-Goldzeiguer Annie, Thobie Jacques, *Histoire de la France coloniale, des origines à 1914*, Paris, Arman Colin, 1991. 4vol.

Mezin, Anne et Rjeoutski, Vladislav (dir.), *Les Français en Russie au siècle des Lumières*, Paris, 2011, 2 t.

Meserve, Margaret, *Empires of Islam in Renaissance Historical Thought*, Harvard University Press, Cambridge, Massachusetts et Londres, 2008.

Miller, Davis B., « How the mother of God Saved Moscow from Timur the Lame's invasion » dans Internationale éd. *Beiträge zur « 7. Internationalen Konferenz zur Geschichte des Kiever und des Moskauer Reiches »*. Forschungen zur osteuropäischen Geschichte 50. Wiesbaden : Harrassowitz, 1995. pp. 239-273.

Mills, Simon, *A commerce of knowledge. Trade, Religion and Scholarship between Eng-

land and the Ottoman Empire, c. 1600-1760, Oxford; New York, Oxford University Press, 2020.

Milwright, Marcus, Baboula, Evanthia, "Bayezid's Cage: A Re-Examination of a Venerable Academic Controversy", Journal of the Royal Asiatic Society 21(03), July 2011, pp. 239-260.

Milwright, Marcus, "So Despicable a Vessel: Representations of Tamerlane in Printed Books of the Sixteenth and Seventeenth Centuries." *Muqarnas* 23, 2006, pp. 317-344.

Minuti, Rolando, *Oriente barbarico e storiografia settecentesca: rappresentazioni della storia dei Tartari nella cultura francese del XVIII secolo*, Venise, Marsilio, 1994.

Minuti, Rolando, « Aspetti della presenza di Tamerlano », Oriente Moderno, XV (LXXVI), 2-1996, pp. 305-319.

Mittag, Achim, « Chinese Official Historical Writting under the Ming and Qing » dans *The Oxford History of historical writting*, II, 400-1400, pp. 24-43.

Moin, Azfar, *The Millennial Sovereign. Sacred kingship and sainthood in Islam*, New-York, Columbia University Press, 2012.

Moranville, Henri, « Mémoire sur Tamerlan et sa cour par un dominicain en 1403 », *Bibliothèque de l'école des chartes*, 1894, tome 55, pp. 433-464

Morin, Olivier, *Comment les traditions naissent et meurent*, Paris, Odile Jacob, 2011.

Olender, Maurice, *Les langues du Paradis*, Paris, Point Seuil, 2002.

Ostrowski, Donald G. *Muscovy and the Mongols: Cross-Cultural Influences on the Steppe Frontier*, 1304-1589, Cambridge, Cambridge University Press, 2002.

Perdue, Peter C., *China Marches West: The Qing Conquest of Central Eurasia*, Cambridge, Mass. London, 2010.

Petitfils, Jean-Christian, *Le Régent*, Paris, Pluriel, 2013.

Pfeiffer, Judith, "In the folds of time: Rashīd al Dīn on theories of historicity." History and Theory Volume 58, no. 4, Theme Issue 57, December 2019, pp. 20-42.

Phillips, Kim M., *Before Orientalism: Asian peoples and cultures in European travel writing*, 1245-1510, Philadelphia: University of Pennsylvania Press, 2014.

Piechocki, Katharina N. « Discovering Eastern Europe: Cartography and Translation in Maciej Miechowit's *tractatus de Duabus Sarmatiis* (1517) », dans Facca Danilo et Lepri Valentina (éd.), *Polish Culture in the Renaissance: Studies in the arts, humanism and political thought*, Firenze University Press, Florence, 2013, pp. 53-71

Piemontese, Angelo Michele, « Beltramo Mignanelli senese biografo di Tamerlano », *Oriente Moderno*, 2, 1996, pp. 213-226.

Mandonnet, Pierre, « Fra Riccoldo de Monte Croce, pèlerin en Terre Sainte et missionnaire en Orient », Revue biblique, II, 1893, pp. 44-61; 182-202; 584-607.

Pocock, John. G.A. *Barbarism and religion*, Cambridge, U.K.; New York, Cambridge University Press, 1999.

Pococke, Edward, and Holt Peter, Malcolm, "The Study of Arabic Historians in Seventeenth Century England: The Background and the Work of Edward Pococke." *Bulletin of the School of Oriental and African Studies, University of London*, vol. 19, no. 3, 1957, pp. 444-455.

Postel, Claude, *Les écrits de Guillaume Postel publiés en France et leurs éditeurs, 1538-1579*, Droz, Genève, 1992.

Pouillon, François (éd), *Dictionnaire des orientalistes de langue française*. Paris, Karthala, 2008.

Pouillon, François, Jean Claude Vatin, Guy Barthélemy, Mercedes Volait, François Zabbal, éd. *Après l'orientalisme : l'Orient créé par l'Orient*. Paris, Karthala, 2011.

Quinn, David B. (éd.), *The Hakluyt Handbook. Vol. 1*, Farnham, Ashgate, 2010.

Rabault-Feuerhahn, Pascale. *L'archive des origines : Sanskrit, philologie, anthropologie dans l'Allemagne du XIXᵉ siècle*, Paris : Cerf, 2008.

Rachewiltz, Igor de, « The name of the Mongols in Asia and Europe : A reapraisal », *Etudes mongoles et sibériennes*, 27, 1996 ; pp. 199-210.

Reichholf, Josef, *L'émergence de l'homme. L'apparition de l'homme et ses rapports avec la nature*, Etoré Jeanne (trad.), Paris, Flammarion, 1991.

Richard, Jean, *Au-delà de la Perse et de l'Arménie, L'Orient latin à la découverte de l'Asie intérieure*, Turnhout, Brepols, 2005.

Richard, Francis, « Aux origines de la connaissance de la langue persane en France », dans Luqmān, 3/1, l. 1986-1987, pp. 23-42.

Richard, Francis, « Les frères Vecchietti, diplomates, érudits et aventuriers », dans *The Republic of Letters and the Levant*, a cura di A. Hamilton, M.H. van den Boogert, B. Westerweel, Leiden, Brill, 2005 (Intersections – Yearbook for Early Modern Studies 5 – 2005), pp. 11-26.

Richard, Francis, *Catalogue des manuscrits persans*. Paris : Bibliothèque nationale, 1989.

Richard, Francis, *Raphaël du Mans, missionnaire en Perse au XVIIᵉ siècle*, Paris, L'Harmattan, 1995.

Rosset, François et Triaire, Dominique, *Jean Potocki*, Paris, Flammarion, 2004.

Rothstein, Marian, « Le genre du roman à la Renaissance », Études françaises, 1996, 32, (1), 35-47.

Saint-Pierre, Paul, « L'Inde traduite par Louis-Mathieu Langlès » TTR : traduction, terminologie, rédaction, 26, 2, 129-170.

Schaub, Jean-Frédéric et Sebastiani, Silvia, « Savoir de l'autre ? L'émergence de la question de race », dans Van Damme (dir.), *Histoire des sciences et des savoirs*, tome I, Paris, Editions du Seuil, 2015, pp. 283-304., ici p. 295.

Schimmelpenninck van der Oye, David. *Russian orientalism : Asia in the Russian mind from Peter the Great to the emigration*, New Haven : Yale University Press, 2010.

Schimmelpenninck van der Oye, David, "Yoke or inheritance ? Présence mongole et phénomènes de transfert en Russie : au cœur du débat", *in* Michel Espagne et al, eds., *Transferts culturels en Asie centrale*, Paris : Éditions Vendémiaire, 2015, pp. 415-434.

Schmieder, Felicitas, *Europa und die Fremden: die Mongolen im Urteil des Abendlandes vom 13. bis in das 15. Jahrhundert*, Sigmaringen: Thorbecke, 1994.

Sebag, Paul, «Sur deux orientalistes français du XVIIe siècle: F. Petis de la Croix et le sieur de la Croix.», Revue de l'Occident musulman et de la Méditerranée, N°25, 1978, pp. 89-117.

Secret, François, «Gilbert Gaulmin et l'histoire comparée des religions», Revue de l'histoire des religions, 77, 1, 1970, pp. 35-63.

Sergent, Bernard, *Les Indo-Européens, Histoire, langues, mythes*, Paris, Payot, 2005, [1995].

Simonin, Michel, *Vivre de sa plume au XVIe siècle, ou La carrière de François de Bellefo-rest*, Genève, Librairie Droz, 1992.

Sinor, Denis, «The Legendary Origin of the Türks», réédité dans *Studies in Medieval Inner Asia*, Aldershote Ashgate Publishing, 1997, article II, pp. 223-257.

Siouffi, Gilles, *Le génie de la langue française. Etudes sur les structures imaginaires de la description linguistique à l'âge classique*, Paris, Honoré Champion, 2010, 520p.

Smith, Edwin Burrows, «Jean-Sylvain Bailly: Astronomer, Mystic, Revolutionary 1736-1793», Transactions of the American Philosophical Society, Vol. 44, No. 4 (1954), pp. 427-538.

Somov, Vladimir, «Pierre-Charles Levesque, protégé de Diderot et historien de la Rus-sie», *Cahiers du monde russe* [En ligne], 43/2-3, 2002, pp. 275-294,

Song, Shun-Ching, *Voltaire et la Chine*, Aix-en-Provence, 1989.

Spuler, Bertold, "Abu'l-Gazi Bahador Khan," *Encyclopædia Iranica*, I/3, pp. 292-293

Stachowski, Marek. «Miechowita's knowledge of east european languages (mainly hungarian, lithuanian and tatar) based on his tractatus de duabus sarmatiis (1517)». *Studia Linguistica Universitatis Iagellonicae Cracoviensis* 130 (2013), pp. 309-316.

Standaert, Nicolas, "Jesuit Accounts of Chinese History and Chronology and their Chi-nese Sources", East Asian Science, Technology, and Medicine, 35, pp. 11-87.

Standaert, Nicolas, «Jesuits in China», dans *The Cambridge Companion to the Jesuits*, édité par Thomas Worcester, 169-185. Cambridge: Cambridge University Press, 2008.

Standaert, Nicolas, *The intercultural weaving of historical texts: Chinese and European stories about Emperor Ku and his concubines*, Leiden; Boston: Brill, 2016.

Standaert, Nicolas, *The interweaving of rituals: funerals in the cultural exchange between China and Europe*, Seattle: University of Washington Press, 2008.

Stuurman, Siep, "François Bernier and the Invention of Racial Classification." *History Workshop Journal*, no. 50, 2000, pp. 1-21.

Subrahmanyam, Sanjay, *L'éléphant, le canon et le pinceau histoires connectées des cours d'Europe et d'Asie, 1500-1750*, Paris, Alma éditeur, 2016.

Szurek, Emmauel, «L'orientalisme en ordre dispersé. Retour sur un colloque aux Ins-criptions et belles-lettres», *Turcica. Revue d'études turques*, 45, 2015, p. 315-341.

Tanase, Thomas, *Jusqu'aux limites du monde: la papauté et la mission franciscaine, de l'Asie de Marco Polo à l'Amérique de Christophe Colomb*, Rome: École française de Rome, 2013.

Tanase, Thomas, *Marco Polo. Biographies et mythes historiques*, Paris: Ellipses, 2016.

Taylor Eva Germaine Rimington, « Richard Hakluyt », The Geographical Journal, Vol. 109, No. 4/6 (Apr.-Jun., 1947), pp. 165-171.

Tolmacheva, Marina, « The Medieval Arabic Geographers and the beginning of modern orientalim », *International Journal of Middle East Studies*, 27, 2, mai 1995, pp. 141-156.

Tolz Vera, *'Russia's Own Orient': The Politics of Identity and Oriental Studies in Late Imperial and Early Soviet Russia*, Oxford, Oxford University Press, 2011.

Tombal, Dominique, « Le polygénisme aux XVIIe et XVIIIe siècles: de la critique biblique à l'idéologie raciste », Revue belge de philologie et d'histoire, 71, 4, 1993, pp. 850-874.

Tuilier, André (dir.), *Histoire du Collège de France, la création, 1530-1560*, t1, Paris, Fayard, 2006.

Vaghi, Massimiliano, « Entre le pittoresque et l'érudition. L'idée de l'Inde en France (1760-1830) », *Annales historiques de la Révolution française*, n° 375, 1 mars 2014, pp. 49-68.

Vaissière, Étienne de la, « The Steppe World and the Rise of the Huns », dans Maas Michael (dir.), *The Cambridge Companion to the Age of Attila*, Cambridge, 2014, p. 175-192.

Vermeulen, Han F, *Before Boas: The Genesis of Ethnography and Ethnology in the German Enlightenment*. Critical Studies in the History of Anthropology. Lincoln London: University of Nebraska Press, 2015.

Vinson, David, « « Napoléon en Perse »: genèse, perspectives culturelles et littéraires de la mission Gardane (1807-1809) », *Revue d'histoire littéraire de la France* 2009/4 (Vol. 109), p. 871-897.

Voegelin, Eric, « Machiavelli's Prince: Background and Formation », *The Review of Politics*, Vol. 13, No. 2 (Apr., 1951), pp. 142-168.

Volpilhac-Auger, Catherine (dir.), *Dictionnaire Montesquieu* [en ligne], ENS de Lyon.

Vrolijk, Arnoud, « Arabic Studies in the Netherlands and the prerequisite of social impact – a survey », dans Loop, Jan, Alastair Hamilton, et Charles Burnett (éd). *The teaching and learning of Arabic in early modern Europe*. The history of Oriental studies, volume 3. Leiden, Boston, Brill, 2017.

Vrolijk, Arnoud et van Leeuwen Richard, *Arabic Studies in the Netherlands: A Short History in Portraits, 1580-1950*. Leiden; Boston: Brill, 2014.

Will, Pierre-Etienne, « Jean-Pierre Abel-Rémusat (1788-1832) et ses successeurs », *La lettre du Collège de France* [En ligne], 40, août 2015.

Witek, John W., « Claude Visdelou and the Chinese Paradox », pp. 371-385, Coll. *Actes du VIe colloque international de sinologie*, 11-14 septembre 1989, Taipei-Paris-Hong Kong, Institut Ricci, 1995.

Woods John E., « The Rise of Tīmūrid Historiography », *Journal of Near Eastern Studies*, Vol. 46, No. 2 (Apr., 1987), pp. 81-108.

Yap, Joseph P., *Wars with the Xiongnu, a translation from Zizhi Tongjian*, Londres, AuthorHouse, 2009, 704p. et Wilkinson, Endymion Porter, *Chinese history, a manual*, Harvard, Yenching Institute monograph series, 2000 (rééd).

Index